中国社会科学院创新工程学术出版资助项目

青少年蓝皮书
BLUE BOOK OF TEENAGERS

中国未成年人互联网运用报告（2019）

ANNUAL REPORT ON THE INTERNET USE OF CHINESE MINORS (2019)

主　编／季为民　沈　杰
副主编／杨斌艳　季　琳

社会科学文献出版社
SOCIAL SCIENCES ACADEMIC PRESS (CHINA)

图书在版编目（CIP）数据

中国未成年人互联网运用报告．2019 / 季为民，沈杰主编．--北京：社会科学文献出版社，2019.6
（青少年蓝皮书）
ISBN 978-7-5201-4813-9

Ⅰ.①中… Ⅱ.①季… ②沈… Ⅲ.①互联网络-影响-青少年-研究报告-中国-2019 Ⅳ.①D669.5 ②TP393.4

中国版本图书馆CIP数据核字（2019）第088913号

青少年蓝皮书
中国未成年人互联网运用报告（2019）

主　　编 / 季为民　沈　杰
副 主 编 / 杨斌艳　季　琳

出 版 人 / 谢寿光
责任编辑 / 桂　芳
文稿编辑 / 贺拥军

出　　版 / 社会科学文献出版社·皮书出版分社（010）59367127
地址：北京市北三环中路甲29号院华龙大厦　邮编：100029
网址：www.ssap.com.cn
发　　行 / 市场营销中心（010）59367081　59367083
印　　装 / 天津千鹤文化传播有限公司

规　　格 / 开　本：787mm×1092mm　1/16
印　张：26.75　字　数：400千字
版　　次 / 2019年6月第1版　2019年6月第1次印刷
书　　号 / ISBN 978-7-5201-4813-9
定　　价 / 158.00元

青少年蓝皮书编委会

主要编撰者简介

季为民 中国社会科学院新闻与传播研究所副所长、研究员、所学术委员会委员，兼任中国社会科学院大学教授、博士生导师。共青团十七届中央委员会委员，北京青年研究会常务理事，中国社会学会青年社会学专委会理事，中国青年志愿者协会理事等。主要研究领域和方向：马克思主义新闻理论、传播伦理、青少年研究。编著出版论文集、研究报告集、访谈文集、专著（合著）20多部，1000多万字。如《艰难的新闻自律》（合著）、《学问有道——学部委员访谈录》、《共筑基层教育中国梦》、《青少年蓝皮书——中国未成年人互联网运用报告》、《青年学者看中国》、“国情调研”系列丛书等。获第二届政府出版奖提名奖、中宣部好信息奖、中国社会科学院优秀科研成果奖、中国社会科学院优秀对策信息特等奖、全国党建研究会科研院所专委会调研课题优秀成果奖等。

沈　杰 社会学博士，中国社会科学院大学研究员、教授。发表独著论文69篇，独立和合作著译12部，主编和合作研究报告23部。发表的著述成果中，13项获国家级学会或省部级奖，58篇文章被《新华文摘》《中国社会科学文摘》《高等学校文科学报文摘》《中国人民大学复印报刊资料》转载。近年主要著述有：《青年对社会变迁的反应：中国现代化进程中青年社会心理的变迁》（独著），天津社会科学出版社，2012年；《中国改革开放以来青年发展状况研究》（主编），人民出版社，2015年；《青年世界的社会学洞见》（独著），人民出版社，2018年。

杨斌艳 中国社会科学院新闻与传播研究所副研究员、硕士生导师。中国社会科学院舆情调查实验室秘书长，中国社会科学院“国家治理研究智库”副秘书长，中国社会科学院青年人文社会科学研究中心副秘书长，中国社会科学院团委委员。主要研究领域：网络传播、舆情与社会治理、青少年网络行为。2010 年起参与“中国未成年人互联网运用状况调查”项目，该项目已出版《青少年蓝皮书：中国未成年人互联网运用报告》四部；完成多项对策研究。2016 年获《全民科学素质行动计划纲要》“十二五”实施工作先进个人称号，多次获中国社会科学院优秀决策信息奖。

季　琳　中国少年儿童发展服务中心媒介与教育中心主任、中国青少年宫协会阅读推广部部长。长期致力于青少年成长实践与互联网相关问题研究和工作。1999 ~2005 年，在团中央所属国家重点网站中青网担任技术负责人；2005 ~2010 年，担任中国青少年社会服务中心网络部部长；2010 ~2014 年担任中国少先队事业发展中心新媒体中心副主任；2014 年 6 月至 2016 年 12 月，担任少先队小干部杂志社、辅导员杂志社常务副社长；2017 年至今，在中国少年儿童发展服务中心和中国青少年宫协会负责阅读推广、媒介与教育等相关工作。

摘　要

互联网运用已渗透到未成年人成长的各个方面，他们几乎从一出生开始就接触互联网，互联网已经成为未成年人生活学习的伴随式工具。但是，纷繁复杂的网络世界对于正在成长阶段、学习模仿意识较强的未成年人来说，有利有弊：在享用互联网给生活学习带来的便捷高效的同时，也面临着网络违法侵害、不良信息影响、个人隐私泄露、网络沉迷成瘾等网络风险和伤害。未成年人互联网运用保护和规制问题已经成为整个社会乃至全球性的问题，关系到网络强国建设和“强国一代”培养的未来发展大战略。

本书是中国社会科学院新闻与传播研究所、中国少年儿童发展服务中心主持的“中国未成年人互联网运用状况调查”项目最新成果。该项目的主要研究团队已经在该研究领域深耕十多年，完成了九次全国抽样大调查。课题组在全国范围内聘请了一批关注未成年人互联网运用的专家开展深入研究。2010 年第一本青少年蓝皮书诞生，对中国未成年人互联网运用的最新状况和最新研究、热门话题进行了报告，受到社会广泛关注。本书是第五部青少年蓝皮书，全书结合本年度区域最新数据分析未成年人互联网运用的新情况、新特点，针对未成年人互联网运用保护和规制的不同主体、不同侧面，对未成年人的网络使用、网络安全、网络文化、相关政策法规等进行了建设性思考和研究。

具体来说，全书分四个部分。第一部分主要基于课题的最新研究成果，对我国未成年人互联网运用的保护与规制体系进行综述报告。第二部分主要报告未成年人互联网运用的规制体系和政策法规情况，既有宏观视角上的规制政策方面的分析，包括对全球未成年人网络规制的分析梳理，我国未成年人互联网的相关政策的发展及阐释，也涉及未成年人使用短视频网络隐私权问题、2018 年未成年人网络侵权案件的深度剖析等。第三部分主要结合当前互联网生态，探讨未成年人的网络素养和网络文化：网络素养层面，梳理了发达国家和我国未成年人网络素养教育的实践探索；网络文化层面，探讨了当前未成年人特有的网络文化现象、短视频学习潮流以及未成年人虚拟社交与虚拟身份之间的互动等热点问题。第四部分主要是年度数据调查报告，涉及的区域包括北京、广东、河南、澳门等地，涵盖的内容包括未成年人网络安全、网络使用动机、新媒体运用状况、网络阅读等方面。

未成年人的互联网运用研究是一个不断探索、不断拓展的过程。基于年度未成年人网络使用的新现象、新问题，本书进行了创新性的研究和探索，尤其是在研究主体和研究方法上力求创新。分报告《未成年人网络安全研究报告》是中国首份儿童参与调研完成的调查报告，研究者将发言权交给孩子，从游戏社交、网络学习、短视频、亲子关系、网络语言五个方面梳理网络对未成年人生活、学习、娱乐、亲子关系等方面的影响。作为年度报告，本书不断追踪本领域内的最新和热点问题，2018 年以来增加了对未成年人阅读实践的调研报告，以探讨未成年群体利用互联网进行阅读和学习的情况。此外，本书在坚持做好全国调查的同时，推出了针对性较强的专项专题调查报告，既包括对区域数据的深入分析，也包括对农村留守儿童等城乡特定未成年群体互联网运用状况、运用动机、自我表达的分析，同时拓展观察视角，引入澳门地区未成年人手机使用与手机依赖的调查研究。总之，促进未成年人在网络时代和网络空间更加健康地成长、成才，是本书的创作初衷和创新动力。

本年度的研究发现主要有：①未成年人群体已经与“互联网＋”时代紧密相融，互联网对未成年人的社会化影响深远；②整个社会越来越关注未成年人的互联网运用以及互联网对未成年人的影响；③未成年人网络素养教育已经开始多方位的实践和理论探索；④网络保护仍然是主要的研究议题和视角；⑤未成年人的互联网行为和运用具有群体的共性特征，网络流行文化对未成年人价值观的形成具有重要影响。

主要建议包括：①通过网络机制、网络素养、网络法规等的体系化建设，既立足长远，又着眼现实，统筹建立完善未成年人互联网运用的保护与规制体系；②基于地区发展和人群特征推进未成年人的网络素养教育，开展有针对性和差异化的探索和实践；③建立多部门协作联动机制，通过提升在线学习、协同创新、新技术竞赛、互帮互助等方面的质量，更好地推动未成年人健康运用互联网；④重视网络流行文化对未成年人的影响，推进有关互联网对未成年人价值观引导和塑造的深入研究和创新实践，引导和培育向上向好的未成年人网络文化；⑤从培养“强国一代”的战略定位出发，拓展研究视角和研究视野，加强对未成年人互联网运用的基础研究。

关键词： 未成年人　互联网运用　网络保护　媒介素养　网络文化

目 录

Ⅰ 总报告

Ⅱ 保护规制和政策法规

Ⅲ 网络素养和网络文化

Ⅳ 年度数据分析

Ⅴ 附录

皮书数据库阅读**使用指南**

总 报 告

General Report

B.1

建立中国特色的未成年人互联网运用保护规制体系

季为民*

摘　要： 当前，互联网对未成年人的日常生活与社会化进程的影响持续强化，而互联网的内容管理和运行规制滞后，让未成年人的网络保护规制成为一个世界普遍关注的重大问题。尤其是保障未成年人平等、充分、合理地使用网络，保护未成年人免受网络信息违法侵害，避免未成年人接触不适宜其接触的信息，保护未成年人网上个人信息，防范未成年人沉迷网络（网络侵害、不良信息、隐私侵权和网络沉迷）等问题对未成年人的互联网运用提出了重大挑战。本报告对未成年人互

* 季为民，中国社会科学院新闻与传播研究所副所长、研究员，中国社会科学院大学博士生导师。

联网运用保护规制的基本现状、保护规制中存在的主要问题进行了综述，并结合实际提出了若干建议，推动建立中国特色未成年人互联网运用保护规制体系，为未成年人构建健康安全的网络成长环境空间。

关键词： 中国特色 未成年人 互联网运用 保护规制体系

引 言

近年来，互联网和信息技术不断创新发展，未成年网民人数持续增长，全球网民中未成年人占据 1/3，每日新增逾 17.5 万名儿童网民，平均每半秒钟就会新增一名使用网络通信设备的儿童[①]。截至 2018 年 12 月，我国网民规模达 8.29 亿，互联网普及率为 59.6%，较 2017 年底提升 3.8 个百分点；手机网民规模达 8.17 亿，全年新增手机网民 6433 万。我国未成年网民（6～19 岁）[②] 人数占网民总体的 21.6%，总数达到 1.79 亿[③]；而全国未成年人（19 岁以下）占总人口数的 24.1%[④]，互联网普及率达到 93.7%，明显高于同期全国人口的互联网普及率（57.7%）。[⑤] 互联网高度融入未成年人的成长全过程，伴随未成年人学习、生活、娱乐和社会交往的各个环节，成为未成年人认知世界的重要渠道和形成价值观的知识来源。

---

① 联合国儿童基金会发布的年度报告《2017 年世界儿童状况：数字时代的儿童》（Children in a Digital World——The State of the World's Children 2017）。

② 说明：未成年人的年龄应该以 18 岁划分，目前中华人民共和国国家统计局提供的人口统计数据是以 19 岁分段的数据。

③ 中国互联网络信息中心：第 43 次《中国互联网络发展状况统计报告》。

④ 国家统计局第六次人口普查数据，我国 0～19 岁未成年人数量占全国人口总数的 24.1%，共计 321211735 人。其中，男性 171699338 人，占全部未成年人的 53.5%；女性 149512397 人，占全部未成年人的 46.5%。

⑤ 共青团中央维护青少年权益部、中国互联网络信息中心（CNNIC）：《2018 年全国未成年人互联网使用情况研究报告》（2019 年 3 月）。

新兴媒体、社交媒体的高度普及，使互联网对未成年人的日常生活与社会化进程的影响持续强化，而互联网的内容管理和运行规制滞后，让未成年人的网络保护规制成为一个世界普遍关注的重大问题，尤其是保障未成年人平等、充分、合理地使用网络，保护未成年人免受网络信息违法侵害，避免未成年人接触不适宜其接触的信息，保护未成年人网上个人信息，防范未成年人沉迷网络（网络侵害、不良信息、隐私侵权和网络沉迷）等问题对未成年人的互联网运用提出了重大挑战。2019 年 2 月 5 日，联合国儿童基金会报告称，全球 70.6% 的 15 ~ 24 岁年轻网民正面临着网络暴力、欺凌和骚扰的威胁，并呼吁采取协调行动，解决和预防网络上针对儿童与年轻人的暴力行为。[①] 互联网塑造着未成年人的生活，开阔了他们的思维和视野，让他们拥抱更多的机遇；但同时，不完善的未成年人互联网运用管理规制也给他们的安全、隐私、身心健康等带来诸多风险，将本就处于弱势的未成年人置于互联网世界日益增多的误导和伤害风险之中。

建立完善未成年人互联网运用保护规制体系，为未成年人构建健康安全的网络成长环境空间，成为亟待探究和解决的世界议题，这也是本年度报告重点探讨的问题。

一　未成年人互联网运用保护规制的基本现状

互联网在中国已经经历 25 年的发展，其发展演进和带来的变革一直备受社会关注。自 2000 年以后，网络运用对象从单一群体向多元群体扩展，未成年人逐渐成为互联网运用的重要群体，由之所引发的社会问题和社会现象也成为社会关注和媒体报道的焦点议题。

① 人民网：《全球七成年轻网民面临网络暴力　联合国儿基会呼吁采取行动》，http://world.people.com.cn/n1/2019/0212/c1002-30637566.html，2019 年 2 月 12 日。

（一）未成年人在互联网运用中面临的诸种风险

有研究[①]认为，未成年人的用网风险可分为三个维度——内容、接触和行为，这种风险源头可以归为暴力、性、价值观和商业等四个维度，通过两类维度的交叉，可以得到12种类型的网络风险。参考这一框架，可以从网络违法侵害、不良信息影响、个人隐私泄露、网络沉迷成瘾四个方面考察未成年人面临的网络风险，并进行未成年人网络保护。

1. 网络违法侵害

未成年人受到互联网违法信息侵害的风险正在不断加大，类似“暗网”这样的数字网络和加密数字货币则为最恶劣的剥削和虐待形式提供了条件，包括拐卖儿童和“订制化”的网络性侵儿童行为，网络上的恶意攻击（如威胁、辱骂、勒索等）现象越来越成为受到关注的社会问题。特别是未成年人遭受“网络欺凌”正随着社交媒体的普及而演变成全球性的社会问题。联合国儿童基金会报告显示，法国6岁至18岁的年轻人中，12.5%的人曾有过在网上遭遇攻击的经历。法国教育部一项调查显示，有18%的初中生曾收到来自互联网、手机短信的侮辱性信息，这一数字在两年内增长了5%。这份调查指出，遭遇过网络欺凌的未成年人更容易产生轻生的念头，自杀的倾向比其他人高出3.17倍。[②] 此外，联合国儿童基金会的研究报告显示，有八成18岁受访者认为未成年人面临网络性侵风险，据该组织估计，全球涉嫌传播儿童色情图片、视频的网站多达1.67万个，这些网站上传了数百万张儿童色情图片，图片中的儿童年龄低于10周岁的占73%。[③] 我国未成年人在上网过程中遇到过暴力辱骂信息的比例为28.89%。其中，暴力辱骂以“网络嘲笑和讽刺”及“辱骂或者用带有侮辱性的词”居多，分别

① 欧盟组织实施的“欧盟孩子上网”（The EU Kids Online）项目。

② 《虚拟世界，何以制止欺凌行为》，《人民日报》2015年5月13日第22版。

③ 联合国儿童基金会2016年6月7日公布的调查报告《风险和机遇：成长于互联网时代》调查了来自25个国家的1万多名18岁受访者如何看待他们面临的互联网风险，53%的受访者对未成年人面临网络性侵风险表示“非常认同”，27%的受访者表示“比较认同”。

占74.71%和77.01%；其次为"恶意图片或者动态图"（53.87%）和"语言或者文字上的恐吓"（45.49%）。未成年人遭遇暴力辱骂信息的最主要场景是社交软件、网络社区、微博和直播平台。①

2. 不良信息影响

包括性、色情和暴力等非适龄的图文影像，宣扬自残、自杀、厌食等不健康行为或危险行为内容，以及某些含有种族主义、歧视或仇恨言论的内容等。互联网使这些内容更加容易地暴露在未成年人面前，对他们的身心健康带来极大的负面影响。共青团中央有关部门的调查发现，未成年人接触淫秽色情等不良信息的途径主要是网站的自动推送，其中浏览网页时自动跳出的占71.4%，通过垃圾短信提供网址链接的占19.3%，朋友（同学）通过手机发送的占14.2%，通过搜索引擎主动搜索色情网站的仅占5.9%。这些不良信息的表现形式，图片占57.7%，视频占36.8%，游戏占27.1%。网络不良信息对未成年人的社会化产生了诸多影响。其一，网络不良信息中所包含的刺激、兴奋内容会激发未成年人的好奇心理和尝试心理，耗费未成年人的大量时间、精力，从而影响未成年人的正常学习。其二，网络不良信息所传播的扭曲价值观念，影响未成年人良好道德品质的形成，不利于未成年人社会责任感的培养。其三，网络不良信息容易诱发未成年人违法犯罪。网络不良信息所传播的猎奇和暴力内容会引发未成年人的模仿，影响未成年人的价值判断，诱发未成年人违法犯罪。有关未成年人犯罪的相关调查显示，41.1%的未成年犯认为自己犯罪是受网络不良信息的影响。其中，认为受网络暴力恐怖信息影响的占65.5%，受网络淫秽色情影响的占56.4%，受网络虚假信息影响的占24.9%，受价值观扭曲信息影响的占20%。②

3. 个人隐私泄露

隐私受到侵犯是未成年人在用网过程中最为常见的问题。随着社会网络

① 朱迪、郭冉：《中国青少年网络使用与网络安全调查》，李培林等主编《2019年中国社会形势分析与预测》，社会科学文献出版社，2019。

② 中国青年网：《未成年人接触网络不良信息的状况及危害——"共青团在构建健康网络环境中作用研究"子课题三》，http://qnzz.youth.cn/qckc/201510/t20151026_7242226.html，2015年10月26日。

化和信息化的普及，未成年人相关数据被大量采集并通过网络获取、储存，有关方面对隐私数据泄露风险的防控不力让不法分子有了可乘之机。未成年人对网络世界的风险认识不足，自我保护意识较弱，个人信息和隐私更容易泄露和受到侵害。目前世界各国对于未成年人的隐私问题都非常重视，在保护未成年人的隐私、个人信息和名誉方面有高度的共识，并且采取了一些保障措施，多数国家倾向于采用最高级别的隐私设置来保护未成年人信息，数据的利用方要根据国际标准和伦理准则采取保障措施保护数据，这正逐渐成为一个普遍的原则。尤其是新的信息技术在设计之初就需要考虑隐私问题，社交媒体和相关平台公司应以未成年人能够理解的语言写明条款、条件和隐私政策，使未成年人能够方便地报告隐私侵权和其他相关问题。此外，许多国家在未成年人的隐私保护上，还明确要求不能利用未成年人的个人信息获取商业利益，例如投放定向广告等。但未成年人隐私泄露和受到侵害的案例仍不断出现，这就要求企业应严格遵守相关法规，同时制定严格的伦理标准，采取更严格的措施审查涉及未成年人隐私的网络内容，保护未成年人的个人信息。为未成年人数据保护设置强化版的加密规则，也成为许多国家对未成年人进行隐私保护的普遍方式。

4. 网络沉迷成瘾

未成年人沉迷网络有着复杂的原因，比如，未成年人自身好奇心强、自制力弱、渴望得到认同等心理特点使然，相关方对未成年人网络沉迷的规范管理、合理引导、预防治疗不够等。其中，部分企业在运营中诱导未成年人网络成瘾方面难辞其咎。以网络游戏为例，一些游戏开发商为了从未成年人身上赚钱，专门研发门槛低、互动性强、奖励诱惑多的网游；为了培养“忠实玩家”，针对未成年人的新角色、新道具、新玩法层出不穷；更有甚者在游戏中添加淫秽、赌博的素材，引诱自制力不强的未成年人沉溺其中。再如一些网络视频平台，不仅缺乏针对未成年人的内容分级，更是通过“算法推荐”“奖赏反馈”等成瘾机制的设计，让一些未成年人“根本停不下来”。目前看，网络沉迷已经成为影响未成年人成长的严重问题。

应该说，以上问题已经受到全社会的高度关注，受到未成年人的家人、老师以及互联网监管部门的高度重视。有关部门已推出一系列措施，意在促进互联网的稳定有益发展，保护未成年人健康成长。这就需要对未成年人网络运用的发展状况、政策法规、网络素养、文化环境等作出实时监测和全面评估，建立完善未成年人互联网运用保护规制体系，通过完善政策法规、净化网络环境和建设正向文化，推动未成年人互联网运用的良性健康发展。

（二）国际未成年人互联网运用保护规制体系建设的情况

目前国际上针对未成年人互联网运用保护规制主要形成了三个理论流派。(1) 政府规制派。即主要利用政府公权力进行法律法规的制定，对互联网社会进行详细有效的规范，从而利用互联网发展国家经济、弘扬优秀文化和社会道德，开展未成年人网络保护。(2) 自我规制派。也就是坚持自由的观念并彰显市场制度的影响，互联网行业开展积极的行业自律。这一模式对互联网技术的发展水平和公民的道德素养要求较高。(3) 合作规制派。既重视政府的强制约束力，又强调行业的自我规范力，同时鼓励社会各界共同参与，形成良好的未成年人互联网运用保护的社会氛围。合作规制在未成年人互联网运用保护领域得到了广泛的实践与收获。

不同国家根据各自的互联网发展水平和公民价值观，选择了不同的适宜本国国情的未成年人网络保护模式，并开展了积极的实践。美国是自我规制的典型代表。明确的内容分级制度和先进的内容过滤技术是美国互联网行业自律的重要手段。但美国政府也并非毫无作为，在未成年人网络隐私保护等领域，政府出台相关法律法规进行严格的规范，并通过税收和补贴的财政手段推动未成年人网络保护技术在全国范围内的应用。以英国为代表的欧洲国家和二次元产业发达的日本是合作规制的代表。其中，政府更多强调“监督而非监控”的责任，开展最低限度的管制、基于事实的管制和与市场竞争状况相称的管制。轻政府的角色更有利于形成网络安全管理政府引导、行业自律与政企合作多种机制并存的特色。电竞产业发达的韩国和“警察国度”新加坡是政府规制的代表。细密的法律规定和系统的人工审查制度将未成年人网络保护渗透到了新加坡社会的各个组成部分。公民“被动接收式”管理在较好地保护未成年人的同时，也在一定程度上损害了成年人的利益。而韩国则在电竞产业发展和未成年人网络防沉迷之间陷入了两难的境地。网络实名制和网络防沉迷制度的屡屡受挫，也值得我国的产业吸取教训。应该说，三种规制均不可少，且互有助益、互不矛盾，在这方面，我国可以吸收各国的经验，建立“三种规制”并行互补、相得益彰的中国特色未成年人互联网运用保护规制体系。

（三）我国未成年人互联网运用保护规制的法律和政策

迄今，我国已经发布了《未成年人保护法》《预防未成年人犯罪法》《网络安全法》等一系列法律，出台了关于未成年人保护的一系列决定、决议、纲领、宣言、通知、纪要等。但在未成年人网络保护方面仍存在很多空白。依据互联网在我国的发展历程，未成年人互联网运用的法律和政策制定历程可以划分为四个阶段。第一为探索阶段（1994～1999年），这一阶段能够接触到网络的未成年人还较少，网络不良信息的比重也不大，关于网络信息内容规制的法律法规刚刚起步，保护未成年人免受网络不良信息侵害的立法内容尚未出现。第二为保护阶段（2000～2006年），这一阶段的相关政策主要围绕三个方面展开：（1）加大网吧监督力度，明确未成年人禁入网吧；（2）加强企业监管，多部门参与未成年人互联网运用保护；（3）完善网络游戏分级和网络游戏监管；（4）保护未成年人隐私，防止网络伤害。政策的落脚点多放在网络安全控制上，对网络信息内容本身的关注尚处于探索阶段。第三是引导阶段（2007～2011年），开始发动社会力量探索新型治理方式，逐步形成多元未成年人互联网运用保护模式。第四是融合阶段（2012年至今），未成年人的互联网使用需求日渐多元化，包括获得新闻、满足个人爱好、提高学习效率、研究有兴趣的问题以及结交新朋友等，而网络直播、AI、网络消费、自媒体、网约车的发展，也为未成年人提供了更多的网络使用选择，政策重点转向将互联网的功能与未成年人的成长诉求互相融合。

总体来看，我国未成年人网络保护的政策规制还有许多空白。虽然在互联网产业发展、渠道管理、内容管理等方面推出了相应的政策法规，但修订不及时，观念落后于发展。监管对象多针对互联网行业，对家庭、学校及社会其他主体的责任规范不明确。互联网的行业自律还处在探索阶段，多是迫于媒体和公众的压力采取的危机公关行动，未能形成统一、有效和长期持续的行业标准和规范。

（四）我国未成年人互联网素养教育的基本状况

总体来看，我国互联网素养教育起步相对较晚，相关的理论研究和实践探索2000年以后才开始出现。但近年来，从国家、社会、学校到家庭层面，各界对于未成年人互联网素养教育的关注急剧增加，各项政策、举措与实践探索井喷式涌现，我国未成年人互联网素养教育正处于急速发展期。

学校教育作为未成年人互联网素养教育的主渠道，目前在打造独立式课程模式和融入式课程模式方面均做出了探索。一方面，未来学校需要创新互联网素养教学环境，将互联网素养教育摆在突出地位，提升学科专业化水平，如将网络应用技能、网络信息批判、网络行为管理、网络安全防护等核心内容纳入单独的互联网素养课程中，积极探索提升学生互联网素养的方式方法；另一方面，可以将互联网素养教育与其他学科或校园活动相融合，如通过团课、社会实践、志愿服务、文体活动、学科竞赛等第二课堂，将理论与实践紧密相连，形成特色网络文化，提升学生的网络认知与技能，引导未成年人安全合法、快乐健康地使用互联网。同时，通过科研实践，使教师不断更新教育理念，改进教学方式，充分运用网络新媒介手段，将网络素养教育理念与学校的多学科、多路径相融合，与校内外、家庭进行有效联动，形成师生携手、家校互动、教学相长的整体局势。以广东省为例，2016 年，《媒介素养》教材经广东省教育厅审定被正式批准使用。2018 年，广州市教师远程培训中心和教材课题团队联合制作了面向中小学教师的在线教育课程，在广东省乃至全国进行网络培训。

家庭教育作为未成年人互联网素养教育的重要辅助角色，目前仍较为薄弱。虽然国内已出版了一系列有关未成年人互联网素养教育的家庭指南或手册，但普遍存在推广难度大的问题，家长往往得不到相关刊物与知识的普及。部分可供家长网上搜索的指导性读物存在理论性过强、缺失切实有效的具体操作手段等问题。因此，在制作推出关于未成年人家庭互联网素养教育的相关指南或手册时，应着重贴合市场尤其是家长群体的需求，同时做好宣传策划，并以家长最急需处理的问题作为切入点，为其提供简单、直接、有效的解决方案，从而提升家庭教育在未成年人互联网素养教育中的地位。

在社会教育方面，近年来未成年人遭受网络诈骗、过度参与网络消费等案例大量增加，部分不良网络平台趁机对这部分学生设置陷阱，造成他们在物质和精神层面受到双重伤害。另外，部分网络媒体为博眼球不惜发布不实或不良信息以提高点击率和曝光率，导致网络乱象丛生。面对以上问题，急需强化社会组织尤其是互联网相关企业的社会责任。目前国内各类社会组织在线下与线上都做出了一定的探索，无论是各地未成年人互联网素养教育基地的设立，还是各类互联网服务平台的开通，都显示了社会力量在未成年人互联网素养教育中的重要担当。但在正向探索取得进展的同时，负面案例和事件却时有发生，如临沂市网络成瘾戒治中心采用电击疗法治疗网络成瘾，对孩子造成了极大的身体和精神伤害，随后被媒体进行全面曝光。此类负面事件的发生，也正说明社会各界在关注未成年人互联网素养教育的同时，应该更加注重科学化与规范化。这不仅需要各类社会组织强化自身的社会责任，还需要家长的理性科学应对以及政府相关法规的进一步健全明确。

目前，政府出台的关于提升未成年人互联网素养的各项政策与措施仍处于推广和普及的阶段，尚存在未成年人互联网素养水平度量的测评体系缺失、相关政策与保障监管机制不完善等问题。虽然近年来政府多次发布相关政策与通知，但思想教育宣传意味过浓，实用性不足，未从教育、心理、传播等专业学科领域制定“多学科 + 新技术手段”的科学有效策略。此外，目前相应法律法规的出台远远滞后于网络信息技术的发展。虽然社会企业尤其是互联网企业已开始注重未成年人互联网素养的培养，但互联网相关行业对于商业利益的追求一直是对未成年人用网产生负面影响和风险的主要因素。这需要政府通过法律法规和政策手段对企业进行必要的约束，而不能仅靠企业的自律。立法规范、机制建设、政策引导的综合作用，是解决未成年人乃至全民互联网素养教育问题的主要路径。

（五）国内关于未成年人互联网运用保护规制的研究状况

根据本课题组的研究，我国未成年人互联网运用的保护规制研究大体上可以划分为四个阶段。

第一阶段：1996～1999年，初步认识阶段。研究集中于“互联网络”“计算机网络”“网络传播”方面，也有一些学者认识到了互联网对未成年人的“负面影响”。

第二阶段：2000～2007年，发展认识阶段。随着我国互联网普及率的不断提升，未成年人接触网络的机会日益增加，研究者开始从网络教育、网络文明、上网时间、上网成瘾等多个方面，探讨未成年人互联网运用问题，以及互联网在推动未成年人社会化方面的作用。

第三阶段：2008～2010年，重点认识阶段。在这一阶段，研究者对网络成瘾、未成年人用网时间、互联网对未成年人身心健康的影响等问题进行了重点研究，分析了造成未成年人网络成瘾的原因，提出通过社会工作消除未成年人用网不良影响等建议。

第四阶段：2011～2018年，全面认识网络阶段。在研究对象方面，研究者对未成年人进行了针对性的细分，分别对儿童、小学生、高中生进行研究；在研究内容方面，对互联网在未成年人阅读、学习上的辅助作用给予重点关注；在研究问题方面，针对未成年人网络成瘾问题进行了更加深入的研究，提出变被动治理为主动预防的策略。

总体来看，未成年人互联网运用保护规制研究论文呈现阶段增长趋势。2000年前，学界有关未成年人互联网运用的研究文献相对较少。最早的文献为1996年中国社会科学院新闻研究所学者卜卫发表在《现代传播·北京广播学院学报》上的《关于青少年网络管理的理论和实践探讨》一文。[①] 2000～2008 年的相关研究文献出现了快速增长（见图 1），这与我国互联网普及率的提升、未成年人触网率的提升呈正相关。2008～2010 年间，学者发表的文献数量持续保持高位，年均 400 篇以上，此后略有下降。近五年的文献数量再次持续增长，其中 2018 年的文献数量最多，达 476 篇。

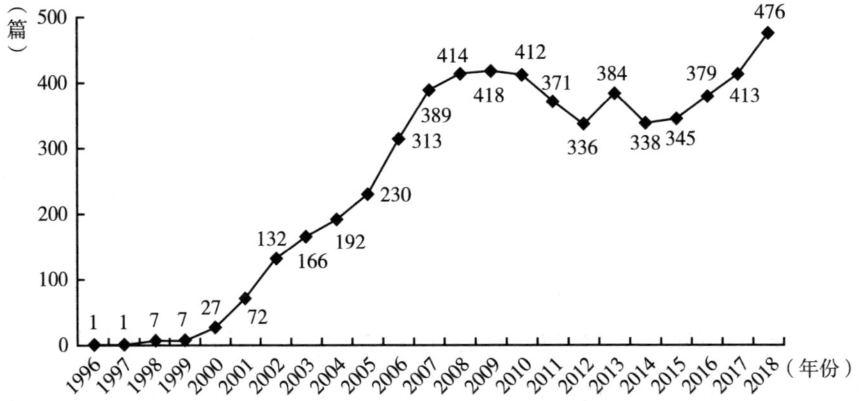

图 1　未成年人互联网运用研究年度论文数量

注：知网检索，2019 年 3 月 10 日。

从长远看，未成年人互联网运用研究应该不断丰富研究方法，更多地采用定量研究、统计分析、文献计量等能够实现定性资料量化分析的新兴社会科学研究方法；丰富未成年人互联网运用的研究内容，以更为积极的建设性的态度拓展研究领域；拓宽未成年人互联网运用研究的学科视角，从社会学、管理学、医学等多学科拓展研究的广度和深度。

在未成年人互联网运用的保护规制方面，我国应借鉴发达国家的经验教训，不断根据互联网发展的新情况新问题推出创新性的举措：在政府立法方面，针对未成年人网络保护尽快出台法律保护未成年人的网络权利；在技术

① 卜卫：《关于青少年网络管理的理论和实践探讨》，《现代传播·北京广播学院学报》1996 年第 5 期。

手段方面，通过技术研发、法律规范和政策引导，推广各种有效技术手段，引导未成年人安全上网；在行业规范方面，重视发挥企业和行业协会的作用，推出科学实用的内容分级标准，并不断更新和推广。通过多种措施对不良信息进行规制，提供足够的资源、资金支持，教育和引导未成年人适当、正确地使用网络，享受优质的互联网服务。

二 未成年人互联网运用保护规制存在的问题分析

（一）互联网新技术新应用新平台管理和责任缺失，给未成年人的隐私保护和用网安全带来了风险

近两年，随着互联网新技术新应用新平台（如抖音、快手等短视频直播平台）的兴起，大量未成年人开始成为其主流用户，未成年人生活学习的形式和渠道日益多元和丰富。一方面，从纸质阅读到电子阅读、在线阅读，互联网已经深深地渗透到未成年人的生活学习中，短视频直播等新应用新平台为未成年人提供了自我展示和与他人互动的机会，对未成年人成长与发展有着不可否认的积极作用；但另一方面，未成年人由于自身心智不够成熟，对于网络传播个人信息所带来的风险认识不足，比如，2018 年视频直播平台播放的未成年孕妈视频，以未成年人生子作为噱头以博得关注，泄露未成年人隐私信息，未成年人的隐私保护和用网安全隐患丛生。而隐私保护也成为当前未成年人互联网运用的焦点问题之一，成为我国未成年人互联网运用保护规制的重点内容。未成年人网络隐私权保护、个人信息保护与被遗忘权等也成为学界和业界研究关注的热点问题。值得欣慰的是，已有短视频平台和学术机构联合发布倡议，呼吁加强未成年人网络权益保护[①]。

---

① 财经网：《两学术机构联合抖音发布首份未成年人网络权益保护多元共治倡议书》，http：//tech. caijing. com. cn/20180809/4498595. shtml，2018 年 8 月 9 日。

（二）未成年人网络文化中存在某种非理性追求和消费倾向，在极端情况下可能造成文化乱象

近年来，互联网空间不断出现一些新的文化现象，尤其在未成年人中流传甚广。网络文化是以互联网为基础的文化，是“以网络信息技术为基础，在网络空间形成的文化活动、文化方式、文化产品、文化观念的集合”①。在新媒体技术快速发展的背景下，网络文化现象层出不穷，涉及互联网商品、行动、事件、现象等诸多内容，衍生了一系列符合未成年人的新媒体喜好和消费特征的文化景观和文化产品，如网络流行语、网络卖萌、网红打赏、B 站视频发布和弹幕点评等，同时孕育了萌文化、丧文化、佛系文化、粉丝文化、网红文化、土文化、流行语文化等一系列代表性的网络文化。网络文化内容丰富、传播迅速、影响广泛、可控性低、参与平等，具有开放性、互动性、无政府性、个性化等特点。伴随互联网技术的发展和新社交平台的诞生，以视频、音频、文字等不同符号表征的网络文化对未成年人产生着不容小觑的影响，也影响着未成年人自身文化的生成与积累，并在文化循环中与主流文化不断碰撞、互补、渐进。总体而言，未成年人的网络文化已经从边缘性、小众性向普泛化转向，部分网络原创文化与商业元素结合后，被推向了市场（如表情包的玩偶制作等）。这些网络文化现象既可以让未成年人释放亚文化的创造力，也可以产生“爆款”式的万众狂欢，若不能善加维护引导，这种狂欢所产生的文化聚合力，在网络技术迭代升级的推动下很容易被引爆，导致沉迷游戏、疯狂追星、过度消费、色情暴力、网络欺凌等文化乱象。

（三）互联网素养教育在学校开始探索试行，在家庭和社会层面存在诸多未成年人互联网素养教育的薄弱环节

近年来，从国家、社会、学校到家庭层面，各界对于未成年人互联网素

① 百度百科：网络文化词条，https：//baike. baidu. com/item/网络文化/75111？fr = aladdin。

养教育的关注骤然升温，未成年人互联网素养教育的政策、举措与实践探索井喷式涌现。目前，学校教育作为未成年人互联网素养教育的主渠道，在打造独立式课程模式和融入式课程模式方面均做出了探索，然而还仅限于北京、广东、浙江等发达地区的探索性实践。作为未成年人互联网素养教育重要辅助的家庭教育更为薄弱。父母缺乏有关未成年人互联网素养教育的知识，缺少合适的指导性读物。应贴合市场尤其是父母群体的需求，推出可学可用的关于未成年人家庭互联网素养教育的相关指南或手册，提升和强化家庭教育在未成年人互联网素养教育中的作用。在社会层面，社会组织（尤其是相关互联网企业）在实现未成年人互联网运用保护的社会责任方面还缺乏共识。近年来，未成年人遭受网络诈骗、过度参与网络消费等案例大量增加，部分不良网络平台为提高点击率和曝光率，发布不实或不良信息，对学生群体设置陷阱，使他们遭受了物质和精神的双重损失和伤害，网络乱象丛生。这说明在未成年人互联网素养教育方面，各类社会组织的社会责任意识还亟待强化，还需要建立提升全社会未成年人互联网素养水平的测评体系、政策法规和监管机制，通过立法、制度建设、政策引导的综合完善，解决未成年人乃至全民互联网素养教育问题。

（四）未成年人网络安全问题突出，针对未成年人互联网运用的保护规制尚存在诸多漏洞

通过参与式方法对学龄儿童进行调研，从儿童的视角对其自身网络使用安全现状进行深入理解，发现：游戏社交、网络学习、短视频与网络直播的浏览、网络语言的使用在丰富了其娱乐生活的同时，也暴露了诸多漏洞和隐患，如游戏社交中对陌生人提防意识的欠缺、网络污秽语言的使用等等。需要结合网络平台的特点、未成年人网络使用行为特点找准未成年人（包括儿童）面临的主要网络安全问题，并针对性地加以解决。目前的主要问题包括：①不良信息充斥着网络。未成年人在接触互联网的过程中不可避免地会碰到一些不良信息，网络不良信息主要是指对人身心健康带来不良影响，使人思想混乱、价值观扭曲、心理异常的垃圾信息，例如色情信息、暴力信

息、伪科学、厌世信息、诱赌信息等等。不良信息主要表现出低俗、物质、反科学、怪异、猎奇特点，对未成年人的身心发展十分不利。②未成年人沉迷网络易成瘾。未成年人的人生观、价值观、世界观还没有成熟，缺乏自我约束能力，网络成瘾会对未成年人的身心健康直接造成影响，导致身体素质下降，学业和交际等社会能力发展受阻，家庭观念淡漠和关系恶化。③隐私泄露隐患普遍存在。未成年人一般缺乏保护个人隐私的意识，同时针对未成年人的互联网运用保护规制也不完善，未成年人个人信息被泄露被利用的风险更大、渠道更多，且隐私的泄露不仅会造成未成年人的财产损失，还会对其身心发展造成不良影响。④网络欺凌损害未成年人身心健康。有调查显示，遭遇过网络欺凌的未成年人比例高达71.11%。受到网络欺凌的未成年人，容易产生挫败感、无助感、社会焦虑、抑郁、自卑、存在感降低等，甚至还会造成睡眠障碍、饮食不振、头疼等生理问题。而参与网络欺凌的未成年人，也往往存在着情感和行为过激、社会亲近度下降等问题。⑤网络诈骗成为重要风险。网络诈骗的新手段、新技术层出不穷，未成年人作为特殊的弱势群体，缺乏判断能力、辨识能力，很容易成为被欺骗对象，掉入网络诈骗的陷阱。

三　建立未成年人互联网运用保护规制体系的政策建议

无所不在的互联网世界，对于正处于成长学习阶段、模仿能力和自我意识逐渐增强的未成年人来说具有极大的影响力。从目前来看，仅靠未成年人的父母、学校来对抗可能来自任何方位、无所不在的网络不良信息，将越来越势单力薄。未成年人的网络安全问题已经成为整个社会乃至全球性的问题。目前，美、英、日、韩等国家都已经建立相对完善的专项法律制度以保护未成年人安全使用网络。我国也在加快完善相关的专项法律措施。2017年6月1日正式开始实施的《网络安全法》将未成年人网络保护作为重点。全社会应立即动员起来，共同就建立未成年人互联网运用保护规制体系展开行动。现根据我们的初步研究结果，提出以下几点政策建议。

（一）通过互联网机制、互联网素养、互联网法规等的体系化建设，立足长远，着眼现实，统筹建立完善中国特色未成年人互联网运用保护规制体系

从长远看，未成年人互联网运用保护规制体系化、多元化发展是必然趋势。立法机构、政府、行业组织、市场主体以及教育机构、家庭等应各尽其责、各施所长，形成协同治理的合作关系，建立包括法律规制、行政规制、行业组织自律、市场主体自我规制以及学校教育、家庭教育在内的全方位、多元化、协作式规制体系。这其中，互联网机制建设是基础，有必要形成制度、技术、监督一体化的体系模式。互联网素养培养是关键，应积极提升未成年人的数字化参与水平和运用技能，使其能够胜任未来文化创造者的角色。互联网法规是重点，对未成年人互联网运用保护进行综合治理，积极借鉴国际经验，完善相关法律法规制度建设。目前，《未成年人网络保护条例（送审稿）》正在征集社会各界意见以臻于完善，建议在建立完善中国特色未成年人互联网运用保护规制体系方面作出规定，提出指导意见。

（二）基于地区发展和人群特征推动未成年人的互联网素养教育，开展有针对性和差异化的探索和实践

开展未成年人互联网素养教育要兼顾城乡、中西部地域差别以及不同年龄段未成年人特点。首先，探索针对城市和乡村、发达和落后地区不同未成年人的教育话语方式和技巧。其次，要深度研究未成年人网络运用思维，了解其网络运用习惯和相关建议，将理论充分与实践相结合。再次，避免单一、固化的做法，积极探索开放、共享的态度，努力将社会教育、学校教育与家庭教育的相关理论和方法相结合，争取实现互联网素养教育的新突破。

（三）明确权责，建立多部门协作联动机制，通过提升在线学习、协同创新、新技术竞赛、互帮互助等方面的质量，更好地促进未成年人健康地运用互联网

在未成年人互联网运用的保护规制方面，要避免出现“九龙治网”

的现象，要建立统筹协调的联席协作机制，明确牵头部门和协作部门的基本职责，出台权责明确、相互协作的政策和规定，在未成年人的网络运用保护上不仅达成共识，还要形成机制、形成合力，力避“都管也都不管”的情况出现。在推动未成年人正确、有效运用互联网的工作中，还应积极倡导新型互联网学习和应用方式，并使之成为互联网运用的潮流和趋势。比如，提倡在线学习，可提升未成年人自主学习的主动性，并使在线学习交流成为未成年人拓展社交的新途径。通过开展技术竞赛，未成年人可在创新、思考过程中，实现生动、多元的知识建构，达成学科内部、学科之间、课堂学习与在线学习、理论与实践之间的知识整合，实现融会贯通。

（四）重视网络流行文化对于未成年人的影响，推进互联网对未成年人价值观引导和塑造方面的深入研究和创新实践，引导和培育向上向好的未成年人网络文化

网络流行文化是知识性、娱乐性、趣味性并存的一种新型流行文化。网络流行文化的繁荣反映出当代个体生存、发展的内在需要。对于未成年人来说，网络流行文化既是其表达自我、张扬个性的一种文化载体，也是其与成人世界进行有效沟通的平台。因而，对于这种流行文化，应该加以适当有效的引导，注入有益的主流文化教育内容，增强教育的吸引力和感染力，使其在正确、健康的轨道上发展。

（五）从培养“强国一代”的战略定位出发，拓展研究视角和研究视野，加强对未成年人互联网运用的基础研究

未成年人是互联网运用的主力群体之一，互联网的普及和发展拓宽了其视野和知识面，促进了其全面发展。然而，互联网的运用是一把双刃剑，在带来积极影响的同时，也会产生一些负面影响。众所周知，未成年人的成长具有极为显著的基础性、可塑性、过渡性，当前，随着未成年人互联网运用的不断普及，互联网空间的各种问题对未成年人的影响日益突出，推动未成

年人互联网运用的保护规制体系研究和建设工作，也日益迫切和重要，这对广大未成年人工作者提出了更高的要求，需要他们更加科学高效地进行决策和改进工作，因而，加强对未成年人互联网运用的基础研究尤为重要，具有重大现实和战略意义，需要从培养党和国家“强国一代”的战略高度出发，以科学决策和务实工作完成好这项时代赋予未成年人研究工作者的任务。

参考文献

李文革、沈杰主编《中国未成年人互联网运用报告（2009～2010）》，社会科学文献出版社，2010。

李文革、沈杰、季为民主编《中国未成年人新媒体运用报告（2011～2012）》，社会科学文献出版社，2012。

李文革、沈杰、季为民主编《中国未成年人互联网运用报告（2013～2014）》，社会科学文献出版社，2014。

季为民、沈杰主编《中国未成年人互联网运用和阅读实践报告（2017～2018）》，社会科学文献出版社，2018。

保护规制和政策法规

Protection Regulatory and Policy

B.2
未成年人互联网运用的保护规制体系：全球视野与国际比较

杜智涛　刘 琼　俞 点*

摘　要： 未成年人面临着诸多上网风险，包括网络不良信息的影响、网络侵害、网络沉迷、网络隐私泄露等，保护未成年人免受这些问题的伤害，已经成为世界各国必须面对的课题。建立规制体系是未成年人网络保护的基本方式。全球未成年人网络保护的规制呈现三种模式：以美国为代表的行业自我规制模式、以韩国和新加坡为代表的政府规制模式、以英国和日本为代表的合作规制模式。借鉴发达国家的经验，我国未成年人网络保护应加快专门立法，构建起协同治理模式，引导行业自律以及发挥好家庭与学校的作用。

* 杜智涛，中国社会科学院大学媒体学院，副教授；刘琼、俞点，腾讯研究院。

关键词： 未成年人　网络保护　规制体系　国际比较

一　前言

互联网塑造着未成年人的生活，扩展了他们的思维和视野，让他们拥抱更多的机遇；但同时，也给他们的安全、隐私、身心健康等带来诸多的风险，将本已处于弱势的未成年人置于更多危险因素和伤害之中。未成年人面临的网络问题主要来自以下几个方面：（1）不良信息。包括性、色情和暴力等非适龄的图文影像，宣扬自残、自杀、厌食等不健康行为或危险行为的内容，以及某些含有种族主义、歧视或仇恨言论的内容等。网络不良信息容易使未成年人价值观念扭曲，影响其健康社会人格的形成，甚至会诱使其违法犯罪。（2）网络侵害。互联网正在放大未成年人遭受欺凌的风险，类似“暗网”这样的网络空间为各种恶劣的侵害未成年人行为提供了更加隐蔽的环境，拐卖儿童、网络威胁和勒索、“订制化”的网络性侵、猥亵儿童等行为在网络空间屡禁不止，严重侵害了未成年人的安全。联合国儿童基金会的研究显示：全球涉嫌传播未成年人色情图片、视频的网站多达1.67万个，这些网站上传了数百万张未成年人的色情图片，图片中的儿童年龄低于10周岁的占73%，报告显示有八成18岁受访者认为未成年人面临网络性侵风险①。（3）网络沉迷。互联网应用在设计中秉持的“用户黏性”目标，使得网络应用天然具有令用户沉迷的属性。未成年人沉迷网络有着多方面的原因，既有较强好奇心、较弱自制力、逃避或渴望认同等个体的心理因素，也有家庭、学校、网络企业等疏于教育与管理等外部因素。（4）网络隐私泄露。互联网环境下，用户账户信息、行为数据等被完整地映射在网络中，网络平台的安全防护稍有疏忽，个人数据便被泄露，从而使个人隐私面临巨大风险。未成年人自我权利保护意识与保护能力不足，其个人数据更容易被泄

① 联合国儿童基金会2016年6月7日公布的调查报告《风险和机遇：成长于互联网时代》。

露，隐私保护问题变得更加严峻。如何为未成年人在网络空间中构建安全的成长环境，保护他们免受伤害，已经成为世界各国普遍面临的问题。世界各主要国家根据本国的法律体制和历史文化传统，在未成年人网络保护上形成了各具特色的模式，这些模式对我国未成年人网络保护工作具有重要的参考价值。根据规制主体的不同，目前全球未成年人网络保护的规制呈现出三种模式：以美国为代表的行业自我规制模式、以韩国和新加坡为代表的政府规制模式、以英国和日本为代表的合作规制模式。

二　美国：行业自我规制为主

行业自我规制是指互联网行业通过行业自律对行为进行约束和控制，最大限度地降低政府介入管理的程度，美国是行业自我规制的典型代表。美国特别看重企业经营和个人言论自由，对政府的干预行为持怀疑态度。因此，想要通过立法限制网络信息的产生和传播往往会受到美国公民的强烈反对。同时，美国互联网技术发展领先于世界，自我规制的技术手段较为发达。此外，美国互联网产业规模极大，在国际竞争中占据明显优势，产业在国家政策中具有很强的话语权，这使政府在互联网规制中的立场不断摇摆。美国对于未成年人网络保护的立法进行了长期的探索，先后出台了多部法案对未成年人进行网络保护，虽然相关立法数量最多、内容最全面，但因美国《宪法》第一修正案对言论自由的强力保护，诸多法案仍面临合宪性的质疑，所以政府考虑减少干预、放缓监管，将规制的主动权让给企业和行业①。

（一）立法规制与言论自由的冲突

言论自由的价值观以及法哲学在美国拥有悠久的传承，有着稳定的社会根基，美国政府在对未成年人不宜内容进行规制时存在诸多障碍。为了推进未

① 李洪雷：《论互联网的规制体制——在政府规制与自我规制之间》，《环球法律评论》2014年第1期。

成年人网络保护，美国国会1996年发布了《通信规范法案》（*Communication Decenty Act*）。该法案对向未成年人传播低俗和明显冒犯性信息的行为给予十分严厉的处罚。但由于很多人认为该法案相关禁令太宽泛，以至于侵犯到了成年人的合法言论自由，第二年，美国最高法院判决该法案限制淫秽言论之外的其他言论规定是违宪和无效的。1998年，美国国会通过了《儿童在线保护法》（*Child Online Protection Act*），该法案规定任何人基于商业目的故意利用互联网传播对未成年人有害的信息，均要受到处罚。该法案同样受到诸多质疑，认为它影响了成年人言论自由。最终于2009年，美国最高法院否决了该法案的合宪性。

正是因为立法规制与言论自由相冲突，美国政府舍弃了直接利用法律管制的途径，而是依托行业以及技术进行管控。2000年，美国通过了《儿童互联网保护法案》（*Children's Internet Protection Act*），该法案要求那些获得联邦资助购买计算机或接入网络的学校和图书馆必须采取网络安全措施和技术保护措施，如安装相应的过滤软件，以屏蔽不适宜未成年人的内容①。尽管此法案也同样产生了争议，但它最终得到了最高法院的认可。表1呈现了部分美国未成年人保护相关法案的内容及效果，从中可以看到，美国最高法院一直在保护未成年人健康成长与维护成年人言论自由之间、在政府公权与公民私权之间寻求平衡。

表1　美国未成年人保护相关法案

时间	法案	内容及效果
1996年	通信规范法案（CDA）	尝试将网络空间中的（未成年人可接触到的）低俗言论，以及淫秽言论纳入监管。在1997年的雷诺诉美国公民自由联盟案中，美国最高法院裁定，本法案中反低俗内容的条款违宪
1998年	儿童在线保护法案（COPA）	限制未成年人接触被认为是有害的信息。此法律被认定违宪，因为此法律同时也会阻挠成年人发表受保护的言论。经过了三轮独立的司法诉讼后，此法案依法在2009年被永久禁止。自始至终，此法案从未生效过

① 卢家银：《未成年人网络立法保护的国际视野与中国经验》，《教育传媒研究》2018年第4期。

续表

时间	法案	内容及效果
1998 年	网络免税法	利用税收优惠的经济驱动方式敦促商业色情网站采取措施限制未成年人访问,这是美国以税收减免这一经济性规制工具保护未成年人的一次重要尝试
2000 年	儿童在线隐私保护法案(COPPA)	适用于美国司法管辖范围之内,通过网络收集 13 岁以下儿童个人信息的个人或机构。法案要求网站运营者必须在其《隐私政策》中说明何时和如何收集信息,并在收集前以可验证的方式征求家长或其监护人的同意,表明运营者在保护儿童隐私和网络安全方面的责任,以及限制对 13 岁以下未成年人进行市场营销。但由于这部法案违背了《宪法》第一修正案所规定的言论自由,2007 年,美国联邦最高法院进行裁决,核准该法案违宪
2000 年	儿童互联网保护法案(CIPA)	提出全国的公共图书馆联网计算机配置色情过滤系统,否则它不仅无法得到政府给予的技术扶持,而且不能获得资金补助。国家扶持的图书馆和学校需要依据网络安全法规进行管理,确保儿童上网环境的安全,预防儿童接触到网络上的一些不安全的内容,并协助学生掌握安全使用网络的手段。2003 年最终裁定合宪,当前美国全部学校和公共图书馆的电脑内都依照法规配置了色情过滤软件

（二）从立法规制走向行业自律

美国利用法律管制网络自由的障碍很多，因此需要政府充分发挥行业自律的优势。政府和法律仅需要做出引导和裁决，其他的交给“无形之手”，用行业、企业的力量来实现效率和效果的最优化。加之美国的互联网发展时间较长，无论是技术水准还是网络规模方面都处于世界先进水平，通过行业自律和技术管控来实现未成年人网络保护是一个必然逻辑。针对未成年人网络保护，美国政府没有配置独立的管制部门，而主要通过行业自律①。

在未成年人网络不良信息的防范上，很多公司都着手通过技术来解决问题，比如微软公司研发了过滤软件，将网站分为暴力、裸露、性以及语言等四个类别，每个类别再做下一层次的分级。麻省理工学院计算机科学实验室

① 龚文庠、张向英：《美国、新加坡网络色情管制比较》，《新闻界》2008 年第 5 期。

的“国际互联网联盟”（World Wide Web Consortium）已研发一套被称为PICS的分类系统，帮助用户对网络信息进行筛选。

在未成年人隐私保护方面，联邦贸易委员会将行业自律与立法标准相结合，编制行业自律规范，这一规范在联邦贸易委员会核准之后形成了“安全港”模式。网络服务商仅需遵从这一规范就被认定遵从了相关要求，能够免除责任，这一模式成为美国针对未成年人网络安全保护的独特机制。“安全港”模式指出，父母有认可以及被告知的义务，即网站必须在公布与未成年人相关的材料前告知其父母、监护人，并获得他们的认可，以此来保护未成年人的隐私和网络安全①。

在内容管理方面，行业协会针对娱乐等不同类型的软件实施分级管理，引导未成年人在网络游戏中正确、适当行为。美国娱乐软件定级委员会（ESRB）作为一个独立、非营利性组织，在互联网行业的支持下，为互动娱乐软件产品制定标准的定级体系，以协助家长更全面地掌控未成年人在网络上看到的内容，预防他们观看到不适宜的信息。该组织编制了游戏的分级体系，将游戏软件归为不同的级别，有针对性地对未成年人的网络游戏行为进行管理②。

（三）明确各方责任，倡导公众自律

除倡导行业自律之外，美国政府还利用教育和技术等方式引导民众进行个人自律，提升民众的自我保护能力。目前，这种公众自觉承担网络安全责任的个人自律已形成一种文化，融入美国社会发展的方方面面，成为未成年人网络保护的关键力量。美国政府和各教育机构通过强化对家长的教育，让他们能够更好地对不适宜未成年人的内容进行监管。美国新泽西州建立了“网络天使”志愿组织，教育家长和未成年人怎样预防并屏蔽网上的负面信息。同时，他们还对部分未成年人进行专门的培养，让他们成为其他未成年

① 黄晓林、李妍：《美国儿童网络隐私保护实践及对我国启示》，《信息安全与通信保密》2017年第4期。

② 维基百科：《娱乐软件分级委员会》。

人自律的榜样①。

此外，众多民间行业组织以及学术机构也制定了一系列自律规范，明确社会各界应承担的责任。例如，2007 年成立的家庭在线安全研究所（FOSI）作为一家免税的非营利性慈善机构，致力于推广网络安全的优秀实践经验、工具和方法，为未成年人及其家庭提供规避网络风险的解决方案。FOSI 通过举办年会和其他活动将政府、企业和非营利组织聚集在一起，共同讨论网络安全领域的进展。FOSI 提出在互联网上创建“责任文化”（Culture of Responsibility），要求六方（政府、执法部门、行业、家长、教育者、孩子）协作，在未成年人网络保护中承担不同层次的责任②。2008 年 2 月，根据多州司法部长在 2008 年 1 月宣布的《关于社交网络安全关键原则的联合声明》，在美国哈佛大学法学院伯克曼互联网与社会研究中心成立了互联网安全技术专责小组（ISTTF）。该小组职责是研究互联网行业和终端用户（包括父母），为给未成年人创造一个更安全的互联网环境提供有效工具和技术。小组成员来自互联网服务提供商、社交网站、学术界、教育界、儿童安全和公共政策研究组织等。该小组总结了美国未成年人网络安全领域的相关研究，审查了 40 项技术，分析了主要社交网站关于保护未成年人网络安全的措施，并提供了一系列发展建议③。

美国政府及一些社会组织还为家长和未成年人提供了一系列网络安全指导手册。如联邦调查局为家庭提供了《父母网络安全指南》（A Parent's Guide to Internet Safety），该指南指导父母如何更有效地教育未成年子女防范网络骗局，如何根据他们的表现判断其是否面临网络风险，如何教育孩子处理网络危险等。美国家庭网上安全机构（Family Online Safety Institute）通过研究报告、父母指引、指南文件等多种方式为家长提供咨询，帮助父母做合格的数字家长（Digital Parents）；同时，该机构还推出了《做好数字监护的

---

① 张化冰：《互联网内容规制的比较研究》，中国社会科学院研究生院博士学位论文，2011 年。

② Wikipedia. Family Online Safety Institute ［EB/OL］. https：//en. wikipedia. org/wiki/Family_ Online_ Safety_ Institute.

③ Internet Safety Technical Task Force ［EB/OL］. http：//cyber. harvard. edu/research/isttf.

七个步骤》，包括与子女沟通、父母的自我教育、家长控制、制定规则、有效的关注、探索与共享、以身作则等内容。尽管这份指导性文件不是强制性执行的法案，主要依靠家长的主动性，但其社会影响巨大，它成为学校、社会组织对家庭进行宣教的有效材料。

三　韩国、新加坡：政府规制为主

政府规制是指政府运用公共权力，通过制定一定的规则，或者通过某些具体的行动对网络行为进行限制与调控，从而达到保护未成年人网络安全的目的。政府规制派认为，互联网不是中立的，互联网会对一国的文化、社会、意识形态等造成巨大的影响，因此，对于互联网的监管，政府有不可推卸的责任。韩国、新加坡是政府规制模式的典型代表，主要由政府力量对未成年人进行网络保护，体现了政府这只“有形之手”的影响力。韩国是世界上最早以全面立法来管理未成年人网络行为的国家之一[①]，也是首个实施网络实名制的国家，另外，韩国还推行限制未成年人上网时间等制度。新加坡则推出并落实了分类许可证制度，针对不能传播的信息以及网络企业和工作人员的义务均给出了具体的规定，形成了以政府为主导的强制性的立法介入模式。

（一）韩国：政府主导的强规制体系

韩国的信息技术发展速度很快，网络普及率很高，在各国中是针对网络内容进行最为严厉规制的国家之一。其对媒体的规制传统，使政府较早涉入了未成年人网络安全保护的领域，并承担了重要的角色。韩国以法律为根基，以技术为依托，以分级审核为协助，创造出极具韩国特色的规制模式。

1. 政府主导，以立法实施对未成年人的网络保护

1995 年，韩国政府颁布了《电信商务法》，并建立了信息传播伦理委员

① 姜群：《英国互联网管理体制透视》，华中科技大学硕士学位论文，2006 年。

会（ICEC）。2001 年，先后推出了《不健康网站鉴定标准》和《互联网内容过滤法》。这些法案为政府对互联网企业的审核监管奠定有力的法律支撑。在 ICEC 的基础上，韩国政府成立了互联网安全委员会（KISCOM），该组织隶属于韩国信息和通信部（MIC）。KISCOM 审核的对象包含互联网论坛乃至其他“危害公共道德的公共领域”。1997 年，韩国政府颁布了《青少年保护法》，这是一个专门针对未成年人实施保护的法规，此后韩国政府对其屡次修订。该法规提出，网吧、学校等能够公共上网的场合必须配置过滤软件，确保未成年人得到健康的信息和资料，并且要求未成年人在固定的休息时间内才能参与网络游戏。此外，韩国的《电影及视频类的振兴法》《游戏产业振兴法》《音乐产业振兴法》《广播电视法》《室外广告管理法》等相关法律中也对未成年人网络保护做出了相关规定。

2. 立法政策与技术手段结合，隔离与过滤并举

韩国广播通信审议委员会联合教育科学技术部等多个部门实施“绿色网络计划”，要求互联网企业必须开发可以屏蔽那些不适宜未成年人信息的软件。韩国法律要求互联网运营商根据内容分级系统——互联网内容筛选系统（PICS），对所有将要发布的信息进行内容分级。（1）不适宜未成年人观看的网站需要依据 PICS 的准则进行显眼标记，互联网接入中心需要配置过滤系统，实行将色情或暴力有关的网站加入黑名单的制度等。（2）韩国因特网安全委员会启动了互联网内容排名体系，给网络内容设置了分类准则，激励网络使用者传播消息的时候依据这一标准将内容归类。（3）要求网吧、学校、图书馆等配置过滤软件，抵制色情或者不适合网站的链接。（4）依照韩国《青少年保护法》的规定，要求在进入未成年人不宜内容的链接时，或在门户网站检索成人类信息时，需要通过成人认证程序，基于“居民登记码（IRN）”技术验证用户身份，确定其年龄。

3. 网络实名制的推进与质疑

2005 年 10 月，韩国政府要求互联网必须采用实名制。17 岁之下还未取得身份证的用户，网站必须在得到未成年人具体信息之后，利用手机密码验证的形式确定用户身份。韩国手机在进行售卖时，需要通过身份认证，网络

管理组织在必要时可通过手机运营商的协助追索上网人员的真实身份。2006年7月，韩国公布《促进信息化基本法》和《信息通信基本法》等法规，以此作为网络实名制的法律依据。2008年，韩国主流网站已经全部采用实名制。但这一制度实施效果并不理想，2011年7月，社交网站“赛我网”被黑客攻击，造成3500多万实名用户资料泄露。5个月之后，游戏运营商Nexon公司服务器又受到黑客的侵袭，造成1300多万用户资料泄露。2013年8月，韩国宪法裁判所裁定网络实名制违反了《宪法》。裁定内容指出，网络实名制并没有使网上的不良信息得到抵制，相反导致网站受到攻击；同时，网络实名制在一定程度上约束了言论的自由，个体信息泄露风险加大，也导致没有韩国身份证的外国居民不能注册使用韩国网站。而网络实名制所要达到的“限制上传非法资料，在出现损失时能够掌握加害人员”的立法目标，可以运用“IP追踪和刑事处罚、损害赔偿”等方式来实现①。

4. 强制防沉迷措施与互联网产业发展冲突

游戏产业是韩国的一大支柱型产业，国家在鼓励和支持游戏产业发展的同时，也出台了许多政策法规防止未成年人过度沉迷网络游戏，但其中很多政策法规与产业发展相冲突。2010年，韩国对外发布了《预防和消除网络游戏沉迷政策》。依据这一文件，韩国政府针对游戏提出时间限制、身份认证和监督管理等机制。其中，对游戏时间限制运用“疲劳度系统”和“深夜时间关闭”手段，前者指只要用户游戏时间超越限制，游戏进度就会放缓；后者指午夜后网络游戏终止未成年人登录。身份认证是要用户在进入游戏的过程中，亲自确认本人身份证信息。监督管理指家长能利用游戏网站了解子女进入过哪些游戏、使用了多长时间，游戏运营商能够依据家长要求对儿童进入游戏的时间给予限定。2011年5月，韩国国会推出了《青少年保护法》修正案，规定了强制性的“网游宵禁”制度：游戏运营商不能在午夜零时到早晨6时向16岁之下的未成年人开放游戏。然而，严厉管制对韩国游戏产业发展造成阻碍。在2009年至2014年期间，韩国游戏企业减至不

① 《韩国网络实名制兴废始末》，http：//play. 163. com/special/jianzheng_ 44/。

足半数，就业人员也减少到8.73万人。2016年2月，韩国经济研究院递交《游戏产业管制政策转换的必要性》报告指出：政府过于低估游戏产业在文化产值方面的影响，轻视了游戏产业的价值，繁杂的管制手段压制了韩国游戏产业的发展速度，假如不运用一些改善手段，韩国游戏产业将会受到更多的打击，被邻国所赶超[①]。韩国针对未成年人网络游戏行为的限制措施也会带来"气球效应"，游戏开发商因经济效益受限不愿开发面向未成年人的游戏，使未成年人接触面向成年人的游戏风险增加，这与当初的规制意图背道而驰。

5. 加强网络教育，倡导公民自律

韩国最近几年一直实施网络道德教育计划，以此提升民众的媒介素养，强化其自律意识。一是利用政府部门和媒体平台进行宣传教育。二是利用街道、学校、社会团体等非政府组织推进网络道德教育建设。三是在中小学教材之内添加了与网络道德等有关的信息，同时要求教师修习有关课程。韩国国家信息社会局还成立了"网络成瘾防治中心（Internet Addiction Prevention Center）"[②]。网瘾防治费用由政府负担，以中学老师与父母为对象，开设预防网瘾的讲座；对个人及家庭提供网瘾咨询，并且对有网瘾症状的学生进行集体辅导。目前，韩国资讯通信部已在全国开办了140多个心理咨询中心[③]。

（二）新加坡：政府规制下的多元参与

新加坡着眼于政府规制，政府针对网络给予较为广泛和严格的管制，同时，大力推行"三合一"政策，即法规制约、行业自律与媒体素养教育相结合，以保护未成年人网络安全。

---

① 《韩各项限制措施重创游戏业 游戏企业5年缩水一半》，http://www.chinanews.com/gj/2016/02-03/7746141.shtml。

② Internet Addiction Prevention Center [EB/OL]. http://www.iapc.or.kr/english/aboutcenter/GreetingsDirector.do.

③ 中国信息通信研究院互联网法律研究中心：《未成年人网络保护法律问题研究》（内部资料）。

1. 政府引导下的道德约束

1996 年和 1997 年，新加坡颁布了两项规制——《广电局（分类许可证）通知》和《互联网运行准则》，确定了分类许可证体制，明确限定了互联网不能传播的信息，指出了互联网服务乃至内容供应商应该履行的义务，最大限度地消弭了执法进程中的模糊性，给网络内容的高效管制奠定了坚实根基，形成了以政府为核心的强制式立法介入形式。新加坡的网络监管，既有严厉的法律规制，也有公共道德与社会价值观的约束。在“集体利益高于个人利益”的共同价值观下，新加坡极为关注社会道德建设的作用，提倡以正确的价值观来维护互联网的健康发展。基于公共道德的更高诉求，新加坡依旧使用广电媒体的准则对网络色情内容实施严厉管制，将全部的信息都维持在未成年人能够接受的水平，当然，从某种角度看，这限制了成年人的信息自由权。同时，新加坡信息与艺术部（MITA）提出了内容审核的目标：保持原本的亚洲价值观、确保种族和宗教的稳定、维持社会稳定、确保未成年人免受不良信息侵害。MITA 提出，给家庭提供网络服务必须先排除色情网页，并给家长们带来一个安全稳定的实施手段；公共图书馆等部门在为未成年人提供互联网服务的时候必须配置对应的桌面控制软件；家长也应该积极主动地在家内接入网络的计算机上配置相应的监管软件。

2. 规制约束下的行业自律

由于新加坡政府不能提供足量的网络监管人员，因此政府只能引导行业进行自律以及教育用户提升自我保护能力。但这种行业自律是建立在政府、法律的规制约束之下的。2001 年 2 月，政府和互联网业界联手，以对用户的调查为前提，构建了一个相对完善且具备自愿属性的行业自律标准——《行业内容操作守则》。使用这一守则的网络服务商或内容服务商都需要履行相应义务。当前，新加坡最大的三个网络服务提供商——星枢网（Starhub）、太平洋网（Pacific Internet）和新加坡网（Singnet）均运用了这一守则，并将之融入用户协议之中。事实上，新加坡的网络自律仅是一种形式，严密的新加坡法规涉及社会不同层面，且已被网络使用者内化处理。因此，有的专家提出把新加坡网络自律归入“自行接受管理”类型。

3. 凝聚社会各界力量，提升网络素养

新加坡网络素养教育有着独特的运行机制，其主要特征是“政府协调、公益资助、商业运作”。实施网络素养教育的部门有教育部、新闻通信部和艺术部等。教育部更加看重对在校学生实施网络素养教育，新闻通信部等则面向社会民众。政府在网络素养教育中不是“掌控者”，而是作为“协调者”，从宏观层面给予引导。主动参加网络素养教育的还有很多社会力量，如社区、志愿者乃至社会慈善部门等。其中有代表性的是新加坡赛马博彩基金，它定期给网络素养教育提供教育经费，只要学校设置相应课程，该基金就会提供一定的资金，且审核手续极为简便。此外，网络素养教育还引入了“服务外包”方式，教育部倡导各公立院校设置网络素养课程，而其具体教学行为则可交给私立教育机构和培训部门，对于公立学校，不用为师资、教材、经费等问题烦恼；对于私立教育部门，可以获得教育部的资格认证，争取比较可靠的客户群体①。

四　英国、日本：合作规制为主

合作规制是对政府规制的有效补充，最早提出对未成年人网络保护进行合作规制的是欧盟。1998 年，欧盟理事会发布《保护未成年人和人权尊严建议》，对传媒行业应如何实施未成年人网络保护给出了指导意见。该建议指出，合作规制是政府和产业以及其他利益相关者彼此配合的规制模式，有着灵活性强、适应快且效率极高的特征。大部分欧盟国家在本国政府部门的监督统筹下，由行业协会、自律组织根据法律法规或自愿规制协议开展未成年人网络保护相关工作②。政府、企业和行业协会为了化解问题，联手编制标准，共找化解之策。这里以英国为欧盟国家的代表，对合作规制进行介

① 王国珍：《新加坡媒体素养教育的运行机制——兼论对我国媒体素养教育的借鉴意义》，《新闻记者》2011 年第 8 期。

② 《世界互联网发展报告 2017》，http：//www. wicwuzhen. cn//web17/material/images/2017bg. pdf。

绍。此外，日本在未成年人网络保护方面与欧美国家接轨，也建立了政府、企业、行业协会、社会公民等多方协作的合作规制模式。

（一）英国：多利益主体的合作规制

英国以合作规制为主要管理模式，倡导以解决问题为导向，政府、行业、社会公民共同制定标准、寻找对策。英国在保护未成年人网络安全的实践中一直秉持着这样一种观念：最低限度的管制，实施一种“监督而非监控”的管理模式①。这使英国在未成年人网络保护上呈现自由与多元的特色，即政府引导、行业自律与政企合作多种机制并存。在政府的行政引导下，行业进行自律并与政府积极开展合作，提供保护未成年人的工具与手段，同时辅以必要的法制管理②。

1. 监督而非监控的行政导航

英国政府很早就意识到仅依靠现行法律来管理和规范互联网是远远不够的，不仅不切实际、效率低下，而且代价高昂。英国并没有设置独立的未成年人网络保护法规，所有的内容分别见于《1978 年青少年保护法》《录像制品法》《黄色出版物法》《禁止滥用电脑法》《2003 年性侵犯法》《刑事司法与公正秩序修正法》等法律法规中。政府主要通过行政导航，引导行业自律，实现未成年人网络保护。涉及未成年人网络保护的行政管理部门主要有三个：通信联络办公室（Office of Communications，OFCOM）、内政部互联网工作组（Home Secretary's Internet Task Force）与国家网上儿童保护中心（National Centre for Child Protection on the Net）。其中，OFCOM 是为行业提供引导和监管的重要机构，监管对象包含电信、无线通信、电视和广播等。OFCOM 的权力来自国家法规和战略，不受企业和政府影响，其一贯做法是尽量避免干涉，寻求最不具有打扰性的调整机制来实现其政策目的。2004 年，OFCOM 公布《手机新型内容自律规范》后，英国移动运营商实施对网

---

① 张化冰：《互联网内容规制的比较研究》，中国社会科学院研究生院博士学位论文，2011 年。

② 李震英：《英国成为儿童网络安全的领导者》，《基础教育参考》2010 年第 15 期。

络内容的过滤策略。当前，所有主要的英国移动运营商都已经自愿实施内容过滤系统，对手机网站内容给予分级标记，明确不可以让 18 岁之下未成年人观看的内容①。此外，OFCOM 还进行了大量市场研究和媒介素养调查，这些调查对于推动英国社会未成年人网络安全教育具有重要意义②。

2. 行业的自我管理

欧盟各国都在互联网行业中倡导行业自律，互联网服务商依照行业协议实施自我管理。欧盟提出了《加强社交网络安全原则》，并获得英国 Bebo、法国 Dailymotion、比利时 Netlog、美国 Facebook 及 MySpace 等 17 家主要网站的支持。英国也同样倡导行业自律，由英国贸易工业部协调，英国“网络观察基金会”（IWF）与 50 家网络服务提供商联盟组织以及英国内政部、伦敦警察厅署等共同签署了《3R 安全网络协议》（即 Rating、Reporting、Responsibility），由 IWF 负责执行。IWF 落实行业自律的形式包含四种：一是设置网络热线，鼓励公众积极举报有色情、种族歧视等内容的网络链接；二是编制并执行行业规则；三是鼓励服务商对网站有关内容给予分级及内容过滤处理；四是推进网络安全教育③。

3. 多方合作，整合研究、协商、规范等多种功能

英国政府与研究机构、互联网企业及其他各类社会组织都有着很好的合作，共同推进未成年人网络保护。2007 年，英国儿童临床心理学家坦尼亚·拜伦应英国前首相戈登·布朗要求进行未成年人网络安全研究，其研究报告“Safer Children in a Digital World”提出成立儿童网络安全委员会（UKCCIS）④。2008 年，UKCCIS 成立，汇集了 200 多个组织的成员，包括政府部门代表、互联网视频和游戏企业、监管机构和儿童慈善机构等。

① 蔡雄山、曹建峰：《未成年人网络保护，中国可以从西方学什么?》，http：//fa. ftchinese. com/story/001073658？page = rest。

② Ofcom. Media literacy［EB/OL］. https：//www. ofcom. org. uk/research – and – data/media – literacy – research.

③ 姜群：《英国互联网管理体制透视》，华中科技大学硕士学位论文，2006 年。

④ Byron Review：Children and New Technology［EB/OL］. http：//webarchive. nationalarchives. gov. uk/20101011131742/http：//www. dcsf. gov. uk/byronreview/.

UKCCIS 的成立，标志着政府、企业和慈善机构结成了同盟。UKCCIS 整合了互联网安全研究、协商、发布行业行为规范、给用户提供建议等多种职能，其活动包括以下几个方面：一是开展了大量的互联网安全研究；二是提供适于家用的网络内容过滤工具；三是为互联网企业提供设计指南，鼓励企业在产品设计之初就嵌入未成年人保护功能，形成“设计安全”的文化；四是为父母和监护人创建未成年人保护指南①。

（二）日本：与欧洲接轨的合作规制

日本采用了以合作规制为主的未成年人网络保护模式，表现出两大特点：一是倡导“官民合作”方式，加强政府与社会团体、民间机构和公民的合作；二是政策与国际接轨，尤其与欧美的未成年人保护政策接轨。日本政府认识到未成年人网络保护不仅需要法律保障，而且还需要家庭、学校以及全社会的共同努力，通过立法明确各方的责任，建立了多方合作的未成年人网络保护规制体系。

1. 多方合作，建立不良信息过滤体系

在内容管理方面，日本建立了政府、企业及行业自律、家庭等多方参与不良内容过滤的体系。2009 年颁布实施的《加强青少年网络环境安全法》提出：政府有责任利用有关的政策乃至手段确保未成年人网络安全，降低未成年人接触负面信息的概率；运营商企业有责任配置网络过滤软件，屏蔽不良信息；家长有责任监督未成年人的网络使用状况。为落实该法案，日本企业积极参与其中，移动运营商开发未成年人的网络安全套餐，设置了“手机限制访问”功能，为手机配置了过滤软件，在晚上 10 点到早 6 点之前切断联网。2009 年 3 月，日本内阁府、警察厅等部门联手发起“官民联手、推广手机过滤软件”活动，很多大型电器商场乃至民间组织也积极参与其中。该法案允许民间组织建立“内容过滤推进机构”，由民间组织推行过滤

① UK Council for Child Internet Safety (UKCCIS) [EB/OL]. https://www.gov.uk/government/groups/uk-council-for-child-internet-safety-ukccis.

软件和相应服务，带动技术软件的研发，并要求国家及地方公共组织向相关企业和组织给予必要扶持。

2. 行业自律，保护个人信息安全

日本没有对未成年人网络信息保护的专门立法，在2003年颁布的《个人信息保护法》中设定了危害个人信息安全应担负的法律责任。日本也没有独立的实施个人信息保护的管理部门，这是为了维护软件企业及相关组织的管理效率，这与日本强化政府和民间协作的思路是一致的。日本三大通信运营商在手机中配置了家长管理软件。电信企业还针对儿童研发了专款手机，此种手机无法浏览网页和接收短信，只能和通信录内的号码通话，而且还配置了GPS定位功能，能够及时报警。同时，日本针对民间信息保护还构建了认证机制，即给那些保护个人信息安全的企业一个相应的认证标记，提升该企业的信誉。从这个方面看，这种机制和美国的“安全港”机制有很多共同点，非政府组织与政府行为保持协调，既可以提升行业自律的效果，也不会影响到行业的发展。2000年，这一认证机制和美国的BBB online相互认可①，加速了认证机制的国际化。

五　我国未成年人网络保护规制的问题与策略

由上述分析可以看到，各国根据不同的历史文化特点，选择了不同的未成年人网络保护模式。美国是自我规制的典型代表，但美国政府不但出台了相关法律法规，还通过税收和补贴的财政手段促进未成年人网络保护技术的应用；电竞产业发达的韩国和“警察国度”新加坡是政府规制的代表，但社会参与、行业自律、技术手段也融入整个规制体系中。总之，无论是政府管制，还是法律规制，抑或是技术手段，单一方式在未成年人网络保护上总会存在各种顾此失彼的问题。各国的实际经验也说明，有效的未成年人网络保护措施，应当是

① BBB online是美国促进良好商业顾问局（Council of Better Business Bureau）的附属机构Better Business Bureau（BBB）的网站安全认证，它所提供的认证服务有Reliability Seal、Privacy Seal、Kids' Privacy Seal等。

多种方式并举、多种力量协作。未成年人网络保护需要政府、监管部门、互联网企业、学校、家长等社会各界共同参与、共同努力，已成为国际共识。

自20世纪90年代开始，中国网络游戏业高速发展，尽管相关监管部门出台了一系列规范互联网行业的政策规制，但没有针对未成年人网络保护的内容，互联网企业在未成年人网络保护上的责任意识还未普遍形成，国内未成年人网络保护处于自由发展阶段。进入21世纪以来，一系列关于未成年人网络保护的政策、规范出台，如2001年，共青团中央、教育部、文化部、国务院新闻办公室等部门发布《全国青少年网络文明公约》；2002年，国务院颁布《互联网上网服务营业场所管理条例》，首次提出了未成年人禁止进入网吧的规定；同年，新闻出版总署、信息产业部联合颁布《互联网出版管理暂行规定》，要求以未成年人为对象的互联网出版内容不得含有诱发未成年人模仿违反社会公德的行为和违法犯罪行为的内容，以及恐怖、残酷等妨害未成年人身心健康的内容；2005年，新闻出版总署颁布《关于保护未成年人身心健康实施网络游戏防沉迷系统的通知》；2010年2月在文化部的指导下，多家网络游戏企业共同发起并参与实施“未成年人家长监护工程”；2016年开始，在政府的监管与引导下，互联网企业主动参与未成年人保护的社会责任意识增强，纷纷主动采取各种措施来防范未成年人网络风险，我国未成年人网络保护进入了政府、企业、社会联动的新阶段。

总体来看，我国未成年人网络保护的规制措施还处于探索阶段。目前，我国政府在互联网产业发展、渠道管理、内容监管等方面都提出了一些政策法规，但相关政策制定年代较早，已远不适应当前互联网的快速发展节奏。并且，目前我国政府的政策制定多针对互联网行业，对家庭、学校及社会其他主体的责任未进行明确和规范，关于未成年人保护的立法和执法还存在着边界不清、责权不明等问题。同时，国内互联网行业的自律还处在企业自我规范层面，未形成统一的行业标准。一些互联网企业在媒体和公众的压力下，采取了一定的措施，但这些措施落实效果还有待于进一步评估。这些问题都需要逐一厘清，制定相应的对策，真正形成法律约束、政府监管、行业自律、企业负责、学校引导、家庭保障的未成年人网络保护体系。

（一）加快未成年人网络保护的专门立法

美国、欧盟等国家和组织很早就开始探索未成年人网络保护的立法，日本、韩国、俄罗斯等其他国家也大多基于专门立法来保护未成年人上网安全。然而，我国尚无未成年人网络保护的专门法律，我国现行涉及未成年人保护的立法散见于《宪法》《刑法》《民法通则》《预防未成年人犯罪法》《互联网视听节目服务管理规定》《未成年人保护法》《网络安全法》《互联网信息服务管理办法》《互联网上网服务营业场所管理条例》《关于改进和加强网络游戏内容管理工作的通知》等各类法律、行政法规及部门规章中。这些法律法规内容广泛，尽管或多或少都涉及了未成年人网络保护问题，但由于政出多门，缺乏系统性和完整性，不能完全覆盖未成年人网络保护的需求；而且法律责任规定得比较抽象，缺少实施性条款，实践中难以得到有效执行；此外，有关网络内容治理、未成年人网络隐私权保护、网络信息与游戏分级体系、网络服务营业场所监管等方面的规定有待于进一步健全。

其中，《网络安全法》作为我国第一部网络空间综合性法律，明确了信息保护与内容治理的内容边界、法律责任以及网络运营者的责任义务，但没能体现出对未成年人这一特殊群体的保护。《未成年人保护法》作为未成年人权益保护的基本法，覆盖了未成年人保护中的司法、家庭、学校、社会等多方面的责任，但对于未成年人网络保护仅略有涉及，而且这些内容仅仅笼统地表明了未成年人网络保护的态度和倾向，并没有对网络特性、责任属性、实施措施、处罚依据、量裁标准等做出具体界定，这使对未成年人的网络保护缺乏可操作性。

2017 年 1 月 6 日，国务院法制办公室发布的《未成年人网络保护条例（送审稿）》，是我国立法保护未成年人网络安全的阶段性成果，这是我国未成年人网络保护专门性立法的重要一笔，应尽快推进其发布实施。同时，应在《未成年人保护法》中增加“网络保护”内容，两者共同构成我国未成年人网络保护的法律基础。此外，在立法的原则上，既要充分借鉴、移植发达国家的成功经验，又要立足于我国国情和本土文化；同时，也要处理好权益平衡的问题，既要兼顾未成年人与成年人的权益平衡，也要兼顾政府公权与公民私权的平衡。

（二）构建未成年人网络保护协同规制模式

未成年人网络保护是一项系统工程，涉及社会的方方面面。尽管近年来我国相关部门出台了一系列未成年人网络保护的政策和条例，但各执行部门之间存在着职责定位不明、各自为政、难以形成合力等问题；同时，快速发展的网络新技术与新应用、社会转型期出现的新矛盾，使未成年人网络保护的新问题不断涌现，这些问题使得未成年人网络保护问题变得日益复杂。因此，应当建立起一套各个部门协作、各项规制联动、社会化参与的协同规制模式。

首先，实现规制体系与机制设计的协调。未成年人网络保护的机制设计与规制建设要兼顾多方利益平衡：一是既要对网络内容进行必要的管制，避免未成年人接触到不良网络内容；也不能把未成年人隔离在网络空间之外，特别是不能因为管制网络内容而限制公民获取信息、言论自由等基本权利。二是在通过内容过滤、游戏宵禁、限时沉浸等手段强化网络企业对未成年人网络使用的限制的同时，也要防止这些限制与产业发展相冲突，导致网络内容、网络游戏等相关产业萎缩。三是在推进网络内容、网络游戏平台用户实名注册、年龄验证等措施的同时，也要加强网络安全管理，防止个人隐私泄露问题，同时也要避免产生“气球效应”，即网络企业不愿投入开发面向未成年人的内容和游戏，导致未成年人接触成人内容的风险增大，从而背离治理初衷。

其次，构建起未成年人网络保护工作协同管理的组织构架。我国未成年人网络保护的措施分散于各种法律、法规及其他部门规章之中，没有权利相对集中的监管部门，监管权力分布在文化部、教育部、工信部、网信办、公安系统等多个系统，监管权限范围既有重叠也有缺位。因此，应当明确各管理部门的权责范围，要着眼于顶层设计，在国家层面设立一个跨部门的未成年人网络保护领导机构，明确各部门的责任主体与责任目标，制定系统性的工作实施方案，统一协调各部门、各机构的工作，防止“九龙治水”的局面。建立起行政部门、司法部门、互联网企业与行业、社会组织、学校、家庭协同的责任体系，构建预防引导、危机干预、行业监管、犯罪打击相互配合、协同运作的机制，为未成年人在网络环境下的健康成长撑起一把完整的“保护伞”。

（三）建立未成年人网络保护的行业自律体系

发挥行业协会、企业的作用，形成行业自律的环境，是推进未成年人网络保护产生实效的关键。欧美、日本、韩国等均把行业自律作为约束网络企业的重要方式，制定了诸多的行业规范。中国互联网行业的自律体系日渐完善，如互联网协会发起了《传播正能量，坚守“七条底线”倡议》《中国互联网行业自律公约》《互联网搜索引擎服务自律公约》等行业约定，取得了一定的成绩。但这些约定发挥作用的实效性、企业参与的积极性、规制内容的针对性等方面还有待进一步加强。

依靠行业力量来落实网络内容的分级管理，是各国普遍采用的方法。从各国经验来看，网络内容的分级是互联网行业规范的重要举措，科学、有效的网络内容分级体系不仅是内容过滤与规制的基础，也是对互联网企业监管的依据。对未成年人影响较大的网络内容主要包括网络信息与网络游戏：一方面，要建立起网络信息分级制度，明确哪些是未成年人不宜接触的信息，并在出现不适宜未成年人的信息前进行年龄验证或提出警示；另一方面，要建立起网络游戏分级制度，面向不同年龄段的用户提供不同级别的游戏。在政府统一指导下，行业组织、社会组织、企业等组成联盟，共同制定网络内容分级标准，构建网络内容的特征描述体系与评价体系，对网络内容统一加印分级标识。

应强化互联网企业的主体责任，提升网络产品、网络内容服务商对未成年人保护的主动性和积极性。建议国家网信办引导和规范互联网企业切实履行社会责任，敦促互联网企业建立起数据安全的技术与制度防控体系，防止用户信息泄露；建立起有效的未成年人使用网络游戏平台、网络视频平台的实名验证和身份识别系统，完善家长守护工具，从技术上限制其使用时长和使用类型，避免因购买网络游戏装备、打赏和付费等给未成年人造成资金风险。促使企业履行这些制度，不能仅仅依靠行业约定和政府监管，还要通过声誉机制、信用机制等，让企业自觉、自愿地落实这些制度，加大不履约企业的交易成本。此外，政府要出台相关政策，引导和激励互联网企业面向未成年人群体开发适宜的产品、生产健康的内容，丰富未成年人在网络空间的成长环境。

（四）发挥家庭与学校在未成年人网络保护中的作用

家庭与学校是未成年人生活、学习的两个主要场所，因此从家庭与学校入手做好未成年人网络风险预防与保护工作尤为重要。目前，政府针对未成年人网络保护所出台的专项政策、专项治理规定中，涉及家庭、学校主体责任的内容还不明确、不规范。

家庭要切实起到未成年人网络保护的基础作用。首先，父母对其子女的教养不能仅停留在线下模式，还需要提升子女的数字教养。要推进对父母、监护人的网络素养教育，通过共青团、妇联、卫生健康部门、社区等各级、各类组织，以各种形式教育父母懂网、知网、识网，掌握网络环境下子女教育的有效方式方法。其次，相关部门或研究机构应通过研究报告、编制指南等方式帮助父母做好合格的“数字家长”（Digital Parents），通过清晰易懂的方式，告诉父母当孩子遇到上网安全问题时，应如何有效地采取措施。再次，父母要加强自我教育，强化安全意识，在社交媒体上分享孩子信息时，防止泄露孩子隐私，给犯罪分子可乘之机。

学校要切实起到教育与引导作用。首先，教育部门要高度重视未成年人网络素养教育，学校要将未成年人的网络素养教育纳入教学计划，研究设计切实有效的教学内容，指定专门的老师、开设专门的课程对未成年人进行网络素养教育，提升未成年人健康用网、安全用网的能力。其次，学校应发挥教育资源、专业资源优势，与卫计部门、研究院所协同开展未成年人网络沉迷的研究，从心理学、教育学、社会学、伦理学、精神医学等方面综合研究防范未成年人网络沉迷的解决方案。再次，建议教育部门研究出台校园内限制使用智能终端的统一规定，并根据不同年龄段未成年人的成长特点，提出指导方案，确保相关规定具有科学性、系统性和可行性。最后，教育部门要防止因噎废食，采用简单粗暴“一刀切”的方式来控制、监管未成年人上网，使未成年人丧失利用互联网获取信息、学习知识的能力，要让未成年人在安全的环境下平等地享有互联网所带来的巨大红利。

参考文献

李洪雷：《论互联网的规制体制——在政府规制与自我规制之间》，《环球法律评论》2014 年第 1 期。

卢家银：《未成年人网络立法保护的国际视野与中国经验》，《教育传媒研究》2018 年第 4 期。

龚文庠、张向英：《美国、新加坡网络色情管制比较》，《新闻界》2008 年第 5 期。

黄晓林、李妍：《美国儿童网络隐私保护实践及对我国的启示》，《信息安全与通信保密》2017 年第 4 期。

张化冰：《互联网内容规制的比较研究》，中国社会科学院研究生院博士学位论文，2011。

陈昌凤：《网络治理与未成年人保护——以日韩青少年网络保护规制为例》，《新闻与写作》2015 年第 11 期。

王国珍：《新加坡媒体素养教育的运行机制——兼论对我国媒体素养教育的借鉴意义》，《新闻记者》2011 年第 8 期。

李震英：《英国成为儿童网络安全的领导者》，《基础教育参考》2010 年第 15 期。

姜群：《英国互联网管理体制透视》，华中科技大学硕士学位论文，2006。

B.3

未成年人网络活动保护的法律比较分析

卢家银*

摘　要： 网络传播科技对未成年人的社会化进程产生了结构化影响，严重冲击着青少年权益的网络保护。中英法美德等许多国家在既定国际普遍规则的基础上，尝试通过修订现行法律、推动专门立法或借助判例造法等多种途径应对现代传播科技的本体挑战。国内外法律界围绕利益平衡、规制路径和法律文化三个视域的基本问题，探讨了未成年人与成年人、行政公权力与公民私权利之间的权利衡量，比较了世界范围内存在的未成年人网络运用的分散保护与专门保护两种模式及其最新发展变化，并对不同国度法治实践中的法律文化及其影响进行了讨论，以期探寻智能时代的互联网治理路径。

关键词： 网络保护　青少年　法律保护　网络治理

一　存在的问题

伴随着网络科技的飞速发展，尤其是青少年网民人数的迅速增长和人工智能的冲击，互联网对未成年人的日常生活与社会化进程的影响全面加大，未成年人的网络保护已经成为一个世界性的法律问题。在世界范围内普遍面

* 卢家银，博士，中山大学互联网与治理研究中心副教授、副主任、博士生导师，主要研究传播法、网络法与政治传播等。

临着法律发展滞后于科技更新的问题，许多国家特别是成文法国家缺少有效保障未成年人网络活动的专门法律，现行法律法规在保障未成年人权益方面显得捉襟见肘。法律保障的缺失导致网络空间的淫秽色情、网络暴力、网络恐怖、网络欺凌、网络沉迷和人格侵权等一系列科技本体层面的问题层出不穷。尤其是影响未成年人健康成长的网络淫秽色情、网络欺凌、网络欺诈与沉迷，已经成为阻碍互联网良性发展的安全隐患。

对此，在《世界人权宣言》《儿童权利公约》等多份国际法律文件的基础上，许多国家开始通过修订法律、专门立法或以判例造法等各类方式，积极应对网络空间潜在与显性的安全冲击与挑战。美国于2000年正式实施《儿童网络隐私保护法》，欧洲议会于2017年制定了影响特别广泛的《通用数据保护条例》（*General Data Protection Regulation*），英国参照该法于2018年修订出台了《数据保护法案》（*Data Protection Act 2018*），法国亦于同年通过了第2018－493号关于个人数据保护的法令。我国也于2012年10月重新修订了《未成年人保护法》，相继修订出台了《网络安全法》（2016）、《网络游戏管理暂行办法》（2017）和《民法总则》（2017）等法律法规，并开始制定专门针对青少年网络活动保护的《未成年人网络保护条例（送审稿）》，努力为未成年人创造健康的网络环境。

二　法律比较：权利、路径与文化

（一）权利平衡：未成年人网络保护的利益衡量

利益衡量又称利益平衡，它指“通过法律的权威来协调各方面冲突因素，使相关各方的利益在共存和相容的基础上达到合理的优化状态”[①]。它全面考虑一项规则的制定和适用可能引起各方面利益的变动，对各种利益做全面考察，不过分损害任何一方的利益。按照功利主义法学理论，要做到

① 陶鑫良、袁真富：《知识产权法总论》，知识产权出版社，2005，第17～18页。

“保护最大多数人的最大利益”，将利益损失的总和降到最低。[①] 在未成年人网络保护领域，利益衡量主要指公民权利之间、政府公权与公民私权之间的法益衡量。

第一，未成年人与成年人之间的权利平衡。虽然公平使用互联网是未成年人的基本权利，但是未成年人的优先保护权与成年公民的表达权之间有时会产生法益冲突。特别是网络管理部门对互联网的规制很可能阻遏成年人接受与传递信息的权利。在这种情况下，这种权利冲突就成为未成年人网络保护的首要权衡问题。[②]

在欧洲和全球已经产生广泛影响的《通用数据保护条例》对此问题进行了立法层面的利益衡量，在强调保护普通成年人个人数据权的同时，还对未成年人的个人数据权进行了全面规范。该条例倡导强化公众意识，要求对针对儿童的活动保持特别注意，在数据保护原则部分重点突出了未成年人数据隐私保护的问题，其第六条规定：数据处理合法性的条件之一是，处理对于控制者或第三方所追求的正当利益是必要的，这不包括需要通过个人数据保护以实现数据主体的优先性利益或基本权利与自由，特别是未成年人的优先性利益或基本权利与自由。[③] 对于信息社会服务中适用未成年人同意的条件，该条例第八条第一款指出：在数据主体已经同意基于一项或多项目的而对其个人数据进行处理的情形下，“对于为未成年人直接提供信息社会服务的请求，当主体年满 16 周岁，对未成年人个人数据的处理是合法的。当主体不满 16 周岁，只有当对未成年人具有父母监护责任的主体同意或授权，此类处理才是合法的”。[④] 欧盟由此加强了对青少年网络活动的保护，如果违反上述规定，违法者将被处以最高 2000 万欧元的行政罚款，对于企业最

---

① 娄耀雄：《信息法研究》，人民法院出版社，2004，第 15 页。

② 卢家银：《利益平衡：英美青少年在线活动的法律保护原则》，《中国青年政治学院学报》2012 年第 6 期。

③ General Data Protection Regulation. Retrieved from https：//gdpr – info. eu/art – 20 – gdpr/，2019 – 01 – 22.

④ General Data Protection Regulation. Retrieved from https：//gdpr – info. eu/art – 20 – gdpr/，2019 – 01 – 22.

高可处相当于其上一年全球总营业额4%的金额的罚款。

与之类似，英国同样在未成年人和成年人的互联网使用和信息传播权领域做了积极努力。《1988 年刑事正义法》（*Criminal Justice Act 1988*）第 160 节规定，“被指控犯有持有有伤风化儿童照片罪行的人，可以在三方面进行辩护”，以证明其具有合法理由。① 《2003 年性侵犯保护法案》（*Sexual Offences Act 2003*）也规定了类似的无罪抗辩事由。针对互联网的快速发展，英国在《1998 年数据保护法》的基础上，于 2018 年修订重新出台了《数据保护法案》（*Data Protection Act 2018*），该法于 2019 年 2 月 23 日正式生效。《数据保护法案》要求数据监管机构考虑儿童不同于成年人的需求及其在不同成长阶段的需求变化，法案第 9 条降低了数据主体授权同意的年龄限制，规定对于为未成年人直接提供信息社会服务的请求，如果数据主体不满 13 周岁，需要具有父母监护责任的主体同意或授权。②

在美国，为平衡二者，从 1996 年开始，美国国会先后通过《抵制儿童色情法》（*Child Pornography Prevention Act*，CPPA）、《儿童在线保护法》（*Child Online Protection Act*，COPA）和《儿童因特网保护法》（*Children's Internet Protection Act*，CIPA），试图阻止未成年人接近潜在的有害言论，并防止侵害成年人的宪法权利。值得注意的是，2000 年 12 月通过的《儿童因特网保护法》（CIPA）规定，学校和图书馆可以通过安装过滤软件屏蔽“属于淫秽或儿童色情的图像，防止未成年人获取对其有害的材料”。③ 在 2009 年联邦通信委员会诉福克斯电视台（FCC v. Fox Television Stations，Inc.）一案中，美国联邦最高法院以 5∶4 的投票结果判决联邦通信委员会胜诉并发回重审。最高法院判决认为，联邦通信委员会对福克斯电视台节目中出现的所谓临场粗口（fleeting expletives）这种不雅内容的处罚并不武断和反复

① 〔英〕萨莉·斯皮尔伯利：《媒体法》，周文译，武汉大学出版社，2004，第 394 页。

② Data Protection Act 2018，http：//www. legislation. gov. uk/ukpga/2018/12/contents，2019 - 02 - 21.

③ Children's Internet Protection Act（CIPA），P. L. 106 - 554，20 U. S. C. § 7001. Cited from Raymond S. R. Ku，Jacqueline D. Lipton. *Cyberspace Law*：*Cases and Materials*. New York：Aspen Publisher，2010，p. 148.

无常。[①] 虽然该案在2012年的联邦最高法院再审时，法院以宪法第十四修正案中法律正当程序的规定——“任何州不经正当法律程序，不得剥夺任何人的生命、自由或财产”，裁决联邦通信委员会败诉，但这并未减弱美国法律对猥亵和不雅内容的规制力度。[②]

第二，政府权力与公民权利的平衡。在未成年人的保护问题上，政府承担着无法推卸的重要公共职责，媒体管理部门时常以此对各类网络活动进行规范和约束，这直接涉及公私权利的划界与平衡问题。在世界范围之内，许多国家的法律均对此问题进行了立法与司法规范。

在德国，“德联邦出台的《公共场所青少年保护法》规定，网吧经营者不得向未成年人提供可能危害他们身心健康的游戏软件。对传播黄色信息的网吧或个人，德国法律将对其责任人进行处罚，最高可处以十五年监禁”。[③] 在美国，为了平衡这种权利冲突，2011年美国联邦最高法院以7∶2的投票结果裁定加利福尼亚州禁止销售暴力游戏的法案违反了美国宪法第一和第十四修正案，该院指出：与之前受保护的书籍、电影、戏剧等艺术形式一样，电子游戏通过许多人们熟悉的载体（如人物、语言、情节、音乐）以及这种媒介所具有的独特功能（如玩家与虚拟世界的互动），传递各种创意甚至社交信息，由此美国联邦最高法院认为电子游戏是一种明显的传播媒介，应受到宪法第一修正案保护。[④]

在英国，虽然没有针对未成年人保护的互联网专门立法，但是英国法律界在普通法的基础之上，对《1978年青少年保护法》（PCA）、《1994年刑事正义和公共秩序法》（CJPOA）、《2011年电子出版物法》（EPA）等现行法律进行修订和完善，努力为未成年人的网络活动提供法律保障。[⑤] 此外，

---

① FCC v. Fox Television Stations, Inc., 556 U.S. 502 (2009).

② FCC v. Fox Television Stations, Inc., 567 U.S. 239 (2012).

③ 卢家银：《未成年人网络立法保护的国际视野与中国经验》，《教育传媒研究》2016年第4期。

④ Brown v. Entertainment Merchants Association, 131 S. Ct. 2729, 2742 (2011).

⑤ 卢家银：《利益平衡：英美青少年在线活动的法律保护原则》，《中国青年政治学院学报》2012年第6期。

英国是欧盟成员国之一，其行政公权力的非法逾矩行为特别是不当干预公民私权利的做法，还受到《欧洲人权公约》的限制，英国公民可以以此为由向欧洲人权法院提起诉讼。在欧盟制订《一般数据保护条例》之后，英国于2018年亦参照该条例出台了《2018年数据保护法案》，取代了《1998年数据保护法案》，进一步明确规定保障未成年人的数据权利。即使在英国正式脱欧后，依据《欧盟（退出）草案》[*European Union* (*Withdrawal*) *Bill*] 第三条的规定，欧盟出台的《一般数据保护条例》等原有欧盟成员国通用的相关法律仍将成为英国的国内法，继续适用于英国。

（二）路径并存：未成年人网络保护的立法模式

在世界范围内，对于未成年人网络活动既有通过专门的未成年人网络保护立法予以单独保障的，也有通过各类实体法中的相关法律规定与判例法予以间接保护的分散保护模式。当前，这两种法律保障路径呈现并存发展的态势。

1. 分散保护

英国、法国和德国对未成年人网络活动的法律保护基本上是比较典型的分散保护模式。这些国家至今尚无专门针对未成年人在线活动的单行法，对青少年在线活动的保护主要是通过各类普通立法中的一般规定或相关的判例法而实现的。

在英国，为应对互联网的现实挑战，在《1978年青少年保护法》的基础上，英国相继修订《淫秽出版物法令》、颁布《1994年刑事正义和公共秩序法》、出台《2011年电子出版物法》，对法律中与互联网相关的条文进行了逐步修订，以期在现行法律框架下限制行政公权力，并为网络产业创新提供发展空间。在2002年的女王诉史密斯与杰森等（R v Jayson）案中，上诉法院裁定“自愿从互联网下载不雅图像到电脑的行为属于制作照片或虚拟照片的行为，因为计算机操作员在下载时会导致图像存在于屏幕上”。①

① R v Graham Westgarth Smith and Mike Jayson [2002] EWCA Crim 683 (No. 2001/. 00251/Y1).

2019 年 4 月，英国信息委员会最新公布消息称，英国即将出台新规以阻止未成年人在社交媒体上“点赞”，互联网平台将会被禁止使用鼓励未成年人持续使用网络的“轻推技术”（nudge techniques），违规者将会受到各类处罚，最高将面临所在公司全球收入 4% 的罚款。[①]

法国与英国的做法基本类似。1998 年 6 月 17 日，法国通过第 98 -468 号《保护与消除性伤害及未成年人保护法》对《刑法典》中的相关规定进行了修订，对利用互联网侵害未成年人的违法犯罪行为开始加大处罚力度。[②] 同时，法国还通过了对互联网内容过滤的专门规定，第 86 -1067 号新闻自由法第 43 -7 条规定，提供有线通信服务的自然人或法人应告知用户可以使用技术手段对服务项目或内容进行监控和筛选，并至少应向用户推荐一种此类方法。[③] 2006 年，法国信息与自由全国委员会（CNIL）又制定了《互联网个人信息保护指南》，引导企业及个人加强个人信息保护。该指南特别规定互联网站如果发布涉及未成年人的个人数据尤其是照片，必须得到其监护人的明确许可。[④] 除了框架和基础性的法律《信息、档案与自由法》外，2000 年之后，法国还相继颁布出台了《数字经济信心法》《互联网创作保护与传播法》和《互联网知识产权刑事保护法》等，均不同程度地涉及未成年人网络保护。[⑤] 依据 2016 年新修订融入的欧盟数据指令，未成年人的父母如果在网上公开其私人生活的私密细节，将会被处以一年监禁和 4.5 万欧元的罚款。[⑥] 2018 年 6 月，法国通过了第 2018 -493 号关于个人数据保

---

① Drew, R. UK Proposes Banning Social Media ‘Likes’ for Children. *The Washington Post*, April 15, 2019.

② 中国驻法国使馆教育处：《法国对未成年人上互联网的保护与管理》，http://www.jyb.cn/theory/bjjy/200902/t20090226_244371.html，2009 年 2 月 26 日。

③ 中国驻法国使馆教育处：《法国对未成年人上互联网的保护与管理》，http://www.jyb.cn/theory/bjjy/200902/t20090226_244371.html，2009 年 2 月 26 日。

④ 刘卓：《法国：全方位维护互联网信息安全》，《中国青年报》2012 年 12 月 26 日第 03 版。

⑤ 刘卓：《法国：全方位维护互联网信息安全》，《中国青年报》2012 年 12 月 26 日第 03 版。

⑥ Chazan, D.（1 Mar, 2016）French parents ‘could be jailed’ for posting children's photos online. The Telegraph, https://www.telegraph.co.uk/news/worldnews/europe/france/12179584/French-parents-could-be-jailed-for-posting-childrens-photos-online.html, 2019-02-21.

护（DPA）的法令，修订了之前对《信息、档案与自由法》的原修法令，将《通用数据保护条例》的相关规定融入法律。并按照欧盟成员国的自由酌量权，将“数码成人年龄”设定为16岁，意即16岁以下的青少年注册相关账户时，需要父母授权同意，任何公司收集未成年用户的姓名、出生日期和邮箱，都必须遵守该规定。[①] 与法国相仿，德国目前也主要是通过《多媒体法》、2003年的《青少年保护法》和《刑法典》等法律的相关条款对未成年人的网络活动进行保护的。

2. 专门保护

与上述三国不同，近些年来中国和美国在未成年人网络保护领域出现了比较明显的专门立法保障的实践模式。为保护未成年人在网络空间的合法权益，1996年美国国会通过《抵制儿童色情法》（CPPA），“在判例法的基础上进一步拓展了联邦法律，以对抗以计算机生成的形象代替真实儿童来发生性行为的侵犯材料”。[②] 1998年，美国国会通过了《儿童在线保护法》（COPA），旨在“限制未成年人在互联网上接近任何对其有害的材料”。该法以类似于米勒标准定义淫秽的方式“对未成年人有害”进行了定义：“任何人故意地在明知某材料性质的情况下，在州际和国际商业活动中利用万维网，为了商业目的传播可被未成年人接触到的，或者对未成年人有害的材料，可被处以5万美元以下的罚款，或6个月以下的监禁，或两刑并罚。”[③]

由此，对未成年人的在线保护在历经多年争论之后美国选择踏上了支持技术过滤的实践轨道。2000年12月，美国国会通过《儿童因特网保护法》（CIPA）。该法规定，如果学校和图书馆希望获得联邦资助（或折扣）购买电脑或接入网络，那么根据《儿童因特网保护法》的要求，学校和图书馆

---

① 赵怡蓁：《保护隐私：法国16岁以下青少年注册社交网络将需授权》，http：//baijiahao.baidu.com/s？id=1586826332952160348&wfr=spider&for=pc，2017年12月15日。

② 卢家银：《未成年人网络立法保护的国际视野与中国经验》，《教育传媒研究》2016年第4期。

③ Child Online Protection Act, 47 U. S. 231.

必须具有因特网安全政策和技术保护措施，每一台接入因特网的电脑必须安装相应的过滤软件，可以屏蔽“属于淫秽或儿童色情的图像，防止未成年人获取对其有害的材料”。[①] 虽然美国图书馆协会于 2001 年 1 月对此提起诉讼，但是最高法院在 2003 年以 6∶3 支持了《儿童因特网保护法》的合宪性。“首席大法官威廉·伦奎斯特（William Rehnquist）撰写了多数意见，他认为《儿童因特网保护法》是国会合法行使其权力来保护未成年人的利益的，它并不侵犯图书馆和学校等公共场所中的用户的宪法第一修正案权利”。[②]

对于备受关注的未成年人网络信息保护问题，美国国会于 1998 年制定通过了《儿童网络隐私保护法》（*The Children's Online Privacy Protection Act of 1998*，COPPA），并于 2000 年 4 月正式实施，对互联网平台收集 13 岁以下儿童的个人信息的行为进行了具体的规制与约束。与欧盟《通用数据保护条例》的广泛视角不同，美国的《儿童网络隐私保护法》只聚焦于防止未成年人遭遇网络不公与欺诈。该法案规定：“要求与儿童有关的商业网站经营者，或有意向儿童收集个人数据的网站经营者禁止以不公平或欺诈方式收集、使用及披露十三岁以下儿童网络个人数据。”[③] 2005 年 10 月，加利福尼亚州议会出台了 AB1179 法案，规定禁止向未成年人出售含有暴力内容的电子游戏。[④] 2012 年 12 月，美国联邦贸易委员会发布了一份《儿童网络隐私保护法》的修订规则，第一次对该法案进行了比较重要的修订。该修订创制了父母注意和知情要求，补充了互联网平台需承担的义务和责任。该法要求互联网运营和服务提供者必须考虑运用可获得的科技手段尽力为 13 岁以

---

① Children's Internet Protection Act（CIPA），P. L. 106 – 554，20 U. S. C. § 7001. Cited from Raymond S. R. Ku，Jacqueline D. Lipton. *Cyberspace Law*：*Cases and Materials*. New York：Aspen Publisher，2010，p. 148.

② 卢家银：《利益平衡：英美青少年在线活动的法律保护原则》，《中国青年政治学院学报》2012 年第 6 期。亦参见左亦鲁：《美国的互联网管制——以未成年人互联网保护为例》，《中国经济》2010 年第 4 期。

③ 蒋玲：《美国儿童网络隐私保护概况及其启示》，《四川图书馆学报》2009 年 5 期。

④ 何帆：《电子游戏、格林童话和言论自由》，《人民法院报》2011 年 8 月 12 日第 8 版。

下用户的监护人提供直接通知，以获取关于该用户个人信息的收集、使用或公开的权利。① 2016 年，移动广告网络公司 inMobi 就因追踪所有用户（特别是获取 13 岁以下用户的信息而未经监护人允许）的地理位置而被罚款 95 万美元。在该案中，尽管用户已做隐私设置，但该广告公司的软件仍然持续定位和追踪用户。②

与其他国家相比，我国尚无保护未成年人网络活动的单行法律法规，我国现在对未成年人在线活动的保护渗透穿插于社会保护当中，相关规定分散在《宪法》《刑法》《民法》《网络安全法》《未成年人保护法》等各类法律法规、部门规章以及规范性文件之中，效力层次各不相同，属于典型的间接保护。简言之，这种法律上的间接保护主要包括普通法中的一般规定和未成年人相关立法中的专门规定两类。对于前者，2011 年 2 月修订通过的《刑法》第 364 条规定："传播淫秽的书刊、影片、音像、图片或者其他淫秽物品，情节严重的，处二年以下有期徒刑、拘役或者管制。……向不满十八周岁的未成年人传播淫秽物品的，从重处罚。"对于后者，《未成年人保护法》第 34 条规定："禁止任何组织、个人制作或者向未成年人出售、出租或者以其他方式传播淫秽、暴力、凶杀、恐怖、赌博等毒害未成年人的图书、报刊、音像制品、电子出版物以及网络信息等。"与该法相似，全国人大常委会 1999 年制定的《预防未成年人犯罪法》也对此做了禁止性的规定。

除了《未成年人保护法》《预防未成年人犯罪法》《互联网上网服务营业场所管理条例》《网络游戏管理暂行办法》等法律法规对未成年人网络保

---

① Larose, C. J. & Siripurapu, J. M. Guide to Compliance with the Amended Children's Online Privacy Protection Act (COPPA) Rule. The National Law Review, https://www.natlawreview.com/article/guide-to-compliance-amended-children-s-online-privacy-protection-act-coppa-rule, 2013-06-28.

② Mobile Advertising Network InMobi Settles FTC Charges It Tracked Hundreds of Millions of Consumers' Locations Without Permission. Federal Trade Commission, https://www.ftc.gov/news-events/press-releases/2016/06/mobile-advertising-network-inmobi-settles-ftc-charges-it-tracked, 2016-06-22.

护的积极回应，国家网信办起草报送国务院审议的《未成年人网络保护条例（送审稿）》已面向社会公开征求意见。该条例明确了未成年人网络保护的管理体制，建立了网络内容管理制度，增加了公共上网场所预装过滤软件、网络沉迷规范矫正、网络欺凌防治和未成年人个人信息保护的规定。[①] 2017 年新出台的《民法总则》也已经为公民隐私权和个人信息权再次确权，并进一步完善了一般人格权的规定，这为未成年人的网络人格权保护奠定了基础。概言之，为应对互联网的挑战和持续推进社会主义法治进程，我国已经在未成年人网络保护领域展开了专门立法的实践探索，已体现出直接立法保护的发展趋向。

三　结语与建议

总而言之，“未成年人的网络法律保护是一项系统工程，它不仅涉及法律、技术、伦理等多个层面，而且需要立法机构、政府部门、社会团体（特别是互联网企业）、学校、家庭和普通公众的广泛参与，不可一蹴而就”。[②] 在这个虚拟与现实迅速交融的智能算法时代，对未成年人的在线保护需要全面统筹利益衡量、路径选择和文化传统，以在推动未成年人网络保护法律体系建设过程中实现国家目标、集体利益和个人权益的有机统一。对照《未成年人网络保护条例（送审稿）》的内容和我国未成年人网络保护面临的挑战，毫无疑问法律界需要进一步思考法律条款中的授权与限权、法律文化传统、法律的移植以及法律实施与适用过程中的利益平衡与实际效用。如果法律确实无法有效解决问题，在实践中既可以借助现代科技手段、诉诸技术，也可以考虑调动社会多元主体参与互联网治理、诉诸法律，通过建立现代网络治理体系予以有效应对。

① 王利明：《中国未成年人网络保护立法的成就与展望》，http：//www. legaldaily. com. cn/fxjy/content/2017 - 12/05/content_ 7412005. htm？ node = 89858，2017 年 12 月 5 日。

② 卢家银：《未成年人网络立法保护的国际视野与中国经验》，载张志安（主编）《互联网与国家治理年度报告（2015）》，商务印书馆，2015，第 47 ~ 59 页。

在当下，我国需要尽快出台未成年人网络保护的专项立法，以解决未成年人的社会化与健康成长的平衡问题。《未成年人网络保护条例（送审稿）》已经明确未成年人网络保护的管理体制，但还需要解决科技挑战与产业发展、公权力与私权利、成年人与未成年人权益之间的潜在冲突，全面借鉴国际社会的法治经验，以建立符合我国实际的未成年人网络法制体系。具体而言，在网络内容的管理上（送审稿第二章），除了继续沿用现行法律法规的标准，还需尽快建立网络内容分级制度，加强对未成年人不宜接触信息的治理、屏蔽和过滤，引导多元网络主体加强网络规制和自律，通过技术手段强化对未成年人的网络保护；在公共场所预装过滤软件的基础上（草案第10~12条），推动网络游戏和网络视频等网络服务提供者建立年龄认证体系，强化监护人责任和平台义务，从而严格限制未成年人的不当与过度使用；在送审稿第四章的基础上，建立全面的网络安全教育制度，通过网络管理部门、网络运营商、社会组织、学校和家庭之间的沟通与协调，借助日常教育和社会志愿服务教育相结合的形式，提高未成年人的网络安全意识与使用能力；在送审稿第三章的基础上，建立未成年人网络隐私权、个人信息权和肖像权等人格权保护制度，在现行法律法规的基础上，有效限制对未成年人个人信息的收集与处理，以全面保障未成年人的网络权益并预防针对未成年人的违法犯罪行为。

参考文献

陶鑫良、袁真富：《知识产权法总论》，知识产权出版社，2005。

娄耀雄：《信息法研究》，人民法院出版社，2004。

卢家银：《利益平衡：英美青少年在线活动的法律保护原则》，《中国青年政治学院学报》2012年第6期。

〔英〕萨莉·斯皮尔伯利：《媒体法》，周文译，武汉大学出版社，2004。

卢家银：《未成年人网络立法保护的国际视野与中国经验》，《教育传媒研究》2016年第4期。

刘卓：《法国：全方位维护互联网信息安全》，《中国青年报》2012 年 12 月 26 日第 03 版。

蒋玲：《美国儿童网络隐私保护概况及其启示》，《四川图书馆学报》2009 年 5 期。

王利明：《中国未成年人网络保护立法的成就与展望》，http：//www. legaldaily. com. cn/fxjy/content/2017 - 12/05/content_ 7412005. htm? node = 89858，2017 年 12 月 5 日。

B.4
未成年人互联网运用的有关政策状况分析

陈晶环*

摘　要： 本文以中国首次接入国际互联网的时间（1994年）为起点，梳理了25年中我国未成年人互联网运用的相关政策的发展，并依据政策制定偏好划分为探索阶段、保护阶段、引导阶段和融合阶段。同时，以日韩美英德澳六国的未成年人互联网运用政策为例，分析不同国家的相关政策特征和具体内容，以期为完善我国相关政策提供借鉴。

关键词： 未成年人　互联网运用　政策分析

互联网在中国已经经历几十年的发展，其自身的演变和带来的变革一直是社会关注的内容。自2000年以后，网络运用者从单一群体向多元群体扩展，未成年人逐渐成为互联网运用的主体之一，由之所引发的社会问题和社会现象成为学术和公众讨论的主题。这也引发了政府部门的重视，推出一系列措施，意在保护未成年人健康成长的同时，促进互联网稳定有效发展。本文勾勒出这几十年的未成年人网络运用的政策变迁框架，一方面梳理我国未成年人互联网运用的发展过程与发展特征，另一方面有助于政策制定者在制定政策时协调各方关系，针对发展趋势提

* 陈晶环，博士，西南财经大学人文学院讲师。

前进行政策制定，为未成年人和互联网运用相关行业的健康发展提供良好的制度环境。

一 政策概念的界定

目前，我国已经发布《网络安全法》《中华人民共和国未成年人保护法》《预防未成年人犯罪法》等一系列法律，但这些法律并不属于本文所讨论的政策概念。政策有广义和狭义之分，广义的政策是指国家或者政党为了实现一定的历史路线和任务而制定的国家机关或者政党组织的行动准则，一般分为对内与对外两大部分。对内政策包括财政经济政策、文化教育政策、军事政策、劳动政策、宗教政策、民族政策等。对外政策即外交政策。狭义的政策指国家政权机关、政党组织和其他社会政治集团为了实现自己所代表的阶级、阶层的利益与意志，以权威形式标准化地规定在一定的历史时期内，应该达到的奋斗目标、遵循的行动原则、完成的任务、实行的工作方式、采取的一般步骤和具体措施，由决定、决议、纲领、宣言、通知、纪要等形式表现。狭义的政策区别于法律的概念，两者在制定主体、法律效力、约束力、稳定性等方面存在明显差异。因此，本文采用的是狭义政策的概念，并依据互联网在我国的发展历程和未成年人互联网运用政策划分为四个阶段。①

二 政策回顾

（一）探索阶段（1994～1999年）

第一阶段为1994～1999年，是互联网第一次大浪潮。1994年4月，中

① 本部分资料参考自中国互联网协会网站、《人民日报》客户端、新华网、中国网、环球网、《北京青年报》、《科技日报》、易驰科技公众号。

关村教育与科研示范网络与美国 NSFNET 直接互联，实现了中国与 Internet 全功能网络联结，标志着我国最早的国际互联网络的诞生。到 1995 年我国首家互联网企业正式成立了，也就是瀛海威公司，也正是这家公司让人们真正接触并开始使用互联网，第一次互联网大浪潮就此开始。之后从 1997 年到 1999 年，我国互联网行业的四大“天王”搜狐、网易、腾讯、新浪也就此诞生，搜狐、网易、新浪也于同年在美国纳斯达克上市。因此，这一阶段多是互联网内容的尝试和探索阶段。相应地，互联网网民也开始在网络世界遨游，但相对数量较少。截止到 1997 年 10 月，我国上网用户 62 万，15 岁以下上网用户仅占 0.3%，[①] 可以看到这一阶段能够接触到网络的未成年人还占少数，网络当中不良信息的比重也不大，关于网络信息内容规制的法律法规刚起步，涉及专门保护未成年人免受网络不良信息侵害的立法内容尚未出现。我国第一部网络管理行政法规是 1996 年由国务院颁布的《计算机信息网络国际联网管理暂行规定》（以下简称《国际联网管理暂行规定》），次年 12 月《计算机信息网络国际联网安全保护管理办法》（以下简称《安全保护管理办法》）也在公安部的推行下开始实施。[②] 为了进一步解决实践操作的问题，1998 年国务院根据《国际联网管理暂行规定》颁布了实施办法。这三个规定明确了互联网络的具体概念，明确了互联网使用单位和个人的权利与义务，比如在义务方面提出“任何单位和个人不得利用国际联网制作、复制、查阅和传播捏造或者歪曲事实，散布谣言，扰乱社会秩序，宣扬封建迷信、淫秽、色情、赌博、暴力、凶杀、恐怖、教唆犯罪的信息”。然而此时网络是新生事物，相关政策因滞后还无法将触角深入网络世界，并且由于使用互联网的未成年人较少，已有的政策对这个群体并没有给予太多关注。

（二）保护阶段（2000～2006年）

第二阶段为 2000～2006 年，是互联网第二次大浪潮。2001 年，随着百

---

① 庄育飞：《我国 Internet 用户现状统计分析》，《中国信息导报》1999 年第 4 期，第 31～32 页。

② 马海群：《我国网络信息立法的内容分析》，《图书情报知识》2004 年第 3 期，第 2～6 页。

度的兴起，中文搜索进入了百度时代，2002 年博客网成立，以及个人门户兴起，随后淘宝网的兴起开启了一个全新的商业模式，也就是电商模式，而后支付宝的出现也正式地宣告中国人民开始进入移动支付网购时代。到 2004 年，网络游戏开始兴起，网游市场也开始风起云涌，2006 年，互联网衍生出来的电商服务业最终被确定为国家重要新兴产业。

互联网产业在蓬勃发展的同时，也带来网络不良信息、网络成瘾等负面问题。在网络病毒和黑客入侵的背景下，2000 年国务院出台《互联网信息服务管理办法》，将网络游戏作为出版物纳入规制范围。同年文化部、公安部、海关总署、国家经贸委、信息产业部、外经贸部和工商局联合发布《关于开展电子游戏经营场所专项治理的意见》，规定即日起禁止面向国内的电子游戏设备出售，这使得国内主机和掌机的游戏市场彻底消失。[①] 2001 年 11 月 22 日上午，共青团中央、教育部、文化部、国务院新闻办公室、全国青联、全国学联、全国少工委、中国青少年网络协会在中国人民大学联合召开网上发布大会，向社会正式发布《全国青少年网络文明公约》，这标志着我国未成年人有了较为完备的网络行为道德规范。2002 年国务院发布《互联网上网服务营业场所管理条例》，禁止未成年人进入网吧。2003 年文化部发布《互联网文化管理暂行规定》，明确规定网络游戏的内容将由审查委员会的专家审核，确保没有侵害未成年人身心健康的不良信息，国家对网络安全的重视达到历史最高。此外，互联网协会设立“违法和不良信息举报中心”，通过社会力量加强对不良信息的监督管理。[②]《2001 年 ~ 2010 年中国青少年发展纲要》提出，要实施教育信息化工程，强化未成年人法律意识，保护处于困境中的未成年人，创造有利于未成年人健康成长的良好舆论环境，对未成年人安全上网起到了指导作用。[③] 在此阶段，相关政策主要围绕三个方面制定。

---

① 王大可：《网络游戏中未成年人保护法律问题研究》，辽宁大学硕士学位论文，2018 年。

② 马雨蒙：《网络不良信息行政法规制研究》，电子科技大学硕士学位论文，2016 年。

③ 王大可：《网络游戏中未成年人保护法律问题研究》，辽宁大学硕士学位论文，2018 年。

1. 明确未成年人禁止进入网吧，加大网吧监督力度

2002 年 6 月 16 日，北京“蓝极速”网吧事件使网吧行业长期以来的隐患暴露出来，引起了国家有关部门的高度重视。2002 年 8 月，国务院颁布《互联网上网服务营业场所管理条例》，规定在中小学校园周围 200 米范围内不得设立上网场所，条例中首次提出了“未成年人禁止进入”的规定，网吧要悬挂未成年人禁入标志并不得接纳其进入，在第三十条中明确指出，网吧如果有接纳未成年人进入营业场所行为的，一经查处，由文化行政部门给予警告，可以并处千元以下的罚款。情节严重的，责令停业整顿，直至吊销《网络文化经营许可证》。① 针对学校内上网场所管理制度不健全问题，《关于进一步加强网吧及网络游戏管理工作的通知》规定教育行政部门对学校内上网场所实施备案登记管理的制度，校内上网场所必须由学校直接管理，不得出租、承包，不得以营利为目的，以充分发挥学校上网场所公益性，使其成为满足未成年人上网需求的有益场所。在 2004、2005 年开展全国网吧专项整治工作期间，文化部多次联合其他部委颁布相关政策，进一步强调严禁未成年人进入网吧。② 2006 年 7 月，国家工商行政管理总局印发了《关于进一步做好网吧管理工作的通知》，对查处取缔黑网吧的措施做出了一系列具体的规定，具有很强的针对性和操作性。2007 年 2 月，文化部、工商总局、公安部、信息产业部等部委联合发布了《关于进一步加强网吧及网络游戏管理工作的通知》。③

2. 多部门参与未成年人互联网运用保护，加强企业监管

2003 年 9 月 20 日，新闻出版总署公布了《关于在游戏出版物中登载

① 韩伟：《网吧管理研究》，华中农业大学硕士学位论文，2008 年。

② 国务院办公厅：《国务院办公厅转发文化部等部门关于开展网吧等互联网上网服务营业场所专项整治意见的通知》，（2004 年 2 月 17 日）[2012 - 08 - 25]. ht - tp：//www. 110. com. fagui/law_ 4102. Html。

文化部、国家工商行政管理总局、公安部、信息产业部、教育部：《关于进一步深化网吧管理工作的通知》，（2012 - 03 - 12）[2012 - 08 - 25]. http：//www. wenming. cn/ziliao/wenjian/jigou/qita/201203/t20120312551762. shtml。

③ 韩伟：《网吧管理研究》，华中农业大学硕士学位论文，2008 年。

〈健康游戏忠告〉的通知》，规定今后在所有电子游戏出版物和互联网游戏出版物中，必须在画面的显著位置全文登载《健康游戏忠告》，凡未按通知要求登载《健康游戏忠告》的游戏出版物，将一律停止出版、运营和销售，以此对未成年人形成提醒，但并无强制性。

2004 年 6 月，由团中央主管的中国青少年网络协会筹备的全国首家网吧行业组织——青少年上网服务场所工作委员会成立，工作委员会由文化部领导牵头，由团中央、信息产业部、公安部等部委领导，社会著名人士及网吧代表共同组成。

2004 年 2 月 17 日，国务院办公厅转发文化部等部门关于开展网吧等互联网上网服务营业场所专项整治意见的通知，并于 2 月至 8 月，在全国开展网吧等互联网上网服务营业场所专项整治工作。2004 年颁布的《中共中央、国务院关于进一步加强和改进未成年人思想道德建设的若干意见》，提出了要“开发和推广弘扬民族精神、反映时代特点、有益于未成年人健康成长的游戏软件产品”，同时“严格审查面向未成年人的游戏软件内容，查处含有诱发未成年人违法犯罪行为和恐怖、残忍等有害内容的游戏软件产品”以及“加强对互联网上网服务营业场所和电子游戏经营场所的管理”。同年，国家广电总局也发出通知，要求从保护未成年人健康的角度，全面禁止广播电视播出电脑网络游戏类节目。①

2005 年国家互联网信息办公室发布的《互联网新闻信息服务管理规定》以禁止性命令明文规定互联网新闻信息服务单位不得登载、发送、散布含有淫秽色情内容等的有害信息。

3. 完善网络游戏分级和网络游戏监管

中国的网络游戏出版始于 1994 年，至今已有二十余年的历史。前六年主要以电子游戏出版物出版为主，2000 年开始则以网络游戏出版为主。在网络游戏产业刚刚起步的阶段，新闻出版总署采用先发展产业后规范行业的

---

① 刘建银、周轶：《我国青少年网络游戏监管政策的十年回顾与分析》，《重庆邮电大学学报》（社会科学版）2013 年第 1 期。

方针，施行了比较宽松的鼓励政策，而随着网络游戏产业逐渐发展壮大，相应的监管法规、监管机构和管理制度也都形成了。

2000年，新闻出版总署根据《出版管理条例》和《互联网信息服务管理办法》的规定，开始对包括网络游戏出版在内的互联网出版活动进行监管。2002年，新闻出版总署、信息产业部联合颁布《互联网出版管理暂行规定》，在关于出版内容要求的第18条特别提到，"以未成年人为对象的互联网出版内容不得含有诱发未成年人模仿违反社会公德的行为和违法犯罪的行为的内容，以及恐怖、残酷等妨害未成年人身心健康的内容"。该政策是新闻出版机构首次介入到网络游戏监管的标志。① 当时成立了游戏出版物专家监督委员会，制定网络游戏出版审读办法，对游戏内容开展审读工作，并推动成立了全国唯一一家游戏行业组织——中国出版工作者协会游戏软件出版工作委员会。② 在此阶段，网络游戏分级和网络游戏监管是国家相关政策关注的重点。

从网络游戏分级来看，2004年9月26日，中国青少年网络协会游戏专业委员会正式公布了中国第一套网络游戏分级标准《中国绿色游戏评测与推荐制度》。该标准有A暴力度、B色情度、C恐怖度、D社会道德度、E文化内涵度5个静态评测指标，以及F游戏时间限制、G非法程序（外挂）、H聊天系统的文明度、I游戏内部社会体系的秩序、J游戏形象宣传、KPK行为、L用户区分度7个动态评测指标，每个指标下分为1至3个不同等级。根据游戏各项指标所表现出的等级数，设定出相应于初中、高中、18岁以上各年龄段人群适合的游戏参考条件，符合18岁以下年龄阶段标准要求的游戏统称为"绿色游戏"。③ 该标准仅为推荐性标准，不具有强制性。有人指出：如果依据该项标准，我国的大部分游戏未成年人都不能涉足。④

① 刘建银、周轶：《我国青少年网络游戏监管政策的十年回顾与分析》，《重庆邮电大学学报》（社会科学版）2013年第1期。

② 常青：《"行政许可重复设定"怎么办？——以"网络游戏"监管权之争为例》，《出版发行研究》2006年第4期。

③ 姚远：《中韩网络游戏产业比较》，《编辑之友》2005年第2期。

④ 李蕾：《自由主义权利哲学困境下的网游乌托邦》，《法学评论》2011年第2期。

同年10月，中国消费者协会消费指导工作委员会、中国软件行业协会游戏软件分会联合出台了《游戏软件分级标准》，分级标准以年龄段为标准，分为三级即适合未成年人、在家长老师指导下、只适合成年人。

从网络游戏监管看，2004年《互联网文化管理暂行规定》把网络游戏定性为网络文化产品，纳入监管范畴。同年《中共中央、国务院关于进一步加强和改进未成年人思想道德建设的若干意见》中提出要“严格审查面向未成年人的游戏软件内容，查处含有诱发未成年人违法犯罪行为和恐怖、残忍等有害内容的游戏软件产品”。2005年《网络游戏防沉迷系统开发标准》《网络游戏防沉迷系统实名认证方案》针对未成年人沉迷网络游戏，利用技术手段削减未成年人在线游戏时间和游戏收益，限制未成年人在线游戏时间。[①] 2005年7月，文化部和信息产业部联合下发了《关于网络游戏发展和管理的若干意见》。

4. 保护未成年人隐私，防止网络伤害

2000年12月28日第九届全国人大常委会通过并颁布的《维护互联网安全的决定》第4条规定“为了保护个人及其他组织的人身、财产等合法权利，对有下列行为之一的，构成犯罪的，依照法律规定追究法律责任：非法截获、篡改、删除他人电子邮件或者其他数据资料，侵犯公民通信自由和通信秘密”。《中国公用计算机互联网国际联网管理办法》第11条也规定“任何组织和个人不得利用计算机国际互联网从事危害他人信息系统和网络安全、侵犯他人的合法权益的活动”。另外，《计算机信息系统安全保护条例》《计算机信息网络国际联网安全保护管理办法》等也做出了相关规定，这对维护未成年人网络隐私权提供了法律法规依据。[②]

此七年间政策的落脚点多放在网络安全控制上，对网络信息内容本身的关注还刚起步，国家没有提前意识到互联网行业发展的特点，缺少正确的引导使得网络中的信息充斥着不良内容。比如，《中国青少年网络协会绿色游

① 朱昕怡：《信息时代网络管理》，浙江大学硕士学位论文，2018年。

② 冯超：《浅谈未成年人网络隐私权的保护》，《法制与社会》2009年第6期。

戏推荐标准》和《防沉迷系统开发标准（试行）》（2005）都对游戏时间进行了规定，但“限时”有违网游开发的商业规则和根本理念，也违背和触犯了网游开发商和经营者的根本利益，必然遭到业者群体的反对和抵制。[①]也有人提出对《互联网上网服务营业场所管理条例》中关于“禁止未成年人进入网吧”的规定并不认同，表示信息社会的发展不能把未成年人置于网络之外，禁止未成年人接触网吧获取信息资源的做法缺乏“人文关怀”。未成年人主要人群是青少年学生，学生的首要任务是学习，但是在学习之余能够让青少年学生使用网络进行娱乐也并非不可，这也是信息化教育的一部分。[②] 与前一阶段相比，网吧等营业场所的大量开设与家庭网络的增长使得未成年人接触网络的人数急速增加，这在影响未成年人娱乐方式的转变上更为明显，“网瘾”的概念也由此产生。相关机构已经开始认识到网络不良信息治理的紧迫性。[③]

（三）引导阶段（2007～2011年）

第三阶段为2007～2011年，互联网第三次大浪潮涌现。2007年6月，中国网民有1.62亿之多，位列世界第二。上网的未成年人达5945万人，占网民总数的17.7%；在全国2.16亿学生中，互联网普及率达27.5%。同一年，CNNIC首次发布专门针对中国未成年人上网的行为研究报告，这份报告指出，未成年网民使用手机上网的比例高于总体网民平均水平，比例超过3成。[④] 2008年，中国的网民首次超过了美国，互联网发展在中国走上了正轨。2009年开始，SNS社交网站开始活跃起来，这其中以人人网、开心网、QQ等SNS平台为代表，进入了互联网社交时代，吸引了大量未成年人群体。到2010年，团购模式开始兴起，2011年是微博发展元年，这一年微博

---

① 刘成玉、郭郡郡：《网络游戏产业性质及其调控探讨——基于青少年保护视角》，《四川师范大学学报》（社会科学版）2014年第5期。

② 韩伟：《网吧管理研究》，华中农业大学硕士学位论文，2008年。

③ 郭丹、李晶珠：《比较法视野下网络服务商的法律责任限制》，《东北农业大学学报》（社会科学版）2007年第5期。

④ 马雨蒙：《网络不良信息行政法规制研究》，电子科技大学硕士学位论文，2016年。

迎来了井喷式的发展，微信也在同年诞生。面对互联网功能的多元化与生活化，未成年网民数量的激增，相关部门逐渐开始对未成年人的网络行为加以关注，针对互联网行业的政策制度逐渐增多。[①]

在这一阶段，逐渐开始探索发动社会力量，对未成年人使用网络进行监管。2007 年 1 月 3 日，中国青少年网络协会开放了免费为家长提供上网指导的“北京家长网络培训基地”，通过帮助家长学习网络技术、了解青少年接触的网络内容，引导家长与孩子沟通，推行“十百千万工程”、公益训练营等方式帮助青少年健康上网。[②]

此外，开始进行尝试过滤软件的安装。2009 年 5 月，国家工信部下发了《关于计算机预装绿色上网过滤软件的通知》，要求在我国境内生产销售的计算机在出厂时必须安装“绿坝－花季护航”绿色上网过滤软件，并斥资四千多万元购买了一年的服务费用。[③] 其主要作用是过滤、限制和监督，一是过滤暴力、色情等不良信息；二是通过 IP 过滤来实现限制上网时间、限制聊天内容等；三是监视电脑中的应用程序，如每 3 分钟定时进行截图，以实现家长对未成年子女上网动态的实时监控和管理。

这一阶段，参考上一阶段的政策效果，尝试由单一监管模式转向新型治理方式，因此开始发动社会力量，形成多元未成年人互联网运用保护模式。

（四）融合阶段（2012年至今）

第四阶段为 2012 年至今，PC 互联网过渡到移动互联网，配合 4G/5G 技术的发展，移动网络彻底融入了我们的生活。2014 年，微信具备了支付功能；2015 年，“互联网＋”的概念首次被提出来；2016 年，互联网直播、扫脸支付、“城市大脑”出现；2017 年，人工智能成为发展重点。在这一阶

① 于志强：《中国网络法律规则的完善思路：行政法卷》，中国法制出版社，2016 年，第 59～60 页。

② 朱虹《中青网协引导“网瘾少年”成“网创人才”》，《人民日报》2017 年 1 月 3 日第 4 版。

③ 朱昕怡：《信息时代网络管理》，浙江大学硕士学位论文，2018 年。

段，互联网与生活已经完全无法分割，人们彻底地进入全面互联网生活状态。一方面，未成年人的互联网使用需求日渐多元化，并日渐具有学习和放松功能，调查显示未成年人对互联网的需求主要是获得新闻、满足个人爱好、提高学习效率、研究有兴趣的问题以及结交新朋友等。另一方面，网络直播、AI、网络消费、自媒体、网约车的发展，给人们的生活带来巨大变化，也导致使用互联网的未成年人数量大幅度增加，《中国互联网络发展状况统计报告》指出，截至 2017 年 12 月，未成年人互联网接触率超过 90%，9 岁以下孩子占比达到 57.4%。因此，这一阶段的政策重点不是管，也不是治，而是融合，将互联网的功能与未成年人的成长诉求结合。

2016 年 10 月，国家互联网信息办公室发布了《未成年人网络保护条例（草案征求意见稿）》，公开征询多方意见。国家互联网信息办公室于 2016 年 11 月 4 日发布《互联网直播服务管理规定》，该规定旨在促进互联网直播行业健康有序发展，弘扬社会主义核心价值观，维护国家利益和公共利益，为广大网民特别是未成年人成长营造风清气正的网络空间。

2016 年《互联网新闻信息服务管理规定》是《网络安全法》在网络信息内容管理方面的细化，强化了对网络信息传播平台提供者的监管，提出“通过互联网站、应用程序、论坛、博客、微博客、公众账号、即时通信工具、网络直播等形式向社会公众提供互联网新闻信息服务，应当取得互联网新闻信息服务许可，禁止未经许可或超越许可范围开展互联网新闻信息服务活动”，明确了信息服务提供者“健全信息发布审核、公共信息巡查、应急处置等信息安全管理制度”等。[①] 2016 年 12 月 2 日文化部发布的《网络表演经营活动管理办法》第七条规定：“网络表演经营单位应当加强对未成年人的保护，不得损害未成年人身心健康。有未成年人参与的网络表演，不得侵犯未成年人权益。”第二十五条规定：“网络出版物不得含有诱发未成年人模仿违反社会公德和违法犯罪行为的内容，不得含有恐怖、残酷等妨害未

① 朱昕怡：《信息时代网络管理》，浙江大学硕士学位论文，2018 年。

成年人身心健康的内容，不得含有披露未成年人个人隐私的内容”，为未成年人打造良好的用网环境。同时，2018 年中央十四部委颁布的《关于进一步加强网吧及网络游戏管理工作的通知》中也指出，要发挥好 12318、1235、110、12355 等举报电话的作用，认真办理群众举报，做到有报必查并及时反馈查处结果。

此外，在这一阶段政府将企业也纳入未成年人网络保护的主体中来。2013 年，在中央网信办、教育部、共青团中央、妇联等部委的指导下，团中央网络影视中心、360 公司等联合发起了“青少年网络安全教育工程”公益项目。自 2014 年起，全国范围内每年都会举行一次“国家网络安全宣传周”活动。2017 年的国家网络安全宣传周还在青少年日这天开展了国家网络安全宣传周青少年日主题活动，培养未成年人文明网络素养及守法的行为习惯。2017 在乌镇召开的第四届世界互联网大会，首次开设了“守护未来・未成年人网络保护”论坛，针对未成年人保护这一主题，110 多位中外政府官员、国际组织和青年组织代表、知名学者、未成年人代表、互联网企业代表等对保障未成年人网络权益、未成年人网络保护立法、防护未成年人受到网络负面因素侵害、形成和谐健康安全的网络文化等方面进行了交流探讨。

四　建议与讨论

我们应当结合我国现实国情，借鉴其他国家在网络内容管制方面已经积累的先进经验，多管齐下，形成中央 + 地方政策维度，政府 + 行业 + 家庭的多元参与主体，堵 + 疏多维度治理的政策体系。

（一）完善法律政策体系，制定专门的互联网内容管制法

从已有的法律政策体系来看，我国有关未成年人使用互联网的法律政策，仅有与未成年人或是互联网相关的法律，并没有专门针对未成年人使用互联网的内容。因此，针对目前未成年人运用互联网存在的问题，应制定相

关的、针对性的法律政策。比如，（1）针对网络不良信息：美国通过了《传播净化法案》（1996 年）、《儿童在线保护法》（1998 年）、《儿童在线隐私保护法》（1998 年）、《儿童网络隐私规则》（1999 年）、《儿童互联网保护法》（2000 年）等法律。① 日本于 1998 年 4 月出台了《风俗营业净化法》，其目的在于保护少年儿童，剔除文化领域的不健康产品。② 英国在《1959 年淫秽出版物法案》颁布之前主要是依赖于英国普通法，即法院判例；1984 年《视频记录法》出台，规定视频在发布之前必须经英国电影分级委员会审查；《关于处罚致使儿童卖春、儿童涉黄相关行为以及儿童保护法律》中也规定了若相关媒体在网络上发布不健康信息的，依据情节轻重给予不同程度的处罚。③ 德国联邦议院于 2009 年 6 月高票通过了《阻碍网页登录法》，规定了德国执法机关具有封锁儿童色情网站的权力，相应地德国《联邦反垃圾邮件法案》《电信传媒法》《多媒体法》等法律中，也有相关规定。（2）针对网络交友：日本于 2003 年颁布了《规制利用网上介绍异性的业务引诱儿童的法律》，2009 年 3 月推出的《交友类网站限制法》，并在其中规定"利用交友类网站发布希望援助交际类的信息，可判处 100 万日元以下罚款"。（3）针对网络分级，德国 2003 年 4 月通过了《广播电视和电信媒体中人格保护和少年保护国家合同》，又称之为《青少年媒介保护国家条约》；2010 年 6 月，通过了《青少年媒介保护国家条约》的最新修改版本，并于 2011 年 1 月 1 日正式生效，在新版《青少年媒介保护国家条约》中，明确规定和重点推出了互联网内容分级制度。

（二）确定管制机构，加强行业自律，完善社会监督，形成多元主体共治机制

在政府专门机构设置方面，世界上最早成立专门的互联网内容审查机构的国家是韩国。1992 年 7 月，韩国首相监督办公室召开的"新秩序、新生活"

① 〔韩〕申玹丞：《试论韩国的信息网络犯罪及相关文化政策》，《东疆学刊》2007 年第 3 期。
② 〔韩〕申玹丞：《试论韩国的信息网络犯罪及相关文化政策》，《东疆学刊》2007 年第 3 期
③ 林兴发、杨雪：《德国、日本手机网络色情监管比较》，《中国集体经济》2010 年第 11 期。

任务组会议上成立了信息道德委员会，并依据1995年1月《电子通信商务法》第二款第53条规定，信息道德委员会改组为信息通信道德委员会，成为韩国互联网内容管理的专门机构。韩国文化观光部设置了专门的纠察小组，负责纠察各种非法和不健全游戏产品的流通，给予各种行政和财政上的支持，对违法者进行处理，对依法经营的业主授予模范称号。[①] 依据韩国总统令的内容，韩国18岁以下的未成年人从上午9点到晚上22点之间不得进入网吧，纠察小组也对此进行监管。德国成立了两个专门的"官方"机构以防止未成年人免受"黄毒"的侵害：一是隶属于联邦政府的中央级别的"危害青少年媒介联邦检验处"；二是隶属于德国州级政府的地方级别的"青少年媒介保护委员会"，"青少年媒介保护委员会"下设置了一个"青少年保护网络有限公司"，超过八成的网络色情信息和事件都由该机构处理，是德国监管网络色情的重要机构。[②] 德国以政府监管为主导，在日常教育上也体现重视政府宣教作用，比如，为保障在校未成年学生的权益，政府设立了一些警区专员，专门负责对青少年学生和其家长进行咨询和宣传工作。[③]

在行业自律方面，日本2008年则成立非官方的、独立的第三方鉴定机构，即"手机网站审查使用监视机构"（"EMA"），其主要工作内容是审查漫画、游戏、电子书、图片、数码等多种内容，具有对不良信息的发现和删除等权限，[④] 并规定交友类网站在做广告时要明示禁止儿童利用，也有义务传达儿童不得使用的信息，并采取措施确认使用者不是儿童。

在父母方面，美国政府鼓励业界为家长建立指导网站。为培养未成年人获取、利用、辨别和传播信息的能力，美国采取了多种教育形式，如学校教育、家庭教养、社区教化、大众传媒引导等多种形式，帮助未成年人抵御色情信息的不良影响。如今，美国大部分中小学已开设媒体素养（media

① 张利：《综述韩国网吧管理面面观》，新华网，2003年7月7日。

② 林兴发、杨雪：《德国、日本手机网络色情监管比较》，《中国集体经济》2010年第11期。

③ 林兴发、杨雪：《德国、日本手机网络色情监管比较》，《中国集体经济》2010年第11期。

④ 林兴发、杨雪：《德国、日本手机网络色情监管比较》，《中国集体经济》2010年第11期。

literacy）课程。[①] 韩国强调全民参与，开通“Intenet119”投诉热线，发动社会力量来控制网络不良信息的传播。日本同样强调全民参与，各级警察部门公布举报电话，并实施“网络巡逻”以减少未成年人上网的机会。[②] 2008年，针对手机使用和网络有害信息设立了“违法有害信息咨询中心”和“互联网热线中心”，用户发现违法有害信息可向这两大中心举报。同时，日本推广家庭监管活动，将学校教育与家庭教育有效结合。每个家长都必须积极参与和轮流主持各种活动，包括发现孩子上下学路上安全隐患并向相关部门提出整改要求、共同组织本地区学生之间的交流活动等。[③] 由于重视民间力量，日本政府更强调的是家庭教育作用，尤其是强化监护人的责任。首先购买手机时，家长必须对商家说明其子女是否已满 18 岁；其次由家长决定是否要启动过滤软件，并且使用哪一类型的过滤方式；最后还要正确管理过滤软件的使用，掌握被监护人的上网情况。

通过梳理各国经验可以发现，德国倡导政府主导，美日注重行业自律，韩日动员社会力量。因此，应顺应国际潮流，倡导社会共同参与管理。在政府主导的前提下，充分动用行业、家庭、第三方组织等各方力量来共同管理网络。在政府负责宏观把控的基础上，建立行业自律机制，激发互联网企业的社会责任感，协助网络业建立一种自我管理的模式，与 NGO、学校、家庭协调合作，提高未成年人自我防范意识。这样一方面调动了互联网企业和广大用户的参与积极性，又形成政府公权力的适当介入，形成多元主体合作，提高了监管的效率。

（三）完善内容审查，安装过滤系统，加强未成年人互联网运用的监督

为对网络内容进行审查，澳大利亚于 1996 年 6 月出台了《关于在线上

---

① 龚文庠、张向英：《美国、新加坡网络色情管制比较》，《新闻界》2008 年第 5 期。

② 石军：《日本、韩国出台新规阻击网络侵害》，《世界电信》2010 年第 3 期。

③ 韩景芳：《青少年网络使用安全保护——以日本网络法治与家庭监管相结合的方法为借鉴》，《学海》2010 年第 6 期。

网服务内容的提前检查法案》。在法案中规定：第一，在线服务商应以成人信息客户为对象，对持有 ID 的人进行年龄确认，只能为年满 18 岁的网民提供有限的 ID；第二，对上网浏览内容要进行 PICS 等级（Platform for Internet Content Selection）划分，并鼓励在线服务商向使用者提供相应的服务等级标准；第三，网络使用者依照 PICS 等级标准安装过滤系统，以屏蔽不良内容；第四，服务提供商若提供机会促使客户下载淫秽画面，或提供不适宜儿童的内容给儿童，该服务提供商则会受到处罚。[①] 此外，德国电信移动公司规定，运营商须严格履行检验手机购买者身份证的程序，包括核实用户身份证、户口簿住址等，并且将相关信息输入电信运营商的数据库中备案，尤其是严格把关未成年人购买手机，要求其安装防色情软件。[②]

英国于 1978 年修改了《儿童保护法》，加入了有关网络空间的内容，并明确规定，上网服务提供者若在服务器里加入非法内容就要按照现行法律追究其法律责任，对添加非法内容实施帮助者也要予以惩处。[③]《2017 年数字经济法》专门规定网络色情监管的内容，并规定在视频分级的基础之上建立用户年龄验证制度。

在韩国，从 2001 年 7 月开始，韩国网吧的电脑必须设置过滤黄色有害站点的系统，防止未成年人受到有害信息的危害，[④] 并规定网吧、大学、图书馆等公共上网场所必须安装过滤软件，软件的购置及维护费用也加大了公共网络接口的成本支出。

在美国，2000 年 2 月通过了《儿童网上保护法》，此法律要求各学校和公共图书馆在 2001 年 7 月 1 日之前都要在公用电脑上安装过滤软件，并建立专门针对 12 岁以下儿童的网站。凡在该域名上注册的，针对儿童的网站不能与其他外部网站链接，网络内容不能涉及任何与性、暴力、污秽言语相关及其他成人内容。2003 年 6 月 23 日，美国联邦最高法院最终裁定《儿童

① 〔韩〕申玹丞：《试论韩国的信息网络犯罪及相关文化政策》，《东疆学刊》2007 年第 3 期。
② 林兴发、杨雪：《德国、日本手机网络色情监管比较》，《中国集体经济》2010 年第 11 期。
③ 〔韩〕申玹丞：《试论韩国的信息网络犯罪及相关文化政策》，《东疆学刊》2007 年第 3 期。
④ 邓莉、袁群华《网吧管理的国际经验借鉴与中国的选择》，《经营管理》2004 年第 21 期。

互联网保护法》合宪，同意了国会在全国公共图书馆为联网计算机安装色情过滤系统的要求，若拒绝安装，则该图书馆将无法获得政府提供的技术补助资金。调查显示，美国所有学校和公共图书馆的电脑里都按规定安装了色情过滤软件。①

在日本，治理重点被放在手机上。2009 年 4 月正式实施了《整备青少年网络环境法》，这是首次以法律形式明确规定手机过滤软件地位。这种过滤软件主要有三种类型：一是“安全型”，即网络用户仅能使用被认为是安全的网站；二是“禁止型”，即对一些特定的可疑网站和不良网站不建议登录；三是“限制型”，即未成年人不能在夜间单独上网类。另外，日本也实施“网络巡警”监管措施。警员监控网站及论坛上的信息，一旦发现有害信息或违法信息，警方有权要求论坛管理者或者网络服务供应商予以删除。在未成年人使用手机上网方面，未成年人须由家长陪同前往电信运营商的营业厅，并签字表示同意，未成年人的手机才可以开通上网。另外，对未成年人所登录的网站，电信运营商也会严格监管。②

通过分析可以发现，不同国家的网络监控主体不同，日本是民间组织，德国是政府主导，美国是行业协会。目前还不存在一种全球通行的管制标准或模式，我们不能简单地以一种模式否定另一种模式，因为每个国家的互联网不适宜内容管制制度，都有其产生的社会文化背景，既然我们认识到各国的社会制度、价值观念、法制特点、文化传统的差异，那么我们也应当承认各国之间互联网不适宜内容管制模式存在差异的合理性。但同时，我们也应该发现各种管制模式之间存在的共同原则或规律性的东西。因此，在借鉴其他国家政策监督体系基础上，依据我国国情，对网络信息进行严格审批监管，采用实名制和开发指纹录入验证法以控制上网。最后，要对游戏实行分级制度，要监督运营商在运营过程中严格执行游戏的分级管理制度。

① 《网络与电讯传播政策报告》，引自 The Internet and Telecommunications Policy, March 1997. P8. available at Http: //www. fcc. gov/Bureaus/OPP/working_ papers/oppwp29. pdf。

② 林兴发、杨雪：《德国、日本手机网络色情监管比较》，《中国集体经济》2010 年第 11 期。

参考文献

庄育飞:《我国 Internet 用户现状统计分析》,《中国信息导报》1999 年第 4 期。

马海群:《我国网络信息立法的内容分析》,《图书情报知识》2004 年第 3 期。

王大可:《网络游戏中未成年人保护法律问题研究》,辽宁大学硕士学位论文,2018 年。

马雨蒙:《网络不良信息行政法规制研究》,电子科技大学硕士学位论文,2016 年。

韩伟:《网吧管理研究》,华中农业大学硕士学位论文,2008 年。

刘建银、周铁:《我国青少年网络游戏监管政策的十年回顾与分析》,《重庆邮电大学学报》(社会科学版)2013 年第 1 期。

常青:《“行政许可重复设定”怎么办?——以“网络游戏”监管权之争为例》,《出版发行研究》2006 年第 4 期。

姚远:《中韩网络游戏产业比较》,《编辑之友》2005 年第 2 期。

李蕾:《自由主义权利哲学困境下的网游乌托邦》,《法学评论》2011 年第 2 期。

朱昕怡:《信息时代网络管理》,浙江大学硕士学位论文,2018 年。

冯超:《浅谈未成年人网络隐私权的保护》,《法制与社会》2009 年第 6 期。

刘成玉、郭郡郡:《网络游戏产业性质及其调控探讨——基于青少年保护视角》,《四川师范大学学报》(社会科学版)2014 年第 5 期。

郭丹、李晶珠:《比较法视野下网络服务商的法律责任限制》,《东北农业大学学报》(社会科学版)2007 年第 5 期。

〔韩〕申玹丞:《试论韩国的信息网络犯罪及相关文化政策》,《东疆学刊》2007 年第 3 期。

林兴发、杨雪:《德国、日本手机网络色情监管比较》,《中国集体经济》2010 年第 11 期。

龚文庠、张向英:《美国、新加坡网络色情管制比较》,《新闻界》2008 年第 5 期。

B.5
未成年人互联网运用的法律法规与案例分析

王　颖*

摘　要： 我国未成年人互联网运用的法治发展既有相关互联网法律法规的建立，又有行政管理部门的主动引导和干预，体现出法制化与行政化并重的特点。面对该领域的问题，本文结合2018年未成年人互联网运用领域相关案例，对未成年人互联网运用法律保护中网络侵害权益、接触不良信息内容、隐私侵害和未成年人网络沉迷四个方面，进行回顾和梳理，并提出相关建议，以期构建系统化的国家监管体系，多方协作，保护未成年人互联网使用安全。

关键词： 未成年人　互联网运用　网络侵害　不良信息内容　网络沉迷

一　未成年人互联网运用的法律保护特点：法制化与行政化并重

互联网的飞速发展带来新一轮科技和产业蓬勃发展，在推动社会经济全面发展的同时，也带来了一些潜在的安全风险和法律问题。截至2018年7月31日，我国未成年网民规模达1.69亿，未成年人的互联网普及率达到

* 王颖，中国社会科学院新闻与传播研究所助理研究员。

93.7%，明显高于同期全国人口的互联网普及率（57.7%）[①]。随着触网年龄越来越低龄化，未成年人成为互联网使用中犯罪案件的高发人群。

2018年，我国全面推进未成年人互联网运用的法律保护。无论是立法还是司法、执法层面，都有显著进展。我国未成年人互联网运用法治的发展既有互联网法律法规的建立，又有行政管理部门的主动引导和干预，体现出法制化与行政化并重的特点。

在未成年人互联网使用的法律法规和政策管理方面持续推进，2017年推出的《未成年人网络保护条例（送审稿）》完成向社会各界收集意见的工作，广泛征集社会各界对未成年人互联网使用法律保护的意见建议，完善和细化具体管理措施。

行政管理部门针对未成年人互联网使用中出现的突出问题，进行专项管理、集中整治、热点聚焦。最高人民法院向社会公布近年来人民法院依法审判的利用互联网侵犯未成年人权益的十起典型案例。互联网使得一些违法犯罪更加隐蔽，现实生活中的某些违法犯罪快速向网络空间蔓延，并呈现出新的特点。由于未成年人心智发育不成熟，识别风险、自我保护的意识和能力相对薄弱，更容易成为网络违法犯罪的侵害对象。最高人民法院精选十起利用互联网侵害未成年人权益的典型案例，简明扼要地阐明了有关案件的基本案情、裁判结果和典型意义。十大典型案例的发布，能够发挥典型案例规范、指导、评价、引领社会价值的司法功能，努力为未成年人健康成长营造清朗的网络空间、良好的社会环境。[②] 最高人民检察院发布的《2018—2022年检察改革工作规划》，其中规定“建立健全性侵害未成年人违法犯罪信息库和入职查询制度”，使得有此类犯罪记录的人员不得从事密切接触未成年人的行业。信息库将来要发挥更大的作用，需要逐渐将各地的信息联网，形成全国统一的信

① 《2018年全国未成年人互联网使用情况研究报告》，https：//news. china. com/domesticgd/10000159/20190326/35519696_ all. html。

② 《最高法公布利用互联网侵害未成年人合法权益10起典型案例》，http：//news. ifeng. com/a/20180601/58543575_ 0. shtml。

息库。通过信息技术手段，提高公众警觉，震慑、阻止性侵犯人再度实施犯罪行为。[①]

二　未成年人互联网运用中，最常出现的问题集中在网络侵害权益、接触不良信息内容、隐私侵害和未成年人网络沉迷四个方面

（一）整治新型网络侵权，保护未成年人各项权益

在互联网 + 背景下，网络侵权成为一种新型侵权模式，且负面影响更为广泛。对新型网络侵权行为的司法制裁，拓展了传统意义上对未成年人权益的保护范围。

1. 借助网络侵犯未成年人的身心健康和人格尊严

2017 年的骆某猥亵儿童案，是网络时代对“猥亵”定义的新诠释。骆某为满足性刺激，诱骗、强迫 13 岁女童小羽拍摄裸体、敏感部位照片、视频供其观看，并企图见面实施猥亵行为，后因被害人报警，未能得逞。这是具有典型意义的通过网络侵害未成年人权益的案件。传统的法律理念和司法实践中，猥亵儿童罪中的“猥亵”认定为具体的接触。刑法没有对猥亵儿童的具体行为做出列举，需要根据新兴网络犯罪的客观事实判断。该案例明确了通过网络通信工具，实施非直接身体接触的猥亵行为与实际身体接触行为具有相同的社会危害性，可认定构成猥亵儿童罪。以满足性刺激为目的，虽未直接与被害儿童进行身体接触，但是通过 QQ、微信等网络软件，以诱骗、强迫或者其他方法要求儿童拍摄、传送暴露身体的不雅照片、视频，行为人通过画面看到被害儿童裸体、敏感部位的，是对儿童人格尊严和心理健康的严重侵害，与实际接触儿童身体的猥亵行为具有相同的社会危害性，应

① 最高检：《2018～2022 年检察改革工作规则》，http：//www. chinanews. com/gn/2019/02－12/8751564. shtml。

当认定构成猥亵儿童罪。

近年来猥亵儿童罪频频曝出，全国政协委员、广州大学副校长于欣伟提出“尽快提高猥亵儿童罪的量刑起点，进一步加大对儿童的保护力度”。她认为，频发的原因在于犯罪成本太低，对该类犯罪尚未起到震慑作用。

案例[①] 1：骆某猥亵儿童案

2017 年 1 月，被告人骆某使用化名，通过 QQ 软件加 13 岁女童小羽为好友。被告在知道对方是未成年人的情况下，仍通过言语恐吓，索要裸照。被害人拒绝其要求，并将其从 QQ 中删除。骆某又通过小羽的校友对其施加压力，再次加为好友，并通过虚构身份对被害者进行威胁恐吓。小羽被迫按照要求自拍裸照十张，通过 QQ 传送给骆某观看。此后，骆某要求小羽与其见面并在宾馆开房，试图实施猥亵行为。小羽向公安机关报案，骆某在前往宾馆途中被抓获。

2. 借助网络侵犯未成年人的肖像权、名誉权

2016 年全网关注的“罗一笑事件”，因事件内幕被爆发生逆转。江苏淮安某网络科技有限公司转发了两篇文章，分别是《罗一笑事件，父亲利用女儿骗巨款　知情人曝内幕令人唏嘘》《罗尔面对质疑痛哭想博同情，揭罗一笑事件背后内幕很恐怖》，但是配的图片是一名不相关的未成年人和他父亲的照片。该科技公司被起诉至法院，原告认为自己被侵犯了肖像权和名誉权。法院做出要求删除内容、发表致歉、赔款的判决。

本案中对未成年人的侵权行为是在互联网时代产生的一种特殊侵权行为。其行为特征是以网络为载体侵犯未成年人的肖像权、名誉权，使被侵权人受到的负面影响扩大，被侵权人的精神痛苦增加。这个案例的指导意义在于，引导网络服务提供者以及普通公民在利用网络向公众传播信息的同时，

① 本文案例源自网络资料整理。

应当遵守客观事实，严守权利边界。

案例2：江苏淮安某网站转载不实文章案

2016年11月，罗尔因女儿罗一笑患病在网络上公开募集捐款，后又被爆出家底丰厚，募捐存在恶意炒作。淮安某网络公司在其主办的网站转发了《罗一笑事件，父亲利用女儿骗巨款 知情人曝内幕令人唏嘘》《罗尔面对质疑痛哭想博同情，揭罗一笑事件背后内幕很恐怖》两篇文章。但是，文章中配图使用了本案原告李某某的单人照片及其和父亲的合照。李某某提出诉讼，认为被告侵犯其肖像权、名誉权。被告认为上述两篇文章是从其他网站转发。法院认为被告未尽到谨慎审核和注意义务，且原告为未成年人，以网络为载体侵犯其肖像权、名誉权，容易使被侵害人受到负面影响。被告作为网络服务提供者，应该严格遵守客观真实原则和注意义务。

（二）加强未成年人涉网络不良信息的监管

1. 近两年来，我国开展针对网络涉未成年人色情有害信息的专项活动，通过行政化管理规范网络信息内容

2018年上半年，全国“扫黄打非”办公室重点清理涉儿童色情有害信息。1月起，多部门联合开展“邪典”等涉儿童色情有害信息专项整治，集中清理有害信息37万余条，督促重点网站自查删除链接130余万条。[①] 2月，按照全国“扫黄打非”办公室的部署要求，广东、北京两地“扫黄打非”部门深入查办涉儿童“邪典”视频案件。2019年初，全国“扫黄打非”办公室针对未成年人，开展“护苗2019”专项行动。强化网上网下两项整治，坚决查办涉未成年人“黄”“非”案件。强化中小学周边文化环境整治，重点查处无证销售出版物和销售非法出版物的违法行为，大力查缴有

① 《2018年上半年“扫黄打非”工作呈现五大亮点》，http://www.cac.gov.cn/2018-07/25/c_1123171011.htm。

损未成年人身心健康的不良出版物、“口袋本”图书、卡通漫画、游戏卡片、色情低俗视频等有害信息。强化对未成年人接触较多的互联网应用的整治，特别对网络短视频、游戏、漫画、学习类 App 等领域加强清理，坚决遏制色情、低俗、暴力、恐怖、残酷等有害信息传播。同时，组织开展“护苗”正面教育引导工作。[①]

2. 监管整治短视频的不良影响

近两年来，互联网行业发展风头最劲的是短视频，2018 年被称为短视频的爆发之年。以抖音、快手等为代表的短视频平台迅速崛起，各大网络巨头进入，前景良好、市场繁荣。目前大部分短视频平台存在的问题是没有准入门槛。游戏至少需要实名认证和具有未成年人保护的机制，而大部分短视频平台即使不注册也可随时刷新观看，这是对未成年人潜在伤害最大的漏洞。

2018 年也是短视频行业的监管年。中国网络视听节目服务协会发布《网络短视频平台管理规范》和《网络短视频内容审核标准细则》，被称为短视频行业“最严监管”条例。同时，平台整改，热门 App 下架，网络红人被查封。1 月份，“今日头条”因为平台上的色情低俗内容而被约谈。截至 4 月 6 日，字节跳动旗下火山短视频、西瓜视频等短视频产品共计下架问题视频 10318 条，重置封禁问题账户 4864 个，增加视频审核相关词库敏感词 1700 余条。中断封禁低俗擦边问题直播 5000 余次，封禁一周以上直播权限 37 人，并责令其立即对直播内容进行整改。[②] 4 月份，国家网信办约谈火山、快手，提出严肃批评，责令全面进行整改，要求暂停有关算法推荐功能。火山小视频将内容审核流程前置，补充人工审核力量，上线“未成年人不当行为”举报，安排 20 分钟级别的处理时效。快手表示，截至 4 月 6 日，快手共清理 51295 条问题短视频，封禁用户 11492 人，清理用户名

① 《全国“扫黄打非”办公室部署开展“净网 2019”“护苗 2019”“秋风 2019”专项行动》，http：//www. xinhuanet. com/politics/2019 -02/27/c_ 1124170434. htm。

② 《今日头条整改：下架万条文体视频 审核库增 1700 条敏感词》，http：//finance. eastmoney. com/news/1365，20180406853587748. html。

17675 个①。

《未成年人网络保护条例（送审稿）》针对涉网络未成年人不良信息内容的管理，提出要“针对未成年人不适宜接触的网络信息，为网络审核的监管划定明确范围”。虽然没有确定如何界定不适合未成年人接触的信息，但对内容审核的重视思路是明确的。

案例 3：广州胤钧贸易有限公司制作传播儿童“邪典”动画视频案件

动画片塑造的经典动画形象在未成年人心中留下了深刻印象，而近年国内外网络上开始出现一些恶搞经典动画形象的短视频或者影视作品，甚至融入一些血腥、暴力等不健康内容，被称为“儿童邪典片”，对孩子心理造成极大的负面影响。

广州胤钧公司在未取得行政许可的前提下，擅自从事网络视频制作、传播活动，用经典动画片中的角色玩偶实物及彩泥黏土等制作道具，将制作过程拍成视频，或将有关成品摆拍制作带有故事情节的视频，内容含有血腥、惊悚的信息，上传至优酷、爱奇艺、腾讯等视频平台，而从中获利。广州市天河区工商行政管理局依法吊销了该公司营业执照。此类信息内容上传至各大视频平台，暴露出各平台以及网络服务对未成年人保护措施的严重缺乏。

（三）未成年人的网络隐私侵害

2018 年澎湃新闻和《新京报》对汤兰兰案件的报道引发热议。澎湃新闻发布的报道《寻找汤兰兰：少女称遭亲友性侵，11 人入狱多年其人“失联”》，引起媒体界关注、转载和跟进报道。

因为报道中一句寻找“汤兰兰”，这两篇报道和评论引起了网络狂潮，大量网络言论的关注点不在案件疑点，而是谴责媒体泄露受害人字迹、当前

① 《抖音快手“快抖”》，https：//www. huxiu. com/article/254216. html？f = myzakercom。

户籍地址等个人信息，可能对当年的受害者造成二次伤害。

有人认为，已经生效判决的案件，完全可以向社会公开。事实绝非如此，该案属于强奸犯罪案件，被害人当年尚未成年，不论从个人隐私还是从涉及未成年人的角度，都不属于可以公开的案件。因此，向社会披露案件证据细节的做法是违法的，这构成了对汤兰兰隐私权的侵犯。不是所有刑事案件的信息都能向社会公开，有些案件哪怕是在宣判后，相关证据的细节都不能公开。如涉及国家秘密、个人隐私以及涉及未成年人的刑事案件，即便是整个诉讼流程结束之后，案件的实质信息（尤其未成年当事人的身份信息）仍然要对公众保密，这是法律对隐私权及知情权权衡之后的选择。

案例 4："寻找汤兰兰"事件

2018 年 1 月 30 日，澎湃新闻发布《寻找汤兰兰：少女称遭亲友性侵，11 人入狱多年其人"失联"》的报道。随后，《新京报》跟进报道，《中国青年报》和凤凰网等多家媒体转载。然而，寻找汤兰兰这一句话引起网络舆论热议。

事件缘起于十年前的性侵案。2008 年，14 岁的汤兰兰向警方举报，称其常年被亲友等十余人强奸，长达 7 年之久。4 年后，包括她父母在内的 11 人获刑。2017 年，其母出狱，想要寻找女儿，还原当年事件。进而，媒体的报道引发了此次网络热议。网络舆论对新闻报道中附上汤某的个人信息表示质疑。当事人作为还原事情真相的关键，应由有关司法部门处理，而非由媒体披露个人信息来"寻找"当事人。

（四）防治未成年人网络沉迷，摆脱网络成瘾现象

近年来，未成年人沉迷网络的现象屡见不鲜。针对这一现象，行政管理部门出台一系列政策文件，管理网络成瘾。

2018 年 4 月，教育部办公厅印发《教育部办公厅关于做好预防中小学生沉迷网络教育引导工作的紧急通知》强调，预防中小学生网络沉迷需要各方面尽心尽责、密切配合、齐抓共管，各地要充分认识预防中小学生沉迷

网络的极端重要性和现实紧迫性。①

2018 年 8 月，国家广播电视总局起草形成《未成年人节目管理规定（征求意见稿）》，旨在将未成年人节目管理工作纳入法治化轨道，引导、规范节目内容，切实保障未成年人合法权益，提出要防止未成年人节目出现商业化、成人化和过度娱乐化倾向。②

部分企业责任缺失是导致未成年人沉迷网络的重要原因。在技术上，网络平台可以对未成年人采取实名认证、超时下线等管控措施。因此，在《未成年人网络保护条例（送审稿）》中提出“禁止未成年人在每日 0∶00 至 8∶00 使用网络游戏服务”“智能终端产品制造商在产品出厂时、智能终端产品进口商在产品销售前应当在产品上安装未成年人上网保护软件”。

三　结语：对策与建议

（一）国家监管应系统化，建立“专门部门牵头，多部门配合”的机制

在政府部门监管方面，存在监管职责规定分散的现象。监管部门有的管内容，有的管平台，有的管事前备案审核，有的管事后打击治理，有的发现问题但无权处置，有的可以执法但缺乏线索。客观上还是存在各自为政、权责模糊的情况。全国政协常委张泽熙提出，应该明确网信部门作为监管牵头部门，负责统筹协调全国未成年人网络保护工作。教育、电信、公安、文化、卫生健康、市场监管、新闻出版、广播电视等有关部门依据各自职责做好有关工作。在现有的网络监管格局内，建立专门的涉未成年人网络监管机制。③

① 《教育部办公厅关于做好预防中小学生沉迷网络教育引导工作的紧急通知》，http：//www. moe. gov. cn/srcsite/A06/s3325/201804/t20180424_ 334106. html。

② 《国家广电总局就〈未成年人节目管理规定〉征集意见》，http：//www. xinhuanet. com/local/2018 -08/26/c_ 1123329583. htm。

③ 《全国政协〈未成年人网络保护条例〉的制定双周协商座谈会综述》，http：//www. rmzxb. com. cn/c/2018 -05 -18/2058251. shtml。

（二）加强建设互联网主流优秀文化，满足各层面对内容的不同需求

近年来短视频蹿红，视频平台出现各种问题。这一现象，首先是由于我国网络发展飞快，网民的普及已经向城镇、农村边缘快速蔓延，且年龄、收入、教育程度差异大，因此在面对同一个内容时会有很多可能性；其次，在流量为主的时代，主流文化的能量日益减弱，有些内容生硬的推送没有起到舆论引导的作用。主流文化没有占领的平台被大量的垃圾信息乘虚而入。

北京大学互联网发展研究中心主任田丽认为“从抖音的快速发展也可以看出一个问题，互联网迫切地需要优质的主流文化，而这样的主流文化是缺失的，所以大家才会把更多的注意力放在日常的环节。”

（三）互联网平台发挥技术优势，用技术手段保护未成年人使用网络的安全

技术是把双刃剑，互联网平台可凭借其技术优势，积极主动采取技术保障，同时有利于互联网公司自身健康发展。

快手公司在技术关方面有一系列的尝试①。首先，针对内容，采取了内容分级、内容审核的方式。发起以快手为案例的未成年人内容分级研究，它是互联网内容行业第一家建立未成年人内容分级标准的公司，对内容进行审核、评级。2018 年 4 月，快手 300 余人组成的未成年人内容专项审核团队建立了单独的未成年人审核标准及应急机制，实行 24 小时轮班制，针对未成年用户发布的作品或者被识别出包含未成年人内容的作品，建立单独的审核通道，并对不适合未成年人观看的内容进行严格过滤。暑假期间，快手共清理违规短视频超千万条。

2018 年 1 月，快手上线短视频行业第一个未成年人用户识别系统，该

---

① 《互联网内容行业第一家 快手将建立未成年人内容分级标准》，http：//science. china. com. cn/2018 -09/25/content_ 40516032. htm。

系统可以根据用户的音频、视频内容及用户行为画像，判断账号是不是未成年人使用。目前，该模型准确率达 90% 以上，能够动态预防未成年人消费状况的发生并做出及时召回处置；2018 年 4 月，快手发布行业内第一个“家长控制模式”功能，该模式不仅呈现适合未成年人观看的内容，并关闭打赏、充值、提现及直播功能。

快手公司优化了“防沉迷提示”功能，监护人可在快手 App 上“设置青少年模式”。开启该模式后，未成年人每天使用快手的时间不能超过 40 分钟，且晚上 10 点至早上 6 点无法使用快手。帮助未成年人缩短使用网络的时长，避免沉迷网络。

快手成立百人规模的未成年人关怀团队，就家长和孩子对快手视频的认知及诉求，反馈给相关部门进行优化。目前通话累计已超过 30 万次。同时，快手还建立了未成年人打赏处理机制，即“未成年识别系统－未成年团队关怀主动确认（或家长反馈）－自动化退款平台”的流程，做到对于未成年人打赏，30 日内全额退回。

互联网企业的建设值得肯定，但同时也要注意到其局限性。中国社科院法学研究所教授支振锋认为“抖音等互联网平台基于其开放属性原因，内容必然良莠不齐，而现阶段今日头条等平台迅速招募的数千人甚至上万人的内容审核团队，大多采用外包或临时培训的形式，审核把关质量难以有效保证”。

（四）家庭教育与学校教育协同合作，共同营造良好网络使用环境，提高未成年人网络媒介素养

早在 2010 年全国“两会”上，就有 15 位全国政协委员曾联名提案，建议把网络素养教育纳入义务教育课程。全国政协委员李有毅也认为，在未成年人网络保护工作中，教育部门和学校责任重大。她建议进一步明确教育部门和学校的义务。《未成年人网络保护条例》中有规定：“中小学校应当将安全和合理使用网络纳入课程，对未成年学生进行网络安全和网络文明教育。国家鼓励中小学校通过开设校外课堂等方式指导未成年学生的监护人，

帮助未成年学生养成良好上网习惯、提高网络素养。”学校教育与家庭教育是未成年人成长的主要环境，共同为未成年人创造风清气正的成长环境是网络时代家校教育的题中应有之义。

参考文献

季为民、沈杰主编《中国未成年人互联网运用和阅读实践报告（2017～2018）》，社会科学文献出版社，2018。

《2018 年全国未成年人互联网使用情况研究报告》，https：//news. china. com/domesticgd/10000159/20190326/35519696_ all. html。

《最高法公布利用互联网侵害未成年人合法权益 10 起典型案例》，http：//news. ifeng. com/a/20180601/58543575_ 0. shtml。

最高检：《2018～2022 年检察改革工作规则》，http：//www. chinanews. com/gn/2019/02－12/8751564. shtml。

《2018 年上半年“扫黄打非”工作呈现五大亮点》，http：//www. cac. gov. cn/2018－07/25/c_ 1123171011. htm。

《全国“扫黄打非”办公室部署开展“净网 2019”“护苗 2019”“秋风 2019”专项行动》，http：//www. xinhuanet. com/politics/2019－02/27/c_ 1124170434. htm。

《今日头条整改：下架万条文体视频　审核库增 1700 条敏感词》，http：//finance. eastmoney. com/news/1365，20180406853587748. html。

《抖音快手“快抖”》，https：//www. huxiu. com/article/254216. html？ f＝myzakercom。

《教育部办公厅关于做好预防中小学生沉迷网络教育引导工作的紧急通知》，http：//www. moe. gov. cn/srcsite/A06/s3325/201804/t20180424_ 334106. html。

《国家广电总局就〈未成年人节目管理规定〉征集意见》，http：//www. xinhuanet. com/local/2018－08/26/c_ 1123329583. htm。

《互联网内容行业第一家　快手将建立未成年人内容分级标准》，http：//science. china. com. cn/2018－09/25/content_ 40516032. htm。

B.6

网络短视频直播视域下的未成年人网络隐私保护

方　伟*

摘　要： 本文以未成年人短视频使用中所涉及的网络隐私保护为切入点，首先分析未成年人网络短视频使用的现状，包括未成年人短视频热、网络隐私泄露问题以及短视频平台价值观的缺失；其次分析未成年人网络隐私泄露对其个人安全、未来发展以及社会信用评级的影响；最后，从法律、平台与家庭三方面提出相应政策建议。对未成年人网络隐私的保护，从法律层面出发，应健全相关法律法规，加大法律监管力度；从平台层面出发，应厘清算法的价值观属性，加强自身约束；从家庭层面出发，监护人应加强未成年人网络隐私意识与保护。

关键词： 未成年人　短视频　网络隐私

网络隐私权，主要指"公民在网络环境下借助互联网而享有的个人生活安宁和私人信息不受他人侵害的权利，包括个人信息资料不被他人非法侵犯、知悉、搜集、复制、公开和利用"。[①] 也有研究者以未成年人为主体，

---

* 方伟，北京信息科技大学公共管理与传媒学院讲师。

① 王利明：《人格权法研究》，中国人民大学出版社，2005，第624页。转引自黄旭东、杨飞《未成年人网络隐私权的法律保护》，《当代青年研究》2009年第4期。

提出未成年人网络隐私权的概念，将其界定为未成年人在包括局域网、广域网和互联网等网络中，享有其个人信息与网上个人活动依法受到保护，不被他人非法侵犯、知悉、收集、复制、公开、传播和利用的一种人格权。①

近两年，随着抖音、快手等短视频直播平台的兴起，大量未成年人开始成为此类平台的主流用户。一方面，短视频直播平台为未成年人提供了自我展示和与他人互动的机会，对未成年人成长与发展有着不可否认的积极作用；但另一方面，由于未成年人自身心智不够成熟，对于网络传播个人信息所带来的风险认识不足，平台上涌现了大量诸如未成年孕妈视频，以未成年人生子作为噱头以博得关注，类似泄露未成年人大量个人信息的视频，使得未成年人的隐私安全存在极大隐患。

在学术界，围绕未成年人网络隐私保护的研究也逐步兴起，关注如何构建我国未成年人个人信息保护制度，② “互联网+” 时代下如何加强未成年人网络隐私权保护，③ 以及从法律层面探讨未成年人网络隐私权④与被遗忘权⑤等问题。此外，也有研究者以网络直播为切入点，分析网络直播情境下未成年人权益保护问题。⑥ 在实践层面，学术机构联合短视频平台发布倡议，呼吁加强未成年人网络权益保护。⑦ 在此基础上，本文基于当今未成年人短视频应用的现状，分析未成年人使用短视频所涉及的个人隐私泄露的问题与危害，并在此基础上提出应对政策与建议。

---

① 王鹏：《未成年人网络隐私权立法保护》，《青年记者》2015 年第 10 期。

② 傅宏宇：《我国未成年人个人信息保护制度构建问题与解决对策》，《苏州大学学报》（哲学社会科学版）2018 年第 39 期。

③ 王龙珺：《“互联网+”时代下的未成年人网络隐私权保护》，《新闻知识》2016 年第 5 期。

④ 黄旭东、杨飞：《未成年人网络隐私权的法律保护》，《当代青年研究》2009 年第 4 期。

⑤ 薛前强：《论大数据时代未成年人被遗忘权的法律构建——兼评美国加州第 568 号法案》，《中国青年社会科学》2015 第 34 期。

⑥ 毛占海：《网络直播视域下未成年人权益的保护》，《青年记者》2018 年第 30 期。

⑦ 财经网：《两学术机构联合抖音发布首份未成年人网络权益保护多元共治倡议书》，http：//tech. caijing. com. cn/20180809/4498595. shtml，2018 年 8 月 9 日。

一　未成年人网络短视频使用现状

近年来，智能设备的普及、移动互联网的发展与用户碎片化时间娱乐需求的增长，促进了短视频应用的快速发展。

（一）未成年人短视频直播热

首先，作为“数字原住民”的未成年人网民数量，在网民总数中占据着不容忽视的比例。而具有内容丰富、便捷互动等特征的短视频类应用，为用户利用碎片化时间进行自我展示提供了极大便利，由此受到了广大网民的青睐。短视频应用自2011年兴起，其中快手于2011年7月上线，近几年来随着智能手机和移动互联网的普及与发展，以及网民娱乐需求的增长，短视频得以迅速崛起，[①] 并下沉至一线以外的其他城市与农村地区，吸引了包括未成年人在内的大量的网民。据中国互联网络信息中心统计，至2018年12月，抖音、快手、火山、西瓜、微视、梨视频、美拍、秒拍、土豆等各个热门短视频应用的用户规模达6.48亿，网民使用比例为78.2%[②]。

其中，短视频在未成年网民中崛起，成为未成年人上网使用的最主要功能之一。据2018年5月由共青团中央维护青少年权益部、中国社会科学院社会学研究所以及腾讯公司发布的《中国青少年互联网使用及网络安全情况调研报告》显示，在被调查的13～18岁的未成年人中，对短视频的使用频率已经超过游戏，超过20%的未成年人表示“几乎总是”在看短视频，近10%的未成年人每天要看几次短视频，11.32%的未成年人每天使用一次短视频；也就是说，每天至少使用一次短视频的未成年人达到40%以上（见图1）。

---

① 七麦数据：《2018短视频App行业分析报告》，http：//www.199it.com/archives/730166.html，2018年5月30日。

② 中国互联网络信息中心（CNNIC）：第43次《中国互联网络发展状况统计报告》，http：//cnnic.cn/gywm/xwzx/rdxw/2017_7056/201902/t20190228_70643.htm。

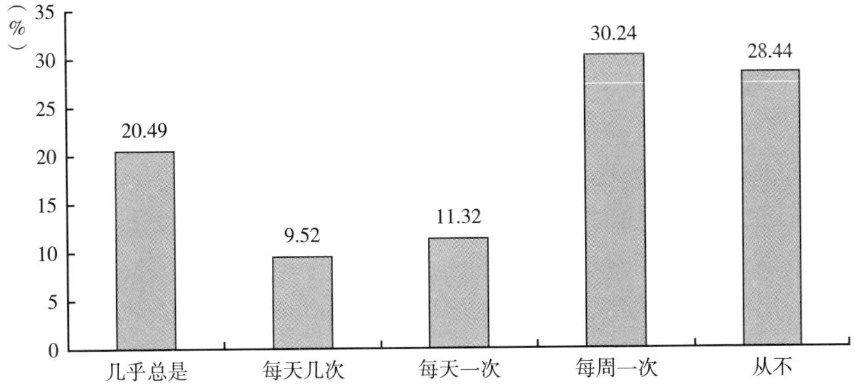

图1　13~18岁青少年短视频使用频率

数据来源：《中国青少年互联网使用及网络安全情况调研报告》，内容详见 http：//tech. huanqiu. com/internet/2018－05/12133734. html。

（二）未成年人短视频传播频繁泄露个人隐私

未成年人由于心智不够成熟，对网络风险认识不足，在短视频传播内容选择上，考虑更多的是如何能最大限度引起关注以及提升内容热度，正如某短视频爱好者表示：“每天眼睛一睁开，就想着怎么拍一个短视频上热门”。[①] 因此，未成年人为了吸引眼球，其上传的短视频内容中，很多视频涉及低俗、暴力、色情等主题，如未成年人怀孕、生子、打群架、抽烟酗酒等，极大地挑战了法律与道德底线。

如图2所示，《央视新闻》在其微博平台批判短视频平台直播乱象，未成年人在网络平台直播在线下生活中被视为禁忌的恋爱、怀孕、生子等内容，而类以题为“14岁早恋生下儿子”“全网最小二胎妈妈”的视频，还经常登上平台热门，得到更为广泛的传播。

在个人隐私层面，未成年人发布的早恋、怀孕、产子等视频，对视

① 何天骄：《短视频平台内容之殇：火山口上狂欢？还是找回安全底线》，第一财经 App，https：//www. yicai. com/news/5413696. html，2018年4月9日。

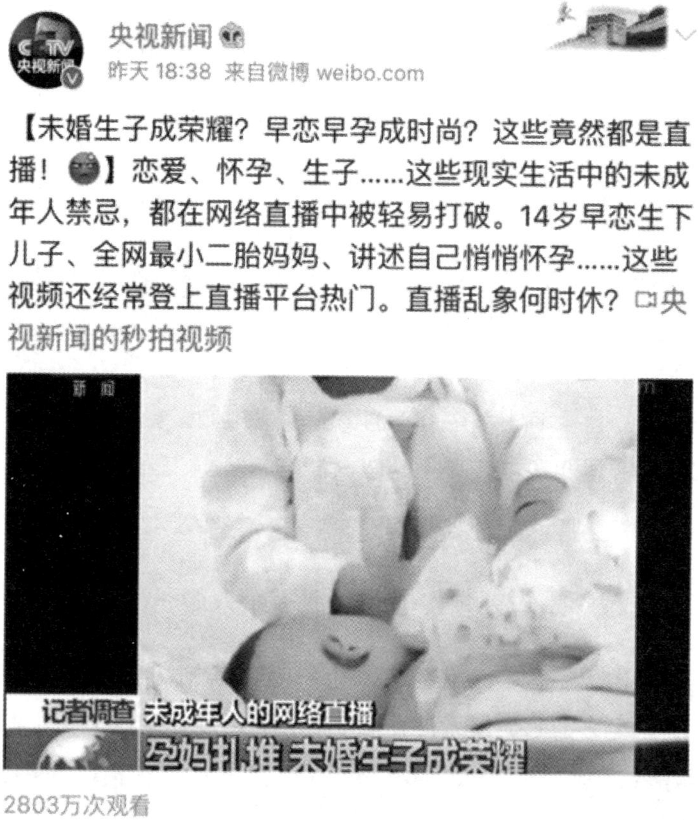

图2 《央视新闻》微博批未成年孕妈网络直播

频作者来说，已严重泄露了其个人隐私。视频社交平台较之以发布文字信息为主的微信、微博等社交平台，所发布内容主要以视频为主，也就意味着视频平台的匿名度更低，作者发布的个人相关内容中，所泄露的个人相关信息更多、信息量更大。以“未成年妈妈”为例，为了产生轰动性效果，在视频标题上一般会标出作者年龄，如上述央视新闻提到的“14 岁早恋生下儿子”；此外，在视频内容中还会透露姓名、性别、地址、职业、个人外表、婚姻、生育情况等大量的个人信息，甚至是敏感信息。有些未成年妈妈在视频中毫无保护婴儿隐私的意识，未采取任何措施对婴儿个人信息加以保护，直接将其视频暴露于上千万甚至上亿的观众面前。

（三）平台算法价值观缺失及管理不完善

近年来，随着人工智能技术的发展，无论是信息资讯还是娱乐社交平台，都逐渐开始采用智能算法推荐机制，根据用户需求与偏好，向用户推荐个性化内容，以最大化满足用户需求，增加用户的使用时间与频度。但作为技术的智能算法，始终是一把双刃剑，虽然极大提升了效率，但如果只注重信息传播的效率，而无视信息的质量，那么将产生极为严重的负面影响。

尤其是一些短视频平台，由于更多地考虑其短期经济利益，而非长期的对用户和社会的责任，因此在算法取向、内容监管的投入和平台账号的管理上，均存在着不同程度的问题。第一，短视频平台的算法更倾向于以经济收益最大化为取向，其推荐机制设计欠缺社会责任意识；第二，随着移动互联网的发展，短视频用户规模迅速扩大至亿级规模，加之用户使用短视频的时间逐步增加，短视频平台在内容监管层面的投入，与其平台用户发展速度严重不匹配；第三，短视频平台在短短几年间飞速发展，尤其是有大量注册账号的平台，其账号管理极不完善，缺乏对用户在内容生产上的有效监管与制约。

以备受争议的“未成年妈妈”视频为例，短视频平台的智能推荐功能，成为众多未成年妈妈的推手。算法不仅负责推荐哪些内容成为平台首页的热点内容，还决定着应该根据用户的观看行为推荐相关内容。具体来说，如果用户在某短视频平台首页看到未成年妈妈视频并点击观看，进入其主页后会发现相关的推荐也是低龄妈妈视频。而正是通过此种方式，其中一部分热度高的未成年妈妈，也为发布类似主题的其他未成年用户导入了流量，而更高的观看度则有可能将更多的未成年妈妈视频推荐到平台首页。在此过程中，观看量的增加与热度的提升，则意味着未成年妈妈们相关的隐私泄露范围进一步扩大。

二 未成年人网络隐私泄露问题与影响

清华大学新闻与传播学院教授沈阳将公民隐私泄露分为三个阶段①：第一阶段为人机交互的行为数据隐私泄露阶段；第二阶段，是人体外部特征数据泄露阶段，即人脸识别阶段；第三阶段，即人体的生物内部数据泄露阶段。针对当前隐私泄露的重要事件与主要特征，沈阳提出，目前公民隐私泄露正经历从第一阶段到第二阶段，即从人机交互的行为数据隐私泄露到人体外部特征数据风险泄露的阶段。

对于未成年人来说，在社会化媒体平台发布照片、上传视频、网络搜索以及浏览商品等行为，会产生包括未成年人身份信息、位置信息、个人偏好等数据，而这些数据则会进一步进入处理个人信息的产业之中。② 当未成年人的信息被收集、处理、分析以及用以预测时，如果无视未成年人隐私权以及侵权行为对未成年人的负面影响，那么极有可能产生未成年人隐私数据的滥用。尤其是在倡导万物互联的时代，更是加大了未成年人隐私信息泄露风险。

随着短视频在未成年群体中的普及，经常有未成年人通过快手、抖音、火山小视频等视频网站，上传记录自身日常生活的图片与视频，泄露了大量关于个人外表、年龄、性别、地址、活动区域等信息，从而也将自身暴露在多重危险之中。

（一）对未成年人身安全的影响

已有大量案例证实，未成年人在网络平台上隐私的泄露，对其身心健康

① 清博大数据：《隐私泄露、人肉悲剧频发，大数据已丢失网民信任?》，http：//home. gsdata. cn/news－report/articles/2550. html，2018 年 10 月 9 日。

② 联合国儿童基金会：《2017 年世界儿童状况：数字时代的儿童》，https：//www. unicef. org/china/sites/unicef. org. china/files/2018－11/%E6%95%B0%E5%AD%97%E6%97%B6%E4%BB%A3%E7%9A%84%E5%84%BF%E7%AB%A5. pdf，2017 年 12 月。

会产生严重影响。正如最高人民法院研究室主任姜启波所说，青少年由于心智发育不够成熟，对于风险的识别与自我保护的意识和能力，较之成年人更薄弱，因此更易成为网络犯罪的侵害对象。[①]

首先，未成年人制作的视频，在传播过程中泄露了大量个人信息，尤其是热度高的视频，巨大的观看和转发量，意味着大量跨平台传播和二次传播。而未成年人信息通过短视频的大量泄露，为不法分子提供了更多便利和可乘之机。对于专门针对未成年人的犯罪分子来说，其在筛选作案对象时，从未成年人发布的以展示自我为主题的视频类内容中所获取的信息，丰富程度将远高于微信、QQ、微博等以文字和图片为主的平台信息。

据媒体报道，某 10 岁女童父母偶然发现女儿在微信平台与一陌生男子聊天，聊天内容显示男子有明显的猥亵倾向，而心智尚未成熟的女童并未察觉。经过与女儿沟通，父母了解到陌生男子通过女儿发布于短视频平台的自拍视频对其关注，通过在短视频平台的交流获取其微信号并加为好友，之后通过微信以更为私密的方式聊天。同样，国外媒体也有很多类似报道，如恋童癖等通过视频或者其他社交平台收集未成年人信息，锁定作案对象，实施犯罪行为。

（二）对未成年人未来发展的影响

未成年人网络平台个人信息的泄露，还将影响到其未来的教育与就业等领域的个人发展。根据当前国际发展趋势，基于网络的个人信息正成为教育与就业等领域的决策依据。

在国外，个人在社交平台发布的信息正被纳入大学录取、留学签证等评价体系之中。以美国高校为例，个人在社交媒体发布的信息，将影响到对其大学申请、学校表现的评价。[②] 首先，在大学申请阶段，美国专业的升学服

---

① 新华网：《最高法：严惩利用互联网侵害未成年人犯罪》，http：//www. xinhuanet. com/legal/2018 -06/01/c_ 1122924280. htm，2018 年 6 月 1 日。

② 中青在线：《到手的录取通知书飞了！哈佛新生因网络言论被开除》，http：//news. cyol. com/content/2017 -06/07/content_ 16161681. htm，2017 年 6 月 7 日。

务公司对超过350名大学录取官员的调查显示，有35%的录取官会检查申请者的推特、脸书等社交媒体账号，以查看其是否有不符合本校价值观和规则的内容，而大概42%的录取官提到曾经在社交媒体平台发现对申请者有不利影响的内容。其次，即便幸运地被名校录取，其于社交媒体发布的内容也会影响到能否继续求学。2016年6月，哈佛大学10名新生被学校开除，原因为在社交媒体平台分享不当内容，如分享有性或者暴力内容的帖子和色情表情包，以及嘲笑死亡儿童、犹太大屠杀等。

此外，对于有志于出国留学的学生，基于社交媒体信息的审查有更加严格的趋势。根据美国政府的最新规定，各国申请美国签证人士需提供过去5年的社交媒体账号与过去15年间的个人经历记录，以中国申请者为例，如发现申请人在微信、微博等平台发布过威胁美国国家安全或价值观的言论，其签证申请将有可能被拒绝。

以上事例表明，随着社交媒体的普及，基于个人社交媒体平台发布的信息进行相关教育决策，已成为大势所趋。未来随着社交媒体在我国未成年人中的普及，以及教育领域改革的深入，在我国有可能会出现学校基于未成年人社交媒体言论做出是否录取其或者允许其继续进行学业的规定。那么，为了追求一时的热度而发布短视频的"未成年妈妈"们，或者其他上传挑战社会底线视频的未成年用户们，其个人信息已然大量泄露，如若今后升学等教育相关的决策与社交媒体信息挂钩，那么势必会对其产生极大影响。

（三）对未成年人未来社会信用评级的影响

2014年6月14日，针对我国现有社会信用体系不适应现有经济和社会发展现状，国务院发布了《国务院关于印发社会信用体系建设规划纲要（2014～2020年）的通知》（国发〔2014〕21号）。通知中，提出了我国社会信用体系设计的主要目标。①

① 《国务院关于印发社会信用体系建设规划纲要（2014～2020年）的通知》（国发〔2014〕21号），http：//www. gov. cn/zhengce/content/2014－06/27/content_ 8913. htm，2014年6月27日。

未成年人网络使用行为也在社会信用评价体系之内。该通知的“互联网应用及服务领域信用建设”部分提到了网络信用评价体系的构建，包括对上网人员的网上行为进行评估，记录信用等级，并建立上网个人的网络信用档案，推进网络信用信息与社会其他领域相关信用信息的交换共享。此外，还将建立网络信用黑名单，将存在严重网络失信行为的个人列入黑名单，对其采取网上行为限制、行业禁入等措施并公开曝光。在地方，目前已有地方政府尝试建立社会信用体系，用以对市民进行信用评价，而市民的网络言行也包含在评价体系之内。

未成年人在短视频网站发布的视频，如果涉及社会信用体系中所规定的不当内容，甚至触犯法律，那么将会影响其在社会信用体系的得分。此外，根据规定，其不当网络言行及社会信用得分还将被分享到社会其他领域，这意味着进一步影响到未成年人在其他领域的机会与权益。以江苏睢宁为例，该市每年根据所得信用分数将全市100多万市民分为ABCD四个等级，然后在入学、就业、低保、社会救助等方面，给予不同级别市民不同待遇，比如获得信用A级者在就业等方面会得到优先照顾。①

三　对策与建议

（一）法律层面：健全相关法律法规，加大法律监管力度

近年来，我国在参考国际经验的基础上，结合互联网的发展与使用情况，出台了多部规范网络使用的法律法规。尤为重要的是即将实施的《未成年人网络保护条例》，对未成年人个人信息的收集、使用等均作出明确规定，为未成年人网络信息保护提供了法律层面的保障。而对于未成年人已发布于网络平台的信息，事后如其本人或监护人要求网络平台删除或屏蔽有关

① 徐霄桐：《江苏睢宁给百姓信用评级，逾六成网民质疑“仅为政府方便”》，《中国青年报》2014年6月23日，http://zqb.cyol.com/html/2014-06/23/nw.D110000zgqnb_20140623_1-03.htm。

的未成年人个人信息，条例也作出规定，提出网络信息服务提供者应采取必要措施予以删除与屏蔽。

地方层面，也需逐步出台控制未成年人在直播、视频网站注册等相关的条例与规定，加大未成年人网络隐私保护力度。类似规定，一定程度上减少了未成年人通过网络直播等平台泄露个人信息的机会。

加强未成年人自身法律意识的培养。通过提供参与式机会等，加强未成年人对于法律知识的理解，使其懂得用法律保护自己。使孩子亲身感受法律氛围，提升用法律保护自己的意识。

（二）平台层面：认清算法的价值观属性，加强自身约束

面对媒体的报道、政府的监管与公众的质疑，相关短视频平台确实也做了相应举措。平台的行为一定程度上缩小了未成年人信息泄露的范围与规模，降低了其对于未成年人未来身心健康与个人发展的负面影响。

针对监管机构的约谈、媒体和公众的舆论质疑，很多短视频平台转变了算法客观中立的观念，开始审视算法的价值属性。短视频平台负责人对于算法价值观属性的清醒认识，将有利于其在算法设计中，切实将未成年人保护纳入其算法体系之中，以加强对未成年人网络隐私等权益的保护。

短视频平台仍需进一步采取更有针对性的、能加强未成年人网络隐私保护的政策。平台在认识层面的深入，以及相应的管理措施改善，主要出发点在于应对舆论与监管，致力于为未成年人营造健康向上的网络环境，保护未成年人网络隐私等权益。因此，为了切实保障未成年人在使用短视频平台过程中的合法权益，包括规范其个人与隐私信息的收集、使用等环节，企业仍需进一步完善其网络隐私政策。

（三）家庭层面：监护人加强自身和未成年人网络隐私意识与保护

第一，家长作为未成年人的监护人，需加强自身网络隐私意识。很多家长是资深网民，也是网络短视频的使用者，但其在自身使用中尚欠缺隐私意识，比如随意将录制的包含大量未成年人隐私信息的视频上传至短视频平

台，甚至以获取大量观看、点赞、评论与转发为荣，并未意识在此过程中引起了未成年人隐私的极大泄露。类似视频内容如果被不法分子利用，将引起极大的负面影响。因此，家长需规范自身网络使用，确保不随意发布泄露未成年人敏感信息的视频。

第二，家长需将网络隐私保护意识传递至未成年人，以规范其网络使用行为。未成年人不当的网络使用行为，以及由此导致的个人信息泄露，很大程度上与其自身网络素养相关。因此，家长需通过行之有效的方式对未成年人进行网络素养教育，使其了解在上网过程中如何保护自己的隐私，以及如何确保不侵犯他人隐私等知识。

第三，家长对于其他组织或个人侵犯未成年人网络隐私行为，需及时做出应对。随着网络监控的高度普及，常有学校、幼儿园等组织与个人，将录制的涉及未成年人的视频在未消除其个人信息的情况下，上传至快手、抖音等平台。作为具备隐私保护意识的家长，需要严重警惕类似行为，及时与泄露孩子信息的机构或个人进行沟通，以避免未成年人隐私的泄露。

参考文献

财经网：《两学术机构联合抖音发布首份未成年人网络权益保护多元共治倡议书》，http：//tech. caijing. com. cn/20180809/4498595. shtml，2018 年 8 月 9 日。

傅宏宇：《我国未成年人个人信息保护制度构建问题与解决对策》，《苏州大学学报》（哲学社会科学版）2018 年第 39 期。

《国务院关于印发社会信用体系建设规划纲要（2014 ~ 2020 年）的通知》（国发〔2014〕21 号），http：//www. gov. cn/zhengce/content/2014 - 06/27/content_ 8913. htm，2014 年 6 月 27 日。

何天骄：《短视频平台内容之殇：火山口上狂欢？还是找回安全底线》，第一财经 App，https：//www. yicai. com/news/5413696. html，2018 年 4 月 9 日。

黄旭东、杨飞：《未成年人网络隐私权的法律保护》，《当代青年研究》2009 年第 4 期。

联合国儿童基金会：《2017 年世界儿童状况：数字时代的儿童》，https：//www. unicef. org/china/sites/unicef. org. china/files/2018 - 11/% E6% 95% B0% E5% AD% 97%

E6%97%B6%E4%BB%A3%E7%9A%84%E5%84%BF%E7%AB%A5.pdf，2017 年 12 月。

陆鸣：《未成年孕妈视频登热门，平台算法成推手》，澎湃新闻，https：//www.thepaper.cn/newsDetail_ forward_ 2053583，2018 年 4 月 1 日。

毛占海：《网络直播视域下未成年人权益的保护》，《青年记者》2018 年第 30 期。

七麦数据：2018 短视频 App 行业分析报告，http：//www.199it.com/archives/730166.html，2018 年 5 月 30 日。

清博大数据：《隐私泄露、人肉悲剧频发，大数据已丢失网民信任?》，http：//home.gsdata.cn/news－report/articles/2550.html，2018 年 10 月 9 日。

投资界：《抖音 6 月永久封禁 3 万余账号，对侵犯未成年人权益账号顶格处罚》，https：//m.pedaily.cn/news/433507，2018 年 7 月 12 日。

环球网：《快手 CEO 道歉：对价值观错误的视频内容坚决打击》，http：//www.techweb.com.cn/it/2018－04－03/2651929.shtml，2018 年 4 月 3 日。

王利明：《人格权法研究》，中国人民大学出版社，2005：624。转引自黄旭东、杨飞：《未成年人网络隐私权的法律保护》，《当代青年研究》2009 年第 4 期。

王龙珺：《“互联网＋”时代下的未成年人网络隐私权保护》，《新闻知识》2016 年第 5 期。

王鹏：《未成年人网络隐私权立法保护》，《青年记者》2015 年第 10 期。

新华网：《最高法：严惩利用互联网侵害未成年人犯罪》，http：//www.xinhuanet.com/legal/2018－06/01/c_ 1122924280.htm，2018 年 6 月 1 日。

徐霄桐：《江苏睢宁给百姓信用评级，逾六成网民质疑“仅为政府方便”》，《中国青年报》2014 年 6 月 23 日，http：//zqb.cyol.com/html/2014－06/23/nw.D110000zgqnb_ 20140623_ 1－03.htm。

薛前强：《论大数据时代未成年人被遗忘权的法律构建——兼评美国加州第 568 号法案》，《中国青年社会科学》2015 第 34 期。

中国互联网络信息中心（CNNIC）：第 42 次《中国互联网络发展状况统计报告》，http：//117.136.191.144/cache/www.cnnic.cn/hlwfzyj/hlwxzbg/hlwtjbg/201808/P020180820630889299840.pdf? ich _ args2 = 182 - 25154410029829 _ 4526d56f9bedfaf54000c0372d507010 _ 10001002 _ 9c89612dd7cbf1d7913b518939a83798 _ 9c6595beccc0870ea23a0e0570ca5fa4，2018 年 8 月 20 日。

中青在线：《到手的录取通知书飞了！哈佛新生因网络言论被开除》，http：//news.cyol.com/content/2017－06/07/content_ 16161681.htm，2017 年 6 月 7 日。

网络素养和网络文化

Internet Literacy and Cyber Culture

B.7
未成年人网络素养教育发展现状

方增泉　祁雪晶　贾　麟*

摘　要： 以我国未成年人网络素养教育现状为基础，从学校教育、家庭教育、社会教育与政府方面四个层面切入，分别对其在未成年人网络素养教育中的实践探索和成效进行剖析，提出建构未成年人网络素养教育体系的建议。作者认为未成年人网络素养教育体系的建设应从以下四方面入手：第一，应重点强化学校教育的主体作用，例如改善课程设置、加强教师培训，发挥社会大课堂育人的作用；第二，有效发挥家庭网络素养教育的重要辅助功能；第三，集结社会各界力量共同促进未成年人网络素养提升；第四，政府完善法制、监管与社

* 方增泉，北京师范大学新闻传播学院研究员，教育新闻与传媒研究中心主任；祁雪晶，北京师范大学新闻传播学院助理研究员，教育新闻与传媒研究中心副主任；贾麟，北京师范大学新闻传播学院 2017 级硕士研究生。

会保障。

关键词： 未成年人 网络素养教育 中国

网络广泛存在于未成年人的娱乐、教育、生活、自我表达、社交等方方面面，成为其不可或缺的学习、交流和娱乐工具。但值得注意的是，未成年人的认知和行为模式尚处在发展阶段，面对各种复杂的互联网信息时辨别能力不够，在接触、使用媒介时也会遇到信息焦虑、数字压力、网络成瘾、隐私安全、网络暴力等诸多潜在问题。基于此，重视和加强未成年人网络素养教育的需求愈发迫切。

《2017 青少年网络素养调查报告》[①] 显示，我国未成年人网络素养总体评分不高，平均得分为 3.55 分（满分为 5 分），同时存在未成年人网络素养水平区域差距大、未成年人网络素养性别差异显著、家长忽视亲子关系对未成年人网络素养的影响、学校缺乏网络素养教育环境与网络素养专业课程等诸多问题，系列数据均表明我国未成年人网络素养教育亟待提升。因此，加强未成年人网络素养教育，切实提高未成年人网络素养，对于我国未成年人的健康成长以及构建未来文明、和谐的网络生态具有重大意义。

一　学校教育的实践探索和成效

学校教育是未成年人网络素养教育的基础和关键，没有一种教育方式可以与学校系统化、规模化、正规化的教育方式相提并论，因此一定要强化学校教育的主体作用。

① 由北京师范大学新闻传播学院、光明日报智库研究与发布中心联合主办的“京师中国传媒智库发布平台”于 2017 年 6 月 27 日发布。

（一）独立式课程方面

中国传媒大学传媒教育研究中心张玲团队2008年曾与北京市黑芝麻胡同小学合作，进行了系统的媒介素养教育实验。该实验的课程目标包括五个层面，分别为媒介技术、媒介组织、媒介与受众的关系、媒介运用、媒介礼仪与伦理。在媒介技术层面，主要帮助学生了解每种媒介传递信息的技术特征。针对这一层面的目标，在授课方法上以文本分析、情境分析和个案研究为主。例如在“网海自由行”一课中，为了引导学生明白网络只是一个传递信息的工具，它对人的影响由上网的人的信息解读能力、网络使用习惯等决定，实验设计实施了“网络利弊辩论会”，将全班同学分为正反两方进行辩论；在媒介组织层面，主要帮助学生初步掌握媒介组织的运作规律，了解政治、经济、社会等因素对于媒介组织及媒介内容的影响。针对这一层面的目标，在授课方法上以模拟练习为主。例如在“我是大明星”一课中，让学生分别扮演明星、媒体记者、受众等各个角色，让学生亲身体会明星是如何被筛选和精心制造的；在媒介与受众的关系层面，通过教学启发学生反思自己与媒介或媒介组织的关系，打破大众媒介单项传播的弊端，使学生能够做积极主动的受众，更好地维护自己的权益。针对这一层面的目标，在授课方法上以实操练习和动手为主。例如在“学生媒介作品展示课”“动漫DIY——布偶剧表演”等多次媒介内容改编或原创作品展示课上，让学生在教学过程中展现自己制作的媒介产品；在媒介运用层面，主要帮助学生运用各种媒介技术创造性地表达自己的意见和观点，做信息社会真正的主人。针对这一层面的目标，在授课方法上以实际动手为主。例如在“动漫梦工厂”一课中，通过指导学生动手制作“笼中鸟”小手工引入课程主题，趣味展示“视觉暂留”原理。在媒介礼仪与伦理层面，主要帮助学生了解媒介使用过程中应当遵守的利益目标，在授课方法上以模拟练习为主，让学生亲身体会媒介使用礼仪在日常生活中不可替代的作用。例如在“手机与生活”一课中，设计了日常生活中使用手机的各种场景，让学生分别扮演接电话者、打电话者和周围群众等各种角色，通过亲身体会，使学生全方位地感受到手机使用礼仪对于手机使用者和他人的重要性。①

东北师范大学媒介素养课程研究中心闫欢团队曾先后于长春市西五小学、东北师范大学附属中学高中部、东北师范大学附属中学净月学校小学部等学校开展多形态媒介素养教育实验教学，并参与团中央青少年出版总社媒介素养师资培训等校外媒介素养培训，先后培训中小学媒介素养师资 200 余名，各类学生授课人数达 2000 余名。

诸如此类中小学教育课程的本土化实验，仅是推广我国未成年人网络素养教育的前奏，社会认知的培育、师资力量的培养、课程体系的设置、考试评价机制的建立等等，仍需要长期的探索。

近年来，从全国地方性学校教育来看，在推动网络素养教育进教材、入课堂以及开展教师网络素养培训方面，广东省成绩较为突出。2016 年，经广东省教育厅审定，《媒介素养》教材正式批准使用。2018 年，根据中央网信办和全国少工委“从小争做中国好网民”的指示精神，广州市教师远程培训中心和教材课题团队联合制作了面向中小学教师的在线教育课程，率先在广东以及全国进行中小学教师的网络素养培训。该在线课程结合教学实践，全面介绍中小学教师应该掌握的网络素养教育的理念和方法，每门课包括总体概括、教师分享、课程实录、专家点评和学员反馈等多个环节，对一线教师在中小学深入开展网络素养教育课程，提供了详细的示范和指引，可操作性强。目前已上线的教育课程有“教师的互联网思维”“走进媒介世界”“网络安全”“网络健康”“网络文明与法治”等 5 门课程共 30 个学时，自 2018 年初已相继在广东、江西、河南部分地区的中小学教师信息技术应用能力提升工程、“国培计划”——示范性网络研修与校本研修整合项目培训中使用，并纳入继续教育学分。目前该课程培训已 6000 多人次，好评率达 98%，受到了各个地区教师的欢迎。该课程对如何引导学生理性地看待互联网，防止网络深迷，全面提升学生的网络素养有很好的指导作用，为下一步全面结合教材将网络素养教育全面推进课堂打下了良好的基础。

---

① 张玲、秦学智、张洁：《媒介素养教育课程论》，中国广播电视出版社，2013。

（二）融入式课程方面

在近期的学校教育实践探索方面，基于当前智能终端、移动网络等数字技术的迅猛发展，中国传媒大学传媒教育研究中心副研究员张洁提出“数字时代的项目式学习方式”。这种学习模式以智能终端及移动互联网等技术为前提，具有跨学科融合，注重培养学生的合作能力、沟通能力、创新能力、批判性思维等特征，打破了以往分学科讲授式教学方式的时空结构，以适应学生合作完成项目任务为目标，灵活安排教学时间与空间。数字时代的项目式学习以学生自主合作学习为主，教师的主要作用是组织引导、个性化辅导，以与现实生活密切联系的项目任务为主要内容，教师可以提供丰富多样的学习资源，学生也可以方便地使用各种 App 和互联网资源，从而使学生的学习过程能够实现自主化、个性化、多样化。由于这种学习模式以智能终端、移动互联网技术为依托，因此网络素养在这里既是学生重要的学习内容，也是基础的学习方式与手段。

北京师范大学第三附属中学同样是未成年人网络素养教育的先行者，以学校作为一线，通过专家讲座、课程指导、媒体考察、媒介素养监测与干预及家长课堂等多元方式，深度推进了未成年人网络素养的提升，让孩子们在互联网时代学会生活、学会学习、学会交往。例如学校为老师及学生家长开展了一系列主题讲座，包括“网络时代，如何甄别海量信息——未成年人与网络谣言、网络暴力及网络审判”“孩子玩游戏，父母怎么办?”“玩转手机时代，学会网络社交”等等，通过家校紧密联合的方式，针对未成年人网络素养教育的不同层面，在对老师进行课余培训的同时，解决家长对于孩子网络素养教育所热切关注的问题。另外，为帮助学生更好地适应最新的媒介环境，了解最新的网络素养教育成果，北京师范大学第三附属中学联合北京师范大学新闻传播学院在校园内设立“青少年媒介素养实践基地”，这意味着高校的最新科研成果将无缝应用到中小学校园的一线实践之中。

二　家庭教育的实践探索和成效

家庭因素对未成年人的网络素养水平有着深刻的影响，对未成年人的成长起着潜移默化的作用，《2017 青少年网络素养调查报告》所显示的数据有力地证明了这一观点。对于网络素养教育而言，一方面，以血缘为纽带的家庭教育具有独特的感染力优势，家长对孩子的性格特点、行为习惯、教育状况、思想动态等相对了解，他们的教育引导更具针对性；另一方面，家长的上网习惯也会对未成年人的上网行为产生直接的影响。

近年来，我国针对家庭层面未成年人网络素养教育的手册与指南逐渐增多，对家长起到了一定的启示作用与教育借鉴意义。

复旦大学媒介素质研究中心以“亲子共同阅读，帮助儿童安全上网、健康上网、快乐上网”为目的，编撰了《儿童绿色上网家庭手册》。该手册以数据调查分析作为撰写基础，使用了亲子间易于接受和喜爱的卡通人物形象“摩尔”，通过卡通故事的叙述方式分别讲述网络的利弊、趋利避害攻略、日常上网行为方法以及上网计划检测四部分内容。例如，在“趋利避害攻略”中涉及了应对健康威胁、游戏沉溺、暴力色情、欺诈陷阱、人身威胁、语言暴力等隐患的措施；在“日常上网行为方法”中对时间管理、网上交友、网络礼仪等概念做出生动阐释；在“上网计划与检测”中，建议以家庭为单位制定健康上网家庭契约、一周上网时间计划表、一周网络行为自检表、游戏沉溺程度体检表等。

中国青少年宫协会儿童媒介素养教育研究中心主任张海波推出了《家庭媒介素养教育》一书，该书是国内第一部全面论述 00 后儿童家庭媒介素养教育的专著，是中国教育学会“十二五”重点科研课题的成果。书中包含教育学、心理学、社会学、传播学等跨学科的专业知识，与国际先进的媒介与信息技术素养、儿童核心素养教育理念同步，结合中国本土儿童的数字化成长和亲子关系现状，提出了符合中国儿童身心发展、新媒介使用习惯和社会发展要求的家庭媒介素养教育方案。书中呈现的数据来自中国青少年宫协会儿童媒介素养教育中心在全国18个城市历时一年的大型儿童网络安全和媒介素养状况调研，在此基础上，分年龄段详细讲述家庭媒介素养教育策略，并以图说形式讲解家庭媒介素养教育难题。[①] 其中包括“如何预防孩子媒介成瘾”“如何教孩子辨别不良信息”“如何教孩子保护个人隐私”“如何教孩子理性面对网络交友”“如何教孩子应对网络侵害”等专题，直面当下家庭中家长遇到的各种困惑，方法简洁实用。

北京师范大学教育新闻与传媒研究中心以我国未成年人网络行为为基础，推出了《数字时代背景下家长行动指南》。该指南开篇即给出“数字父母”五大关键性提示，分别是“不要恐惧网络”“多和孩子交谈”“成为孩子媒介生活的一部分”“当孩子遇到网络问题时，你应该是他们来寻求帮助的对象”“制定家庭上网守则”，这对于家长来说具有“口诀”般的意义。主体内容分为三个部分，包括“保护隐私”“尊重他人感受”“尊重线上财产”，详细地告知了父母如何就具体网络问题来教育孩子。例如，在“保护隐私”中，授以家长具体操作措施，包括如何帮助孩子创建一个安全的密码、如何帮助孩子使用社交网络的隐私设置功能等；在“尊重他人感受”中，着重强调当孩子遇到日益频发的网络争吵与网络欺凌事件时，应该如何处理与解决；在“尊重线上财产”中，对非法下载（盗版）、剽窃抄袭、黑客等涉及网络财产安全的行为做出阐释，使家长与孩子共同学习并避免隐患的发生。该指南最终强调父母一定要和孩子协商制定家庭上网守则，模板如下：

1. 我不会去任何父母不赞成我登录的网站；2. 我不会和任何人分享我的密码（除了父母）——甚至连我最好的朋友也不会；3. 我不会在网上对任何人做出刻薄或残忍的行为，即使别人以这种方式对我；4. 如果我在网上被别人激怒，我会在说出或做出任何事情之前让自己冷静下来；5. 在未经他人允许的情况下，我不会在网上分享任何属于

① 张海波：《家庭媒介素养教育》，南方日报出版社，2016。

别人的东西；6. 除非得到父母的许可，否则我不会在网上乱买东西；7. 我不会分享任何个人信息，比如我的年龄、我住的地方、我上学的地方等等。[①]

北京师范大学学生心理咨询与服务中心教师夏翠翠长期致力于未成年人网络成瘾研究，其最新出版的《孩子玩游戏，父母怎么办？——别让游戏毁了孩子一生》，是针对家庭中孩子网络成瘾问题给出的具体指南。为了方便各个年龄阶段的父母阅读，该书按不同年龄阶段展开叙述，包括婴儿、幼儿、小学、中学和大学五个阶段。在案例解析中，本书首先呈现了每个阶段孩子的心理发展特点、家庭教育的主要目的和游戏的正确使用；接着进行专业的点评和分析，给父母提出切实可行的教育建议，每个阶段的结尾都总结了适合这个年龄阶段孩子玩的游戏和亲子活动；最后介绍了会导致孩子游戏成瘾的家庭有哪些特征，以帮助家长反思自己的家庭，在此基础上提出了亲子教育的总体原则及相对应的父母自我提升方法。[②] 该书既是一本帮助家长引导孩子健康使用网络、正确对待游戏的指南，也是一本关于亲子教育的指南。

三　社会教育的实践探索和成效

（一）线下实践方面

中国青少年宫协会儿童媒介素养教育研究中心主任张海波负责指导的“E 成长计划”公益项目，由广州青少年发展基金会、腾讯公益等机构发起，由来自广州少年宫等机构的志愿服务团队负责实施，旨在关注互联网时代乡村孩子们的网络安全和媒介素养教育，连接城乡儿童的网络世界。在

① 方增泉、祁雪晶：《中国青少年网络素养绿皮书（2017）》，中国传媒大学出版社，2018。

② 夏翠翠、申子姣：《孩子玩游戏，父母怎么办？——别让游戏毁了孩子一生》，北京大学出版社，2018。

“E 成长计划”的推动下，越来越多城市孩子以小讲师的身份，通过专业老师的培训，深入参与乡村孩子的网络安全和媒介素养教育，成为城乡儿童与网络世界的纽带。该计划以全新的视角，让未成年人亲身参与网络素养的研究与建设，通过在学生群体中招募小小讲师团、小小调研员，让孩子用自己的表达生动地向同龄人传递知识，即同伴教育。近 3 年来，张海波等志愿导师已带领“E 成长计划”小讲师走进 10 余个地方，与乡村地区的学生进行网络安全和媒介素养的相关交流。借助熟悉的同龄人语言和活泼的互动游戏，使网络素养基础较为薄弱的孩子们更准确地理解健康网络行为，并在与同辈的交流沟通中拓展视野。同时，同伴教育也是一个双向教育的过程，小讲师们在备课中，向乡村孩子分享自己所学内容时，会进一步加深个人对网络素养知识的理解，最终让未成年人自己反思与网络的关系，自己合理安排上网时间等等。

在社会读物出版方面，宁波市委宣传部与宁波出版社推出的《青少年网络素养读本》，是国内首套专为未成年人编写的网络素养读本，既是社会科学普及读物，又可作为地方教材或校本教材。该丛书共六册，分别围绕“网络谣言与真相”“网络游戏与网络沉迷”“虚拟社会与角色扮演”“黑客与网络安全”“互联网与未来媒体”“地球村与低头族”六个主题展开，融合多学科知识，通过案例分析和问题讨论，帮助未成年人看清网络媒介的不同面相，从而正确理解和使用网络媒介及其信息。例如在《网络游戏与网络沉迷》一册中，不仅梳理了网络游戏的发展轨迹，描述了网络游戏的正负能量，还分析了网络沉迷的现状与成因，总结了克服网络沉迷的措施与方法。对未成年人而言，这是帮助他们树立正确的观念认知，更是应对网络游戏的行为指南。

在社会企业方面，以腾讯为代表的互联网企业与媒体于 2018 年推出 DN. A 计划（即 Digital Natives Action，数字原住民计划）。这是腾讯发起的未成年人网络素养教育项目，旨在通过与政府主管部门、高校、专家和第三方机构等多方联动协作，为孩子们提供丰富有趣的网络素养课程和学习工具，倡导以聆听、约定、陪伴等方式，让政府、企业、社会、家庭和学校共同努力，帮助和引导孩子们建立科学健康的上网习惯，在数字时代健康成长。其最新推出的《家庭网络素养教育指南》就是由腾讯 DN. A 计划和儿童网络素养教育专家共同策划编撰的。该指南通过分析数字时代儿童的数字化成长特点、网络化成长轨迹及关键期、不同年龄段儿童网络行为习惯要点等，向焦虑于无法把握孩子与网络关系的家长们提供了一份简易操作指南。此外，该指南还包含配套动画课程，让孩子们更加轻松愉快地进行网络素养知识的学习。除了推出《家庭网络素养教育指南》外，腾讯社会研究中心还推出了《写给家长的游戏指南》，为玩游戏的孩子的家长们全方位介绍电子游戏发展、打游戏的益处与隐患，以及如何应对孩子在玩游戏过程中出现的问题等。这本指南综合了澳大利亚、德国、美国等国家发布的游戏指导手册，经由国内教育学专家、心理学专家、游戏专家共同增订完成，旨在帮助家长正确看待和应对电子游戏对孩子的影响。

另外，目前国内各地未成年人网络素养教育基地的建设正日益加快。如 2017 年浙江省青少年网络素养教育基地授牌成立，是网络社会组织建设的一大创新举措，该教育基地专注于未成年人网络素养提升，注重内容选择、师资选择，为未成年人提供有益处、有实效、正能量的精品课程；并注重发挥好网信办、团委和高校等多方合作的优势，加大青年人才和互联网人才的培养，着重培养一批未成年人网络意见领袖。除浙江外，安徽省青少年网络素养教育基地也于 2018 年正式揭牌，并宣布将重点在五个方面展开工作：既能为各方参与“搭好台”，又能立足自身“唱好戏”；既能积极投身教育教学实践，又能专注教育规律研究；既能优化网络素养教育课程供给，又能出标准、出规范、出经验；既能运用传统手段做好“大水漫灌”，又能创新各种载体做好“精准滴灌”；既能广泛普及网络素养知识，又能推动中国好网民理念深入人心、深得人心。

（二）线上实践方面

目前国内社会各界除了落实增强未成年人网络素养教育的线下项目外，各大互联网企业采取的线上措施与服务也取得了一定成绩。以腾讯“未成年人主动服务平台”为例，该平台建立了完善的未成年人网络行为主动介入、监护体系，能够及时发现未成年人在网络游戏中的非理性行为，实现信息主动触达监护人并提供主动服务机制，共同促进未成年人健康、合理使用网络服务。除“主动服务平台”外，腾讯还推出了“未成年人成长守护平台”与“健康系统”，家长在“成长守护平台”以及“健康系统”中可绑定孩子的游戏账号，进行游戏查询、游戏提醒、游戏时段设置等操作，还可在未成年人的游戏过程中，进行游戏内系统级的干预与限制。诸如此类举措均有助于社会、家庭与学校共同联合，携手提升未成年人网络素养水平。

千龙网也较早地设立了网络素养学院，这是一所面向社会各界专业，从事网络素养教育和实践能力培养的网上学院。该学院以“发挥网络正能量，提升公众网络素养”为使命，致力于将学术意义上的网络素养理论，通过资讯传播、教育培训、产品研发、图书音像制品策划出版等途径，达到推广普及网络素养知识和实践能力培养的目的。关于未成年人网络素养教育方面，千龙网网络素养学院于2018年发布了《2017～2018年首都青少年上网行为研究报告》，为更好地了解和掌握首都未成年人的上网行为状况，帮助社会各方更科学有效地开展未成年人网络安全保护工作做出阐释。针对未成年人网络安全方面与个人信息保护方面的问题，报告给出了五点对策建议：一是学校应严格校规校纪，规范未成年人上网行为；二是老师和家长应加强对未成年人的网络安全教育；三是家长应加强对未成年人上网的监督和引导，并以身作则；四是相关部门加强对互联网平台和网络营业场所的监管；五是相关企业应自觉遵守相应的法律法规。

四　政府方面的实践探索和成效

未成年人网络素养教育不仅事关学校、家庭与社会，更是政府及教育部门的责任。政府相关部门需要从立法、制度建设、政策引导等方面进行规范，制定有效的网络素养培育政策，这是解决未成年人乃至全民网络素养教育问题的根本途径。

在未成年人网络素养提升方面，教育部于2018年印发了《教育信息化和网络安全工作要点》，其中重点强调将研制《大学生网络素养指南》，引导师生增强网络安全意识和语言规范意识，遵守网络行为规范，养成文明网络生活方式。同期，教育部还印发了《关于做好预防中小学生沉迷网络教育引导工作的紧急通知》（以下简称《通知》），对各地做好预防中小学生沉迷网络教育引导工作提出5项具体要求，分别为切实增强责任感紧迫感、迅速开展一次全面排查、集中组织开展专题教育、严格规范学校日常管理、推动家长履行监护职责。该《通知》切实体现出国家为做好预防未成年人沉迷网络教育引导工作，加强未成年人网络素养教育，有效维护中小学生身心健康和生命安全的决心。教育部随《通知》还同时发出《致全国中小学生家长的一封信》，信中特附“防迷网”三字文，具体内容如下：

> 互联网，信息广，助学习，促成长。迷网络，害健康，五个要，记心上。要指引，履职责，教有方，辨不良。要身教，行文明，做表率，涵素养。要陪伴，融亲情，广爱好，重日常。要疏导，察心理，舒情绪，育心康。要协同，联家校，勤沟通，强预防。

在未成年人网络游戏行为方面，2018年教育部等八部门印发了关于《综合防控儿童青少年近视实施方案》（以下简称《方案》）的通知，《方案》明确了八个部门防控近视的职责和任务，其中国家新闻出版署重点提出：将实施网络游戏总量调控，控制新增网络游戏上网运营数量，探索符合国情的适龄提示制度，采取措施限制未成年人使用时间。国家新闻出版署将对网络游戏实施总量调控，可以看作重新审视并理顺网络游戏监管体制与机制的绝佳契机。在此之上，政府可以避免再唱监管独角戏，也应让玩家、家长、学者乃至全社会共同参与到建立网络游戏监管规则与健康标准的过程中来。

另外，国家卫健委对未成年人网络成瘾诊断标准也做出了最新界定。根据《中国青少年健康教育核心信息及释义（2018版）》，网络成瘾是指在无成瘾物质作用下对互联网使用冲动的失控行为，表现为过度使用互联网后导致明显的学业、职业和社会功能损伤。其中，持续时间是诊断网络成瘾障碍的重要标准，一般情况下，相关行为需至少持续12个月才能确诊。国家卫健委数据表明，全世界范围内未成年人过度依赖网络的发病率是6%，我国比例接近10%，目前我国关于这一领域的治疗规范仍在制定之中。[①] 网络成瘾现象的出现往往与其他精神心理问题，如焦虑、抑郁等有关，一般而言，这些心理疾病得到改善后，未成年人过度依赖网络问题也会得到明显改善。世界卫生组织于2018年将“游戏成瘾”列入精神疾病范畴，也是希望通过此举使网络成瘾问题受到社会更多关注。

五　未成年人网络素养教育现状评价

总体来看，我国网络素养教育起步相对较晚，相关的理论研究和实践探索2000年以后才开始出现。但近年来，从国家、社会、学校到家庭层面，各界对于未成年人网络素养教育的关注急剧增加，各项政策、举措与实践探索呈现井喷式涌现，这表明我国未成年人网络素养教育的发展正处于急速推广与上升期。

学校教育作为未成年人网络素养教育的主渠道，目前在打造独立式课程模式和融入式课程模式方面均做出了探索。一方面，未来学校需要创新网络素养教学环境，将网络素养教育摆在突出地位，提升学科专业化，如将网络应用技能、网络信息批判、网络行为管理、网络安全防护等核心内容纳入单独的网络素养课程中，积极探索提升学生网络素养的方式方法；另一方面，可以将网络素养教育与其他学科或校园活动相融合，如通过团课、社会实践、志愿服务、文体活动、学科竞赛等第二课堂，将理论与实践紧密相连，

① 国家卫生健康委员会：《中国青少年健康教育核心信息及释义（2018版）》，2018年9月25日新闻发布会。

形成特色网络文化，提升学生的网络认知与技能，引导未成年人安全合法、快乐健康地使用互联网。同时，通过科研实践，使教师不断更新教育理念，改进教学方式，充分运用网络新媒介手段，将网络素养教育理念与学校的多学科、多路径相融合，与校内外、家校间进行有效联动，形成师生携手、家校互动、教学相长的整体局势。

家庭教育作为未成年人网络素养教育的重要辅助角色，目前仍较为薄弱。虽然国内已出版了一系列有关未成年人网络素养教育的家庭指南或手册，但普遍存在推广难度大的问题，家长往往得不到相关刊物与知识的普及。部分可供家长网上搜索的指导性读物存在理论性过强、缺失切实有效的具体操作手段等问题。因此未来关于未成年人家庭网络素养教育的相关指南或手册，应着重贴合市场尤其是家长群体的需求，同时做好宣传策划，并以家长最急需处理的问题作为切入点，为其提供简单、直接、有效的解决措施，从而加强家庭教育在未成年人网络素养教育中的重要地位。

在社会教育方面，近年来未成年人遭受网络诈骗、过度参与网络消费等案例大量增加，部分不良网络平台趁机对这部分学生群体设置陷阱，造成他们物质和精神层面上的双重打击。另外，部分网络媒体为博眼球不惜发布不实或不良信息以提高点击率和曝光率，导致网络乱象丛生。面对以上问题，急需强化社会组织尤其是互联网相关企业的社会责任。目前国内各类社会组织在线下与线上都做出了一定的探索，无论是各地未成年人网络素养教育基地的设立，还是各类互联网服务平台的开通，都显示了社会力量在未成年人网络素养教育中的重要担当。但在优秀成果呈现的同时，鱼龙混杂的现象也时有发生，如临沂市网络成瘾戒治中心采用电击疗法治疗网络成瘾，对孩子造成了极大的身体和精神伤害，随后被媒体进行全面曝光。此类负面事件的发生，也正说明社会各界在关注未成年人网络素养教育的同时，应该更加注重科学化与规范化。这不仅需要各类社会组织强化自身的社会责任，还需要家长的理智对待以及政府相关法规的进一步明确。

目前，政府出台的关于提升未成年人网络素养的各项政策与措施仍处于推广和普及阶段，尚存在未成年人网络素养水平衡量的测评体系缺失、相关政策与保障监管机制不完善等问题。虽然近年来政府多次发布关于未成年人网络素养教育的政策与通知，但思想教育宣传意味过浓，而非从教育、心理、传播等专业学科领域制定科学有效的策略，因此实用性不足，“多学科 + 技术手段”的组合，是未来政府方面提升未成年人网络素养教育政策的重要前提。另外，政府相应法律法规的出台目前远滞后于网络技术的发展，社会企业尤其是互联网企业虽已开始注重对于未成年人网络素养的培养，但互联网相关行业对于利益的寻求始终会一定程度上对未成年人网络素养造成负面影响，这时就需要政府通过明确的法律法规来对企业进行必要的约束，而非仅靠企业的自律。立法、制度建设、政策引导的综合完善，才是解决未成年人乃至全民网络素养教育问题的根本途径。

六　关于建构未成年人网络素养教育体系的建议

（一）重点强化学校教育的主体作用

1. 改善课程设置

学校开设网络素养相关课程对未成年人网络素养影响显著，建议学校开设网络素养教育的独立式课程或融入式课程。课程设置应重视理论与实践的结合，可着重把网络素养教育融入各个学科之中，进行跨学科的合作。具体教学策略（如课程单元、课时安排等）需要学校与媒介教育研究的专业部门以及教育学方面的专家共同商定。

2. 加强教师培训

教师自身网络素养的水平会直接影响未成年人网络素养的培养，建议进一步提升教师的网络素养水平，在教师的培训和继续教育课程中增加网络素养模块。在对教师的网络素养培训中，要重视媒体应用方面的教学方法，教师可以就网络中的学生最常接触到的新闻媒体、广告等的生产制作流程，以及制作团队的意图、目的为学生进行客观和理智的分析，让他们更加理性地看待自身接触到的媒介环境。此外，教育相关部门应编写教师网络素养指导手册。

3. 发挥社会大课堂育人的作用

在网络素养课程学习的基础上，学校要积极引入社会、媒体、社区、企业、公益组织等第三方力量，开展媒体进校园、进课堂、进社团等系列活动，同时鼓励未成年人进行参与式、交流式、拓展式的媒介体验和社会实践活动。

（二）有效发挥家庭网络素养教育的重要辅助功能

1. 家长需自我训练，提高自身的网络素养水平

在网络素养的家庭教育方面，家长首先要提高自身的网络素养水平，如管理自己使用网络的时间、增强对网络信息的分析鉴别能力、重新认识网络的利与弊。对于孩子的上网行为，不能一味地采用禁止态度或认为网络是“洪水猛兽”，也不能对孩子的网络使用行为放任不管。此外，父亲、母亲在未成年人网络信息搜索能力、网络信息分析和评价能力方面存在显著的责任和角色差异，因此要有针对性地提高自身的网络素养水平，母亲要在未成年人网络素养培养过程中发挥引导作用，父亲要承担起陪伴未成年人成长发展的责任。

2. 注重沟通，善于发现未成年人使用网络时的问题

作为家长，在未成年人网络素养的培育过程中，要主动搭建起亲子沟通的平台，建议父母抱以宽容、理解的态度，建立与未成年人平等讨论和分享的良好习惯，正确引导未成年人的上网行为。同时，家长要多观察未成年人使用网络的时间和状态，在尊重隐私的前提下，通过与孩子的沟通交流发现问题，如是否存在网络成瘾的现象，孩子是否缺乏相应的注意力管理能力等。此外，父母要适度干预未成年人的上网行为，可以制订科学的家庭上网规则，比如与孩子商量制订网络使用计划表，让孩子养成先完成学习任务再上网的习惯。

3. 建设网络素养家长课堂

网络素养家长课堂的设立旨在指导父母加强未成年人网络素养的家庭教育，具体措施可包括：（1）政府牵头开办网络素养教育培训班，帮助家长指导孩子如何正确使用网络，着重培养孩子的鉴别力；（2）大中小学举办线上网络素养教育讲座和研讨会，为学生家长提供讨论与分享指导孩子使用互联网的在线交流平台；（3）高校与社会科研机构等共同开发定制家长网络素养教育课程与指导手册；（4）政府与企业深度合作，鼓励互联网信息供应商开发并推广绿色家庭上网系统，帮助特定年龄群体过滤不良信息等。

（三）集结社会各界力量共同促进未成年人网络素养提升

1. 社会公共组织联合企业开展未成年人网络素养项目、计划、活动，线下线上融合发力

中国青少年宫协会“E 成长计划”公益项目、腾讯 DN. A 计划、各大互联网企业的网络素养学院等等，都是以社会力量提升未成年人网络素养的有力手段。但目前存在的问题是单点成绩突出、普遍性成就不足，过于依靠互联网龙头企业与专业未成年人教育组织。因此下一步需要依靠政府牵头，动员以互联网企业为代表的全体社会组织，加强对未成年人网络素养教育的重视，并以线下或线上的具体形式将未成年人网络素养教育切实落地。

2. 强化、规范化各地未成年人网络素养教育基地的建设

未成年人网络素养教育基地是直接提升当地未成年人网络素养水平的强效手段，如浙江、安徽等省近年来通过网络素养基地的建设，均积累了丰富的未成年人网络素养教育经验。目前国内各地已有不少未成年人网络素养教育基地处于建设之中，但从整体来讲仍存在供小于求的问题，因此需进一步加强各地基地建设的普遍性。在加速建设的同时，一定要严守科学化、规范化的教育原则，强化基地建设审核与监管标准，杜绝违法违规类社会机构的出现。

3. 发挥大众传媒的引导功能

除网络外，大众日常获取信息的渠道还广泛包含报纸、电视、广播等多种媒介。大众传媒作为党和政府的“喉舌”，必须发挥舆论导向、道德引领、教育大众等功能。[①] 针对未成年人网络素养教育，新闻媒体可以聚焦中小学开展网络素养知识传播活动，或者以当前的网络热点问题作为切入口开设互动平台，在和师生的深度互动交流中潜移默化地渗透网络素养教育。校园媒体则可以利用校园网、广播台、校刊等渠道，开展网络素养教育普及与宣传，借助校园媒体受众群体稳定的特点和优势，打造良好的校园教育宣传环境，力争促成“润物细无声”的传播与引导效果。

（四）政府完善法制、监管与社会保障，加速推进未成年人网络素养教育

1. 提供制度和政策保障

政府相关部门可借鉴西方发达国家关于未成年人网络素养教育的经验，在制度和政策制定方面进行规范，推行切实有效的网络素养教育政策，此为解决未成年人乃至全民网络素养教育问题的最根本途径。同时，教育部门也要制定相应的学校网络素养教育政策，提供该类学科与教材建设的理论指导意见，尤其需要制定未成年人网络素养的培养标准，明晰未成年人网络素养的能力标准，以此为基础积极引导学校进行网络素养教育课程设置等创新性教学改革。另外，除了培养未成年人的安全上网意识外，还应全面提升包括未成年人、监护人和学校教师等在内的大众网络素养教育水平，建议尽快研究制定“全民网络素养”规划，通过提高公众整体网络素养，帮助未成年人正确认识、使用互联网。

2. 加速建立健全网络监管机制

相较于当前互联网发展的速度和广度，我国政府关于网络法制的建设尚处于滞后状态，无法满足网络急速发展的需求，另外有关公众隐私泄露、网

① 苏忠钊：《新常态视域下福建省高校师生网络素养教育探析》，《教育评论》2017 年第 5 期。

络诈骗等现象也仍然时有发生。基于此现状，政府相关部门须加速网络法制建设，不断完善相应的法律法规，让公共网络管理切实做到有法可依、有法必依，同时做到执法必严、违法必究，坚决抵制低俗、暴力等多种不良网络信息，重拳打击隐私泄露与网络诈骗等违法行为，为未成年人营造文明、和谐、清朗的网络环境。在此基础上尽快开展相关立法调查和研究，尽快推动《未成年人网络保护条例》发布实施。

3. 成立各级各类网络健康指导委员会

成立各级各类网络健康指导委员会，旨在协调政府各部门资源推动网络健康计划，处理网络不良信息。[①] 委员会可提倡互联网企业和社会公共部门共同合作开展网络健康项目，如通过建立种子基金的方式，协助并支持互联网企业以及社会相关组织，为未成年人及其家长举办网络素养教育项目，项目应属于非营利性质，以最大范围地促进受众网络素养的提升。

参考文献

张玲、秦学智、张洁：《媒介素养教育课程论》，中国广播电视出版社，2013。

张海波：《家庭媒介素养教育》，南方日报出版社，2016。

方增泉、祁雪晶：《中国青少年网络素养绿皮书（2017）》，中国传媒大学出版社，2018。

夏翠翠、申子姣：《孩子玩游戏，父母怎么办？——别让游戏毁了孩子一生》，北京大学出版社，2018。

张建军、高启明：《新加坡互联网公共教育制度研究》，《教育传媒研究》2018 年第 5 期。

苏忠钊：《新常态视域下福建省高校师生网络素养教育探析》，《教育评论》2017 年第 5 期。

① 张建军、高启明：《新加坡互联网公共教育制度研究》，《教育传媒研究》2018 年第 5 期。

B.8
未成年人网络素养教育的域外实践探索

方增泉　季晓旭　李　琨*

摘　要：　本文梳理了发达国家未成年人网络素养教育的实践探索，具体包括，国外学校的未成年人媒介素养教育的三种形式，包括：“独立课程模式”、“融入式课程模式”以及“课后活动模式”；媒介素养教育体系和家庭教育在未成年人网络素养的培养中起到重要作用；政府一般在三个方面促进网络素养教育的开展，一是加强对媒体的监管力度，二是政府教育部门制订适合本国学生的网络素养教育课程标准和计划，三是保障网络素养教育有法可依。不同国家的实践探索可以为发展中国家提供一些借鉴：融合式课程是未成年人网络素养教育的主渠道；充分调动社会组织力量是未成年人网络素养教育的重要保障；家庭教育是未成年人网络素养教育的有机组成部分；构建和完善阶梯式网络素养框架是未成年人网络素养教育的基础性工程。

关键词：　未成年人　网络素养教育　发达国家

* 方增泉，北京师范大学新闻传播学院研究员，教育新闻与传媒研究中心主任；季晓旭，北京师范大学新闻传播学院2018级硕士研究生；李琨，北京师范大学新闻传播学院2018级硕士研究生。

在我国，网络素养教育尚处于萌芽和起步阶段，尚不成熟。一些发达国家在未成年人的网络素养教育上，起步早，发展快，已经有了经过实践验证的比较成熟的未成年人网络素养教育方法。本文通过梳理发达国家未成年人网络素养教育的实践探索，为国内的相关教育提供一些借鉴和思考。

一 作为媒介素养教育有机组成部分的未成年人网络素养教育

媒介素养最早源于20世纪30年代，英国学者列维斯和汤普生在《文化与环境：批判意识的培养》一书中首次提出将媒介素养教育引入学校课堂的建议，被认为是英国乃至世界关于媒介素养研究的开始。自此，“媒介素养”这一概念登上学术舞台，逐渐受到学界的重视。

目前，各国学者虽然对媒介素养的研究有了长足发展，但尚未形成统一的概念。1992年，美国媒介素养研究中心对媒介素养的定义为“人们面对媒介各种信息时的选择能力、理解能力、质疑能力、评估能力、创造和生产能力以及思辨的反应能力”。2005年，英国通信管理局（OFCOM）对媒介素养的定义是“在复杂社会情景下人们接触媒介、理解媒介和积极使用媒介进行创造性交流的能力”。加拿大安大略教育部定义媒介素养“是学生理解和运用大众媒介方法，对大众媒介本质、媒介常用的技巧和手段以及这些技巧和手段所产生的效应的认知力和判断力”。

随着网络技术的飞速发展，人们使用各种网络媒介的频率日益增加，网络媒介对人们的影响也日益加深。与此同时，学界对于媒介素养的研究方向和结果也呈现出新的变化，网络素养的研究由此诞生。发达国家的未成年人网络素养教育脱胎于媒介素养教育，并与媒介素养教育紧密融合。

1994年，美国学者马克（McClure）首先用“网络素养”（Network Literacy）的概念来描述个人识别、访问并使用网络中的电子信息的能力。伴随着社会实践的进一步展开，网络素养的内涵被进一步廓清，学者塞尔夫（Selfe C.）将网络素养的概念进一步精细化，区别了计算机素养（Computer

Literacy）和技术素养（Technological Literacy）：计算机素养是人们使用计算机、软件或网络的机械技能；而技术素养是在电子环境背景下，一系列包含社会和文化因素的价值观、实践和技巧的复杂的操作语言。学者萨沃莱恩（Savolainen）则从社会认知理论出发，对网络素养进行了系统梳理，提出了网络能力（Network Competence）的概念，认为网络能力包含学习互联网信息资源中知识的能力、使用工具获取信息的能力、对信息的相关性判断的能力、沟通能力等四个方面。目前网络素养的英文有多种表达方式，包括“Digital Literacy”“Network Literacy”“Cyber Wellness”等，并无统一表述。

今天，随着移动互联网和数字技术的迅猛发展，信息传播环境发生了巨大的变化，网络的承载能力也不可同日而语。网络在影响社会生活各方面的同时，也承载了包含数字技术、资源整合、信息传播等多个维度的通路。在此背景下，喻国明提出：网络素养应是一种基于媒介素养、数字素养、信息素养等，再叠加社会性、交互性、开放性等网络特质，最终构成一个相对独立的概念范畴。

二　学校教育中的未成年人网络素养教育

学校目前作为未成年人网络素养教育的承担主体，是网络素养教育中最为基础、重要的一部分。包含网络素养的未成年人媒介素养教育在国外已有九十多年历史，英国、美国、加拿大、澳大利亚等是未成年人媒介素养教育起步早、发展比较成熟的国家，进入新世纪后，以芬兰为代表的北欧国家的未成年人媒介素养教育也逐渐得到了全面的发展①。未成年人媒介素养发展较早的国家都已将媒介素养纳入国家教育体系，从而确保未成年人媒介素养教育的确切落实。未成年人的网络素养教育需要学校在潜移默化中，整体培养提升学生的媒介素养。目前，国外学校的未成年人媒介素养教育主要包括三种形式：“独立课程模式”、“融入式课程模式”以及“课后活动模式”。

① 张玲、秦学智、张洁：《媒介素养教育课程论》，中国广播电视出版社，2013，第13页。

（一）独立式课程

英国是较早进行媒介素养教育的国家之一，其媒介素养教育课程已经相当成熟。它涵盖了从小学到大学教育体系的全过程，并逐步成为终生学习的重要内涵，成为正式教育体系中的教学科目，并有完整的评价系统[①]。联合国教科文组织（UNAOC）的 *High Level-Group* 报告指出："人们不断接触到媒体，这对教育提出了挑战，在电子和数字时代这一挑战有所增加。评估信息源需要技能和批判性思维，是一项教育责任，应在学校，特别是中学实施媒体素养项目，帮助培养媒体消费者对新闻报道的洞察力和批判性态度，提高媒体意识和发展互联网素养，以消除误解、偏见和仇恨言论。"[②]

英国所开设的有关媒介素养教育的单独课程名为"媒介研究"，是专门为 14 ~ 16 岁学生开设的选修课。课程目标和内容均包含网络素养教育。

"媒介研究"的课程目标是加强学生对自我以及自我所存在的世界的认知，并培养学生对于事物、问题等的批判、鉴赏和探究能力；培养学生在日常生活中对媒介的批判性理解和使用；以及各种有关媒介的实践活动，包括理解运用媒介的概念、分析和解释媒介的制作、评价媒介的产品和过程等。互联网作为目前使用最普遍的媒介，是课程的关注重点。

"媒介研究"的课程实施方式多样，以学生讨论为主。包括课堂活动小组讨论、全班讨论、教师的直接讲授、角色扮演和模仿、内容分析、写作和媒介制作等。课程中，媒介的制作在媒介素养教学中承担了很重要的地位，其目的是让学生通过媒介制作来加深对媒介内容的理解，从而将理论付诸实践，以便达到"通过个人参与和创造性的表达来培养学生实践技能"的要求。[③]

---

① 张玲、秦学智、张洁：《媒介素养教育课程论》，中国广播电视出版社，2013。

② 联合国教科文组织官网，https：//milunesco. unaoc. org/welcome/.

③ 郭卫中：《选修独立式 + 必修融合式 英国英格兰地区中学媒介素养教育课程的两种形式》，《上海教育》2013 年第 20 期。

（二）融入式课程

大多数媒介素养教育课程还是以融合式课程为主，使学生通过日常的学习，在潜移默化中提升自己的网络素养。2006 年，加拿大安大略省为 1～8 年级的学生开设新的语言课程大纲，媒介素养成为新的课程目标，要求教师在课程教学设计中，将重点融入日常教学，媒介素养教育正式进入安大略省的学校教育体系中①。加拿大的数字素养框架重点提出了学生网络素养教育目标。如：在 2～3 年级，学生仍然无法独立进行批判性地思考，而是相信网络环境中人事物的表面行为。然而，他们正在网上寻找更多信息，开始将计算机和互联网纳入他们的日常生活中。考虑到这一点，现在是开展网络素养教育的好时机，可以教他们：网络搜索策略的技巧；认识到网站上的品牌如何通过品牌角色、游戏和活动建立品牌忠诚度；如何在商业网站上保护自己的隐私；自己发布到互联网上的信息和资料会被永久留存等相关知识。加拿大的魁北克省将网络素养教育融入初级和中级英语语言艺术课程中，其课程目标之一就是“在不同媒体中展现媒介素养”。通过学习，使学生能够运用适当的策略来理解网络信息传达的内容；通过媒体构建自己的世界观；可以为特定目的与特定对象进行沟通，制作文本；能够对作为媒体文本浏览者的自己和作为制作者的自己的发展做出自我评价等。②

美国的媒介素养教育自 20 世纪 60 年代开始起步，到了 80 年代，全美通信协会正式颁布制定了 K12 年级教师媒介素养标准和媒介教学大纲（1988），这也意味着美国的媒介素养教育正式纳入了国家教育体系之中。其中，加利福尼亚州对 10～12 年级学生明确提出了具有评估“数字信息、广播、印刷媒体及互联网作为美国政治传播手段”的能力，以及判断“政府公共官员如何运用媒体与市民交流以及如何引导公众舆论”的能力方面

① 张玲、秦学智、张洁：《媒介素养教育课程论》，中国广播电视出版社，2013，第 109 页。

② 明尼苏达州教育部官网，http：//mediasmarts. ca/teacher－resources/digital－media－literacy－outcomes－province－territory/media－education－quebec.

的要求。美国的媒介素养教育通常与语言艺术课程、社会研究课程、数学课程等融合，其中语言艺术课程是美国各州选择融入媒介素养教育最多的课程类型。而美国的媒介素养教育所涉及的媒介也非常广泛，除去书籍、报纸、电视等传统媒介外，新兴的互联网媒介也是其关注的重点对象。马里兰州在美国境内率先将媒介素养教育课程全面整合到多门课程中。它将媒介素养与语言表达、社会研究、数学等学科相结合，并在州教育部网站上提供关于将媒介素养教育观念融入课程之中的各种教学资源和工具①。明尼苏达州制定的《K12 语言艺术课程学术标准》中明确规定了进行媒介素养教育的课程标准②。得克萨斯州将媒介素养课程合并在了公立学校 4～12 年级的英语语言艺术课程中，并制定了一套详细的媒介素养课程体系，课程主要培养学生调查媒介立场以及媒介内容生产来源的能力。加利福尼亚州也将媒介素养教育融入 3～12 年级的语言艺术课程中。③

澳大利亚在 20 世纪 70 年代便开始了全面的媒介素养教育，并在“多元文化主义”口号下推行“文化融合”的媒介素养教育理念，1999 年，澳大利亚把媒体素养教育作为艺术的一种形式纳入国家课程④。澳大利亚的未成年人媒介素养教育多以融入课程的方式纳入正式的学校教育课程之中，与英语教育、艺术教育等结合。而随着年级的增加，网络素养教育会逐渐成为媒介素养教育的重点。9～10 年级学生媒介素养的目标要求为能够对网络媒介中的文本进行批判性阅读，并对证据进行筛选以及对文本进行相应评价。其教学方式包含以下几种⑤。

（1）媒介原作分析：学生在视觉符号分析课程中学习符号分析的基本

① 耿益群、刘燕梅：《美国 K12 媒介素养教育课程及其特点分析》，《外国中小学教育》2012 年第 2 期，第 21～26 页。

② 明尼苏达州教育部官网，https：//education. mn. gov/MDE/dse/stds/.

③ 朱立达、常江：《中美未成年人媒介素养教育体系的比较分析》，《青年记者》2018 年第 16 期，第 49～51 页。

④ 张玲、秦学智、张洁：《媒介素养教育课程论》，中国广播电视出版社，2013，第 127 页。

⑤ 宋良君：《澳大利亚英语、艺术学科中的媒介素养教育》，《中国教育技术装备》2008 年第 22 期，第 136 页。

技巧，进而将这些技巧运用到对视觉图像的分析中，以鉴别媒介原作表达中蕴含的价值观和态度。

（2）媒体产品制作：学生学习电影、录像、绘画、录音、摄影等媒体产品的制作技巧，主要包括制订计划、设计作品、编辑管理、录制记录、产品发布等过程。学生还可以利用计算机进行实践操作演练。

（3）基础理论学习：教授学生流行媒体的实用理论知识，理论涉及社会、人文、艺术、历史和文化研究等领域。

（4）实践训练：为学生提供媒介分析能力训练，进行一系列关于艺术、戏剧、意识形态和道德价值的媒体材料选择训练，及媒介作品的创作、赏析能力培训。

（5）相关知识拓展：拓展学生的知识层面，学习政治、工业、经济、澳大利亚广播及媒体工业等相关知识。

将网络素养教育融入其他课程，能够以更为自然的方式，使学生正确认识媒介，处理自身与网络的关系，能够正确利用媒介，创造网络内容。通过这种方式，提升学生的网络素养。

（三）项目实践活动

与日常课程融合相比，网络素养教育通过与日常活动融合的呈现方式相对较少，这种深入渗透式的网络素养教育对于提高学生的网络素养有很大帮助，但实现起来也比较困难。目前，芬兰的媒介素养教育渗透到了学生的日常活动中，并取得较好效果。

芬兰政府在2006年年初推行了一项创新计划——媒体松饼项目（Media Muffin Project），目的是提高八岁及以下儿童的媒介素养，以及支援专业教育工作者和家长进行媒介教育。该项目旨在提高小学低年级学龄儿童的媒介素养意识，以及让家长了解学龄儿童的媒介教育。实施“媒体松饼项目”的出发点是与媒体一起学习和成长。媒介教育包括幼儿园和学校的上午、下午的日常活动，其目标是培养低年级学龄儿童对媒体中不同信息的处理能力和参与媒体文化的能力。特别是在网络时代，学龄儿童接触媒介更频繁，接触到的网络信息也更复杂，因此利用该计划加强学龄儿童的网络素养教育是非常必要的。该项目强调，没有学习媒体素养的最低年龄，教育工作者的任务是熟悉儿童的媒体环境，并提供安全的传统媒体体验与网络媒体体验。

该项目组织培训和制作媒介素养所需的教育材料，并在全国范围培训教师和其他教育工作者，学习媒介教育的基本概念、工作方法以及安全使用媒体的基本知识。针对专业教育工作者的材料被送到日托中心、小学和负责儿童上午和下午活动的人员手中。2006 年，大约有 9000 个材料包被分发。这些材料包括：练习册，媒体教育者手册和电影教育资料。

练习册“Muffe”和“Lost Key”可以通过在幼儿园、俱乐部和学校使用基本设备来进行阅读。这本书通过 Milla 和朋友 Muffe 的冒险故事，向孩子们介绍各种媒体工具和媒体现象。还配套有一个与书相关的 CD，里面是相关的音视频。本书中媒介教育的一个重要领域是儿童早期的图像世界。有人指出，即使对幼儿来说，对图像的解释和批判性分析也十分重要。该材料表明，可以通过使用图片作为写作的灵感来实现对图片的分析，可以将这些故事和图片在家长会上发布。通过这些作品，老师可以与家长共同来讨论媒介素养教育的问题。[①]

芬兰将媒介素养教育定位到更为年幼的儿童身上，从娃娃抓起。选择适合儿童的方式，让孩子们在日常活动中，就接触到正确认识媒介的理念和正确使用媒介的方法。

加拿大亚伯达省实施“带上自己的设备”（Bring Your Own Device——BYOD）项目。“学习是复杂的过程，与其他技术型和科技型工作一样，它需要人们充分地理解和熟悉自己的工具”，在这样的理念基础上，亚伯达省实施“带上自己的设备”这一项目。BYOD 指南提供了在 Albertan 学校实施 BYOD 项目的典型案例与模型，它架起了学校和游戏之间的桥梁，可

① Rantala L. Finnish Media Literacy Education Policies and Best Practices in Early Childhood Education and Care Since 2004 [J]. *Journal of Media Literacy Education*, 2011, 3: 123 - 133.

以让学生在使用网络设备的情况下，在教室里得到放松。教师会在学生使用设备过程中提供监督和指导，因此有机会在这一过程中适时地加入有关适当使用电子设备和提高判断力的相关教育内容，同时这一项目强调合作与交流，彼此分享有利的使用经验。在传统的教育中，这样的做法是不被接受的，但作为数字化时代的公民，学会对技术设备的适当使用并具备社会责任感是十分重要的，BYOD 项目改变了过去传统教育的做法，将学生日常生活文化与学校文化连接起来，旨在培养学生的公民意识、网络礼仪和社交能力。

二　社会组织的未成年人网络素养教育

目前，媒介素养教育体系较为完善的国家的社会组织在制定媒介素养教育框架以及补充学校媒介素养教育力量等方面起到了积极的作用，在他们制定的媒介素养教育框架中，也体现了对未成年人网络素养的要求。

（一）制定媒介素养教育框架

在制定媒介素养教育框架方面，不同国家对于媒介素养教育的标准各不相同，但大部分国家在制定媒介素养教育标准时会根据学生年龄的不同制定不同的标准，随着年龄的增长，其标准也会循序渐进，由低到高。其中加拿大和美国都观念明确、经验丰富，值得借鉴。

美国的媒介素养教育形成了以美国媒介素养中心（Centre for Media Literacy）、美国媒介素养教育联盟（National Association for Media Literacy Education）、公民媒介素养（Citizens for Media Literacy）为代表的社会力量全方位介入的媒介素养培养模式，除全美通信协会（National Communication Association）正式颁布制定 K12 年级教师媒介素养标准外，美国媒介素养中心的媒体素养基本框架也为儿童批判性思维和辨别力的内化提供了重要指南。CML 方法的基础也在于其基本框架（如表 1），通过该框架去解构媒体、消费者以及生产者。这一套分析框架与意识、分析、反思和行动的学习相结合模型被称为赋权螺旋，为开发培训和课程提供了支持，可随时随地解决任何问题。[①]

表 1　CML 基本框架[①]

序号	核心概念	关键问题
1	所有的媒介讯息都是被“建构”的	谁制造了这条讯息？
2	根据独立的规则通过使用创造性语言来建构讯息	使用了什么样的技巧来吸引了我的注意力？
3	对于同样的讯息不同的人有不同的体验	对于这条相同的讯息，别人和我的理解会有怎样的不同？
4	媒介在讯息中隐含了大量的价值和观点	在这条讯息中，包含和隐藏了什么样的生活方式、价值和观点？
5	媒介是一种组织，目的是赢利或者获得权力	为什么会发出这条讯息？

①http：//www. medialit. org/sites/default/files/QTIPS%20CHART_ 0. pdf.

除基本框架外，美国媒介素养中心还会制定相应的课程计划，诸如挑战媒体中的暴力行为；烟雾探测器：解构媒体中的烟草使用；行动准则：解构食品广告；超越责任：挑战媒体中的暴力等一系列的课程实践用以解决 CML 的五个关键问题和媒体素养的核心概念。儿童也会在基于五个核心概念和五个关键问题的探究过程中，批判性地思考他们在网络中遇到的任何信息，并从更明智的角度做出选择。

加拿大的 Media Smarts 是一个致力于数字和媒体知识普及的非营利性组织，其愿景是使儿童和青年具备批判性思维技能，以积极和知情的数字公民身份参与媒体。这一组织在加拿大的学校、家庭和社区推进数字和媒体素养教育，开发和提供以加拿大为基础的高质量数字和媒体素养资源，开展和传播有助于制定媒体问题的知情公共政策的研究。同时，也对不同年级的学生

① https：//www. medialit. org/cml－framework.

提出了适应网络快速发展的数字素养框架，具体如下①。

K－3 年级：网络搜索策略的技巧；认识到网站上的品牌如何通过品牌角色，游戏和活动建立品牌忠诚度；如何在商业网站上保护自己的隐私；自己发布到互联网上的信息和资料会被永久留存。

4～6 年级：互联网安全和隐私保护；学习什么是公民意识以及在使用互联网时应承担的责任和义务；辨别网络信息的好时机，包括识别广告信息、偏见言行和刻板印象等；抵制网络中的不良信息；管理上网花费的时间；正确引导学生从数字媒体中获得的关于身体形象和性别特征的信息。

7～8 年级：互联网安全和隐私保护；互联网使用中的责任意识；识别良好的健康信息；分辨偏见或仇恨内容以及在线诈骗和恶作剧等不良信息；学习将媒体素养概念应用于社交网络等在线空间；认识到健康和不健康关系的特征，并对如何处理他人的个人信息做出正确的选择。

9～12 年级：学习如何表达自己的观点并发挥自身作用，无论是在个人被网络欺凌的情况下，还是在建立更加宽容和尊重的网络空间方面；平衡网络生活和现实生活，以及处理社交媒体的压力；学会在网络上查找自己需要的内容，并辨别内容质量，批判性地接触媒体内容。

（二）补充学校媒介素养教育力量

除制定媒介素养教育框架以及提供法律基础外，更多国家的社会组织还是作为学校教育力量的补充，在提供教学资源、提供媒体教育、举办线下活动等方面发挥着自身的力量。

在提供教学资源方面，以英国为例，不仅英国通讯管理局官方网站上专

① http：//mediasmarts. ca/teacher－resources/use－understand－create－digital－literacy－framework－canadian－schools.

门开辟了媒介素养栏目，MediaEd 为教师、学生和任何对媒体教育感兴趣的人提供教学资源、在线论坛、学生建议和链接等。各行业组织也积极在英国推广媒介素养，例如广告商和广播公司推行的用以支持儿童教育的 Media Smart 计划，该计划在家庭和学校中运行，并提供用于下载资源材料的网站①。英国高校与国家图书馆学会（Society of College National and University Libraries）在 2011～2013 年与其他机构合作开展了数字素养项目，旨在数字素养大环境下培养公民数字素养，并鼓励各种社会机构对数字环境下信息技能的培养予以协助。除了图书馆协会外，单个图书馆也在公民数字素养的培养过程中发挥着重要作用。例如，在英国牛津的布鲁克斯大学图书馆就协助学校进行数字素养教育，“健康与社会关怀学院将数字素养培训嵌入学科课程，由学科馆员、信息技术人员及教师合作创建交互式在线课程指南与小测试”。②

英语和媒体中心（English and Media Centre）是一个独立的教育慈善机构，同时它也是一个为英国及其他地区教师和媒体研究学生的需求提供服务的开发中心。③ 除出版杂志外，它还会为受众提供与网络教育以及媒体相关的课程和项目计划。例如，目前已经上线的 2019 年春夏学期课程中的《快速跟踪媒体理论》，该课程将为媒体教学提供基本的理论工具包，同时进行案例探究，以帮助将理论推广到合适的水平。除此之外，该课程中还会教授大家在社交媒体中辨别假新闻与识别身份信息。④

澳大利亚的媒介教师联合会 ATOM（The Australian Teachers of Media）是一个一直致力于推动媒体和网络素养研究的非营利性专业协会，⑤ 其成员

① Penman R, Turnbull S. Media literacy: Concepts, research and regulatory issues [J]. Gmlpstl Org, 2007.

② 许欢、尚闻一：《美国、欧洲、日本、中国数字素养培养模式发展述评》，《图书情报工作》2017 年第 61（16）期，第 98～106 页。

③ https: //www. englishandmedia. co. uk/about/.

④ https: //www. englishandmedia. co. uk/cpd - and - consultancy/courses/fast - track - to - media - theory - 1.

⑤ http: //atomvic. org/about/.

包括教师、专家和其他传媒从业人员。它为媒介素养的从业人员提供了交流与研讨的空间，媒体教师可以在论坛中关注、讨论和学习任何新发现的问题。[①] 同时，ATOM 也为推进网络素养教育，为媒介从业人员提供了大量的教学资源，例如 Screen Education，这是一本侧重于支持在课堂上使用基于屏幕材料的中小学教师教育文章的杂志，这些文章为教师、家长和学生等提供了宝贵的资源，提供了大量关于网络素养教育的背景信息和关键问题。除此之外，ATOM 还会为教师制作与课程相关的学习指南，指南通常涵盖至少三个课程区域，将小学和中学教育各年级的所有学科领域融合在内。[②] 此外，该协会还积极与加拿大、美国、英国、新加坡等国的教师联合组织进行密切交流，共享信息与资源。

韩国网络素养教育侧重于网络伦理教育，韩国的青年妇女基督教协会致力于媒体教育，并专注于媒体观察或媒体监测。该组织提供媒体监控教育，特别是针对电视、漫画和网络信息，认为媒体没有发挥其作为舆论制造者和聚合者的预期作用。在媒体观察提供的信息基础上，基督教青年会、韩国妇女联盟和公民经济正义联盟的“媒体观察小组”等民间社会协会要求网络媒体删除监测发现的有害内容。同时，媒体观察小组也会为中学生提供培训计划，教他们批判性地思考媒体内容。[③] 首尔市政府设立 iwill 中心，旨在解决网络和手机上瘾问题。2007 年，该中心的专家和教授团队开发了小学生网络成瘾预防教育节目，随后根据教师们的反馈，增添了防手机成瘾部分，且每年都会进行相关的完善。该节目总共 6 期，每期 40 分钟。6 期节目分别展示网络和智能手机的优缺点，介绍手机和网络成瘾的副作用，通过游戏探索网络和智能手机的替代活动，教授网络和智能手机的正确使用方法，制定网络和智能手机使用保证书，从而帮助学生形成网络和智能手机的良好使用习惯。项目旨在提高学生网络和智能手机使用的自我控制能力，促进其自行调节网络和智能手机的使用。专家团队和开发者参与其中，不断根据反馈

---

① http：//atomvic. org/resources/227 -2/.

② http：//atomvic. org/about/.

③ PhD Hyeon-Seon Jeong, History, Policy, and Practices of Media Education in South Korea.

调整节目，促进节目的可持续进行。①

在举办网络素养教育活动方面，澳大利亚的非官方组织致力于课堂教育之外的未成年人媒介素养教育。澳大利亚儿童与媒体委员会 ABC Education 在 2018 年 9 月举办了首届媒体素养周，旨在为所有年龄段的人提供从新闻信息、小说、网络内容中分析真相的技能。同时，创建了一套与课程相一致的资源，以帮助学生理解和分析新闻和信息，包括新闻辨别挑战、媒体素养互动、记者解释偏见和来源等概念的视频。②除此之外，也会有大量大学教师积极推进线下的未成年人网络素养教育。例如，澳大利亚弗林德斯大学社会与政策研究学院穆巴拉克进行的"Yong People，Yong Power"未成年人网络安全项目，专门针对 10～15 岁群体开展短期培训，帮助未成年人在互联网上理性思考，树立良好的形象，以及学会在网络空间中进行自我保护。③

三　家庭教育中的未成年人网络素养教育

社交媒体时代，未成年人接触信息的渠道更为多样，面对不良信息的挑战也更为严峻。在对孩子使用互联网的态度上，不少家长容易采取两种极端的处理方式，一是完全杜绝，忽略了新媒体对儿童未成年人的积极作用，另一种是放任自流，对其使用完全不加以监管与约束，导致他们沉迷于网络，或是接触到一些不良信息。④ 但其实这两种方式都不可取，正确的家庭教育方式对未成年人网络素养的形成与上网行为都不可或缺。美国和加拿大的家庭在孩子媒介素养的教育上，同样起步较早且发展较为成熟，我国应该充分

---

① Kim, Dongil, Keum, Changmin, Park, Al Tteu Ri, Lee, Seungho. (2017). The Effectiveness of an Internet & Smartphone Addiction Prevention Program for Youth. *Asian Journal of Education*, 18 (2), 293－314.

② ABC launches Media Literacy Week to Educate Consumers about Fake News, https://mediaweek.com.au/abc－launches－media－literacy－week/, 2018 年 9 月 7 日。

③ 《"三思后点击"澳洲未成年人网络安全教育帮助学生理性思考》，搜狐网，2015 年 12 月 4 日，http://www.sohu.com/a/46481450_219967。

④ 《提高孩子"媒介素养"需从家庭入手》，《中国妇女报》2018 年 10 月 31 日，http://baby.163.com/18/1031/10/DVEIER8800367V0V.html。

借鉴其他国家的经验，，提高中国家庭网络素养教育的针对性与指导性。美国马里兰州教育局支持通过立法，要求州教育委员会应至少包含两名子女就读于公立学校的家长；鼓励各个层次的教育委员会和工作小组至少吸纳两名家长作为其成员；为学区和学校制订标准，促进家庭和社区参与学校教育工作的成效和进展，并向公众报告；为家长编写培训教材，使他们有均等机会参与教育决策过程。并且专门制作了《家长指南》手册，将教育目标、学校改进工作及家长须知等作为其内容①，《家长指南》共分为 13 条，其中第 4、8、9 条明确规定了孩子的媒介使用，具体如下：

第 4 条：每天至少抽出 15 分钟时间与您的孩子交谈，并一起阅读书刊；

第 8 条：限制孩子看电视的时间，并与孩子讨论所收看的电视节目内容；

第 9 条：监控孩子玩电子游戏和上网的时间。

马里兰州的《家长指南》对于家长来说具有很强的操作性，要求具体更易实现，也为学校、社会组织的媒介素养教育提供了有力的支撑。

在加拿大，家长主要通过日常生活中孩子在接触媒介信息时，例如看电视、上网的时候，引导孩子避免媒介不良信息，正确使用媒介。在孩子看电视时，家长先要对节目频道有所筛选，使年幼的孩子避免看到关于暴力、色情等内容的频道。现在的孩子对于网络接触更多，因此受网络影响甚至超过电视的影响，加拿大的家长在这方面通常通过给孩子制定规则来限制孩子随意浏览不良网站信息，包括规定上网时间、注意个人隐私不能随便泄露、不能随便见网友等。加拿大在“网络欺凌：鼓励道德的在线行为”课程中融入了家庭教育，在每个主题模块中涵盖了课程概览、学习目标、准备工作与

① 徐须实：《马里兰州教育部给家长的 13 条建议》，《妇女生活（现代家长）》2008 年第 6 期，第 59 页。

学习材料、学习过程、家校连接五个部分，每个模块中还包含了相应的课堂工具包，包括网络欺凌的知识背景材料、父母指导手册和个人活动手册等。[①] 除此之外，Media Smarts 还为家长提供了诸如“家长数据保护者指南”“数字公民家长指南”“充分利用视频游戏”“帮助我们的孩子处理网络欺凌”“帮助我们的孩子安全地使用智能手机”“Instagram 家长指南”等一系列家长指南。[②]以“帮助我们的孩子安全地使用智能手机”家长指南为例，其中明确提出了家庭上网规则，并列出了一些帮助家长制定更具体规则的想法：

> (1) 在网上发布任何个人信息之前，我总是会得到父母的许可。这包括我的名字、性别、电话号码、家庭或电子邮件地址、我学校的位置、我父母的工作地址、电子邮件地址或电话号码、他们的信用卡号码信息和我或我的家人的照片。
>
> (2) 我不会访问任何我认为父母不会同意的网站。
>
> (3) 我不会和任何人分享我的密码（除了我的父母或一个值得信赖的成年人），甚至连我最好的朋友也不会。
>
> (4) 除非父母或我信任的成年人和我一起去，否则我不会安排在网上认识我的朋友。
>
> (5) 我会先问一个成年人，然后再下载东西，打开附件。

一系列指南为加拿大家长参与未成年人的媒介素养教育提供了具体的建议与指导。

在亚洲地区，新加坡主要通过依靠国家行政力量推进未成年人的网络素养家庭教育。在组织层面加入社会组织力量，成立互联网家长顾问小组，在实践层面开设家长课堂，提供网络健康使用服务。成立于 1999 年的互联网家长顾问小组，旨在教育家长以及民众怎样正确使用互联网，发挥其积极作

---

① 肖婉、张舒予：《加拿大反网络欺凌媒介素养课程个案研究与启示——基于“网络欺凌：鼓励道德的在线行为”课程的分析》，《外国中小学教育》2016 年第 9 期，第 5 ~ 10 页。

② http：//mediasmarts. ca/parents/find - resources？ type_ 1%5B%5D = guide.

用。包括5项具体措施：

（1）政府出资开办“互联网安全”的辅导班，鼓励家长指导孩子正确使用互联网，强调培养孩子的鉴别力；

（2）举办在线互联网安全研讨会和讲座，提供父母分享和讨论如何管理孩子使用互联网的交流平台；

（3）开发定制家长网上安全课程；

（4）在全国开展网络安全路演，走进家长工作场所，利用午餐时间搞讲座；

（5）与企业合作，鼓励供应商开发推广“家庭上网系统”，帮助用户过滤色情和不良信息。①

同时，媒体发展局（MDA）成立媒介素养委员会，为了让父母掌握有关成为优秀在线榜样的知识，MDA于2016年1月15日在Google亚太地区办事处为家长影响者组织了一个网络会议。多达50位家长影响者分享了他们关于向儿童传授积极的在线价值观的想法和个人经历，并在2016年底，实现互联网接入服务提供商（IASP）提供的网络由家长控制，并由家长决定是否订阅的相关服务②。

四　政府主导的未成年人网络素养教育

各国根据自己的政体和实际需求，制定符合自身国情的未成年人网络素养教育政策。政府一般在三个方面促进网络素养教育的开展：一是政府要为网络素养教育开展创造有利的环境，加强对媒体的监管力度，组织相关专家

① 张建军、高启明：《新加坡互联网公共教育制度研究》，《教育传媒研究》2018年第5期，第81～83页。

② https：//www. imda. gov. sg/ – /media/imda/files/about/mda – ar – 2016/public – education – for – digital – media – literacy. html.

编纂教材、指南和相关出版物，举办网络素养的论坛或研讨会等。二是政府要成为网络素养教育的推动者和组织者。政府教育部门制订适合本国学生的网络素养教育课程标准和计划。三是政府要制定未成年人网络保护的法规，开展网络素养教育的相关政策，以保障网络素养教育有法可依。

新加坡在促进未成年人网络素养教育事业的发展过程中，政府牵头建立多个机构，组织一系列活动，进行未成年人网络素养的教育。新加坡信息通信媒体发展局成为政府推进未成年人网络素养的中坚力量，先后成立了互联网家长顾问小组、网络健康指导委员会和媒介素养委员会等三个机构来推动网络素养教育。其中互联网家长顾问小组更多地将重点放在家长的教育和网络素养的普及工作上，通过家庭的力量，帮助未成年人提升网络素养。

网络健康指导委员会是为协调政府各部门资源推动网络健康计划，处理网络不良信息而设立的跨部门机构，成立于 2009 年 2 月。这个委员会由新加坡教育部和新闻、通讯部联合发起，参与的部门包括社会与家庭发展部、国防部、民政事务部、新加坡资讯通信发展管理局、媒体发展局、健康促进委员会、国家图书馆委员会等。[①] 这个委员会提倡私营和公共部门共同开展网络健康项目，通过建立种子基金，鼓励、支持和协助新加坡公司、协会和相关组织为青年和家长组织网络健康活动项目。这些活动项目必须是非营利性质的，并与网络健康促进直接相关。该委员会在 2009 ~ 2013 年投入 1000 万新币支持私人和公共部门开展相关健康计划，例如“网上健身运动 ITE 学生”“网络安全虚拟公园”“网络健康咨询”“年轻网络健康成就者（YCA）计划”“网络健康公共教育计划”等[②]。

新加坡媒体发展局于 2012 年成立媒介素养委员会。委员会旨在文化层面提升互联网络用户的素养。研究互联网和媒体的发展趋势、政策导向趋势，制定关于媒介素养和网络健康的公众意识教育方案。提升用户使用媒介时的责任感，并为网络用户提供指导，使其学会正确分析网络内容，警惕谣

① ICSC，https：//www. moe. gov. sg/events/cyber - wellness - call - for - proposals.

② 王国珍：《新加坡公益组织在网络素养教育中的作用》，《新闻大学》2013 年第 1 期，第 47 ~ 52 页。

言和煽动仇恨的言论。同时鼓励用户成为有道德的媒介参与者和传播者，建构媒介素养的核心价值观。①

政府聘请社会各类教育机构（或公司）和公益组织人员来校授课，在各类学校设立辅导员和教师岗位。新加坡采取了政府购买服务的方式，聘请社会各类教育机构和公益组织的人员，前往开设网络素养教育课程的各小学和中学，承担相应的教学任务。为了保证教学质量，新加坡教育部对提供网络素养教育课程的教育机构进行资质认证，只有通过教育部认证，才有资格为新加坡中小学承担网络素养教育课程的教学任务。新加坡各小学和中学，均配有正式编制的网络素养辅导员。新加坡教育部还设立了网络素养教育协调员岗位，其主要职责是确保网络素养教育课程在各个学校顺利展开，就网络素养教育事宜在学校与教育部之间进行沟通，同时就网络素养教育课程的具体教学情况与各学校相关人员和学生家长进行交流等。②

新加坡政府在网络素养教材的编写开发上也倾注了较多心力。新加坡教育部网络素养在线教育平台上，有专门为小学和中学提供的网络素养教育课程电子教材，其中包括小学网络素养教育课程教案“小学新手装备”、中学网络素养教育课程教案“中学新手装备”，还有小学网络素养教育漫画系列“聪明的网络冲浪者”、中学网络素养教育漫画系列“聪明的网络少年”等电子教学材料。另外，新加坡私立教育机构各自编写了一些网络素养教育课程的教案和教材。根据规定，新加坡的私立教育机构，必须通过教育部的资质论证，才能取得中小学承包网络素养教育教学任务的资格。新加坡公益组织非常发达，积极参与网络素养教育的公益组织为数不少，例如，其中有一家名为“触爱社区服务社”。2004 年，“触爱”与媒体发展管理局合作，编写了网络素养教育大纲；2006 年，“触爱”与新加坡国家青年理事会合作，编写了一本《网络一代离线指导》手册；2008 年，“触爱”在新加坡社会

① 张建军、高启明：《新加坡互联网公共教育制度研究》，《教育传媒研究》2018 年第 5 期。

② 王国珍、罗海鸥：《新加坡中小学网络素养教育探析》，《比较教育研究》2014 年第 6 期。

发展、青年及体育部资助下，出版了《父母网络素养手册》一书，该书也被教育部发放给小学 3 年级至中学 3 年级的学生家长。[①]

澳大利亚政府主导未成年人的网络素养教育，1999 年联邦政府修改广播服务法案，增加了网络内容安全计划，规定现实生活中非法的内容在互联网上同样非法，并推出网络内容安全管理措施。政府集资成立了“网络警示”公司负责公众网络教育。“网络警示”公司由通讯、信息技术与艺术部部长任命的董事会负责管理。其功能仅限于推广网络安全教育、提供安全忠告等方面，违法案件须交由其他部门包括警方来处理。“网络警示”公司迄今已经开展了丰富多彩的教育活动。它有自己的网站，公布热线电话，发放大量宣传品，组织各种宣传活动。根据澳大利亚警方、澳大利亚预防高科技犯罪中心和“网络警示”提供的鲜活案例制作的 DVD 教育光盘，帮助青年人加强网络安全意识，颇具吸引力。“网络警示”公司向人们提供的安全信息涵盖的范围包括网络欺辱、网络骚扰、幼童上网、网上聊天安全、恋童癖、色情内容、种族仇恨等问题。对孩子们的网络教育突出寓教于乐，网络语言通俗易懂，页面设计生动形象，音乐简单明快，充满动画和视频短片，很容易接受。[②]

韩国政府在立法层面促进网络素养教育，重点在于韩国的网络伦理教育。韩国的网络伦理教育是以国家信息化基本法第 40 条《健全信息通讯伦理的确立》和《学校暴力预防及对策相关法律》为依据，在教育部及相关政府部门，市民组织等各界进行的多方面教育。教育部认识到网络伦理教育的重要性，分别在 2007 年和 2009 年修订教育课程时增加了网络伦理教育的内容。2010 年市道单位教育厅信息通讯理论的负责人开始组成协议体，以鼓励系统性网络伦理教育方式实施及进行相关教育。[③]

---

① 王国珍、罗海鸥：《新加坡中小学网络素养教育探析》，《比较教育研究》2014 年第 6 期。

② 米立公：《澳大利亚：重视未成年人网络素质教育》，《网络传播》2007 年第 5 期。

③ Hyo-Jin Yang. (2014). The Direction of Internet Ethics Education for Young People in the Smart Education Era. *Korean Journal of Educational Psychology.*

五　联合国教科文组织的未成年人网络素养教育

联合国教科文组织作为全球性组织，利用其广泛的影响力和强大的号召力，多年里一直致力于未成年人的媒介素养教育，并为世界各国推动未成年人媒介素养教育做出指引并提供可分享的相关资源。

联合国教科文组织提供了媒介素养教师课程，这一课程由来自媒体、信息、信息通信技术、教育和课程开发等广泛领域的专家起草、审查和实践验证，旨在指引涵盖不同背景的教育工作者获取有关媒介素养主要能力，包括媒介素养的相关知识、教授媒介素养的技能以及正确对待未成年人媒介素养教育的正确态度等。教师课程侧重于教师将媒介素养纳入课堂所必需的教学方法。媒介素养的教师课程设计灵活而全面，教育工作者或课程开发人员可以以这个课程框架为基础进行一定改变，来适应自己的教学需求。除了为教师提供教师媒介素养课程外，联合国教科文组织同时为教师提供了丰富的媒介素养教学资源。一共包括 12 个模块，专门设立一个模块讲述互联网的机遇和挑战，每个模块中会有 4 ~ 5 个单元。每个单元都给出了相关的教学资源，包括背景、案例、授课目标、相关知识点等。教师们可根据给出的资源，结合自身教学实际，有选择性地使用。

第 1 单元：公民身份，言论自由和信息自由，信息获取，民主话语和终身学习

第 2 单元：了解新闻、媒体和信息伦理

第 3 单元：媒体和信息的表示

第 4 单元：媒体和信息语言

第 5 单元：广告

第 6 单元：新媒体和传统媒体

第 7 单元：互联网机遇与挑战

第 8 单元：信息素养和图书馆技能

模块 9：通信，MIL 和学习——一个顶点模块

第 10 单元：观众

第 11 单元：媒体、技术和全球村

第 12 单元：表达自由工具包

联合国教科文组织也直接面向个人开放媒介素养和跨文化的数字课程。面对在互联网上的隐私和安全、自由表达自己和合乎道德地使用信息之间的选择，无论是成年人还是儿童，都需要掌握相关的媒介技术并提升自己的网络素养。联合国教科文组织在推动实现媒介素养社会化的过程中意识到，将网络素养教育纳入正规教育是必要的。

第一个课程与阿萨巴斯卡大学合作，为未成年人提供基本的网络使用和信息获取能力，使其成为具有批判思维的公民。课程探索媒介素养如何使青年积极参与跨文化和宗教间的对话，倡导性别平等和言论自由，以及对网络空间的有效利用。第二个课程与贝鲁特美国大学合作，探讨了媒介信息素养与跨文化对话和性别表现之间的关系，以及如何制作自己的内容，如何理解、评估广告中的世界以及它如何受到监管和控制等。这些课程为未成年人们展现了媒介素养的不同角度，使媒介素养教育更为立体生动，贴近生活。

随着通信技术的发展和移动电子设备的普及，UGC（用户生产内容）越来越成为网络内容的重要组成部分。由联合国教科文组织和英联邦广播协会编写的《广播公司宣传用户生成内容、媒体和资讯素养新闻的指南》指引鼓励广播机构与观众、听众或用户互动，以提高用户生产内容的质量，并提高其内容生产者和观众的媒介素养。《指南》说明如何从更广泛的范围内获取更丰富多彩的内容，既满足广播公司的公共责任和商业需要，又满足受众的需求。因此，教科文组织正在与全球广播联盟、协会和媒体机构合作，调整和试行这些指导方针，从而提高用户生产者对媒介素养的认识，并通过用户生产内容来提高未成年人和普通民众的参与。

除了与媒体合作，联合国教科文组织也看到了网络社交媒体在推广提升媒介素养方面的潜力。MIL CLICKS 是一种让未成年人在正常的互联网和社交媒体日常使用中获得媒体和信息素养能力的方式，并在浏览、播放、连接、分享的氛围中参与同伴教育和社交。联合国教科文组织在 Facebook、Twitter 和 Instagram 上都申请了官方账号，通过社交媒体来传播媒介素养的相关内容。未成年人以及其他社交媒体使用者可以点赞、转发相关内容，实现媒介素养相关内容的浏览和传播，与同伴一起成长。

六 经验和启示

不同国家的媒介环境和教育体制互有差别，开展网络教育出发点和实践也有差异。目前网络素养教育在发达国家体现为向深度推进、向广度拓展，更加注重项目式推进，形成了一些富有特色的成功项目，为发展中国家提供了借鉴和参考。

（一）将融合式课程作为未成年人网络素养教育的主渠道

学校目前作为未成年人网络素养教育的承担主体，是网络素养教育中最为基础、重要的一部分。设立网络素养教育独立课程条件相对较高，可以将网络素养教育目标融入学校日常教育课程，在潜移默化中提升学生的网络素养。课程设置应重视理论与实践的结合，可着重把网络素养教育融入各个学科之中，如语文课、政治课、科学课、心理课等，与不同学科进行跨学科的合作。具体教学策略（如课程单元、课时安排等）需要学校与媒介教育研究的专业部门以及教育学方面的专家共同商定。将网络素养目标融入其他学科课程，学生能更自然地了解网络素养的相关知识，反思自己的网络行为，提升自己的网络素养。

在将网络素养融入学科课程时，需要对任课教师进行相关培训，首先提升教师的网络素养，尤其是教师教授网络素养时需要的教学方法和教学资源。可以结合学生使用网络时的具体事例，采用学生喜闻乐见的方式进行授课。

（二）充分调动社会组织力量，为未成年人网络素养教育提供重要保障

西方一些国家近年来经常开展的网络媒介素养活动，社会参与性强是显著特点。不仅包括一些专业机构，还包括大量的社会工作者、教育者、父母、媒体专业人员、非政府组织和非营利组织。未成年人的网络素养教育，

仅仅依靠政府和学校的力量远远不够，社会教育大环境也有重要影响，需要全社会共同努力，协同推进。充分调动社会组织的力量，使学生在生活的实际应用中学会正确使用网络，提升网络素养，并呼吁全社会支持推动未成年人的网络素养教育。未成年人社会组织尤其是互联网企业有各方面的人才储备，可以进行未成年人网络素养教育学习资料的编写、提供师资力量，组织社会性的科普讲座，在网络素养知识的普及上做出自身贡献。同时，旨在推广网络素养教育的社会组织，一般有着较为丰富的知识资源，可以与政府合作，对学校教师进行相关培训，提升学校教师网络素养授课的方法和效果。借助社会组织较大的社会影响力和号召力，举办网络素养推广活动，如举办网络素养大赛、网络素养文化周等活动，通过轻松愉悦的文化活动，促进未成年人网络素养的提升。

社会组织可以作为网络环境的监督方，对网络世界中不利于未成年人成长的内容进行举报，协助网络管理部门进行网络环境净化，为未成年人提供一个安全、健康的网络世界。

（三）把家庭教育作为未成年人网络素养教育的有机组成部分

父母网络素养，即父母在网络使用中的行为和态度，都会对孩子的网络素养产生直接的影响。无论是完全杜绝，忽略新媒体对儿童未成年人的积极作用，还是放任自流，对其使用完全不加以监管与约束，这两种方式都不可取。在家庭教育中，父母要提高自身网络素养，学习一定的教育方法，正确指引未成年人使用网络，并在孩子使用网络遇到困难时，能够给予一定的帮助和指导。

父母应学习网络素养相关知识，积极参与学校和社会组织的培训课程，了解不同年龄段的未成年人应具备哪些网络素养，并学习怎样帮助孩子解决使用网络时遇到的问题。可以与孩子一起上网，在陪伴的过程中，教授未成年人搜索信息的技巧。常常与未成年人分享使用网络时应注意的问题，如怎样保护自己的隐私、怎样避免网络暴力、怎样规避不良信息等。在生活的点点滴滴中，提升孩子的网络素养。家庭教育的介入使网络素养教育体系更为完善，形成了从课上到课下、从课堂到家庭的完整的良性循环体系。

（四）构建和完善阶梯式网络素养框架是未成年人网络素养教育的基础性工程

加拿大、美国、英国、澳大利亚等未成年人网络素养发展较早、体系较为成熟的发达国家，均发布了未成年人媒介素养框架，其中包含了网络素养教育目标。这一框架也成为学校、家庭和社会组织进行未成年人网络素养教育的指导原则。网络素养本身就是多种能力维度的建构，呈阶梯式发展，网络素养教育需要根据不同年龄阶段的未成年人的认知和行为特点设计不同课程。目前开展媒介素养教育的国家，课程设置方式各不相同，比较多样化，这种不同的设置一般都与国家的文化传统和社会背景有关，其系统性、科学性还有待进一步完善。未成年人网络素养教育的一个基本规律要求和发展定位，就是要符合未成年人的认知、情感、审美、道德、行为的发展阶段和特点，循序渐进，多维度、阶梯式推进和提高。联合国教科文组织早已意识到网络素养教育的重要性，并在大的政策框架上做出指引，但如何与各国的发展水平、媒介环境相结合，还有更大的提升空间。各国政府的教育部门和网络管理部门、学校、社会组织、教育学和心理学专家等可以联合制定并发布未成年人网络素养框架，明确定义每一个年龄阶段的未成年人应具备的网络素养内容，为网络素养教育活动的开展，提供具有实际意义的指导理念，从而能够实现更好的网络素养教育效果。

参考文献

张玲、秦学智、张洁：《媒介素养教育课程论》，中国广播电视出版社，2013。

郭卫中：《选修独立式 + 必修融合式 英国英格兰地区中学媒介素养教育课程的两种形式》，《上海教育》2013 年第 20 期。

耿益群、刘燕梅：《美国 K－12 媒介素养教育课程及其特点分析》，《外国中小学教育》2012 年第 2 期。

朱立达、常江：《中美未成年人媒介素养教育体系的比较分析》，《青年记者》2018 年第 16 期。

宋良君：《澳大利亚英语、艺术学科中的媒介素养教育》，《中国教育技术装备》2008 年第 22 期。

许欢、尚闻一：《美国、欧洲、日本、中国数字素养培养模式发展述评》，《图书情报工作》2017 年第 16 期。

徐须实：《马里兰州教育部给家长的 13 条建议》，《妇女生活（现代家长）》2008 年第 6 期。

肖婉、张舒予：《加拿大反网络欺凌媒介素养课程个案研究与启示——基于“网络欺凌：鼓励道德的在线行为”课程的分析》，《外国中小学教育》2016 年第 9 期。

张建军、高启明：《新加坡互联网公共教育制度研究》，《教育传媒研究》2018 年第 5 期。

王国珍：《新加坡公益组织在网络素养教育中的作用》，《新闻大学》2013 年第1 期。

张建军、高启明：《新加坡互联网公共教育制度研究》，《教育传媒研究》2018 年第 5 期。

王国珍、罗海鸥：《新加坡中小学网络素养教育探析》，《比较教育研究》2014 年第 36（06）期。

米立公：《澳大利亚：重视未成年人网络素质教育》，《网络传播》2007 年第 5 期。

Rantala L. Finnish Media Literacy Education Policies and Best Practices in Early Childhood Education and Care Since 2004 [J]. *Journal of Media Literacy Education*, 2011, 3: 123 – 133.

Penman R, Turnbull S. Media literacy: Concepts, Research and Regulatory Issues [J]. Gmlpstl Org, 2007.

PhD Hyeon-Seon Jeong, History, Policy, and Practices of Media Education in South Korea.

Kim, Dongil, Keum, Changmin, Park, Al Tteu Ri, Lee, Seungho. (2017). The Effectiveness of an Internet & Smartphone Addiction Prevention Program for Youth. *Asian Journal of Education*, 18 (2), 293 – 314.

Hyo-Jin Yang. (2014). The Direction of Internet Ethics Education for Young People in the Smart Education Era. *Korean Journal of Educational Psychology*.

ABC Launches Media Literacy Week to Educate Consumers about Fake News, 2018 年 9 月 7 日, https: //mediaweek. com. au/abc – launches – media – literacy – week/。

《“三思后点击”澳洲未成年人网络安全教育帮助学生理性思考》，搜狐网，2015 年 12 月 4 日，http: //www. sohu. com/a/46481450_ 219967。

《提高孩子“媒介素养”需从家庭入手》，《中国妇女报》，2018 年 10 月 31 日，http: //baby. 163. com/18/1031/10/DVEIER8800367V0V. html。

B.9

短视频对未成年人知识学习的影响

童淑婷*

摘　要： 近年来，短视频成为信息传播的新兴大众媒介，并且逐渐成为网络社会互动的基本单元。除了资讯和休闲内容之外，知识类内容开始成为短视频平台上的新元素。通过观看短视频获得知识、学习新技能，已成为人们的一大需求。短视频化的在线学习，给未成年人提供了一个趣味和多元的学习方式。本文探讨短视频如何影响未成年人的知识学习；并从学习者、平台方、创作者及教育者四个角度，针对未成年人短视频学习的发展给出建议。

关键词： 短视频　知识传播　未成年人　在线学习

随着网络媒介的不断发展，未成年人学习的形式和渠道日益多元和丰富。从纸质阅读，到广播电视，再到电子阅读、在线音视频、社交网站，互联网已经深深地嵌入少年儿童的学习生活。

近年来，短视频成为信息传播的新兴大众媒介，并且逐渐成为网络社会互动的基本单元。除了资讯和休闲之外，知识类内容开始成为短视频平台上的新元素。通过短视频获得知识、学习新技能，成为人们观看短视频的一大需求。

作为“网络原住民”，短视频给当下的未成年人了解自我与世界提供了

* 童淑婷，字节跳动平台责任研究中心研究员。

一个窗口。知识短视频化，成为未成年人学习生活的重要趋势。本文将从现状、特征、价值和发展建议四个方面，探讨短视频如何影响未成年人的知识学习，以及如何利用短视频帮助未成年人更好地学习。

一 在线视频：自主学习的窗口

互联网拓展了未成年人自主学习的空间，在线媒体、知识分享等新型学习方式已经成为未成年人学习的重要方式。根据联合国《2017 年世界儿童状况》，在回答“你喜欢互联网上的哪些内容”时，40% 的受调查未成年人选择学业或健康方面的知识，24% 受调查者选择掌握在学校学不到的技能（注：该报告统计覆盖全世界 24 个国家，共收到 6.3 万份答卷）。《中国未成年人互联网运用和阅读实践报告（2017 ~ 2018）》① 显示，41% 的未成年人把在线学习作为上网的主要目的，见图 1；85.2% 的未成年人利用互联网辅助学习，包括通过互联网完成作业和查找资料（49%）、扩大知识量（33.2%）、网上课堂（3%）。

学校是人们获取信息和学习知识的重要场所。但实际上，非正式学习占用更多的时间。有学者指出，学龄期儿童约有 79% 的时间在进行非正式学习，个体的整个生命周期中有近 90% 的时间处于非正式学习情境之中②。非正式学习发生在“课后”，是基于学习者的个人兴趣，并且是由他们自己的学习意愿所促成。它为进一步的活动和随后的学习提供了经验基础和动力。而互联网能够帮助未成年人提升信息获取的效率，给自主学习带来更多可能。

《中国未成年人互联网运用和阅读实践报告（2017 ~ 2018）》③ 显示：未

① 季为民、沈杰：《中国未成年人互联网运用和阅读实践报告（2017 ~ 2018）》，社会科学文献出版社，2018，第 88 页。

② Alexander，P. A.，Winnie，P. H.（2006）. *Handbook of Educational Psychology*（*2nd ed*），New Jersey：Lawrence Erlbaum Association.

③ 季为民、沈杰：《中国未成年人互联网运用和阅读实践报告（2017 ~ 2018）》，社会科学文献出版社，2018，第 89 页。

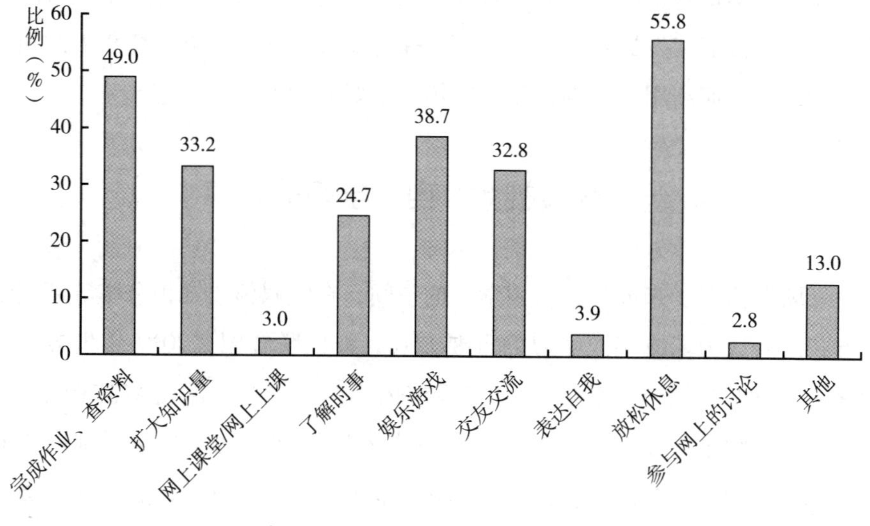

图1　互联网成为未成年人重要的辅助学习工具

成年人普遍认为互联网对自己的学习起了积极作用，例如互联网使他们“获取知识变得容易了”（52.4%）、“学习方便了，很多课程/作业可以在网上进行”（33.5%）、“通过网络学习了很多新的技能”（26.9%）、“很多问题能自己解决，更少依赖大人”（25.2%）等，见图2。

作为视听技术与网络技术结合的产物，短视频在近年来兴起，成为人们获得信息和知识的一个重要渠道。移动网络与短视频的普及，给知识学习带来了哪些新机遇？

一方面，由于短视频制作的便捷和低门槛，加之民众文化教育水平的普遍提高，越来越人参与到知识的传播中，知识的图谱极大地丰富。另一方面，短视频形式打破知识传播和理解的壁垒，同时以社交为纽带进行共享，让知识可以触达更多的人，使知识的获取更加便捷。通过精简通俗、生动直观、寓教于乐的方式，知识可以变得更易于理解。知识的获取和理解门槛降低，以往的传播壁垒被打破。从长形式到短形式，以“点”传播知识符合现代多数人的媒介消费习惯，更利于知识的获取。

一项来自麻省理工学院的实证研究发现，视频长度对参与度的影响很大。

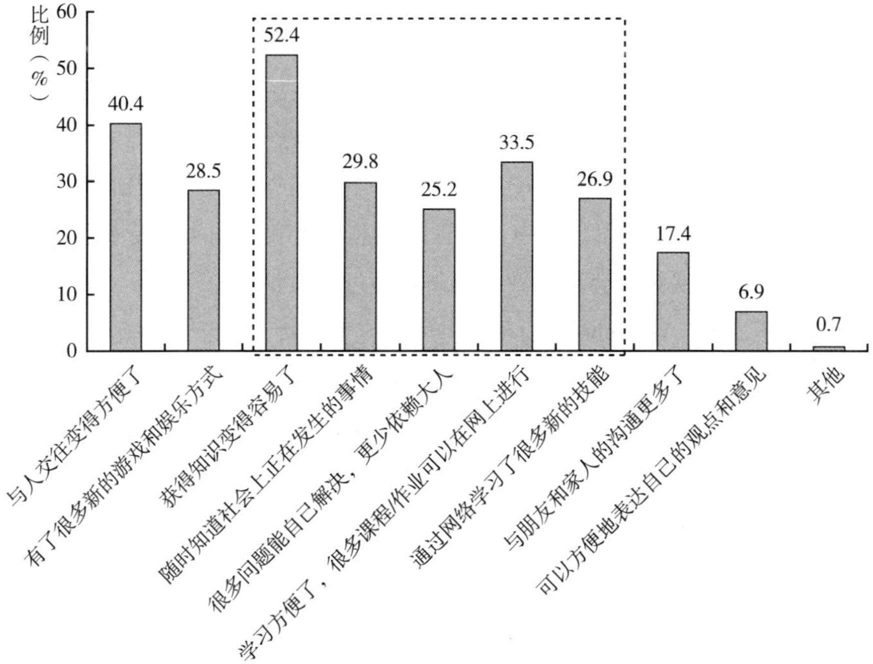

图2　互联网改善了未成年人的学习效果

在长度为0～3分钟、3～6分钟、6～9分钟、9～12分钟、12～40分钟的五种视频中，时长最短的视频（0～3分钟）参与度最高，75%的学生都看到了视频四分之三处①。可见，相比于长视频，短视频有其独特的学习价值。

一般而言，知识类短视频，是指以分享知识作为主要目的、以知识讲解作为主要内容、观看者能从中获得知识的短视频。现有对“知识”的定义不一，考虑到短视频本身对知识边界的拓展，本文采用“泛知识”的定义：既包括来自学校教育和书本的“硬知识”，也包括来自日常实践的“软知识”；既包括陈述性知识，也包括程序性知识（二者分别对应常用表达中的“知识”和“技能”）。

① Philip J. Guo, Juho Kim, Rob Rubin（2014）. How video production affects student engagement: an empirical study of MOOC videos. ACM Conference on Learning at Scale, 41－50.

二 短视频平台上的知识传播现状

作为全球视频共享平台，YouTube 已经成为很多用户获得知识和自主学习的重要渠道。根据皮尤研究中心发布的一项调查①，很多美国成年人通过 YouTube 获取信息和知识。其中，教程类、儿童类和新闻类最受欢迎。约一半的用户表示，视频教会他们做以前未曾做过的事情。

调查还显示，YouTube 在为儿童提供内容上发挥着很大的作用。在 11 岁或以下年龄孩子的父母中，81% 的人表示他们曾让孩子在 YouTube 上观看视频；34% 的家长表示，他们的孩子会定期在 YouTube 上观看内容。以 YouTube 为代表的在线视频，逐渐成为儿童和未成年人了解世界的一种方式。

在国内，短视频应用的发展更为迅速。近年来，抖音、火山、美拍等短视频平台上，知识类内容发展迅速。这已经成为知识传播的一个新趋势。以抖音为调研对象发现，该平台上粉丝过万的知识类创作者已近 1.8 万个，累计发布超过 300 万知识类短视频，累计播放量超过 3388 亿次（截至 2018 年 12 月 8 日）②，见图 3。

知识类内容尤其受到用户的欢迎。与整体相比，万粉知识类作者所发布的视频，条均播放量和分享量都远高于平均水平；人均粉丝数是总体平均数的一倍多，超过 15 万人。从粉赞比（粉丝数/累计点赞数：可用来衡量有效粉丝转化效果）来看，知识类作者也远高于总体平均数。在以人工智能分发为主的抖音平台上，用户的主动关注行为背后是持续跟进内容的意愿，这说明知识类内容有更强的粉丝沉淀力。

因为兼具工具性和社交性，短视频促进了大众化的知识分享，改变了知

① Aaron Smith, Skye Toor, Patrick Van Kessel. Many turn to YouTube for children's contents, news, how-to lessons [EB/OL]. http://www.pewinternet.org/2018/11/07/many-turn-to-youtube-for-childrens-content-news-how-to-lessons/, 2018-11-07.

② 清华大学新闻与传播学院、中国科学报社、字节跳动平台责任研究中心：《知识的普惠——短视频与知识传播研究报告》，http://www.3mbang.com/p-1844878.html，2019 年 1 月 9 日。

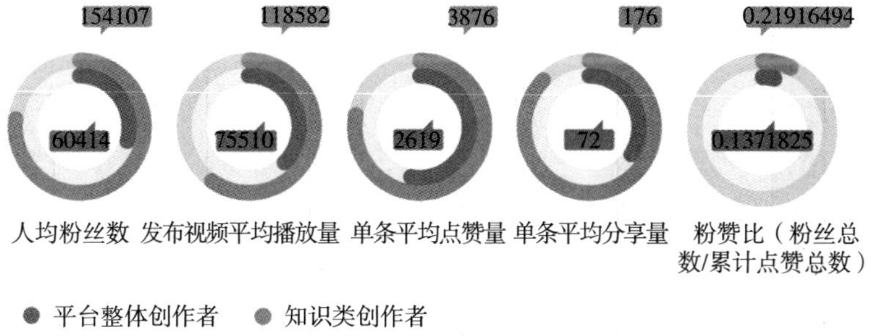

图 3　抖音万粉知识作者数据情况

识的生产关系。借由短视频媒介，不同背景的个体都可以参与到知识的生产与传播中。随着越来越多的个人用户主动自发地传播知识，知识的内涵和种类得到极大的丰富和拓展。

小至肉眼看不见的原子，大到容纳浩渺星河的宇宙；从一道奥数的解题思路，到白 T 恤变黄的应对办法……随着越来越多知识传播账号的入驻，既包括专业机构（如中国科学院、中国科学技术协会等）和专业人士、在各自兴趣领域深耕的达人，也包括有着丰富日常生活经验的普通人，知识的类型和内容得到极大丰富。而它丰富的表现力和有限的长度，也让知识以一种更精简、更趣味和更通俗的方式呈现，受到儿童未成年人的喜爱。

在未成年人观看的知识类短视频中，科普、才艺、考学类分列前三，见图 4。科普类，包括自然科学、人文社科等；才艺类，包括声乐、书法、舞蹈、手工、画画等；考学类，包括 K12 教育、本科教育、研究生教育等。

三　知识短视频化的主要特征

从长形式到短形式，从单一感官到视听结合，短视频的媒体特征直接影响了知识的呈现和传播。短视频化的知识具有四个主要特征：知识获取的即时化、知识呈现的人格化、隐性知识的显性化、复杂知识的通俗化。而这些新特征，也对未成年人的短视频在线学习产生了影响。

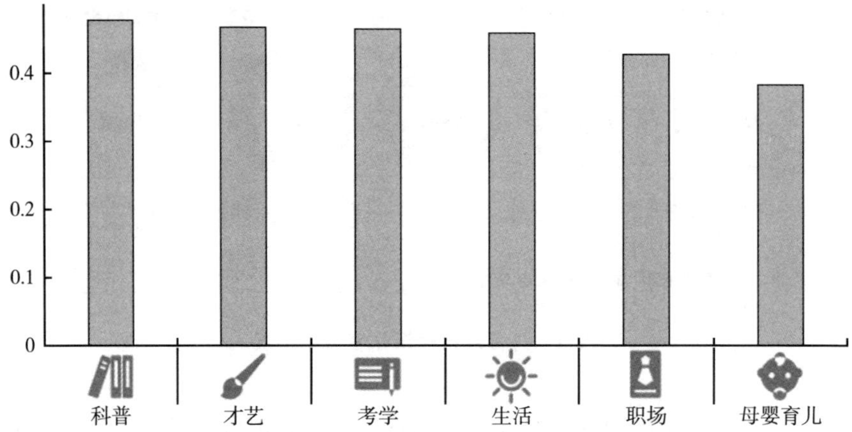

图 4　不同类型知识短视频在未成年人群体中的渗透率

（一）知识获取的即时化

短视频加速了知识的即时化和泛在化。对于当下的未成年人而言，终身学习和泛在学习正在成为趋势。短视频呈现的知识，更加精练、“轻量”和触手可及。它往往凸显一个明晰的知识点，在有限的时间内提炼最精华的内容进行讲述。这种学习方式，提高了知识的传播效率，比起混杂多个信息点更有利于理解和记忆。学习者可以充分利用生活中的一切碎片时间（例如排队的片刻）获取知识，实现“时间的复利”。

（二）知识呈现的人格化

短视频的丰富视听，给知识的人格化提供了条件。它表现为：教学者以出镜或出声的方式进行讲述，并且拥有鲜明的社会角色、兴趣特长或性格特征。知识的人格化呈现，对未成年人学习知识有积极的作用。比起文字，视频是更加自然和直观的交互方式，具有相对较低的门槛，因此学龄期孩子基本都能通过它获得新知识。此外，真人讲解式的视频，给非正式学习提供了类似课堂教学的场景，它还能对学习效果产生积极影响。研究发现，人具有高度社会性。视频中真人的视觉形象和声音等信息，作为一种社会线索，能够激发学习者的社会反应，启用深层认知加工策略理解学习内容，同时付出更多的努力用于选择、组织和整合信息，最终产生有意义的学习结果。

（三）隐性知识的显性化

短视频具有直观和具象的特点。过去，个体的经验、技能和生活智慧等隐性知识[①]，往往很难通过文字表达。但如今，通过直接的视频拍摄，隐性的知识得以显性化。“百闻不如一见”，直接的讲述、具象的呈现、循序渐进的步骤，是很多技能、窍门等教程的常用表现方式。比如，在抖音平台上，口语技巧、美食教程、生活窍门、防身知识、声乐教学等知识短视频，往往都以“身”示范、“手把手”传授，营造“身临其境”的效果。

隐性知识的显性化，推动了丰富的实践经验进入学习的视野，同时大大提高了知识的传播效率，给教学者和学习者都提供了便利。尤其对于知识和经验尚浅的未成年人而言，这种呈现方式更有利于他们吸收、内化和实践。

（四）复杂知识的通俗化

短视频化的知识，往往具有通俗而有趣的特点。以文字为载体的自主学习，要求一定的识读能力和抽象思维，因而给识字不全的低学龄孩子造成了天然的学习障碍。而短视频通过深入浅出的讲解、循序渐进的引导、生动立体的形式，给知识的转译提供了条件。

譬如，比起一长段专业却晦涩的文字描述，通过动画来直接呈现太阳系的真实运转情况，可以提高知识传递的效率和准确率，减少由于对文字的误读而产生的损耗；另外，精制的画面和音效，也让知识更加生动。对于孩子

① 迈克尔·波兰尼将知识分为显性和隐性两类。隐性知识是指那种我们知道但难以用语言来充分表述的知识，它是存在于个体中的、私人的、有特殊背景的知识。隐性知识分为与世界观有关的具体技能和专门技术以及来源于实践的经验。

而言，这种形式具有天然的吸引力。它在帮助理解和吸收新知识的同时，也激发孩子对学习的兴趣和热情。

四 短视频在未成年人学习生活中的角色

在多元的网络学习环境中，了解不同媒介的价值并加以充分利用，对于个人知识体系的建立非常重要。短视频对未成年人知识学习的价值和作用，主要在于点燃兴趣、加深记忆、开阔视野、激发参与。

（一）点燃兴趣

学习中最重要的是自发的兴趣，而萌生兴趣自然少不了“趣”。短视频擅长以立体生动、寓教于乐的形式，以深入浅出的讲述、直观呈现的画面，点燃学习者对知识的好奇心和进一步学习的兴趣。不过，由于体量有限，短视频无法承载全面和系统的知识内容。

因此，在未成年人的学习生活中，短视频更像是一本书的“目录”，在有限的时间内将知识的精华展现，成为兴趣和动力的“生发点”。学习者还应配合书本阅读、学校教育等其他学习形式，完成更加深入和系统的学习。此外，短视频生活化的特质，还能让学习者感受到知识的实用性和伴随性，让学习成为更加自然而愉悦的事情。

（二）加深记忆

单条短视频往往呈现一个明确的知识点，剥离多余信息的干扰，可以加深对关键信息点的印象。生动有趣的形式、人格化的讲述，让复杂的知识点能够以更通俗的方式被理解和接受。

因此，无论是在课堂教学的场景，还是自主学习的场景，短视频都非常适合作为学校教育的补充手段。通过有意识地搜索和观看相对应的知识短视频，孩子们可以更好地消化课堂和书本中的知识点、加深记忆。

（三）开阔视野

短视频平台“连接”着不同背景的人和不同类型的知识。这些新鲜的知识，可以帮助未成年人开阔视野，从既定的知识范围和日常轨迹中“解放”。此外，受到人工智能分发的影响，“关注”不是信息获取的唯一因素。这不仅让知识打破了原本的传播壁垒，触达更多的人；也让未成年人可以在基于兴趣的关注之外，看到其他领域的内容。

一方面，少年儿童自身的发展，不仅仅是智性的发展，也是个性和社会性不断发展的过程。短视频课程除了提供科普、考学等知识外，还可以提供生活适应、社会交往、创造力发展等方面的指导，而后者在如今的学校教育中相对短缺。另一方面，孩子们可以通过其他用户镜头下的视频，获得对大千世界更加生动和真实的认识。例如他人旅途中所拍下的见闻、不同地区人们的日常生活记录等，不仅能够让教科书上的地理知识有更加生活和场景化的展现，也让孩子突破了地域的限制，看到未来的多种可能性——对于偏远地区的孩子而言，这具有尤其重要的意义。

（四）激发参与

短视频具象的呈现形式和便捷的跟拍机制，让动手参与变得更加容易，也让学习反馈变得更加及时。即时的反馈，可以提升学习的参与感和幸福感。

一方面，短视频具体形象的呈现方式降低了参与的门槛，尤其是技能类短视频。过去，阅读文字教程，往往要用大量的想象，把抽象的描述转化为具体形象；且对每个步骤的动作、方位等实操信息仍很难精确把握，需要不断尝试和矫正（例如，做戚风蛋糕时翻拌蛋白的手法）。但短视频通过直观的呈现、循序渐进的步骤、随时暂停的操作，大大缩短了个人理解需要的时间，也让动作的学习和矫正在看视频的过程中就能直接完成。此外，短视频往往开门见山、直接进入教学，能够快速地满足学习需求。

另一方面，快捷的拍摄分享和及时反馈的机制，能够激发学习者参与和实践的热情。通过参与知识类话题，或者通过短视频记录和上传自己刚跟着视频学会的技能，教与学的角色可以随时地进行转换。孩子们可以对学到的知识进行二次创造，成为平台上其他人的“老师”。

五 关于未成年人短视频学习的发展建议

短视频化的在线学习，给未成年人提供了一个趣味和多元的学习方式。为了更好地发挥短视频的学习价值，本报告从学习者、平台方、创作者及教育者四个角度提出建议。

（一）未成年人学习者

1. 充分发挥短视频的学习价值

一方面，未成年人需要主动关注优质账号，观看有意义的知识类短视频，触及自己未知的领域，培养对知识持续的兴趣与热情。此外，在使用短视频平台进行学习时，除了在推荐信息流和关注动态中获得知识外，也要学会主动地解决学习中遇到的难点，并收藏有价值的知识点和定期进行回顾与整合。

另一方面，积极参与科学实验、手工制作等实践，通过行动将知识进行转化。适当地利用短视频等媒介进行拍摄和记录，从被动的观看者转变为主动的创造者。一项心理学研究发现，拍摄短视频可以帮助用户建构更加积极和正面的自我概念。

2. 结合其他学习形式，建立完整的知识体系

短视频化的知识固然生动通俗，但它体量有限，知识点之间缺少关联。倘若学习者缺少自主的深度思考和对知识点的整合，将不利于系统化知识体系的形成。因此，短视频并不能取代其他的学习形式，而应配合其他媒介形式，延展至更深入和全面的知识内容。

在网络时代，传统教育体制下学科导向的学习体系，将逐渐地发展为个人导向的学习体系，个人知识管理成为一项重要能力。因此，家长和教师应

当有意识地引导未成年人更好地实现自主学习和终身学习。有学者提出“零存整取”的学习理论和策略。其实质是持续不断地积累知识碎片，通过不断的改写、融合，将碎片化的知识逐渐整合起来①。在习得知识的基础上，实现知识的再创造。

（二）短视频平台

2016 年 2 月，国务院办公厅印发了《全民科学素质行动计划纲要实施方案（2016 ~ 2020 年）》，对“十三五”期间我国公民科学素质实现跨越提升做出总体部署。几年间，媒体环境发生了快速的变化，短视频平台迅速兴起。作为短视频服务的提供者，平台方应当利用好平台的影响力，助力知识的传播，为未成年人营造一个良好的信息环境。

1. 完善审核与验真机制

建立完善的审核与验真机制，实现“去低俗”和“去伪存真”。一方面，建立完善的基础审核机制，对平台上所有内容进行把关，禁止低俗和违法内容的传播。另一方面，对于专业领域内的知识（如自然科学等），可组建相应的日常专家团，对热门视频进行验真和把关，以免出现明显知识性错误的视频在平台内进一步传播。

2. 优化平台的内容生态

利用合理的生态机制，激励更多不同领域的优秀教育类创作者入驻平台，丰富平台上的知识内容。此外，应通过相应的功能和模式设计对未成年人的行为进行引导，从时间和内容上加以限制，例如“时间锁”、未成年人专门模式等，将有教育意义的内容集中呈现。

（三）创作者

在未成年人的短视频学习中，创作者发挥着非常关键的作用。应当充分发挥短视频的优势，提供更多优质且满足未成年人学习需求的短视频。

---

① 王竹立：《零存整取：网络时代的学习策略》，《远程教育杂志》2013 年第 6 期。

1. 确保视频内容的高质量和真实性

创作者应有责任心和求真意识，保证短视频内容的高质量和真实性。对知识经过查证后再传播，不能对未成年人造成误导。

2. 充分考虑少年儿童不同阶段的特征与需求

在知识类视频的制作中，应当充分考虑不同阶段少年儿童不同的认知特征，以设计相应的内容和形式。例如，对于小学阶段的孩子，感官吸引有利于提高他们的兴趣。因此通过强化视觉和听觉，增加趣味性，例如模仿动画人物的声音、创造可爱的卡通形象等，往往能有更好的效果。再比如，在整个小学阶段，意义识记和机械识记在儿童的学习活动中起着重要作用，且意义识记的保持量比机械识记的保持量高。因此，视频可以在引导儿童理解材料的前提下进行识记，如识记古诗词时多增加故事性，而不是简单地朗读。

另外，记忆力的提高还需要学会有效地使用记忆策略。心理学研究发现，小学三年级儿童虽然不能自发运用学到的组织策略，却能通过策略训练学会使用组织策略。这说明，小学三年级是儿童从简单复述记忆发展为有意义记忆的关键时间，因此针对三年级儿童的内容可以涉及记忆组织策略学习，如引导儿童把有关系的图片放在一起，用这种方式进行记忆会更容易也更牢固。

3. 增加与受众的互动

媒介的互动性，对于未成年人的在线自主学习而言也非常重要。创作者可以对评论区的反馈多加留意，直接予以回复或者在后续创作中给予回应。社交性的提高，可以更好地促进未成年人的思考和提高积极性。

（四）教育者

在未成年人学习生活中，教师和家长扮演着重要的教育者角色。他们的态度和行为，很大程度上影响孩子的学习行为和体验。对于新兴的媒介，教育者应保持中立和开放的态度，一味压制和全盘否定不仅伤害两代人的情感关系，也会错失新媒介带来的机遇。

1. 在教学场景中引入短视频媒介

老师可以配合教学进程选择相应的优质短视频，使之成为学校教育和非正式学习之间的桥梁。以其作为教辅工具，可让学习更加生动有趣。

2. 为少年儿童挑选适龄的短视频

无论是教师还是家长，都要依据儿童和未成年人的发展阶段，有意识地选择短视频来帮助孩子更好地学习和成长。例如，小学阶段是儿童认知发展的重要时期，也是受正规学校素质教育的开始，从以游戏为主的幼儿园阶段进入以学习为主的小学阶段，对很多孩子来说是很难适应的，如何根据儿童认知、思维特点来培养孩子的学习兴趣、增强孩子的学习动机是一个重要话题。此时，趣味性和互动性强的短视频，是一种不错的选择。

到青春期时，未成年人的生理和心理发生了质的变化。教育者可以选择相应的生理知识、自我认识等短视频。此外，随着初中生活的开始，各方面压力增强，未成年人极易产生心理问题，教育者应适时地结合相关的心理学短视频，讲解缓解压力的方法，并鼓励有心理困扰的未成年人及时向监护人和老师等求助。此外，该阶段的未成年人已经有明显的法律意识和规则意识。在这种情况下，教育者可以给孩子们观看普法的短视频，使其知法、懂法、守法，弘扬生活中的正能量，为未成年人营造良好的文化环境。

3. 通过短视频分享优质的教育资源

鼓励有条件的教育者，共同参与到知识分享的队伍中。通过上传教学视频，或者进行直播，把优质的教育资源通过平台开放给更多有需要的群体。面对教育资源不平衡现状，短视频平台可以跨越时空限制，在很大的程度上实现知识的普惠。

【案例：短视频的知识普惠与教育扶贫】

在利用短视频推动知识普惠上，益童乐园“抖音公开课”教育扶贫活动是一个较为典型的案例。该扶贫项目精选了优质的抖音视频，发展为课程体系，用寓教于乐的形式向当地学龄留守儿童，现场讲授地理、生物、天文等学科的科普知识，激发孩子们的学习兴趣，带领他们一起打开认识大自然和人类的全新窗口。该项目还会定期邀请科普作者现场进行授课，并教孩子进行内容创作。

既是学习者，也是创作者——以短视频为纽带的公益实践，为促进贫困地区儿童综合素质的提升提供了全新的方式。

参考文献

Aaron Smith, Skye Toor, Patrick Van Kessel. Many Turn to YouTube for Children's Contents, News, How - to Lessons [EB/OL]. http://www.pewinternet.org/2018/11/07/many - turn - to - youtube - for - childrens - content - news - how - to - lessons/, 2018 - 11 - 07.

Alexander, P. A., & Winnie, P. H. (2006). *Handbook of Educational Psychology* (*2nd ed*). New Jersey: Lawrence Erlbaum Association.

季为民、沈杰：《中国未成年人互联网运用和阅读实践报告（2017～2018）》，社会科学文献出版社，2018。

Philip J. Guo, Juho Kim, Rob Rubin (2014). How Video Production Affects Student Engagement: an Empirical Study of MOOC Videos. ACM Conference on Learning at Scale, 41 - 50.

清华大学新闻与传播学院、中国科学报社、字节跳动平台责任研究中心：《知识的普惠——短视频与知识传播研究报告》，http://www.3mbang.com/p - 1844878.html，2019年1月9日。

王竹立：《零存整取：网络时代的学习策略》，《远程教育杂志》2013年第3期。

B.10
未成年人网络文化现象探析

曾　昕*

摘　要：　未成年人网络文化现象在体现未成年人用户网络行为的同时，也折射了他们物质消费和精神生活的喜好，本文从近期的网络现象出发，在梳理和分析代表性网络文化现象的基础上，探讨这些网络文化现象对未成年人的影响，并尝试提出相关建议：教育者需要理性看待未成年人网络文化；社会组织应参与未成年人网络素养的培养；学校应联合家庭教育和社会教育合力促进未成年人网络文化向建设性的方向发展，与主流文化产生良性互动。

关键词：　新媒体　未成年人　网络文化

一　前言

伴随互联网技术的发展、新的社交平台的诞生，来自视频、音频、文字等不同领域的网络文化对未成年人都起到了不容小觑的影响，网络文化也影响着未成年人自身文化的生成与积累，并在这种文化循环中与主流文化不断碰撞、互补、渐进。

网络文化是以互联网为基础的文化，在英文中有 Cyber Culture、Internet Culture、Online Culture 等与之对应的概念，用以指代“以网络信息技术为

* 曾昕，中国社会科学院新闻与传播研究所助理研究员。

基础、在网络空间形成的文化活动、文化方式、文化产品、文化观念的集合”①。广义的网络文化涉及互联网中的商品、行动、事件、现象等诸多内容。网络文化对于社会不同阶层均有所影响，未成年人这一年龄阶层是网络文化的主体，近年来层出不穷的未成年人网络文化现象是网络文化的集中体现，引起了媒体、商业部门和学界的密切关注。

未成年人在网络上的注意力集中点和行动方式反映了他们物质消费和精神生活方面的喜好；网络文化兼容内容和社交，包含严肃与娱乐，不仅反映出未成年人的文化需求，同样反映出他们如何面对现实、建构真实与虚拟双重世界的社会关系。当下，未成年人网络文化涉及多个研究视角和不同层面，可以从网络商品、文化产业等方面进行分析。具体到网络文化的内容而言，网络文化可指代网络文化领域内的诸多内容产品，网络影视剧、歌曲、在线连载小说等都包罗其中；产品则包括参与网络文化产业而衍生的物品，比如图书出版、音乐唱片、视频等。在文化流行现象方面，则包括萌文化、佛系文化、丧文化等。

针对青年网络文化现象的议题，学界在2018年的关注焦点包括：（1）当代青年的政治与文化意识（political/ cultural consciousness of the youth）；关注青年文化实践如何反映其对于当代社会的看法，以及在这种认知形成过程中未成年人自身的角色和作用；（2）青年在媒体中的另类实践（alternative practice of the educated youth），着眼于青年如何依靠经验和想象，在不同平台的不同层面推广另类实践；（3）女性青年的处境（the feminine youth in contemporary society），聚焦于女性在新媒体社会语境下的新困境、面对新的物化与歧视；（4）青年文化的交流转向（the communitive turn of youth culture），包括青年文化结构变革之后，青年的主体性和文化形态发生了怎样的变化、交流中所产生的新的控制和权力形态与应对方法。②

---

① 百度百科：网络文化词条，https：//baike. baidu. com/item/网络文化1755111？fr = aladdin。

② 《探索与争鸣》2018国际文化研究大会“青年专场”指南，https：//mp. weixin. qq. com/s？_ _biz = MzA4MjcxMDEwNQ = = &mid = 2686255102&idx = 1&sn = 62768ea3373f81ac865aabcd4570e8a9&chksm = ba69c4c88d1e4dde822901a9fcc5f2bc41a86f3cc551e28ff1ec5935cebeba7ac7177e5defc4&mpshare = 1&scene = 1&srcid = 0222RqimZxuRDVbgNXkAcd6a&pass _ ticket = FcamJbYZgzaNyoZd9b8Ffo1CWU%2FaDa7dpxgNPr8Zd%2BSZMtSR%2FBHZk5Raa5hZQ2gv#rd。

二 未成年人代表性网络文化现象与主要特征

（一）未成年人代表性文化现象（2018）

1. 网络萌文化

“萌”一词原意发芽或描述事物开端；当下则更多被用作美好、可爱、青春。“萌”文化可以理解为与主流文化相对应的未成年人亚文化之一。①网络中，鲜活、生动的萌化文字表达或可爱视觉符码，造就了大量的文化热点。

相比其他具有“抗争性”的网络亚文化，萌文化是一种和缓的表达，体现了未成年人追求青春、童真、温暖的心态，弱化人与人之间的摩擦矛盾，把个体的逆反行为变成了一种集体的欢快表达。关于萌文化的负面评价，集中于未成年人“装嫩”、不愿长大的异化性人格和逃避型策略。在心理层面，萌文化是一种“对成人世界复杂关系的解构与人类心智的返祖现象，它的流行反映了在经济高速发展的当代社会个人安全感的缺失与精神危机的泛滥”。②

但总体而言，萌文化在连接未成年人网络文化和社会议题方面，起到了一定的桥梁作用，推进严肃议题的普及和与未成年人受众的对接。比如，文博会期间，通过萌设计的方案，文博会网站推出卡通朱熹、卡通孔子形象，让传统文化人物形象得到新潮呈现。故宫在新媒体平台中萌化皇帝、嫔妃；国家博物馆让文物“卖萌”的视频也可圈可点。在网络政治议题中，也出现了官方话语的萌化呈现，如《中国领导人是怎样炼成的》就曾推出过中央政治局常委的动漫形象。总之，2018 年，“萌文化”已经成为文化营销甚至国家形象传播中的建设性力量，也是重大文化产品的卖点所在，是未成年

---

① 王报芬：《以网络萌来解析青少年的身体文化符码》，《今传媒》2015 年第 2 期。

② 赵新利：《萌力量：可爱传播论》，《从“卖萌”到卖“萌”：“萌文化”如何衍生“萌经济”?》，https://www.sohu.com/a/148459296_182272。

人网络文化对社会起到积极建构的成功案例。

2. 网络丧文化

在林林总总的未成年人网络文化中，丧文化的热度一直居高不下。丧文化，指代流行于青年群体中带有颓废、悲观色彩的语言、文字或图画，是年轻人在现实生活中，失去目标和希望，对陷入颓废和绝望的一种自嘲，源于《我爱我家》中葛优扮演的季春生无欲无求躺在沙发上的照片在网络中的大量传播和二次创作。

2018 年，丧文化的典型形象包括悲伤蛙、马男波杰克、李诞，还有流行已久的葛优躺等等。其中，李诞不仅是 2018 年新发的表情包，而且具有典型的符号意义，“人间不值得”一言也成为表情包的流量担当。

在网络丧文化这一要素中，除去年轻人长期工作、学习的压力与社会中房价、阶层固化等近年持续的问题之外，2018 年，主持人李咏、作家李敖、歌手臧天朔、武侠作家金庸等诸多文化、艺术名流相继辞世，使 2018 年成为网络文化中以缅怀为主题、谈论死亡较多的一年。丧不仅是情景，也是一种情绪，还是一种精神策略。

丧文化不仅在一定程度上反映着社会客观原因与大众心理，也展现了未成年人的表达欲望与旺盛表达能力的另类体现，是当代未成年人的“精神胜利法”。[①]“丧文化”之所以成为流行文化现象，原因主要包括未成年人在虚拟世界“微时代”的情绪感染，导致自我认同异化，从而“主动污名化”。[②]

3. 网络佛系文化

佛系文化指的是一种不以物喜不以己悲，以“一切随缘”为指导精神的生活方式。佛系的核心是“不争不抢，不求输赢”，有或没有，都不在意。和萌文化一样，佛系文化也源于日本。2014 年，一杂志介绍了“佛系

---

① 百度百家号影视独舌：《2018 青年文化丧和热情缺一不可丨独舌年稿之六》，https：//baijiahao. baidu. com/s? id = 1620601285154635617&wfr = spider&for = pc.

② 萧子扬、常进锋、孙健：《从“废柴”到“葛优躺”：社会心理学视野下的网络青年“丧文化”研究》，《未成年人学刊》2017 年第 3 期。

男”，2017 年 4 月，首先在粉丝圈出现“佛系追星”说法，之后爆红网络，成为网络文化的重要景观。12 月《第一批 90 后已经出家了》成为热文，随之而来的 2018 年将“佛系文化”推向高潮。之后，社交平台上，佛系买家、佛系综艺、佛系球迷、佛系养生、佛系育儿、佛系打车等词瞬间火爆异常。

“佛系文化”是当代青年网民“对抗不属于他们的社会的武器”。① 和丧文化相似，“佛系”的包装也是未成年人自我讽刺，甚至“主动污名化”的认同标签。淡化目标、随遇而安“佛系”文化重点不在于“低欲望社会”，而是这种具有消极气息的文化现象的根源。“佛系”文化对当下社会现象具有解释力，因为它应景式地表达出了当下未成年人的社会心态和生存状态。它是一种文化现象，更是一种社会现象——当下，高房价、医疗、教育、社会保障等一系列问题，使纯粹凭自我奋斗实现草根逆袭的概率在缩减，许多青年人对于生活看不到希望，因此采用“佛系”作为自我安慰、个体保全式的文化生产，用来表达一种理性状态下无可奈何的心态，是社会工具理性化的产物。②

4. 网络粉丝文化

相比上述网络文化，粉丝文化是古已有之的偶像崇拜现象，“fans”趣译为“粉丝”，指未成年人对于偶像迷恋、追随、不计回报的付出。伴随互联网在人们日常生活中的普及，及网络社群的不断发展，粉丝团体及粉丝参与的方式也不断丰富。从影视界到娱乐界，从体育界到文艺界，从时尚界到读书界，以及寄托于物的苹果粉、小米粉等，可以说，粉丝文化进入空前多样化的时代。

未成年人为偶像痴狂的案例比比皆是，偏激、极端的案例也时有发生。追逐偶像现象在学生时代较为明显，青春期后略微减少。中国未成年人研究中心曾对 6000 多名中小学生的偶像崇拜进行问卷调查，结果显示 68.4% 的

① 魏巍：《为什么越来越多的 90 后自称“佛系青年”?》，http：//www. shixiu. net/news/shwx/1763. html。

② 陈龙：《佛系丧文化，都是社会工具理性化的产物》，https：//cul. qq. com/a/20180418/014830. htm。

中小学生最崇拜的偶像是明星，主要是歌星（37%）、影星（20.5%）和体育明星（10.3%）。[①] 心理学家岳晓东认为，狂热追星是一种未成年人对自我想象和寻找的投射。对于偶像的追随和幻想，映射出的是未成年人对自我形象塑造的探寻。

未成年人粉丝具有强大的消费能力。当下网络环境中，粉丝群体话语权不断扩大，活跃度也不断上升；于是，商业市场瞄准了这个群体，在造星运营的过程中，开始注重粉丝群体生产力、传播力和消费力的考察；围绕偶像本体及其相关周边进行资源整合、产品生产和运营创收，明星商业随之勃兴。[②] 未成年人乐于接受具有时尚感的事物，且行动力强，又容易盲目消费、提前消费，是粉丝的主力军和潜力军。鹿晗生日的微博留言打破吉尼斯纪录，粉丝环球马拉松；米兰时装周，王俊凯的粉丝包下了米兰马尔彭萨国际机场的60块LED电子屏，以及18米长的米兰环城电车等粉丝组织强势应援活动，都体现了新媒体时代未成年人粉丝线上线下的强大组织能力和消费能力。

5. 网红文化

网红文化是粉丝文化在网络空间的延伸。“网红”成为网络文化景观中独树一帜的元素已有时日。《人民日报》曾经这样定义“网红”，“网红”即指“网络上走红的人”。最初阶段，是因外形或者言语特别而引起关注并走红网络的普通人，如凤姐、芙蓉姐姐等，当下，则可指代通过网络获取和维系声名之人。[③]

在“网络红人”的网络现象中，短视频与直播的崛起和走红为网红的推广提供了更加有利的技术条件，同时，网红输出和变现的方式也越来越多元化。比起2017年，2018年，网红人数及其粉丝的关注度持续增加，90后为网红偶像和粉丝的主要群体。同时，网红粉丝中三四线城市及乡镇粉丝占比超过一半，男性青年的占比增加。[④] 由于网红文化的带动，网络综艺持续

① 赵霞：《现代教育报》，http://www.sohu.com/a/599207_100908。

② 初咏梅：《“粉丝”经济与音乐产业未来发展》，《河北企业》2014年第2期。

③ http://baijiahao.baidu.com/s?id=1599685582867402782&wfr=spider&for=pc.

④ 栾炜烨：《网红现象的传媒文化意义研究》，西安工业大学硕士论文，2018。

受到追捧，加之 vblog、短视频等新内容形态的流行，网络偶像层出不穷。很多主流媒体热推的人气偶像，也主动走向网络，把自己打造成网络红人（比如欧阳娜娜在 vblog 上的服饰搭配视频、林允在小红书上的护肤教程等）。

同时，随着“网红”文化的普遍化，“网红”概念逐渐泛化，呈现由人及物的多样性。比如网红杯子、网红餐厅、网红口红等新的衍生性词语，这成为流行和人气的代名词。很多老字号为了进行推广，也给自己打上网红的招牌，如六神花露水、百雀羚、大白兔等等，[①] 甚至故宫也借用了网红之名。可以说，网红的商业价值已经从网络文化嫁接到商业市场。

6. 网络土文化

相比已经流行一段时间的萌文化、丧文化，土味文化是 2018 年新出现的网络文化现象。由于抖音、快手以及微博短视频的流行，三四线城市和农村元素的崛起，土味情话、土味表情包、土味歌词、土味宣传大行其道。

土味文化有着比较宽泛的外延，农村山野生活、民俗、食物等都在其中。土味文化能够在年轻人中间流行，首先因为新鲜，其次因为土味文化有一种扎根于土地的真实，再次因为偏喜剧风的内容满足了年轻人被逗乐的开心需求。它以直接甚至粗暴的方式反映了底层的生活，让未成年网民看到巨大的社会反差。土味文化的流行也是审美降级的表现。大批城市未成年人以旁观者的猎奇心理加入其中，形成一种审丑型的文化潮流。

土味文化虽然在网络上流行，实质却是现实中城乡文化碰撞的产物。2017 年底，我国农村网民数量为 2. 22 亿，占比 27%；农村手机网民数量大幅上升。[②] 巨大的用户数量和消费诉求，使得土味文化迅速普及，以快手为代表的土元素传播是资本与其结合后出现的商业成功案例。

7. 网络流行语文化

网络流行语即网络中的流行语言，包括网络词语、短句等，与其他网络

---

① http：//www. gscn. com. cn/culture/system/2019/02/27/012120612. shtml.

② http：//baijiahao. baidu. com/s？ id = 1603214315230653845&wfr = spider&for = pc.

文化现象有所关联，有些产生于上述文化现象。网络流行语文化不仅是文化现象的映射和文化心理的浓缩，也反映了社会心态。2018 年，网络热词包括 me too、阴阳合同、贸易战、疫苗、菊外人等。受到未成年人追捧的网络语包括：凉凉、隐性贫困人口、小猪佩奇身上纹、掌声送给社会人、确认过眼神、C 位出道、土味情话等。

随着网络和日常生活的连接越来越紧密，网络渗透到生活乃至人们意识的方方面面，“全民创作”的可能性空前提升。网络语作为流行观念、文化现象的夸张性、戏剧化描述，反映了多向的社会维度。伴随日新月异的社会变革，新的矛盾涌现，各种新思想、新现象不断碰撞，话语不断更新；过去的话语系统、语言方式与传统的表达方法已经难以满足时代需求。因此，一些网络用语就会适时地被制造出来，金句、段子手层出不穷，如前文提到的“佛系”一词，在一篇爆款文、一个案例的推动下，就触发了大量未成年人的认同，收获了大批使用者，成为流行词。年轻态文化的网络实践反映出他们对于当代社会的看法，也表现出在这种认知形成过程中未成年人自身的角色和作用，可是说是其价值观的另类表达。

（二）未成年人网络文化的主要特征

网络文化内容丰富、传播迅速、影响广泛、可控性低、参与平等，其特点包括开放性、互动性、无政府性、个性化等，符合未成年人的新媒体喜好和消费特征。在新媒体技术快速发展时期，网络文化现象层出不穷，也衍生了一系列文化景观和文化产品。

2018 年，未成年人的网络文化景观中依然呈现高风格化的符号语言（如表情包的创作与应用）、原创性的文化传播内容（如 bilibili 网站、抖音、简书等网站的创作内容）①；尽管仪式性的主流文化抵抗依然存在（如恶搞现象），但总体而言，未成年人的网络文化已经从边缘性、小众性向普遍化

① 《未成年人亚文化视角下的网络弹幕现象研究》，https：//wenku. baidu. com/view/f3402aaf77a20029bd64783e0912a21615797f6f. html。

转向，部分网络原创文化已经与商业元素结合，推向市场（如表情包的玩偶制作等）。

宏观而论，这些网络文化现象既反映了年轻态文化的创造力，也导致文化乱象的出现。由于技术的迭代升级，加之参与性的生产方式和社交媒体的多指向传播，网络文化现象中很容易出现热点引爆，从而产生“爆款”式的万众狂欢。这种狂欢性机能产生的文化聚合力，也可能导致文化乱象。

三　网络文化对未成年人的影响

鉴于网络空间的规范性欠缺和未成年人自身娱乐化的消费倾向，加之网络的非主流和颠覆性特征，未成年人的网络文化参与方式也存在非理性、失范性、缺乏深度等问题，但已然与主流社会议题产生了各种形式的互动。

（一）消费主义的凸显与多样化呈现

当下的未成年人网络文化很大程度上体现了市场经济的意识形态，消费主义成为突出特点之一。很多网络文化行为都伴随着消费行为，比如打赏、粉丝应援等等，购买力已经成为网络文化现象的产物和推手。未成年人网络文化产业化的现象已经相当明显。不仅在网络文学、影视方面呈现从制作、包装到推广的成熟化流程，也伴生有各类网络文学、网络影视“周边”产品。但是，网络消费也出现了新的景观。2018 年，“消费降级”也是热词之一，从租房到吃饭、到购物使用拼多多。消费降级一词表面在探讨年轻人对生活品质的态度，实则反映了经济下滑的现象和消费观念的转变，和年轻人在当代的焦虑。[①]

根据 2017 年《中国青年文化趋势和商业创新前瞻》[②]，优酷与青年志进

① https：//baijiahao. baidu. com/s？ id = 1620601285154635617&wfr = spider&for = pc.

② http：//ent. ifeng. com/a/20180314/43034945_ 0. shtml.

行了联合调查，认为当代青年网络文化消费有微妙的转变，主要可总结为四点：第一，颜值即正义时代已成为历史；未成年网民不再绝对盲目追捧高颜值的无脑偶像剧，对兼具内涵、趣味的剧集更加有热情。第二，在“萌文化”消费中，尽管萌文化产生了一系列周边产品并且在未成年人中备受追捧，但未成年人对网络的套路和包装人设也已然司空见惯，认为只有展现真实立体的自我才是高端萌。第三，流量已经不再是绝对主导因素，有完整体系、扎实内容的影视精品更能俘获年轻人的心。第四，神话语和独特视角受到青睐，脑洞文化凸显。以上特性概括了未成年人在网络消费上的取向，这些特性也逐渐成为当前网络文化内容生产的重要方向。随着网络文化产业投入的提升及未成年人诉求的提高，分众趋势的出现为网络多元化的内容生产形式提供了新可能。

（二）内容多元化与分众社群化

20 世纪 80 年代以来，港台文化对未成年人文化产生了不容小觑的影响；而 90 年代末期到 21 世纪初，日韩文化和欧美文化也相继进入未成年人文化市场，甚至成为未成年人流行文化的策源地。然而，伴随国内明星的崛起、综艺节目的普及和粉丝文化的异军突起，欧美和港台流行文化在网络文化中的比重出现了一定的变化。尽管两者对于未成年网民仍然具有极大的影响力，但地缘差异、文化分水岭的神秘感，已经相对淡化。2018 年网络红人，如蔡徐坤、杨超越等，都是本土偶像，而影视方面的主要红人，如鹿晗、王俊凯等，也大多来自内地，或者是由海峡两岸联合推出的艺人。

伴随网络文化内容的丰富，分众化趋势也愈加明显。网络的社群化与粉丝文化紧密相连，通常由基于认同感、归属感或共同喜好（比如关注同一话题或者同一电视节目）而聚集在一起的网民组成。① 西方社会中，现实生活的社区较为明显。内部认同程度很高，成员交往频繁。而在我国，网络社群的发达与现实社区的缺失形成了一个对比。陶东风认为，社群不仅是一种

① 陶东风：《今日中国的网络社区文化为什么如此发达?》，http：//www. aisixiang. com/data/38258. html。

新的社会多元化的形式，而且具有重要的情感功能，特别是在中国社会中社区缺失的背景下，有更加特殊的意义。

网络文化成为对真实社会生活的弥补，不仅在个体心理层面如此，在人际和社会层面也如是。如粉丝文化研究者张嫱所述，分众化背景下的社群在中国语境中有特殊的意义——粉丝们因为共同的爱好或信仰聚合，并且互称“亲”；这在西方的粉丝文化和迷群文化中都是未见的。把同一个社群的成员在一定程度（哪怕仅仅是语言中）上视为家人，是中国粉丝社群文化的特点之一。[①] 这种迷文化的伴生景观如何发展，会对其中的成员心理认同有什么影响，或这种“亲化社群”会对网络文化有什么样的影响，还有待进一步观察。

四　针对未成年人网络文化的引导建议

（一）教育者需要理性看待未成年人网络文化

未成年人网络文化展现了未成年人当下的观念、情绪、爱好，及其与社会文化背景、媒体技术发展之间的广泛联系。未成年人网络文化是一种社会性的文化现象，当下，伴随新媒体平台的多样化发展，未成年人网络文化难以被归纳为某一门类，而是体现出多元化和变化性，主要表现为，未成年人的个体意识不断突出、自我认同体系不断发展等特点。

网络文化中的种种现象和产物，是社会阶段性文化生产的形态，在各种各样的包装下（比如卖萌，或者佛系）其本质都是现代性文化表征和社会症候的折射。当下的网络文化折射出我国大众文化的特征——作为社会主义典型化时期的技术与消费文化，在技术主导与商品拜物教的图景中展开，伴有技术美学条件下的去政治化、阶级差别的（拟）平等化等特征，也一定程度上反映出中国社会娱乐生产机制的内在逻辑。它符合未成年人的情感诉求，演化出一种“新型的需要”来弥补现实生活中的缺失。[②]

① 张嫱：《粉丝力量大》，中国人民大学出版社，2010，第149页。

② 陶东风：《当代大众文化的价值观研究》，辽宁教育出版社，2014。

从积极的层面来看，未成年人利用网络平台，进行自我表达或以一种非传统、非常规的方式和娱乐的口吻参与公共话语的建设。从乐观的角度来看，亚文化参与方式的盛行至少令未成年人对信息的解读有更多元的方式，这是一种政治批判意识的转化和另类表达，而不一定是消解和弱化。网络文化拓展了未成年人的话语空间，强化了未成年人的主体性和参与感。他们通过适当的平台，表达自己的立场，从而对媒介有更多的主动权和控制权，这本身是一个话语赋权的过程。

就负面影响而言，网络文化的社群性和狂欢性非常容易产生爆点，一方面容易引发价值观尚未成型的未成年人的群体性迷失、价值观错位、过度娱乐；也容易被商业利用，如 2018 年热播的《我不是药神》在微信公号、博客中成为热门议题，随即被商家所用——以贫穷和疾病为话题，把年轻人对于医疗的心理焦虑助推成为金钱焦虑；不仅没有让未成年人对于社会问题有更清晰的认识，反而贩卖焦虑，加深了负面情绪，给社会的沟通和整合带来障碍。因此，教育者和社会相关部门，应根据未成年人网络文化的特征，加以适度的引导。

（二）社会组织需要配合未成年人的网络文化教育

在学校和家庭之外，媒体与社会组织应关注未成年人的网络文化教育问题。在现代社会中，教育是一个兼容体系，网络文化的影响并非学校的教育系统所能涵盖，因此校外教育，特别是媒体，应与学校形成吸收融合的发展合力，在未成年人网络文化教育问题上加强合作。如充分利用网站、App 等，普及网络相关知识，起到传统校内宣传教育起不到的作用。而社会团体如少先队、共青团等，也应关注未成年人网络文化教育问题，组织社会实践活动，开阔未成年人的视野，转移他们对网络的人际交往依赖和情感依赖。

学校、家庭和媒介素养教育的相关课程，应该关注未成年人的网络文化现象、总结其中对应的社会症候，提出具有针对性的指导建议。比如开展未成年人网络问题的个案研究，组织深度访谈或者互助小组，或开设心理咨询，从未成年人的视角出发，关注未成年人在网络中具体实际的需求；对未成年人网络文化做更深入的了解，在此基础上进行正确疏导；并与家长进行沟通，帮助学生调整与父母的交流状态，了解不同家庭的未成年人不同网络问题形成的原因，针对不同状况给予具体帮助和辅导方案。

如网红文化、迷群文化的焦点，在于自我认同的正确建构和理性消费，以避免“洗脑”，可以引导未成年人学习偶像勤奋进取等优点，同时理性消费，把追星变成一种积极的激励；对土味文化，侧重点则在于精英文化的保护、避免审美降级；而对萌文化、丧文化的引导目标在于对社会问题的正确认识、自我价值的理性建构，认清其拒绝成长、拒绝奋斗的心理。而针对未成年人网络文化中积极的部分，应顺势引导，肯定未成年人对网络文化的贡献，并促进其建构正向的、有利于个人身心成长、对社会议题有推进作用的网络文化。

（三）教育者要注重引导未成年人网络文化与主流文化互动

首先，主流优质内容需要进一步扩充，要丰富主流文化。未成年人对网络文化大加追捧，而对日常生活关注少，这既反映了未成年人具有闲暇、经济结余和精神渴求，也说明了网络中主流的优质内容仍有所欠缺。因此，学校和家长要为孩子创造更为丰富的课外文化活动，以此来代替“网游”“网红直播”等网上娱乐形式。引导未成年人关注一些寓教于乐的优秀图书、影视作品，对未成年人的价值观和审美观塑造发挥更加积极、正向的作用；同时让未成年人更多地了解主流文化，为互动提供基础。

其次，教育者要挖掘网络文化的社会价值，在此基础上引导互动。Brecker（布雷克）在论述亚文化和主流文化关系时强调指出，亚文化是占统治地位的意义体系的表现和延伸，而不是这个体系的异化或对立物。① 作为亚文化的一个分支，网络文化依然是统治文化、主流文化的“子集”，也似具有文化价值的媒体参与及实践方式。因此，教育者不应把未成年人网络文化作为亚文化的对立面进行抵制，而应因势利导，促进网络文化向建设性

① 〔美〕大卫·雷斯曼：《孤独的人群》，王昆等译，南京大学出版社，2003。

的方向发展，与主流文化产生良性互动，需要实现从娱乐初衷到价值的转变。

这种转变包含着从宣泄、逃避走向内省和反思。通过不同形式的网络文化生产，让社会问题和个人内心焦虑“浮出水面”，同时要具备更加深度的思考和对社会国家的深切关怀。一种成长初期的新型文化要走向成熟，需要突破娱乐价值和商业价值，转化出推动文化传承、促进社会多元化的价值功能，才能最终让网络文化的主体——未成年人，成为互联网发展的最终受益者，并从中获取真正的话语权。

B.11

未成年人网络文化现象、特征与问题

杨斌艳　陆　风*

摘　要： 00后被称为“移动互联网时代的原住民”，他们有目的、有意识地运用互联网，形成了不同于其他年龄段群体的网络文化。本文从未成年人在线社交方式、兴趣爱好、群体性特征等方面对未成年人网络文化进行论述，讨论这些文化的积极内涵和面临的争议，在此基础上阐明未成年人网络文化发展的特点和存在的问题，并从代际沟通和社区构建的角度有针对性地提出解决问题的路径。

关键词： 未成年人　数字化生存　网络文化　代际沟通

00后取代90后，作为“未成年人”出现在大众的视野，他们的网络世界也逐渐展现在大众面前。在新媒体语境中他们呈现比90后更为复杂的形象，也面临着更多的争议和不理解，成年人看不懂未成年人使用的网络用语，不知道未成年人在使用哪些应用软件，也很难进入未成年人的网络社群。尽管处于同一个网络空间，代际的文化差异不仅没有缩小，技术的迅猛发展和网络新文化的兴起反而使代际鸿沟逐渐拉大。

就目前对未成年人网络使用情况的了解而言，未成年人的网络利用程度、网络使用能力不断提升，他们对网络的利用方式更加多元，在互联网文

* 杨斌艳，中国社会科学院新闻与传播研究所副研究员；陆风，中国社会科学院大学新闻系研究生。

化生产、娱乐消费等方面极具潜力和影响力，但同时他们也面对一个极其复杂的网络环境：文化作为商品被快速生产和传播，网民对文化进行演绎和再创造，大量网络文本导致许多有价值的信息被淹没；视频和图片成为重要的信息载体，阅读门槛进一步降低，但信息也越加碎片化、简单化；“注意力经济”成为移动互联网时代一种重要的商业模式，有限的“用户注意力”成为商业平台争夺的重要资源，互联网公司不断扩大用户圈层，媒体以最夸张、最刺激的手法抓人眼球；信息获取更加便利，但没有合理有效的办法根据用户属性对信息类型做出限制，成年人和未成年人面对的是同一个对信息不加区分的网络环境……

在这种网络环境下，受制于年龄和自控能力等客观因素，未成年人使用网络还存在一定局限性，很多互联网产品、网络内容还不便于他们接触，除了沉迷网络游戏外，还有很多未成年人误用、乱用互联网产品的现象，但是目前没有行之有效的监测方式和监管制度。

引导未成年人健康用网、建立合理监管体制的前提是能够正确理解未成年人网络行为，本文选择了几种具有争议的未成年人网络文化，分析争议存在的原因，希望理解未成年人具有的时代气质，以及他们的心理状态和思维方式，并在此基础上从政府、家庭、商业平台等多元主体角度提出可能的解决办法。

一　未成年人网络文化现象

“文化”可以理解为群体共享的语义符号，研究未成年人网络文化很重要的工作就是关注这些符号——未成年人在网络空间使用的由文字、图片、视频、表情包等多种文本载体构成的符号体系，它们也构成了本次研究的文本材料。数字化生活空间给未成年人带来的影响是多方面的，在网络文化的表征上未成年人和成年人呈现较大差异，折射出代际行为习惯和精神气质的改变，因此有必要探寻未成年人建构语义符号的逻辑过程，以及符号中体现的思维模式和价值观。

（一）ACGN 文化

ACGN 是 Animation（动画）、Comic（漫画）、Game（游戏）、Novel（小说）四个英文单词的首字母缩写，事实上 ACGN 已经成为未成年人最重要的文化聚集领域之一。

ACGN 文化由两部分构成：一部分是由专业团队或个人进行 ACGN 内容生产，大众通常将该领域理解为“二次元”。这一概念在中国经历了长时间的发展，最早是源自一群喜欢日式动画、漫画、游戏、轻小说和相关题材的兴趣爱好者给自己所喜欢的内容起的名字，并将其喜爱的内容多以二维平面作画形式表现出来，与三维现实世界相对。ACGN 作品的产生需要原画师、配音演员、剧情作家、插画师等许多职业相互配合，日本在 ACGN 文化输出方面占比最高，有一套成熟的内容生产链条。随着互联网的发展以及资本的扩张，国内文娱投资行业愈发火热，ACGN 领域进入了商业的视线，国内也逐渐涌现出一批专业团队，文化生态链也愈发成熟。

ACGN 文化生态的另一组成部分是爱好者对 ACGN 内容进行二次创造和演绎，进而衍生出多样化文化内容。随着喜欢“二次元”的群体不断扩大，爱好者对内容的讨论、模仿行为不断增多，一些新兴的二次元文化形式逐渐进入人们视野，与专业化团体和商业团队进行 ACGN 内容生产不同，未成年人因为兴趣爱好自主参与创造的文化是 ACGN 文化生态中最重要的一部分，覆盖音乐、舞蹈、视频等众多形式，而且影响力逐渐扩大。国内对这些形式的命名一般沿用日本的称呼，在以 B 站（Bilibili，弹幕视频网站）为代表的 ACGN 网站可以看到如下具体形态。

①宅舞。最初来自日本视频网站“NicoNico 动画”上的“踊ってみた”，意为“看着就尝试跳了”，无论是谁，是不是专业的舞者，觉得某支舞蹈好看就尝试自己跳出来。国内把跳宅舞的人叫作“舞见”。“宅舞”和一般意义上的舞蹈的区别就在于“宅”，“宅文化”是指长期待在家中，通过网络和外界交流，沉迷于个人的兴趣、爱好。跳宅舞的人一般为宅在家中的女孩子（也有少部分男生），在网上看到感兴趣的舞蹈就在家里尝试，随

着爱好宅舞的群体扩大，以及在线视频网站的发展，她们会录制自己在家中跳舞的视频，并上传到视频网站上，直播兴起之后，也有一部分女生直播家中练舞的过程。

②唱见。在音乐领域 ACGN 群体也形成了自己的特色文化。Vocaloid（日语：ボーカロイド）是日本乐器制造商雅马哈公司开发的电子音乐制作语音合成软件，输入音调和歌词，就可以合成为与人类声音非常相近的歌声，有些被赋予了虚拟形象，最具代表性的就是“网络虚拟歌姬”初音未来和洛天依。在这一领域做得比较好的人往往被称为“V 家”。

动漫歌曲是唱见文化中的代表，也是最常见的一类唱见，多由专业歌手演唱。此外国内还形成了一批爱好中国式古风题材的人，他们能够作曲、演奏、填词，还有翻唱，受到一部分未成年人的欢迎。

③配音。早期影视作品一般为现场收音，演员表演时的声音就是观众听到的声音，但动漫类作品一般需要人工在后期进行配音，这一职业被称为“声优”。日本动画广受欢迎的一个重要原因在于创造了很多个性鲜明的角色，声优用其具有魅力的声音在幕后为这些角色进行配音，加入欢笑、哭泣、愤怒等感情，赋予人物真实的生命力。在动漫爱好者看来，声优的配音为动漫角色赋予了灵魂。日本国内声优界正处于一股名为“偶像声优时代”的热潮之下，其特征是许多年轻的声优通过进行大量配音以外的活动来扩充自己的演艺生命，使声优成为演艺界的一种新式偶像。

国内也有很多未成年人崇拜声优偶像，很多爱好者也在尝试配音，在中国动漫产业快速发展的环境下，一些配音水平较高的爱好者成为职业配音演员，并得到了观众的认可。

④“鬼畜”视频。对视频片段进行重复、组合、变化，配上原本毫不相关的音乐，对原有视频意义进行解构，形成夸张表达和扭曲原意的搞笑视频。特点为画面和声音重复率极高，且富有强烈的节奏感。

⑤Cosplay。这个单词是英文 Costume Play 的简写，也就是利用服装、饰品、道具以及化妆来扮演动漫作品、游戏中的角色，进行 Cosplay 的人一般被称为 Cosplayer 或者 Coser。Cosplay 的要求是对扮演的角色尽可能地还原，

这也就意味着从服饰到头发颜色、从妆容到行为方式，和所扮演的角色基本相同。动漫中的角色发色各异，服装也很有个性，甚至有些奇特，和真实世界人物相比存在较大差异，视觉感受非常夸张，有着非常强烈的存在感，可能会给不了解这种文化的大众留下“奇装异服”“非主流”等负面印象。

（二）游戏社交

第43次《中国互联网络发展状况统计报告》数据显示，我国网络游戏用户规模达4.84亿，占整体网民的58.4%；手机网络游戏用户规模达4.59亿，占手机网民的56.2%。游戏已经是中国网民重要的娱乐活动之一，对于未成年人来说，游戏一直是未成年人上网最主要的应用。

公众对一般意义上的“游戏”并不感到陌生，在他们的成长过程中，或多或少都有着关于“电子游戏”的记忆，从20世纪80年代的红白机，到90年代的街机游戏和爆发式增长的网络单机游戏，再到一款《传奇》在中国网络游戏领域演绎的传奇，电子游戏的概念早已深入人心。早期电子游戏和“网吧、游戏厅、色情、暴力、网瘾”等负面意象联系在一起，导致很多人对电子游戏的态度很消极。

作为一个极具争议性的话题，“游戏”引发的社会讨论往往涉及多元主体和多元价值观。当下对手机游戏负面影响的讨论主要集中于“未成年人沉迷游戏”“游戏中的色情暴力内容”，以及随着移动支付手段的发展而加重的“未成年人游戏消费”问题。

实际上在这样一个时代，未成年人接触手机游戏不可避免，不仅是因为智能手机普及度高、游戏研发产业发达，未成年人本身对于手机、对游戏的领悟力和操作感都非常强也是很重要的因素。此外从游戏的情景设置到人与游戏的互动，以及玩家之间的互动，玩家在游戏内的经历越来越开放化、个性化，形成了一整套的叙事文本，这是人际社交重要的话题来源，社交媒体为未成年人对游戏的线上线下讨论提供了条件。随着移动社交时代的到来，虚拟与现实的界限日益弱化，数字化生存空间已成为人们日常生活不可分割的组成部分。在众多数字化娱乐方式中，紧随着典型的社交应用扎根于人们的生活，游戏也开始显露出社交魅力。

所谓游戏社交，就是玩家围绕游戏展开的社交活动，或者是通过游戏的设置使主体之间或主体与游戏之间发生的互动形式。有一种对“社交”的分类方式是“共情社交”和“功利社交”，共情社交是指为了获得情感联结与情感体验、打发无聊，或是有共同的兴趣等而产生的社交行为；功利社交是指为了达成某一目的，或是从对方身上获得利益而产生的社交行为。未成年人进行游戏社交，共情的含义逐渐增强，这些独立的个体通过游戏联结到一起，就形成了一个个独特的网络社群。从游戏内互动延伸到游戏外的网络社群内互动，他们在特有的意义符号下建构起游戏文化，产生集体情感和文化价值。

游戏与人的生活和社会发展之间的联系从来没有像移动社交时代这样紧密，游戏也从未如此“张扬”地频繁出现在人们的社交语境之中。尽管游戏确实存在着易沉迷等方面的负面影响，但是在这样一个注重社交的社会环境下，手机游戏带来了社交可能性与便利性。从声音到文字，再到图像与视频，信息传播载体蕴含的信息密度在增加，而游戏也是一种信息载体，互动性强、反馈性强，可以作为一种传播方式发挥社交作用。

（三）偶像崇拜

和游戏一样，偶像崇拜不是从00后这一代人才开始的现象，几乎每一代人都有专属的偶像，从雷锋、邱少云所代表的英雄形象，到影视音乐行业的偶像，再到现代意义上的“流量明星”，偶像的形象特质一直在发生转变。传统偶像没落与现代偶像崛起的过程中，是经济发展、文化变迁等多方面因素的作用。新一代未成年人文化偏好、文化消费能力和前几代人差异非常大，他们接收的内容很多，速度很快，对内容的理解力和应用能力强，能够吸引他们的偶像并不只是成年人所理解的“流量明星”那么简单。

“实力”是现代偶像的必备素质，他们必须在一个或多个领域有公认的实力，这个判断条件在不同代际都是合理的，但未成年人将判定条件扩大了，并不局限在唱歌、演戏这些方面。一般认为唱歌唱得好、演戏演得好的人才可以称为偶像，但是在未成年人看来，“颜值高”的人也可以称为偶像，因为他（她）在长相方面具有“实力”，当然如果有一些才艺（不需要有多专业）当然更好。

现代偶像的形象是自信的、敢于表现自己的，未成年人在其身上投射了很多理想化情结，也为其付出了很多时间和精力，还有金钱。所以偶像必须尊重粉丝、爱护自己的粉丝。

媒体上经常有批评现代偶像的声音，而未成年人可以奋不顾身地维护偶像形象，这种冲突产生的原因就是代际对偶像的定义不同。比如一个作为歌手出道的偶像没有演好戏，未成年人的想法是其他人可以批评其作为演员不合格，但是他作为歌手的身份不应该受到批评，他还是一名合格的偶像。对于很多人来说，可能无法接受未成年人在维护偶像时所使用的“他已经很努力演戏”“歌唱得好颜值高就可以”的辩驳，但从未成年人的逻辑来看，这些说法确实是合理的。

二　未成年人网络文化发展特点

前面是通过访谈和资料搜集，对未成年人具有代表性的网络文化和意识形态的系统性分析，而未成年人群体中仍然有一些不被社会发现的文化形态。未成年人文化发展具有一定的独特性，也受未成年人群体内在特征与外在环境因素的影响。

（一）高理解力和接受力

未成年人能够迅速抓住新兴事物，内在原因是他们理解能力高，能够很快理解事物并进行运用。以网络用语为例，未成年人在交流中使用的语言和赋予的含义和正常用法会有所不同，在很多语境下甚至和通用意义完全相反：很多人喜欢用“666”表达对别人的称赞，意为“很厉害”，但是未成年人往往用“999”来表达称赞，是对“666”的进一步运用，意为“6翻了（代表‘太厉害了’）”；还有一个有意思的现象是00后喜欢用传统夸赞男性的方法去形容女性，用夸赞女性的方法去形容男性，而他们不会觉得有不妥的地方。

未成年人在接受新事物方面，思想更开放，能更快地跟进时代潮流，能通过网络来不断拓宽自己的视野，了解并接受各种新生事物，增长见识。在接受新观点方面，如果确定利益无关，他们表现出对内容的极高容忍度。所以能够看到在 ACGN 文化圈层中，未成年人面对作品中复杂多元的人物性格、价值观，以及多种多样的类型和题材，总是抱有新鲜感和有趣感，不会有预先的意识形态阻碍他们接受新事物。价值多元在某种程度上也是未成年人网络文化中的潜在风险之一。

（二）追求高质量的内容

未成年人能够理解并接受多元化的网络内容，但并不意味着他们对内容质量持有很随意的态度。以 ACGN 的衍生作品为例，原创性是受到未成年人欢迎的首要条件。在全民创作的大氛围下，创作从自娱自乐的深度消费行为，逐渐演变为表达自我个性的途径。“UGC”（用户创作内容）正在逐渐变成 PGC（专业生产内容），在兴趣圈子高度暴露于商业环境下的今天，能走得更远的创作者，一定是优质内容的原创者。

专业性是对自己和他人创作内容的另一个要求，也成为现在 ACGN 创作的主要价值。与大众认知的动画片、卡通片不同，ACGN 作品的题材和剧情并不低龄幼稚，有对传统文化、历史知识的借用，有对科技和未来生活的思考和展望，有对社会关系、人际感情的描述，有对当下社会问题的探索，主题深刻度和描写手法专业度都经得起推敲。在上文介绍的宅舞、翻唱与配音为首的非专业人士创作领域，尤其突出地显示了从业余到专业的转变。在一般人看来“可爱、长得好看、不需要多专业”的宅舞，在向要求专业水准的才艺展示的方向转变，舞蹈者追求专业的动作和有力的节奏展现。未成年人在兴趣爱好中追求专业，在创作中成长和学习，成为一个重要趋势。

追求完美、追求理性化的世界是未成年人的又一特点。热爱 ACGN 的未成年人，通过内容建构起一个幻想出来的完美世界，“二次元”在他们眼中充满各种憧憬的景象，是心中模糊的美好印象的投射。虚拟世界的人物也是完美的，即使有一些常人眼中的“性格、能力缺陷”，也会被认为是人物的特点，甚至是“萌点”，能够使人物形象更加完美。作品中呈现的人物、情节绝对不能粗制滥造，在各种细节上都必须是考究的。

（三）追求个性化表达

个性化表达是这个时代的特征，未成年人有强烈自我投射与自我表现的需要，他们在生活的各个方面都在表达着自己的热爱和支持，不介意向外界展露兴趣爱好，反而把这当作自己的独特标识，通过表达喜好和兴趣，强大的同好文化场域就此形成。

这种表达欲望基于一系列社会现实，未成年人不仅拥有各种各样的才艺和喜好，而且他们能借助互联网展现自己的才艺和喜好，并且通过社交媒体寻找到群体的支持，一群兴趣爱好相同的人构建了属于自己的兴趣场，可以交流或者再创造，渐渐形成同气质的文化气候。

（四）追求交往过程平权化

人际交往是具有言语和行为能力的主体进行意义协调的过程，话语中往往体现一种权利要求，行使话语权的人背后隐含深层次价值取向、利益立场与诉求，他在命令中提出了一种权利要求，为了贯彻他的权利要求，他会提出一个有着充分依据的期待。人们本身凭直觉就可以判断，他们能否在沟通中向对方施加影响，何时能够与对方进行沟通，何时沟通会失败。

交往过程中在社会关系中处于弱势地位的人很有可能会采取妥协的策略，但是新一代未成年人不同。未成年人多为独生子女，他们往往享受优越的物质和情感条件，在物质需求上，他们什么都不缺，不需要从别人那里获得什么，这有助于养成独立人格，不需要迎合别人，不需要领导者；在精神需求上，未成年人往往是在爱当中长大的，也有充足的个人娱乐条件，他们是自信且达观的。在这种环境下成长起来的他们对话语权要求很高。他们在个性上独立而自信，尤其在匿名化的网络空间，未成年人对话语表达更具有自信，不会轻易被别人说服，但是也很难说服别人（受年龄、知识的限制）。他们在网络世界中追求交流的平权化，这种对自我、对价值立场的强调先于对事实的强调，即双方身份的平等是讨论问题的前提条件。

（五）商业力量的形塑作用

不管是在电子游戏中，还是在 ACGN 文化中，都能够看到商业力量的身影，商业力量也改变了很多未成年人文化形态。移动互联网时代，来自用户的流量能够带来利润和商业价值，“大众注意力”成为媒体争夺的重要资源，未成年人是商业组织的重要目标。

目前已经有很多商业机构发布对未成年人的研究报告，商业力量把未成年人作为极具潜力的消费者来看待，对未成年人的研究也多从“使用 App 类型、App 使用频率、网络社交状况、消费能力、兴趣爱好”等方面展开，有调查数据显示未成年人并非没有钱，反而是一个“多金”的群体，而且他们的资金来源稳定，也不用应付经济方面的压力，这样一个市场对于资本显然具有很强的吸引力。对于游戏开发商来说，大量的用户、高度的用户黏性、长在线时间意味着商业利润，所以游戏的可玩性和吸引力在不断提升；对于 ACGN 来说，一篇文章、一段视频、一个直播间的浏览量和点击量成为内容质量和价值的衡量标准，所以不论是媒体平台，还是内容创作者，都在费尽心机地从标题、贴图等方面推陈出新，力求在瞬间抓住用户眼球。

按照目前互联网“流量换取利润”的商业运作逻辑，内容需要被尽可能多的用户浏览，而一旦小众兴趣被呈现在大众面前，因为意识形态和价值观方面的差异，冲突也就很难避免，未成年人文化很有可能被商业媒体加工而发生变化，这无疑是一种风险。腾讯、网易等公司陆续出台针对未成年人上网的管理办法，这是商业性对未成年人网络文化的形塑的另一种表现。

三　未成年人网络文化存在的问题

未成年人网络文化有积极的意义，但同时也存在很多问题，比如玩游戏可以是未成年人社交的一种方式，但有一些未成年人沉迷游戏、过度消费；ACGN 文化追求原创、追求完美的氛围值得提倡，但存在很多色情暴力的内容；偶像自信、努力、积极的形象能够引导未成年人健康成长，但疯狂、不理性追星的行为也很常见。未成年人网络文化发展的好处和存在的问题是一体两面的。在构建和消费网络文化的过程中会出现问题，与未成年人网络群体逻辑和内容的可延伸性等因素有关。

（一）封闭性和隐匿性

社会发展步伐不断加快，未成年人成长的速度也已经远远超出成年人的想象，代际差异逐渐加大，成年人越来越难了解未成年人的网络世界。而且未成年人之间网络交流多通过在线通信媒介 P2P（个人对个人）实现，会建立一套专属于社群内部的话语体系，很难为其他人理解，未成年人网络文化也就很难为外界接触到。

从现实世界到更广阔的网络虚拟空间，可以发现与传统交往模式的引导性、时效性、约束性不同，人的传播自由度更大、主体性更强，叙事内容和叙事方式也更多元。人们可以通过网络找到各种各样的兴趣圈子，也能够发现和自己意见相近、爱好相同的群体，而这种基于爱好、观点相近构建起来的网络社交圈会使意见相近的声音不断重复，处于圈子里的人可能会对此信以为真，并且不接受其他任何观点的存在。这种回声壁效应是共情的极端化反映，这种情况在以游戏好友集成的圈子里更有可能发生。

以 ACGN 文化为例，“二次元”“ACGN”在未成年人群体中已经被普遍接受，但在成年人看来，这些文化足够新鲜，问题层出不穷。尽管从商业和文化的角度看，ACGN 文化走过了很长一段时间的“正名”道路，但“宅、社交恐惧、与社会脱节、幼稚、怪异”等其他人对 ACGN 群体的刻板印象依然存在。这群人是单一而封闭的，语言体系和外界存在较大差距，他们专注于自己的兴趣圈，缺乏对其他领域的了解。他们的认可来自群体内部，既会毫不犹豫地接纳有同样兴趣的人，也会接受同一范围内的各种衍生文化。只有拥有了一套同样的话语体系，才能进行有效的沟通和交流，但是想要接受和理解他们的话语意义并不简单，这是群体间现实的意义隔膜。

（二）与外界的消极沟通倾向

以爱好为划分群体的标准，群体内未成年人之间可以进行良好友善的沟通，但对与群体外的沟通，逐渐形成了一种消极态度。未成年人在网上关注的事物很多元，而且有些人的关注点非常独特，对同一件事物或内容有独特的理解和诠释，和他人的想法也就存在差异性，甚至可能是相互冲突的，这也构成了不同人或群体之间存在立场的差别。立场不同并不一定会引起冲突，但在浏览网络内容的时候看到其他人的观点和想法，恰恰是自己所不赞同，甚至是厌恶的，爆发网络冲突的可能性就大大提升了。这种冲突不仅会发生在成年人和未成年人之间，也会发生在持有不同爱好、想法的未成年人之间。

“圈地自萌”现在被越来越多的人使用，可以很好地诠释未成年人与外界的消极沟通的取向。“圈地自萌”指对于一些非大众的、个性化的观点和爱好，不在公众平台争论或宣扬，而将话题讨论控制在有相同爱好的圈子内部的行为方式。该词最初只在某个亚文化群体里使用，后来在粉丝圈中出现的频率越来越高，许多粉丝将其作为约束自我和他人、规避不必要争端的方式。与圈地自萌相反的行为是“安利”，最开始在 ACGN 领域的语境中使用，后来扩散到微博、微信等社交媒体上，指的是“个人认为很好的东西会热情地进行介绍和分享，对相关内容转发、积极评论等”。

“安利”出现的时间要比“圈地自萌”早一些，对于追星群体来说，粉丝希望自己的偶像获得更多的认可和关注，所以会主动向别人推荐。但是无下限的安利行为最终招致公众的反感，部分网民将一些不良典型放大为整个粉丝群体的常态，将“脑残粉”的标签贴在粉丝身上，这是路人群体对粉丝群体的污名化。而这种污名一旦形成则很难去除，并且会借助网络迅速被更多网友获悉和认可，粉丝自身任何反驳的话语都会被淹没在极化的骂声中。因此出于对自我的保护，只好退而求其次，为自己划分出一定领域，在这个领域里寻求群体内认同，不向外界展露想法。

“安利”和“圈地自萌”最早不是由00后这一代未成年人使用，但他们确实越来越多地呈现这种特征。考察未成年人在社会交往和文化消费方面的群体态度，可以看到角色和立场划分已经在网络空间变得如此常见和随意，个体化的立场显得尤为重要，对不同立场的人应该抱有何种态度也变得非常明确。

“圈地自萌”有自身的合理性，并且很好地反映了“个性化”的时代特征，未成年人拥有自己喜欢的事情，也找到了具有相同爱好的群体，面对价值观不同喜好不同的“外部”人士，不可能改变对方的观点，尝试沟通也只会导向争吵，“圈地自萌”是最好的方式，他们追求群体内认同，这也是获得认同感最简单的方式。

实际上“圈地自萌”更像是面对别人的批评而自己没有办法反驳时候的托词，是一种消极对抗策略。同样以追星群体举例，粉丝群体面对社会过激的污名时，出于对自我和偶像的保护，他们会进行辩解，当他们发现毫无作用时便放弃话语权，退回到粉丝虚拟社群中，形成从积极回应到消极面对的行为路径。所以“圈地自萌”隐藏的含义是“我选择不打扰你们，也请你们不要干扰我的爱好”，在避让中仍保持对抗的姿态。但是问题在于文化消费已经不再是私人的事情，文化的商品性和公共性使之成为公众可以公开讨论、赞美和批判的事情。如果将“圈地自萌”的界限规定在微信、QQ或者私人群组等私人社交空间中，那就有一定效力，但是在微博、知乎等带有信息公开化特点的社交平台上，“圈地自萌”失去了其效力，即使是在“个性化信息推荐”的资讯平台上，所有的信息都有可能以某种形式呈现在所有用户面前。

沟通是人与人之间获得社会认同的重要渠道，人们就某一问题展开讨论，在不同观点碰撞的过程中完善自我。但“圈地自萌”的逻辑下未成年人不认为和外界沟通是有必要的，也不认为沟通是有益的。“圈地自萌”成为得到认同的最简单渠道，但也只是自我认同。这种心态正是自我建构的表现，加强了网络个人主义，但是自我与社会因素的契合度低，在社会交往过程中缺少自我反省，加大社会割裂的程度。

（三）内容规范体系不完善

在内容层面，未成年人网络文化中存在一些软色情成分：“网络软色情”被用来描述存在于未成年人网络世界中的“文爱、磕炮、福利姬”等现象，他们通过私人社交软件呈现，很难被别人发现，而且不会直接展露色情场景和内容，处于法律监管的“灰色地带”。

作为未成年人网络文化的重要组成部分，ACGN 内容题材范围非常广，远远超过主流意识形态能够接纳的范围。很多作品中会出现色情暴力元素，一些创作者刻意加入这些元素以博取眼球、获取利润。比如宅舞最初只是出于个人才艺展示的目的出现，但是在以女性群体为主的这一领域，很多人将泛色情作为卖点，在肢体动作、服装、语言等方面大打擦边球，即使在相关规定出台之后，这些内容仍然通过网络传播。以 ACGN 文化生产为生的人，他们的商业模式很多元，有在直播平台跳宅舞，通过观众送礼物赚取利润；作为 Cosplayer 参加商业活动，收取出场费；制作并贩卖相关视频、图片，拥有一定粉丝量之后开始接广告等。商业性对 ACGN 文化的纯粹性造成了相当大的破坏，最初只是出于爱好而从事相关工作的人，最终将其作为一种生存手段，在网络空间比拼人气、争抢经济利益，造成恶性竞争，通过泛色情暴力因素投机取巧的行为也就不断发生，成人对未成年人的担忧也从此而来。

内容监管有一定的滞后性，很多视频网站使用人工审核和机器审核，确保内容不会有色情暴力等负面元素，但很多情况下色情与非色情、暴力与非暴力、血腥与非血腥之间的界限很模糊，不容易辨别。未成年人网络文化处于不断发展的过程中，对于文化生产者、内容传播平台、内容监管机构等多元主体来说，一个完善的内容规范体系尚待建立。

（四）休闲娱乐方式单一

大众往往会认为未成年人没有社会经验，辨别是非善恶的能力不强，自制力不强，因此容易受到网上各种不良诱惑的干扰，所以会有家长采取“一刀切”的做法，即不允许未成年人接触任何网络内容。问题在于未成年人处于好奇心旺盛的年龄段，网络空间中存在许多新奇事物，即使是成年人也不能保证完全摆脱诱惑。而且未成年人学业压力很大，希望拥有更多休闲娱乐时间，笔者访谈过一些未成年人，他们在考试前一段时间会主动卸载游戏，不使用手机，但是在平时会将在线娱乐视作学习之外的解压方式。因此保证未成年人健康成长要解决的问题不是“是否应该进行休闲娱乐活动”，而是“是否有比游戏、动漫更好的休闲娱乐活动”。

一个现实的具体情境是：未成年人在家中玩手机，父母会觉得不好；但未成年人跑出去玩，父母又会觉得不安全。尽管“游戏”可以作为一种社交手段，但是否只有通过游戏才能够实现未成年人的社交，满足他们的情感需求，是否有更健康的方式来达到社交的目的？答案肯定是有的，但是目前来看其他方式可能不如游戏有吸引力，也不如在线组队方便，面对面进行实质性的交谈和玩耍也会受到一些观念（如安全性）的制约，某种程度上，网游是相对便宜的一种娱乐休闲方式。整个社会需要思考未成年人究竟需要哪一种休闲娱乐方式，也需要共同建构起健康良好的未成年人娱乐休闲环境。

四 对策与建议

未成年人网络文化的内容不断丰富，影响力也在不断扩大。他们是具有创造力的一代，不仅创造出属于自己的文化，也在对其他文化进行再创造，赋予其新的意义和功能。他们有自己的社交方式和社交话题，父母需要重新审视未成年人的“孤独”状态；他们有自己的喜好和兴趣，社会需要调整对文化的包容度去接纳他们；他们有自己理解世界、理解社会的方式，代际沟通需要调整视角。最重要的是，尽管一直在强调互联网、新媒体带来的结构化影响，但对资本和技术的批判反思似乎并不足够。资本和技术甚至可以变向地进行文化兜售和价值曲解。引导未成年人健康用网、提高未成年人网络文化素养的任务非常紧迫，需要研究者更深层次的关怀和更多元的方法。下面就上文中提到的“封闭性和隐匿性”“与外界的消极沟通倾向”“休闲娱乐方式单一”的解决路径进行探讨。

（一）监护人践行监管责任，社会提供监护人培训

强调监护人重要性的原因在于：首先，未成年人使用网络情况具有隐匿性，尽管从技术的角度有可能获知特定未成年人网络使用情况，但通过后台读取用户数据和未成年人隐私保护之间存在矛盾，而作为监护人的家长有权利进行知情监管；其次，所有规定、措施的最终落脚点都在家庭，监护人决定未成年人是否使用互联网，以及在某种程度上决定未成年人如何使用互联网；最后，监护人是未成年人沟通和模仿最重要的对象，如果监护人不能和孩子建立良好的沟通关系，不能起到良好的示范作用，不能正确教育未成年人，那么社会和机构层面的规范和制度都会失去效力。

对于监护人来说，需要合理地指导未成年人使用智能手机或网络，而且需要了解孩子在网上干什么。具体办法包括：在未成年人手机中安装和使用不良信息过滤软件，通过监测软件了解未成年人手机的用途等；监护人也可以为未成年人制定网络使用规范，在未成年人同意的情况下明确使用网络的时间、地点、用途，共同设置必要的付费方式、账户密码等；监护人自身也需要为未成年人树立正确用网的典范，不随意在未成年人面前展示游戏、视频等内容。国家和社会应积极为不同主体、不同文化水平的监护人提供相关技术支持、知识培训和咨询服务。

（二）多元化休闲娱乐方式的倡导和服务提供

未成年人在学习时间之外，是需要休闲娱乐的，但网络游戏不应成为首选的休闲娱乐方式。一种方法是寻找线下休闲娱乐活动，比如参与社区集体活动、课余时间外出游玩等；另一种方法是寻找线上更为健康的网络内容，

比如在电子游戏的选择上，可以将制作精良，具有个性、探索性、创新意义的游戏作为“王者荣耀”“绝地求生”这类游戏的上位替代品，在影音作品的选择上，为未成年人创作富有新意、专业且高质量的作品，此外也需要培养能够引导未成年人健康成长的“偶像”。

为未成年人提供多元化休闲娱乐方式需要多方面力量的共同作用，既需要政府的引导和扶持，也需要专业内容创作者的积极参与，社会、学校、企业、家庭的支持也是不可或缺的因素。需要在未成年群体中倡导线下积极健康的娱乐休闲方式，提供更多的免费和平民可消费的线下未成年人娱乐休闲服务。

（三）政府和企业扩大管控范围，提供素养课程和技术支持

在越来越多人的关注下，政府方面逐步出台很多有关未成年人上网保护的法律法规，如《网络短视频平台管理规范》《未成年人网络保护条例》等；互联网企业方面也推出了很多未成年人保护方案，如腾讯游戏平台先后推出了“成长守护平台”和“健康游戏平台”，前者帮助家长控制未成年人上网，后者根据实名认证结果对未成年人进行游戏时间、游戏消费等方面的限制；短视频平台“抖音”以“向日葵计划”作为保护未成年人的手段，通过相关技术手段识别疑似未成年人的用户，并限制使用时长，以及打赏、充值、直播等功能……

实名认证系统、防沉迷系统、内容分级制度等管理措施，尽管能在一定程度上规范未成年人接触到的网络内容，但忽略了以下几个问题：①未成年人使用父母的注册账号或者使用父母的移动设备上网；②未成年人虽然较多地使用移动设备，但也会使用电脑，事实上电脑里也会出现很多不利于未成年人的内容，而目前对电脑内容的管控尚不严格；③技术层面往往由互联网企业提供支持，缺少明确的、严格的第三方独立监管机构。

因此，除了强调父母及其他监护人的职责外，政府方面需成立独立于互联网企业的监管机构，一方面提供过滤网络不良信息的技术支持，另一方面对互联网企业采取的未成年人保护措施的有效性进行评估；政府和企业在加强移动端监管的同时需要关注电脑端；在技术方面，在保证不侵犯用户隐私

的情况下，提高识别屏幕前使用者年龄的技术准确度，而且能够随时进行内容反馈。

未成年人网络文化非常多元，ACGN 文化、游戏社交、偶像崇拜只是其中具有代表性的现象。从对未成年人成长的影响角度来说，这些文化的向度很广，既可以非常积极，帮助他们增长见识、提高自己能力，也可能非常消极，有不少风险因素在里面。成年人很难接触到，也很难理解未成年人网络文化，因为这些文化是封闭的，未成年人也会选择不与外界积极沟通。

因此，在如何引导未成年人健康用网的问题上，合理、友善、和谐的家庭关系被置于首要地位；进一步来说，家庭、社区、学校、社会等多元主体有必要寻找更健康的未成年人休闲娱乐方式；在互联网内容监管和规范上，政府和企业逐步完善管理办法，尽快建立起科学合理的未成年人网络保护系统。网络流行文化是青少年文化的重要组成部分，攸关未成年人价值观塑造，攸关网络文化发展，培育向上向好的未成年人网络文化紧迫而必需。

参考文献

宋观：《社交传播生死场：圈地自萌，还是赋能授权?》，《国际公关》2018 年第 1 期。

夏雨欣：《从粉丝“圈地自萌”看社会隔离》，《青年记者》2017 年第 14 期。

王晓璐：《弹幕视频热潮下网络表达失范现象的原因及疏导》，《传媒》2018 年第 3 期。

邹新、贺祥林：《网络公共讨论中网络理性的缺失与构建》，《理论月刊》2015 年第 3 期。

方颐刚：《从微博到知乎——从公共领域视角看网络公共空间的讨论理性》，《新闻研究导刊》2017 年第 9 期。

王堃：《游戏网络社群中的互动仪式链传播模型探究》，《视听》2018 年第 2 期。

胡冯彬、郃子学：《中国手机游戏变迁：产业转型、格局转变、玩家变革》，《新闻爱好者》2017 年第 3 期。

徐珩：《传播学视域下社交媒体所构建的“圈子”研究》，渤海大学硕士学位论文，2017。

龚超、吴进华:《自体心理学视角下青少年偶像崇拜心理分析》,《兰州教育学院学报》2018 年第 12 期。

邱奋、陈佳琦、野兆学、刘昱君:《偶像崇拜在青少年社会化过程中的作用及机制》,《科教导刊》(中旬刊)2018 年第 8 期。

马赫:《大众文化背景下的偶像崇拜及功能分析》,《华夏文化论坛》2018 年第 1 期。

周学峰:《未成年人网络保护制度的域外经验与启示》,《北京航空航天大学学报(社会科学版)》2018 年第 4 期。

腾讯社交洞察,腾讯用户研究与体验设计部:《腾讯 00 后研究报告》,"腾讯广告(微信公众号)",2018 年 5 月 28 号,https://mp.weixin.qq.com/s/RwwY8Q3yr0AcmMzBmVyNSA。

红杉中国种子基金:《创造未来——红杉 00 后泛娱乐消费研究报告》,"红杉汇(微信公众号)",2018 年 8 月 16 号,https://mp.weixin.qq.com/s/dsrxSZFUNpAlfSkNRNXncQ。

果壳少年:《中国 00 后图鉴》,"果壳(微信公众号)",2018 年 8 月 3 号,https://mp.weixin.qq.com/s/3VzyqHXfPjPfgaBRaxkbgw。

青年志:《二次元除了 ACGN 外,还有啥?》,"青年志 Youthology(微信公众号)",2018 年 7 月 12 号,https://mp.weixin.qq.com/s/qvFVe5p_vhpr4zfSkatcIw。

猫与海:《在未成年人游戏问题上,积累多年的网易已构建了怎样的保护体系?》,"游戏陀螺(微信公众号)",2018 年 11 月 15 号,https://mp.weixin.qq.com/s/OsCQyzRaOE5Jr4OXwNtscQ。

胖编:《磕炮——未成年人的"新型精神入侵",你不知道的网络世界》,"胖编怪聊(微信公众号)",2018 年 7 月 12 日,https://mp.weixin.qq.com/s/ac_wykXhL0IjbGBdFVQfEQ。

Mr. QM:《2018"Z 世代"未成年人游戏玩家洞察》,"QuestMobile(微信公众号)",2018 年 12 月 19 日,https://mp.weixin.qq.com/s/LScALzto00qpq8rJ8xZ6Eg。

B.12
基于移动社交媒介的未成年人虚拟身份与网络负面行为的关系

薛　亮*

摘　要：　本文探讨了移动网络所架构的虚拟社交空间与未成年人虚拟身份之间的互动关系，对网络流言、网络掐架、网络霸凌、网络上瘾等不良的网络现象加以解释和分析，以更好地服务于解决这类问题的相关方案、政策的制定和执行。作者认为建立未成年人虚拟身份与现实身份的转换意识和能力是解决网络负面行为的根本之所在，包括建立虚拟身份的责任感，建立处理不同语境时的责任意识，成年人应以协作姿态介入。

关键词：　移动社交　媒介　未成年人　虚拟身份　网络语境

一　网络负面行为多以虚拟身份为前提

据第43次《中国互联网络发展状况统计报告》统计，截止到2018年12月，我国网民规模达8.29亿，10～19岁少年群体占整体网民的17.5%，20～29岁的青年群体占比最高，达26.8%。从社交网站的用户人群画像和使用习惯来看，微信朋友圈、QQ空间用户使用率分别为85.8%和67.8%，

* 薛亮，中国社会科学院大学媒体学院，助理研究员。

微博使用率为42.3%，而高达98.6%的网民使用手机接入互联网，因此未成年人在移动社交媒介中“以什么身份示人”成为其网络行为的基础和前提，对其虚拟身份的研究，是解释诸多网络行为的关键环节。

在移动互联网“赋能”的新型社会关系中，未成年人所拥有的虚拟身份承担了区别于他人的符号象征，而更大的作用在其社交关系中。网络社交的最大特点是“虚拟中继站”，即交流的每一条信息都需要网络服务器中转，即便即时信息的发出与接收都需要虚拟身份在网络上做节点标记，因此传统社会关系中的种种交往，均借助移动互联网技术变得更广泛、更快速，同时也不可避免地与互联网的特点同化——匿名、开放、流动、多元等。虚拟身份同时也具备了这四个特点，网络代号代替了真实姓名、可以更改的性别标签、虚构的年龄以及职业状态，这些原本在现实社会中不可更改的个人信息，在互联网世界更改变成了常态，因此选择、设计、创造虚拟身份是每个未成年人在其互联网社交圈中首先要做的事情之一。

在虚拟网络中，即便是熟人社交网络，参与者仍会塑造一个虚拟身份，与其真实的社会身份有所差别，在未成年人群体中，虚拟身份往往不止一个，在不同的社交媒体中，呈现侧重有所不同的虚拟属性，有的甚至是颠覆性差别。虚拟身份代表了一定程度的匿名，而匿名则代表了社交关系中潜在的“主动性”，做任何决定都有一定程度的“回旋余地”。

正因此，在虚拟身份的“伪装”下，最值得注意的网络社交“病症”显现出来：网络语言暴力。而由此衍生的问题近几年尤为突出，网络语言暴力直接导致“网络掐架”，严重的会恶化为“网络霸凌”，进而形成危害更大的“网络戾气”，而线上的暴戾之气必然蔓延至线下，“约架”事件频发，“成功者”的虚拟身份影响自我认知，沉溺于虚拟身份带来的虚荣与满足感而导致网络成瘾等问题。这些负面影响深远的网络问题，很容易转化为家庭问题和社会问题，这一切均与虚拟身份密切相关。研究虚拟身份，对于未成年人构建自我认知、性格发展以及身心成长都有极其重要的意义。

二 虚拟身份的界定及其构建机制——产生并催化网络负面行为

（一）虚拟身份的界定及本质

虚拟身份并不是一个静态的名词，而是一系列网络行为的总和，是被虚拟网络所界定、受虚拟网络规范所约束、具备虚拟网络特质、适应虚拟网络存在方式的综合行为。虚拟身份是动态的、流变的，而非固化的网络行为模式。

虚拟身份问题的本质是互联网时代的自我呈现问题。在新媒体时代，人们以网络平台为依托构建出一个昌盛繁荣的互联网虚拟社会。在这个以数字化代码代替真实的语言、表情和神态的交流方式里，人们以匿名的、流动的虚拟身份出现。现实社会中的真实身份被诸多社会标准加以衡量，例如社会地位、年龄与资历、义务与权利等，这成为人和人交往的基础，显然这些标准和要素相对固定、难以随意更改，无疑，未成年人在现实社会中“受限”最多。

（二）自我呈现的心理促进产生虚拟身份

在计算机出现之前，电影、电视节目和电子游戏已经具备一定的虚拟性，但对信息终端设备仍有极大的依赖。随着便携式智能设备的普及，无处不在的移动互联网促使虚拟身份成为平行于真实身份的另一个不可忽视的数字存在。对这些早期“虚拟角色”的研究显示，影视虚拟角色和游戏虚拟角色成为儿童社交的媒介，他们容易对喜爱的游戏人物、电视人物产生强烈的依恋关系。

角色认同是观众在节目或电子游戏中分享角色的视角并间接参与到他们经历中的过程，为年轻人提供发展个性和自我意识的渠道，电子游戏更加具有互动性，更容易让游戏玩家对游戏角色产生认同感。此外，电子游戏设备更易携带，这为玩游戏的孩子提供更多“替代玩伴”的机会，儿童对电子角色有强烈的认同，会从相似的角度来描绘他们自己和喜欢的在线角色，喜欢角色通常会导致对该角色的认同，而认同之后往往是塑造和模仿其行为，用符号形式创造、操纵自己的在线虚拟身份的能力赋予了未成年人新的权力和控制力。

虚拟身份是上述虚拟角色特征不断演化的结果，虚拟身份越来越多地用来呈现自我，创造并使用虚拟角色的能力给予未成年人更大的自由，让他们探索发展中的自我意识。自由选择、设计他们喜欢的虚拟身份，在探索在线身份时不用承担责任，不受现实生活中无处不在的规则、限制和惩罚的束缚，享有空前的自由拥有和创造新的有时甚至是禁忌的身份，身份探索在未成年人这个比较特殊的人生发展阶段至关重要。和童年时期一样，青春期也有许多特定的发展任务或发展问题。除了变得自主、处理自己的性取向、获得与异性交往的人际交往技能以最终选择配偶、获取工作所需的经验之外，未成年人透过虚拟身份还试图解决其现实身份和价值观问题，如今社交媒体在很大程度上满足了未成年人自我认知的建构需要。

自我呈现中的社交礼仪其实是一种名为“印象管理”的行为模式，给别人留下的印象是给予和被给予的产物，是身份呈现的副产品，反映了与他人互动的方式。在这一环境下的规范、文化动态和机制决定了他人如何理解个人印象的表现方式。同样，解读他人的自我呈现时，我们会深入解读其用隐性信息传递的显性内容及其发生的语境。显性信息和隐性信息之间的关系帮助我们获得更多的信息，了解个体感知世界的方式。基于对社交情景的理解，人们对于分享什么信息会做出选择，目的是让自己的行为符合具体情境并得到最优解读。未成年人试图理解语境的目的是管理其社交情境，即使其行为在成年人眼里不恰当，他们仍想在同龄人中看起来更具个性。自我呈现从来不是凭空构建的。未成年人在社交媒体创建资料时，他们既是个体，也是群体的一部分。线上线下的印象管理不仅是个体行为，也是一个社交过程，未成年人试图以恰当的方式呈现自己，但互联网逃脱不了物理世界的限制，未成年人挣扎着想要找到自己的定位，想要融入受众四散隐匿着的网络环境，其言行都有可能被抽离语境而产生极大的误解与冲突。

（三）虚拟身份介入网络公共空间催化了网络负面行为

公共空间至关重要，不仅因为公共空间可以让人们从事社交活动，还提供给人们建构社交空间的机制，公共空间本质上是社会的组成部分。未成年人更倾向于创造属于自己的公共空间，使用社交媒体联系朋友，足不出户就能成为更广泛的公共空间中的一分子，通过社交媒体他们创造人际网络和信息网络。社交媒体“世界”是当今未成年人接触最多、了解最深的“世界”，是他们用来参与公共生活的渠道，即使这些媒体空间有着重大缺陷。

未成年人希望能够进入公共空间，在现实中受到约束后转而将精力投向社交媒体来实现他们的诉求。进入公共空间，每一位在场者必须具备一种他人意识，理想状态下会升华成宽容和尊敬。虽然法律明确规定了在一定的场合下什么行为不合法，但是社会规则才是塑造互动交往的真正方式，进而通过创造共同的文化基础，化解了人们的隔阂、误解甚至是仇恨。未成年人的网络行为和他们更广泛的愿望、兴趣、态度、价值分不开，他们和网络公共空间的联系表明了他们参与公共生活的愿望。但他们并非想要变得虚拟化或者使用技术来逃离现实，社交媒体和其他技术是未成年人参与更广泛社会的渠道。

未成年人进入网络空间是为了获得朋友信息并获取朋友注意，他们选择分享是为了更好地成为公共生活的一部分，他们参与公共空间的愿望的强烈程度决定了他们分享内容的多少。虽然大多数年轻人只是单纯想参与公共生活，但是他们的网络行为成为成人极力反对未成年人通过社交媒体和陌生人互动的理由。他们必须应对看不到的观众和无形的情景，当他们试图控制社交局面时，试图削弱他们的能动性时，对网络安全和隐私的忧虑同对网络暴力、安全等更广泛的社会忧虑交织在一起，有时恰恰成为网络掐架的原因。

调查显示，很多95后未成年人同时使用微信、微博、QQ空间，在其他社交网站（如 Bilibili）也很活跃，他们用微博是为了在公共空间展示自己或发布自己想要广泛传播的信息，毕竟微博很大程度上是生人社交平台；用 QQ 空间保留自己的私密信息，分享自己内心深处的想法；在微信朋友圈则发布一些看起来能够彰显自己形象、心情、状态或者需要朋友获知的某些信息。在基于生人社交的微博和基于熟人社交的微信，未成年人显示出截然不同的身份特征，他们认为只要自己在微信朋友圈上发布了内容，就是在强迫每一个认识的人消费其发布的东西；而在微博上，当人们真正觉得他/她分享的东西很有趣的时候，人们才会在意其发布的内容。而在基于兴趣的陌生人社交平台，如 B 站、即刻等内容流为主导的环境里，他们更显示出不一样的虚拟身份，几乎不可分辨。微博和微信朋友圈、QQ 空间等社交平台都有助于创建公共空间，这代表了未成年人虚拟身份的社会效应。

未成年人参与并创建的公共空间的属性，最终取决于他们构建起来的虚拟身份社交圈层中的所有参与者如何使用该空间。未成年人想要从公共空间中获取的东西和他们理解公共空间的方式是不同的。有些未成年人把虚拟身份社交空间视作一种自由，他们想在此摆脱家长的监控。他们进入彼此的虚拟身份公共空间，一边观看别人，一边公开自己，他们使用同样的技术，放大他们的声音，收获他们的观众，同更多人联系，认识更多的人。为了公开自己的生活，未成年人们更加痴迷于媒介空间中的自我呈现，为此他们更加重视自己的虚拟身份，甚至编织独特的故事来修饰虚拟身份，久而久之，精彩的叙事、与他人虚拟身份的互动、亦真亦幻的名人媒介形象，都让未成年人在潜意识中把虚拟身份及其架构起来的公共空间，错认为“唯一”的真实，并且侵蚀现实的自我认知。在公共空间中知名度较高的、获得了影响力甚至有一定话语权的未成年人，则更加依赖于自己的虚拟身份，而刻意对自己真实身份避而不谈。在这种公共空间中，未成年人希望有机会展示“自己”并参与更广泛的网络社交活动，线上虚拟身份引发的存在感，很大程度上取代了其真实存在，慢慢地模糊了自己私人生活和公共生活的界限，最终演变为“网络成瘾”。

三　虚拟身份极易引发相互误解，导致网络负面行为爆发

（一）想象受众和语境崩塌

交叉理解语境、受众和身份的能力是人们在学习如何驾驭社交媒体时面临的主要挑战之一。每当人们误解未成年人网络自我表达的情况发生时，不管实际受众是谁，目标受众多么至关重要，人们总还是相信自己在网络上看到的东西，不会去考虑未成年人最初发布某张照片或评论时的情景。因此在互联网的世界里，受众状态是想象出来的，而语境则是碎片化的。

无论是谁实际上浏览了他们的资料或动态，未成年人通常将自己的受众想象成他们选择交往的“朋友”或“关注者”。理论上讲，隐私设置可以限制受众访问他们的资料，但许多未成年人没有设置访问权限，理由非常充分。首先，他们想要接触同龄人，分享彼此的兴趣；其次，设置权限也阻止不了父母的窥探或朋友的信息轰炸。在微博、微信朋友圈和 B 站（即 Bilibili）、即刻、小红书等社交媒体发布内容时，人们通常会认为受众群体就是他们关注的人。因此，无论是否使用隐私设置，未成年人几乎都在考虑以下三个问题：谁可以看他们的资料；谁实际上看了他们的资料；看了资料的这些人会如何解读他们发布的内容。

公众人物需要同时应付不相关的社会语境，诸如广播和电视之类的电子媒体很容易造成不相关语境的崩塌，因此他们需要平衡自己所说的话以及不同受众对其话语的诠释。当人们被迫同时接受不相关的、基于不同规范且要求不同反馈的社交语境时，语境崩塌就会发生。例如，如果和朋友在酒吧喝酒时碰到以前的老师，有些人会觉得很尴尬，终止谈话，甚至提前离场。类似这种语境崩塌在互联网上更为频繁。有的未成年人喜欢社交，在线下的活动中认识不同的人，他们会兴奋不已，认为自己的朋友圈正在合并——另一些则会感到不舒服，认为自己的朋友圈受到了侵犯，社交反倒成了一种压

力。不管哪种类型的未成年人，几乎都会想象自己的受众，旨在稳定语境。而面对数量不明的、完全陌生的隐形受众（社交网络媒体上），他们不可能做出全面的反馈和合理诠释，因此，想象受众决定了社交语境。面对陌生的隐形受众，在选择自我呈现的方式时，人们必须解决语境崩塌问题，或者积极定义自己的语境。因此，当互相冲突的旁观者同时做出回应时，语境崩塌很少会发生。但是，随着时间的推移，如果新的受众从一个新的角度阅读信息，语境崩塌就容易发生。

在现实环境中，未成年人面对语境崩塌的本能反应是沉默。例如，一群未成年人在商场闲逛，如果其中一个人的妈妈走过来，他们就会立刻停止原本的交流，即使是无伤大雅的话题。虽然他们觉得被陌生人听到交谈内容无关紧要，但是如果某个具有社会权威的人突然出现，那么整个语境就会变化。在互联网，语境转换比线下（例如校园）的语境转换更困难，而且越来越困难。因为在校园（任何线下场景）里，交流者可以看到身边的人和事物，可以快速改变话题。但在互联网上，很难即时改变话题，一方面是因为不知道什么人在“接近”，另一方面，大多数社交对话具有持久性，社交媒体可以记录之前的对话。当家长查看未成年人的微博等社交媒体页面时，可以看到发生在很久以前的一系列互动，这些互动已经失去了当时的社交和时间语境。改变语境的前提是即时的社交情境，在数字环境中，这点不容忽视，这往往是网络负面行为爆发的最大原因。因此，理解网络语境的能力至关重要。如果没有语境意识，互联网交流会带来很多压力。这种社交场合需要谨慎的监督和社交协商，而社交协商需要策略和方式，否则会将最普通的社交情境变成一个很难维持的境况。

（二）网络掐架

为进一步了解未成年人对网络负面行为的看法，现在被广泛使用的一个词是“掐架”。未成年人经常用掐架这个词描述各种形式的人际冲突，小至无伤大雅的玩笑话，大至严重的、由嫉妒心引起的关系攻击。成年人很容易将这些行为归为霸凌，而未成年人则将它们看作掐架。基于对被采访未成年人的观察，网络掐架可以理解为“发生在社交媒体、拥有活跃旁观群体的表演式人际冲突”。霸凌行为存在受害者和迫害者，将某些冲突描述为掐架则可以让未成年人避免付出情绪成本。掐架这一词不会自动地将某人定位成目标或施虐者。参与掐架的当事人不需要将自己归为强者或弱者，他们参与的是一个更宽泛的、常规性的社交过程。面对他人挑起的掐架，未成年人可以做出回击，这赋予他们一种反击的力量。掐架双方可以互相回击，能回击的话就不能被称为霸凌，因为一方可以自我防卫。

使用虚拟身份参与社交媒体是掐架升级的一个重要原因。对一些人来说，煽动掐架是娱乐来源，一种解闷的方式。很多受访者说自己很喜欢在无聊的时候上网“掐架”，觉得八卦倒是能缓解写作业的倦怠。对有的人来说，掐架是测试友情、了解流行动态的方法。掐架可以是获得关注、处理性取向以及引导愤怒或沮丧情绪的方法。在公众场合，他们会对自己遭受的痛苦一笑而过，因为这符合局部社交环境的期望。他们尽力避免任何负面的情绪回应，否则会被同龄人视为弱者。除了人际矛盾外，未成年人还要处理旁人对自己的看法，技术可以放大现有的掐架现象，但同时也能催生新的冲突——社交关系中裹挟着的恶意、恶作剧、掐架、谣言、霸凌和数字化自我伤害行为。

（三）网络霸凌

虚拟身份引发想象受众，导致语境崩塌，继而网络掐架，升级之后变成性质更加恶劣的网络霸凌，社交媒体极大地催化了霸凌事件。霸凌行为一般包括三大核心要素：侵略性、反复性以及力量的不对等。当未成年人的侵犯事件涉及这三个要素的时候，通常会被认定是霸凌。霸凌是一种由不同身体或社会力量的人使另一个人遭受反复的心理、身体或社会攻击的行为。但是，公众并不一定接受霸凌的学术定义。有些父母几乎将每一种取笑行为都看作霸凌，即使他们的孩子并没有涉及霸凌事件。互联网技术使人们更难理解霸凌行为。一些人认为，网络霸凌是一种新兴的现象。其他人认为，技术不过为霸凌提供了一个新的平台，问题的关键在于，人们对于社交媒体在放大霸凌行为的作用上保持了不同的意见。如何理解网络霸凌？在互联网上，未成年人之间的霸凌行为可以留下踪迹，其他人可以看见正在发生的事。当攻击事件被放大时，可见性增强，从而增加了霸凌事件的情绪胁迫。人们认为，是技术从根本上增强了霸凌的破坏性。

互联网的可见性和持久性使得更多的观众目睹霸凌行为，为人为干预提供了机会。当孩子鼻青脸肿地回到家，父母就知道他刚刚和人打架了。如果孩子回到家郁郁寡欢，父母对于其情绪便有无数种解读。除非孩子自己承认或学校通知，家长完全不可能知道孩子到底在学校发生了什么事。未成年人也许永远都不会和父母或老师分享自己的人际关系，不管情绪高涨还是低落。但是，通过社交媒体，我们的日常互动都会留下踪迹。很多家长认为，监督是确保孩子安全的最佳方法，于是他们经常在网上关注自己的孩子，或是偷偷关注他们分享的内容。未成年人常常认为家长的监视是为了解码他们的内容并曲解其意义。通过监视，父母常常会看到多种形式的冲突，但无法区分网络玩笑和刻意的言语攻击。父母们往往并没有利用网络踪迹的可见性和持久性去更好地理解孩子的行为，而是根据这些线索妄下结论。

霸凌会造成严重的后果，不仅是受害人，对霸凌者也是如此。霸凌者并不是以折磨他人取乐的恶人，那是反社会者。大多数霸凌者做出攻击性的行为是因为他们自己也面临严重的问题，很多施暴者自身也遭受家庭暴力。面对霸凌，成年人惯常的做法就是谴责迫害人，保护受害人。零容忍策略不仅会导致公平缺失、效率低下，还会带来额外的伤害、恶化不良的人际互动。换句话说，这些策略不仅没能阻止，反而助长了霸凌现象。

（四）网络流言

未成年人将社交信息看作培养社交联系意识的一部分。通过社交媒体，可以时刻了解到身边同学、朋友的关系状况，这样就能恰当地询问，而不会失礼，因为脱离圈子会很尴尬。许多人喜欢聊八卦的原因是希望融入某个社交群体，维持社交联系，希望通过互惠建立信任。人与人之间互相诉说和打听社会事件可以帮助他们建立联系，在社交场合，获取某人的信息是一种力量，有利有弊的流言蜚语会影响人们的社会地位。

随着未成年人开始谈论八卦、关注社会地位，这时期的互联网行为也塑造了未成年人的性格特点。八卦和流言就像一种社交货币，帮助发展并维护社交群体之间的联系。社交媒体服务可以帮助未成年人获得知名度（虚拟身份），提升其虚拟的朋友圈地位，最终转化为线下现实的地位，其社会地位越高，私人生活信息价值就越高，这促使人们去寻找他人的信息并交换这些信息，这就是流言蜚语得以广泛传播的原因。

社交媒体赋予了流言蜚语新的生命力。当人们想要分享或传播他人的信息时，他们可以通过社交媒体将信息传播至更大范围的受众，且受众之间是相互联系的，人们喜欢传播有趣的内容，想要博取关注。虽然人们可以也确实分享有用或有趣的内容，但他们广泛分享的往往是最令人尴尬或羞辱、最荒唐或色情、最刻薄或耸人听闻的内容。因为共同分享和体验某种文化产品可以产生联结，所以未成年人就会寻找符合同龄人兴趣的内容。“占座哥”和“吴秀波事件”充分说明，大规模的公众羞辱是互联网关注和网络传播的副产品。

人们对于网络传播的内容具有选择权，但目前的移动社交媒介技术的设计宗旨却是暗中操纵了人们所谓的选择权，利用算法技术，社交媒体可以提高内容的可见性，吸引最多的关注，最终引导用户形成舆论。微博、抖音等陌生人社交平台让算法将最博人眼球的内容呈现在最显著位置。算法过滤了大多数内容，用户只能看到一小部分内容，不可避免出现的便是拥有巨大访问量、评论和点赞的更新内容。未成年人通过分享有趣的内容来吸引同龄人的目光，不管内容是好是坏。在这种生态系统下，博取关注对于经济与个人利益都是至关重要的。社交媒体工具为了鼓励人们消费信息流而设计算法并操纵注意力，其信息流（朋友的照片、更新和评论）源源不断地涌向未成年人的屏幕，让用户跟踪自己的兴趣获取相应信息，在目前的移动社交媒体生态中，已经变成常态。

（五）网络成瘾

作为一种社交货币，“关注度”具有极高的社会和文化价值，虽然未成年人对刻意博取关注度的行为往往会嗤之以鼻，但他们并不否认关注度的价值。他们一边在学校里痛恨掐架行为，一边又很享受观看电视剧里的掐架情节。未成年人的环境总少不了八卦、掐架和讨论关注度，他们模仿名人文化也不足为奇，未成年人见证了无名之辈成为大明星的故事，看多了明星掐架后博取关注度的新闻，这刺激了他们提高关注度和改变地位的需求，而这正是继游戏之外网络成瘾的重要原因之一。

虚拟身份在社交媒体上获得普遍的关注，也让普通人体会到了明星的感觉，例如“主播”“博主”。电竞游戏的主播以标签化的虚拟身份示人，可以获得巨大的关注度和影响力，人气很旺的博主同样可以吸引大体量资本的青睐，尽管可能所处的圈子较窄，但也是名副其实的公众人物。然而与真实的社会名人不同，社交媒体名人是对此人虚拟身份的放大，社交关注度可以用来放大某人的成就，也可以用来破坏某人的形象，双刃剑效应更加明显。重点是同龄人获取关注度的方式会影响未成年人对于常规行为的理解。随着一些未成年人凭借着自己的能力成为网红博主，“未成年人名人文化”逐渐成为一种新的研究课题，未成年人名人文化也是寻求关注度行为的一个副产品，它既有健康的一面，也有不良的一面。娱乐行业一直在利用未成年人对成名的热情，纷纷推出未成年人明星，将名人文化售卖给大众。随着未成年人成为焦点人物，他们和名人一样被物化了。成名的未成年人收获了关注度带来的好处，也为此付出了代价。但是不像名人，走红的未成年人没有公关团队、经纪人，也没有资金应对恶意攻击。一方面，未成年人享受着丰厚回报；另一方面，也面临成名带来的压力和残酷。未成年人在互联网成名后，积极反馈和消极攻击往往会同时发生，社交媒体的出现加速了这种趋势，尤其是近几年的网红现象，为未成年人提供了一条成名之路，无疑给了未成年人一种错觉，以为自己设立一套特别的“人设”——即虚拟身份，在社交媒体上会更容易成名，这正是社交媒体网络成瘾的最大原因。

四 建立未成年人虚拟身份与现实身份的转换意识和能力

（一）建立虚拟身份的责任感

为了在虚拟世界中表现自己，人们必须呈现或建立自己的身份，这是一个自我反思的过程，在这个过程中，人们可以学到很多东西。在面对面的场景中，人们会忽略彼此的身体。而在互联网里，人们会非常注意建立自己的虚拟身份。一个人的身份总是与其心理密切相关，而网络虚拟身份的设立，可以解放人们的“物理”或外在的身份负担，在让他们成为更好自己的同时也更具迷惑性，由此产生逃避现世的问题，这是网络沉溺的原因之一，很多未成年人会遭遇同学排斥、误解，但在互联网上，可以把自己塑造成理想的或真实的自己，试图从虚拟的身份中找到真正的自我。

未成年人很清楚自己的虚拟身份，能够轻松地找到自我呈现的方法，在媒介环境中的转换能力与其在线上线下世界的转换能力相当，这里的要点并不是更换自己的身份，而是善于转换社交语境且应对自如。在不同的社交环境里活动，与不同的朋友、兴趣小组和同班同学互动时，他们能够灵活使用不同的语境处理策略。他们的语境意识基于场景、时间和受众三要素形成，未成年人在各类界线模糊的社交语境中的快速转换像一支复杂的舞蹈。然而，语境意识中唯独缺乏责任感，责任感具备与否的重要标志是后果意识——言语行为可能会产生的后果，这个需要在发言、发帖、上传、评论等网络行为之前对价值有所考虑，对可能的风险有所评估。

（二）建立处理不同语境时的责任意识

近几年的网络虚拟身份现象与早期互联网支持者的想象大有出入。许多未成年人在线上和现实中进行朋友社交，并在网络语境中塑造自己的虚拟身份，虚拟身份又反过来紧密地嵌入线下的社交活动中，因此鼓励未成年人在网络世界和现实世界保持连续一致的态度和做法越来越多了，当然这并不意味着身份构建在所有活动（包括线上）中都应该一致，但未成年人在处理关系和语境的时候会用到很多社交媒体服务，因此保持一致的语境责任意识应第一时间建立起来。

例如，一个未成年人可能在熟人社交视频服务平台上使用众人熟悉的真名，而在微博、B 站这种平台上选择使用网名。在登录知乎这一类社交论坛网站时，他/她可能会有意选择一个与某个兴趣爱好相关的名字。未成年人会根据不同服务平台的规则做出不同的反应。因此，当某人选择用“月的天空”作为微博的网名，或者用“小怪兽”作为游戏社区的网名时，此人并不是在构建心理学上所说的多重身份，而是在考虑不同受众和规范的情况下选择在不同的网站呈现不同的身份，这些选择可能是个人的有意识尝试，表明他们试图控制自我呈现，但更有可能的是对网站要求提供登录名的处理结果。不管出于什么原因，各种各样的网络身份为我们留下了许多解读的空间，通过这种做法，未成年人既产生社交语境，也解读社交语境。

语境的责任意识很重要。未成年人常常在不同的社交语境里活动，这些语境既包括由互联网公众生成的媒介语境，也包括学校里的非媒介语境，因此他们需要应对不同的社交动态。他们在学校餐厅的互动方式和互动对象与其在课后社团的互动方式和对象完全不同，通过群组信息交流的方式也不尽相同。社交媒体中，微信、QQ 空间是未成年人和朋友互动的主要平台，其他像微博或即刻、B 站、豆瓣等服务平台更像是他们的兴趣社区。正因此，未成年人在不同网站的表现也许会发生变化，但是在某个或多个既定网站处理语境的方法却是长期适用的。因此，关注的重点不应该是某种社交媒体，而是特定年轻群体中的语境。社交平台更新迭代快，社交媒体的起起落落代表了年轻文化的变革，但即使语境改变了，某些显著的现象其内在的本质是固定不变的，而不同语境都需要对应相同的责任意识，这种意识一旦建立则不应有颠覆性的变化。

特定网站的语境并不是由网站的技术特点决定的，而是由未成年人虚拟身份与平台之间的相互作用决定的，社交媒体网站的语境通过社交互动而搭建。未成年人选择不同的网站是因为特定的网站适合特定的活动，网络效应改变了社交媒体的规范，同龄人互相影响了各自使用网站的方式，又促进了网络规范的形成。

社交语境意识帮助未成年人正视现实身份与虚拟身份的本末关系。对这个过程，成年人不应当也决不能缺席，至少，应该分享和不该分享什么内容的意识应该逐步建立。在面向未成年人的社交语境中，未成年人出于何种目的的分享至关重要。未成年人并不认为社交媒体是一个必须呈现真实自我或创建其他身份的虚拟空间，而是将它看作一个可以和朋友互动的地方，在此可以用幽默和图片、视频平衡隐私和安全之间的问题，有时提供虚假信息可以让他掌控社交情景。

（三）成年人应以协作姿态介入

社交媒体成为当今社会不可分割的一部分。当代未成年人，不论他们的参与程度如何，都是在这个容易获得信息和通信媒介的时代成长起来的。社交媒体创新层出不穷，使新兴互动形式成为可能，并以有趣的方式使社交复杂化。移动媒介把已经非常普遍的概念“一直在线”提升到了新高度。随着5G网和物联网的普及，实体和数字将会相互交融，界限也会逐渐消融。人们需要重新思考线下线上的存在感、认同感，甚至重新适应日常社会生活。处在焦虑边缘的可能不仅仅是未成年人，对于网络公共空间的理解，以及虚拟身份行为方式凸显了科技融入日常生活后社会面临的新挑战——这是个老生常谈的问题。

虚拟身份与社会现实身份有所差异，更多的其实是千丝万缕的联系，二者并不是独立存在的。因此，在单一、割裂且独立的网络环境下对虚拟身份所做出的分析和判断是不可靠且无现实意义的，所以最终还是要回归网络虚拟身份对现实身份产生显著的冲击上，网络虚拟身份对现实人际关系、交往原则和对人社会化进程的影响都将被纳入未来要探讨和分析的范畴内。

人们对科技工具已经无法视而不见，未成年人更是使用移动社交媒体掌控自己的人生，塑造自己的生活，当未成年人进入并创建网络公共空间的时候，他们就开始思考社会以及他们在社会中的地位。未成年人通过社交媒体，展露他们的愿望和梦想、挣扎和挑战。科技只是镜子，放大了日常生活中或好或坏的方面，如果未成年人行为出现了问题，说明成年人在教育层面相应地处于“缺席”状态。在科技的理解和使用方面，成年人也是“学生”，对于科技的认知、理解不能放慢步伐，甚至在某些方面，成年人应当率先成为科技产品的“用户”，这是弥合与未成年人之间“代沟”的一个重要前提。成年人不应该抵制科技或过分担心未成年人使用社交网络媒体会产生什么后果，而应该与未成年人一道培养技能、建立正确的网络价值观，从而有效地应对网络生活带来的问题。通过协作，成年人和未成年人可以携手创建更加和谐的网络公共空间。

参考文献

第 43 次《中国互联网络发展状况统计报告》（由中国互联网络信息中心 2019 年 2 月发布）。

《2016 年中国社交应用用户行为研究报告》（由中国互联网络信息中心 2017 年 12 月发布）。

《国家信息化发展评价报告（2016）》（由中国互联网络信息中心 2016 年 11 月发布）。

《2016（年度）互联网不良信息对未成年人危害分析报告》（共青团中央网络影视中心 2016 年 12 月发布）。

《2018 年美国社交媒体使用情况》（Social Media Use in 2018）（美国皮尤研究中心 2018 年 3 月发布）。

《2018 年美国未成年人、社交媒体和技术》（Teens, Social Media & Technology 2018）（美国皮尤研究中心 2018 年 5 月发布）。

年度数据分析

Annual Data Analysis

B.13
未成年人网络安全研究报告

——中国首部由儿童参与调研完成的调查报告

张海波　张　萌*

摘　要： 本文旨在通过调研了解我国未成年人网络使用现状，梳理未成年人网络安全方面存在的问题，在此基础上提出未成年人网络安全保护的建议。首先，本报告采取儿童参与式的调研方法，将发言权交给孩子，从“游戏社交、网络学习、火爆短视频、亲子关系、网络语言”五个方面梳理了网络对未成年人生活、学习、娱乐、亲子关系方面的影响。其次，目前我国未成年人面临的网络安全风险主要是由不良信息、网络成瘾、隐私泄露、网络欺凌、网络诈骗带来的，这些问题会

* 张海波，中国青少年宫协会儿童媒介素养教育研究中心主任；张萌，中国社会科学院新闻与传播研究所助理研究员。此外，杨晓红、方明、朱璐等人也为此报告做出了贡献。

对未成年人身心健康成长造成不良影响。最后，未成年人网络安全的维护需要微观、中间、外部、宏观系统之间的相互配合，不同的主体共同参与、协同治理，才能够为未成年人健康成长提供良好的网络环境。

关键词： 未成年人　网络安全　网络使用　儿童参与式

家庭 PC、智能手机、平板电脑等媒介终端的普及，使得网民触网年龄持续走低。互联网上信息泥沙俱下、鱼龙混杂，未成年人正处于学习模仿意识最强的成长阶段，网络信息对他们的影响明显，加强未成年人网络保护成为社会共识。由成人主导的传统的未成年人网络使用状况调研在网络时代凸显了局限性，一方面儿童对网络的熟悉和使用程度远远超过了大人；另一方面大人在小时候并没有经过今天孩子们的数字化成长过程，对孩子的网上生活缺乏感同身受的理解。所以本报告旨在以儿童主导参与的调研为基础梳理我国未成年人网络使用的基本现状，对未成年人网络使用中遇到或者潜在的网络安全问题进行分析并为未成年人网络保护提出相关对策建议。

一　一项独特的未成年人网络运用现状调查

《中华人民共和国未成年人保护法》第 2 条规定："本法所称未成年人是指未满十八周岁的公民。"从刚出生的婴儿到 18 周岁以内的任何一个年龄层的公民，不论其性别、民族、家庭出身、文化程度如何，都属于未成年人的范围。联合国《儿童权利公约》中"儿童"指的是"18 岁以下的任何人，除非对其适用之法律规定为年龄低于 18 岁"。公约中所指的儿童与我国未成年人的概念是一致的。但在我国，儿童概念的使用一直比较模糊。比如妇联系统认为儿童是指 6 周岁以下的孩子，《刑法》中猥亵儿童罪中的

“儿童”是指14周岁以下的人。根据皮亚杰的认知发展理论，个体从出生到成熟的发展过程中，认知结构在与环境的相互作用中不断重构，从而表现出具有不同质的不同阶段，他把儿童思维的发展分为四个阶段：感知运动阶段（0~2岁）、前运算阶段（2~7岁）、具体运算阶段（7~12岁）、形式运算阶段（12~15岁）。前两个阶段儿童还处于对世界的感知与认识中，仅仅具有表象的思维能力，后两个阶段，儿童出现了逻辑思维和零散的可逆运算能力，在脑中可以将形式和内容分开，可以进行抽象的逻辑思维和命题运算，正常的人不迟于15或20岁达到形式运算阶段。儿童时期的认知对一个人未成年阶段的思想和行为起到了决定性作用，甚至对其成年以后的心理认知都会有深远影响。为了认识我国未成年人网络使用的现状，笔者先从儿童入手进行了相关调研。

传统的调研由成年人主导，儿童是被调研对象，从长到幼的调研视角往往会带有一定监管偏见，例如孩子只要拿起手机，家长就觉得是在不务正业，或者不自觉地放大网络对孩子的不良影响；而从儿童主导的调研视角来看，很多孩子觉得只要他们拿起手机，即使是为了做作业，也会遭到家长的误解。与以往调研不同，此次报告采取儿童参与式的调研，将发言权交给孩子，从儿童群体自身的参与者视角来看网络对其产生的影响。调研由中国青少年宫协会儿童媒介素养教育研究中心项目组主导，召集了全国10个城市的青少年宫（活动中心）的老师和儿童调研员（9~14岁为主）在广州经过集中培训和学习，之后由老师给孩子讲解基本的调研方法，并指导他们设计、编写小规模问卷，以及如何在学校或社区进行访谈调查。此后，儿童调研员就自己感兴趣的话题形成了不同的议题小组，返回各自的城市实地调研，两个月后将数据从全国各地汇总。从2018年7月至9月，从培训到数据返回共历时3个月，全国10个城市的小调研员共发放调查问卷1543份，有效问卷1428份，最终发布《2018中国儿童互联网安全调查报告》（以下简称《报告》），主要从游戏社交、网络学习、火爆短视频、亲子关系、网络语言五个方面反映儿童网络使用的现状。

（一）游戏社交

网络游戏产品不断推陈出新，截至2018年12月，我国网络游戏用户规模达4.84亿，手机网络游戏用户规模达4.59亿[①]，网络游戏逐渐渗透到了未成年人的生活世界。关于未成年人玩网络游戏的动因，《报告》调查结果显示，在中小学生中，人气最高的网络游戏是绝地求生、王者荣耀、我的世界、第五人格和跳一跳。通过访谈发现，学生们喜欢这些游戏主要有以下几个原因：第一，可以在手机上直接操作，简单、容易上手；第二，游戏比较刺激，很振奋精神；第三，跟风行为，身边的朋友都在玩，自己也跟着玩；第四，男孩子普遍喜欢玩枪战类游戏，觉得很酷。关于社交游戏给儿童带来的好处，30.2%的被访者选择"提高游戏技术"，选择"促进沟通""增进友谊"的儿童各占25%；关于游戏社交对儿童的隐患，71%的受访者认为是"被骗钱"，29%的受访者认为是"被盗号"。

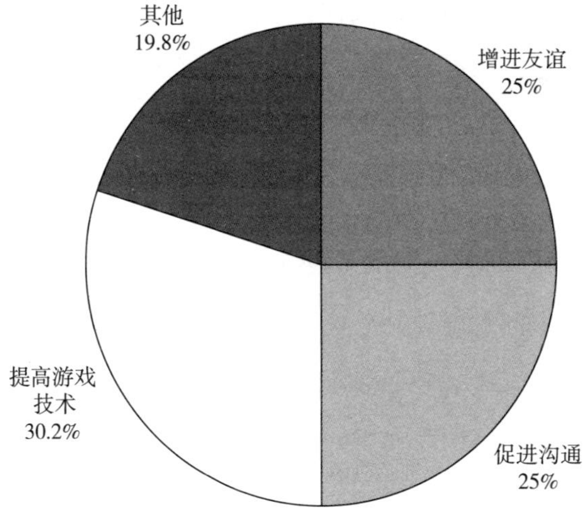

图1　游戏交友给儿童带来的好处

① 中国互联网络信息中心，第43次《中国互联网络发展状况统计报告》，http：//www.cac.gov.cn/2019－02/28/c_1124175677.htm，2019年3月25日。

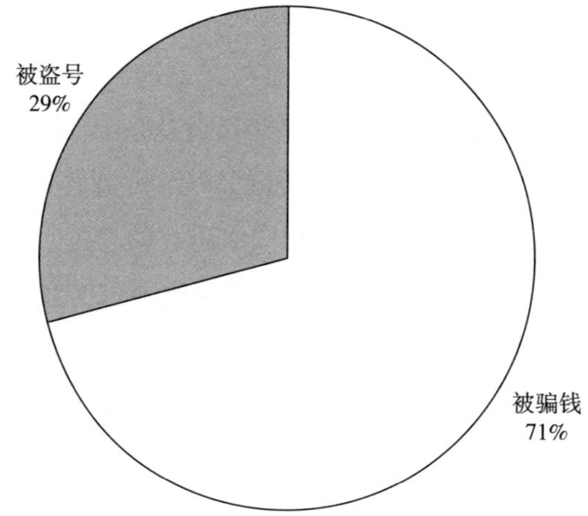

图2　游戏交友对儿童的隐患

大多数问卷受访者偶尔会在玩游戏时加陌生人为好友（79%），只有少部分受访者会经常或从不加陌生人为好友，占比分别是6.8%和14.2%；多数问卷受访者能够在玩网络游戏时注意到账号安全，分别只有11.1%和10%的受访者注意对方身份和意图；有一半的受访者从不告诉陌生好友自己

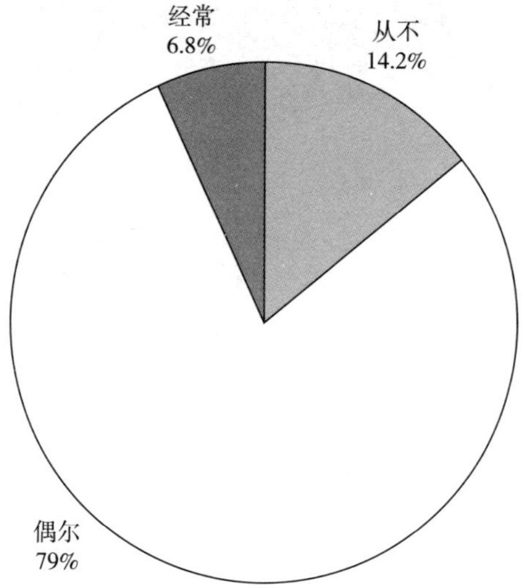

图3　你会加陌生人为好友吗?

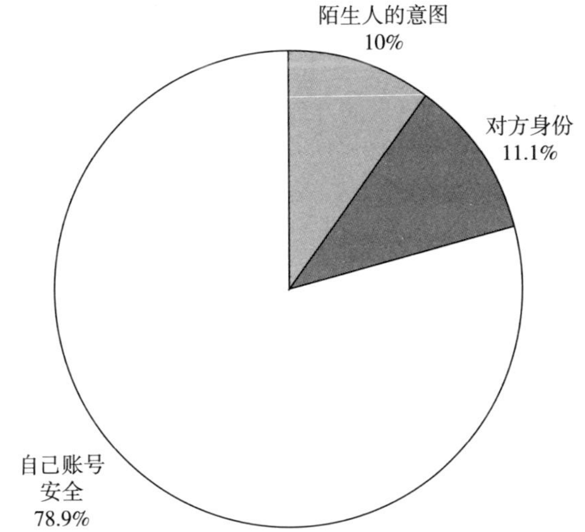

图4　你认为在社交游戏中要注意什么？

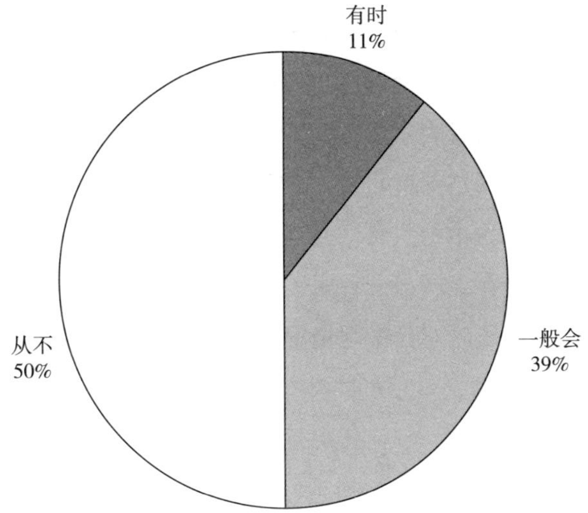

图5　你会告诉陌生好友自己的微信号或游戏账号吗？

的微信号或游戏账号，39% 的受访者一般会告诉陌生好友自己的微信号或游戏账号，只有 11% 的受访者有时会告诉陌生好友自己的微信号或游戏账号。游戏过程中添加陌生好友、将自己的账号告诉陌生好友的受访者比例虽然没有过半，但是可以看到，未成年人在游戏使用过程中很可能会因为警惕性不够而将个人信息泄露给陌生人。例如，受访者小 A 曾因相信网友说的扫码领稀有装备，从而点开网友提供的二维码并输入了游戏账号与密码，结果导致游戏账号被盗。

（二）网络学习

网络学习为学生提供了多样化的时间、地点、环境，以及学习的选择机会，使有限的教学资源惠及更多的人员和地区。网络学习的优势主要体现在：第一，网络为学生学习提供了更多的便利性和灵活性，不但能节省时间，还能避免恶劣天气、长途交通等带来的麻烦；第二，网络课程借助有趣、生动的特效能够调动学生的兴趣和积极性；第三，网络的非线性传播方便学生回看，对知识查漏补缺；第四，老师将课程录下来可转发给更多学生，实现教育资源的最大化利用。但是，未成年人在网络学习的过程中也存在一些问题，中国青少年宫协会儿童媒介素养教育研究中心项目组调查结果显示，23%的未成年人觉得网课对自己影响很大，77%的受访者觉得对自己没有影响；33%的受访者表示愿意上网课，表示不愿意上网课的人占67%。各地中小学生相对于网络课程更喜欢传统课程，觉得网络课程的作用不大，网络课程缺少传统课程中的直接沟通互动，老师不能针对学生进行差异化讲解，且由于受访学生在上网络课程时不同程度存在自制力不强、比较难以管好自己，老师又不能及时对其学习情况进行监督，因此很多同学更喜欢选择传统课程来学习知识。

（三）短视频与直播观看

短视频由于其参与门槛低、趣味性高、传播范围广，已经成为人们日常生活中的主要娱乐项目之一，抖音短视频、快手短视频、火山小视频、西瓜视频以及腾讯微视在受访的中小学生中人气极高。

短视频的火爆一方面丰富了民间群体的艺术审美活动和精神文化生活，另一方面也影响了一代人的人生观、价值观。不少未成年人间接或者直接地

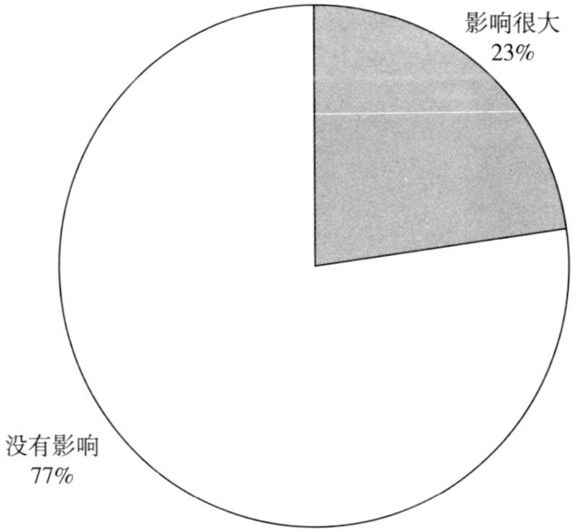

图6　上网课是否对自己产生影响

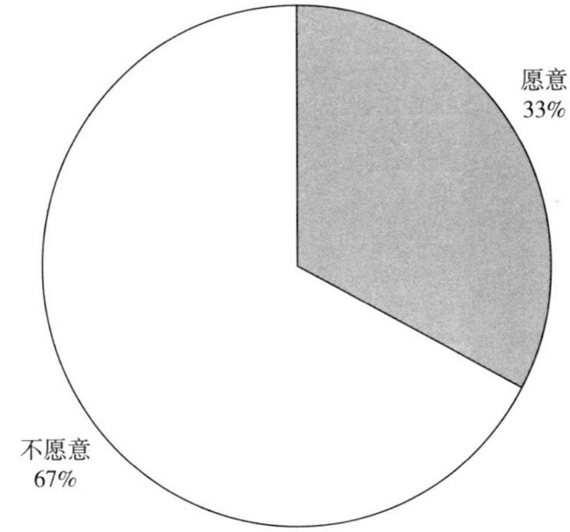

图7　学生是否愿意上网课

参与到了短视频的浏览、分享和生产过程中。未成年人的间接参与体现为不少家长在短视频平台秀孩子、晒娃，例如将孩子洗澡、睡觉、吃饭、弹钢琴、画画等一些日常生活情景拍摄后放到网上，一些孩子因为可爱、有才艺而吸引了不少粉丝。未成年人的直接参与表现为自己亲自录制、拍摄、分享短视频，例如一些未成年人模仿成年人进行化妆教学视频的拍摄，将自己的

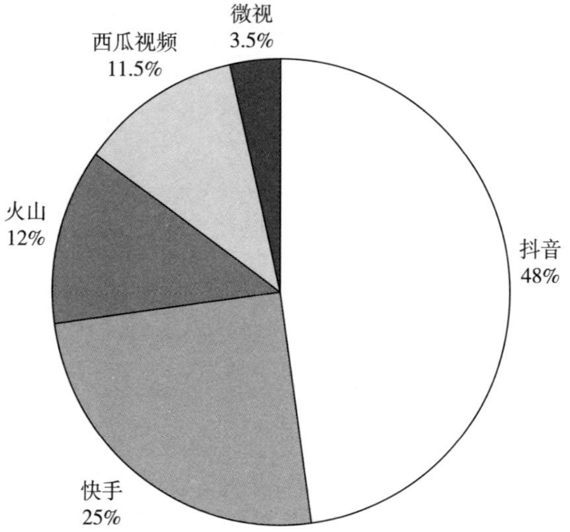

图 8　人气最高小视频软件 Top5

舞蹈录制上传等。此次调研发现，大部分中小学生没有在短视频上发布过自己的作品，只有小部分学生发过短视频。初一、初二年级的学生发布短视频的人数要比其他年级的学生多。被访的学生中，小学五六年级及初一二年级的学生自己发布短视频的比例分别占受访者的 46% 和 47% 。对于他们来说通过短视频可以学习切水果、做菜、叠衣服等一些生活技巧，可以掌握最近的热点，还可以通过搞怪视频娱乐身心。

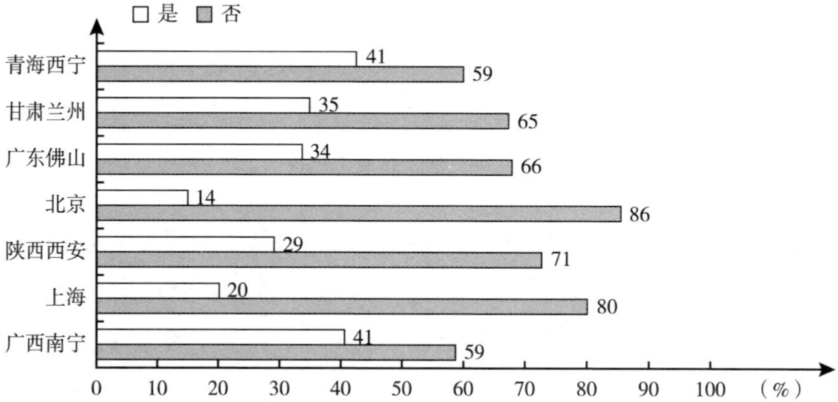

图 9　你是否发布过短视频？（城市分布）

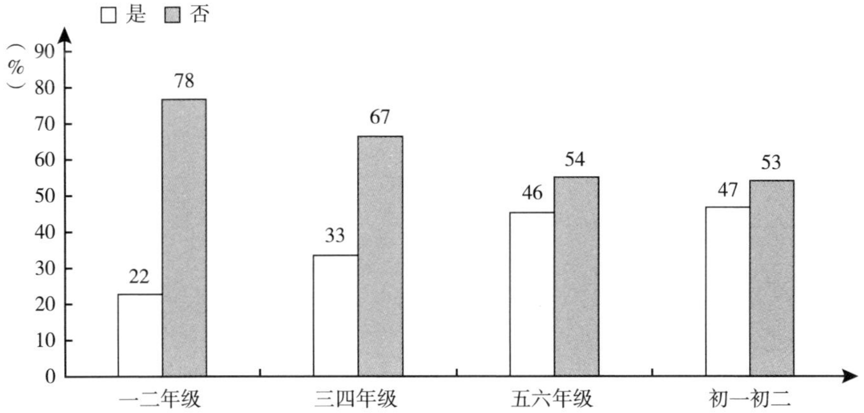

图 10　你是否发布过短视频？（年级分布）

尽管不同城市、不同年龄的大部分中小学生，都回答没有在短视频应用上看到过不良信息，但调研小组通过私下访问了解到，还是有一部分学生实际曾经观看、接触过不良信息。这说明短视频里面确实存在着不良信息，这些不良信息是有机会传播到未成年人群体中的。

除了短视频外，网络直播也逐渐进入未成年人生活。2019 年 1 月 23 日，艾媒咨询发布的《2018～2019 中国在线直播行业研究报告》显示，随着用户红利的消退，在线直播行业规模增长趋于稳定，2019 年在线直播用

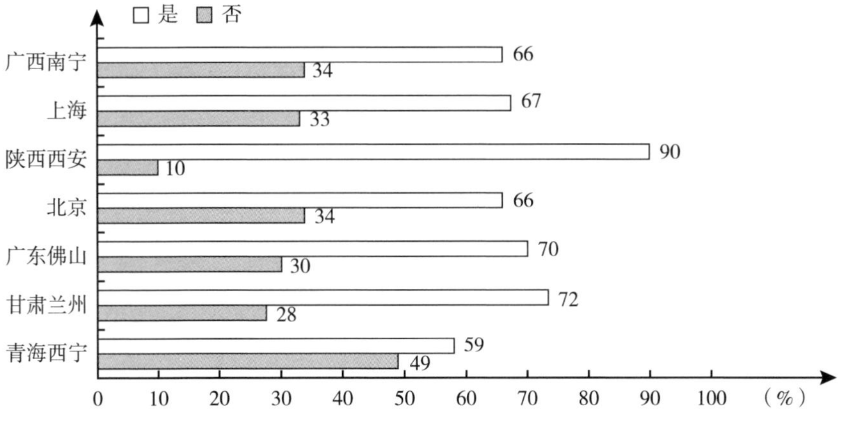

图 11　你是否在短视频上看到过不良信息？（城市分布）

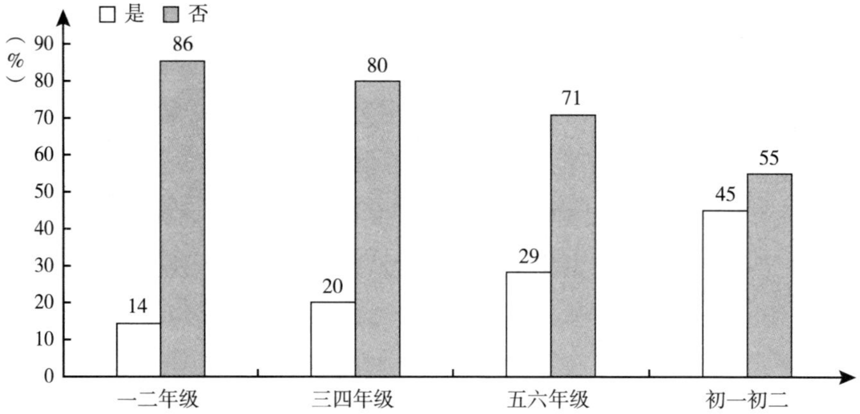

图 12　你是否在短视频上看到过不良信息？（年级分布）

户规模有望达到 5.01 亿人。共青团中央联合中国互联网络信息中心开展的调研显示，小学生、初中生、高中生网民中经常观看直播的比例分别达到 6.4%、18.3% 和 20.5%，尽管这一比例并不算大，但是结合直播用户的基数来说，也是不小的一个群体。近几年来，有不少未成年人通过网络直播平台来分享自己恋爱、怀孕、生子的经历，在许多短视频平台出现了一些未成年孕妇、未成年妈妈、未成年二胎妈妈，将早孕当作了一种炫耀。在快手上，19 岁女孩杨清柠，是最受欢迎的网红之一，18 岁生孩子的她，和孩子的父亲王乐乐，共计拥有 4500 万快手粉丝，一次晒孩子的直播，能收到 280 万次点赞，影响力非同小可。[①]

（四）亲子关系的互动

亲子关系是建立在互动之上的，家庭的存在与维持也靠家人不断地互动，亲子关系的质量与父母与孩子的交流、互动以及相互认同有关。随着计算机和互联网在家庭中的迅速普及，传统的亲子关系发生了很大的变化，家长和孩子会围绕电子产品产生新的矛盾。在全国各地的小调研员收回的数据

① 央视新闻网，https://baijiahao.baidu.com/s?id=1596523044652964791&wfr=spider&for=pc，2019 年 3 月 26 日。

中可以看到，全国各地很多孩子都因为使用手机跟父母发生过争执，这种情况发生在年龄较大的学生群体中，在初一、初二年级的孩子中最多。调查发现：随着年龄的增长，高年级的孩子渴望能有管理自己时间的权利，因此会和父母因为手机使用时间的问题产生争执。矛盾的形成主要源自家长与孩子互相的不信任，家长误解孩子，孩子不接受家长的管制，且有时家长不尊重孩子的隐私，随意翻看孩子的聊天记录。不少接受调研的孩子认为，父母如果没有做好榜样，自己沉迷于手机却让孩子不玩手机的话，孩子是不信任家长的管教的。孩子不信任家长的主要表现是容易撒谎、质疑父母的管教，严重的还会和父母对着干、一意孤行。因此，长辈的榜样很重要，家长最好能合理分配陪伴孩子的时间，多和孩子沟通，多陪伴孩子。

调查显示，大部分孩子都会与父母约定好上网时间。值得注意的是，高年级如五六年级、初一初二年级的孩子更倾向于和父母约定好上网时长，而低年级如一二年级的孩子相对其他年级的孩子则比较少和父母约定上网时间。调研小组通过讨论认为，高年级的孩子认为自己有权支配自己的时间，因此会和父母做约定，低年级孩子自制力比较弱，父母不会让他们玩太久手机或其他电子产品，孩子会比较少和父母做约定。

根据各个城市学生的调研，《报告》整理出孩子最不喜欢家长说的内容如下。

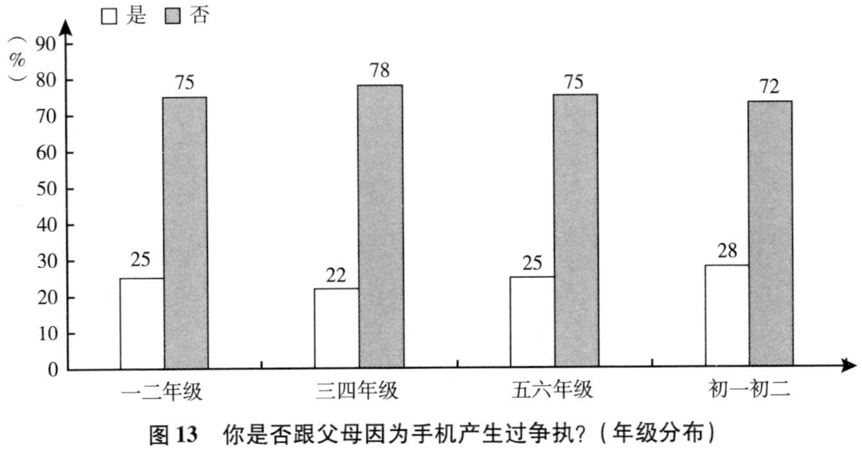

图 13　你是否跟父母因为手机产生过争执？（年级分布）

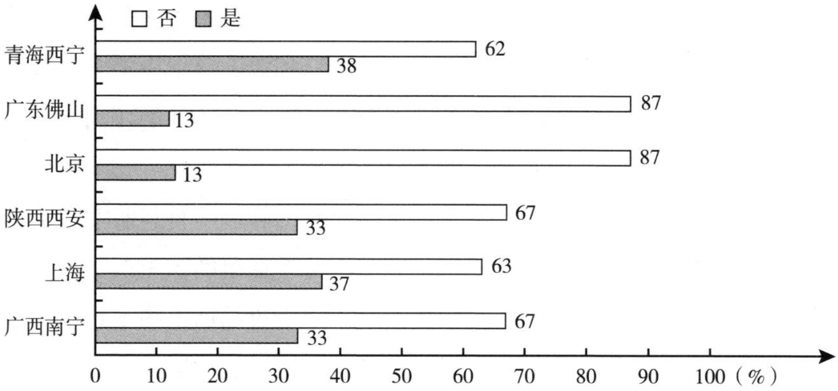

图 14　你是否跟父母因为手机产生过争执？（城市分布）

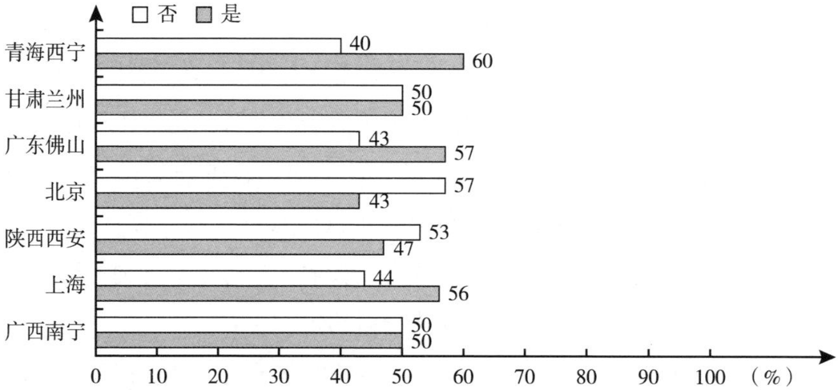

图 15　你是否和父母对于上网时间有约定？（城市分布）

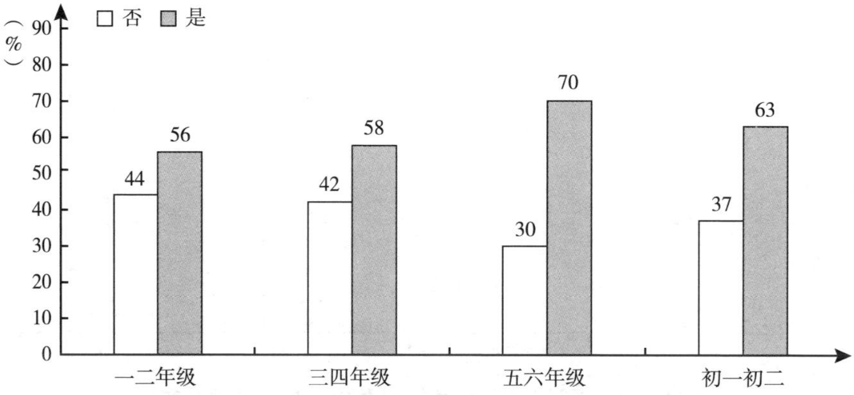

图 16　你是否和父母对于上网时间有约定？（年级分布）

——催促学习：快去学习/快写作业；

——同龄比较：你看别人家的孩子/你看看别人；

——娱乐限制：不许看手机/不许看电视/不许玩游戏；

——直接否定：真没用/笨；

——其他：一天到晚就知道玩。

这些都是孩子们认为家长说的最难听的话，可以看出这些话都是以否定、不尊重孩子为主。家长在说这些话的时候，如果能多考虑孩子的感受，而不是每次都是靠打骂、讲大道理，会更有利于促进亲子关系的良性互动。

（五）网络语言的使用

网络语言是伴随着网络的发展而新兴的一种有别于传统平面媒介的语言形式，是网民们在网络上经常使用的、方便的、快捷的一种语言。网络语言的来源非常多样，我们熟悉的网络语言主要来自这几个方面：①游戏。游戏中有许多的网络语言，例如“吃鸡”代表绝地求生，王者荣耀又被网民称为“王者农药”。队长经常对队员说：稳住，我们能赢！猥琐发育，别浪！等等。②电视剧。电视剧里有许多网络用语，比如《西游记》里红孩儿那句：你是猴子请来的救兵吗？就被网友恶搞成：你是猴子派来的逗比吗？③日常生活。除了在游戏和电视剧中有网络语言外，日常生活中也会经常使用，例如“虾米”“酱紫”。

通过儿童调研员的搜集，发现网络语言的分类有以下几种。

谐音。比如“虾米”——什么、“酱紫”——这样子、“神马”——什么等。

英文或数字。比如CU——see you 再见，good good study day day up——好好学习天天向上，886——拜拜咯，666 等。

游戏或者小视频上的流行语，比如皮皮虾、凉凉、小猪佩奇等。

表情包。表情包是我们发送消息时经常发送的一种图片。这种图片很搞笑，很多人喜欢。

《报告》显示，大部分的同学都使用过网络语言，而且有59%的同学经

图 17　表情包

常使用。每年都会有不同的网络语言火起来，但值得注意的是，网络语言中有许多粗俗的成分，而辨别能力较低的中小学生难以辨别，容易模仿，这对他们规范使用汉语言有不好的影响。受访的中小学生最常用的五种网络语言都是当下网络上比较火、使用得频繁的"梗"。日常生活中对网络语言的使用也很广泛，如："666""秀"来自电竞圈的吐槽以及调侃，"扎心了老铁"来自东北方言，"我能怎么办，我也很绝望"来自 TVB 电视剧台词，"社会人""小猪佩奇"是缘于短视频软件的火爆。使用网络语言的原因主要有：身边的人都在用，感觉沟通很方便；有趣好玩，有时候是为了搞笑和幽默使用；都能看懂，随口可以说出来，不用去记忆。网络语言在丰富了交流的同时，也常常会有被滥用的现象，有时会产生一些误会的情况，如：有一些同

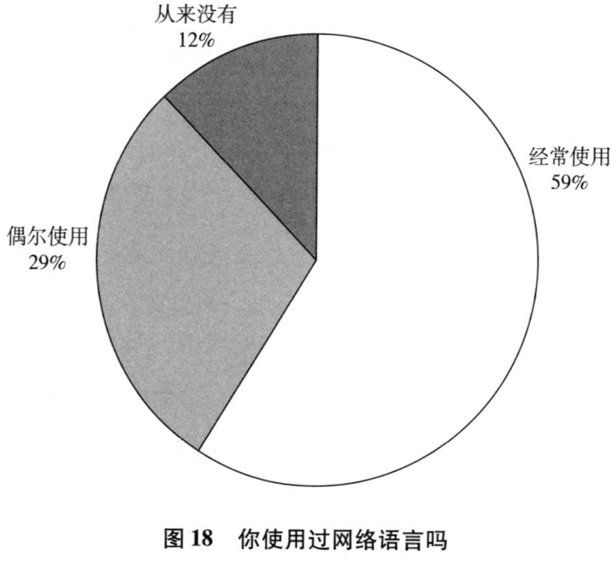

图 18　你使用过网络语言吗

学在作文中大量使用网络语言，比如“偶”“酱紫”“虾米”等，不仅是对作文要求的违反，也是对中文的不尊重。同时，由于网络上存在着很多粗俗的语言，一些方言里的脏话也逐渐变成火爆的网络语言传遍全国，不利于健康文化环境的建构。

二　我国未成年人网络安全问题梳理

以上对学龄儿童的调研，使得我们从儿童的视角对其自身网络使用现状有了大概的了解，游戏社交、网络学习、短视频与网络直播的浏览、网络语言的使用在丰富了其娱乐生活的同时，也存在一定隐患，如游戏社交中对陌生人提防意识的欠缺、网络污秽语言的使用等等。在此基础上，本报告将结合网络平台的特点、未成年人网络使用行为、其他报告数据，概括未成年人（包括儿童）面临的主要网络安全问题。具体如下。

（一）不良信息充斥着网络

未成年人在接触互联网的过程中不可避免地会碰到一些不良信息，网络不良信息主要是指对人身心健康带来不良影响，使人思想混乱、价值观扭曲、心理异常的垃圾信息，例如色情信息、暴力信息、伪科学、厌世信息、诱赌信息等等。不良信息的主要特点表现为庸俗、物质、反科学、怪异、猎奇，对未成年人的身心发展十分不利。例如，2018 年年初，中国内地曾曝光一批儿童邪典片，这些影片对儿童的动画卡通形象进行了再加工，利用卡通形象、儿童剧、木偶剧来展现一些血腥、暴力、恐怖、色情、变态的内容。在儿童邪典片中，《冰雪奇缘》里的爱莎公主怀孕、天线宝宝的头被割下、昆虫和粪便被当作食物，影片中鲜艳的色彩对比加上动画演绎，会对儿童大脑产生极强的暗示、刺激作用，会加深儿童对不良行为的印象。此外，儿童邪典片往往打上了“亲子”“幼儿”“教育”的标签，明目张胆地在儿童频道播放，避开了家长的监管。再如，在未成年人打开游戏页面的过程中会弹出一些色情广告、色情游戏、色情网站的图片、链接，未成年人正处于生理、心理发育的阶段，容易冲动，对事物充满了好奇，可能会禁不住诱惑点开链接，受色情信息的影响，做出一些越轨的事，甚至走上犯罪道路。另外，在游戏、直播、短视频平台充斥一些污秽的网络语言或色情的图片、表情包，有的游戏主播穿着暴露、行为不雅，这些都会对未成年人起到错误的价值引导。

（二）未成年人沉迷网络易导致成瘾

网络成瘾是指在无物质性刺激的情况下，仍然无法停止使用网络的行为，它是一种以过度和不当使用网络为特点，容易导致个体明显的社会、生理、心理等方面受损害的网上行为。[①] 未成年人形成网瘾主要有以下几方面原因：第一，未成年人人生观、价值观、世界观还没有成熟和完整，缺乏自我约束能力，面对诱惑缺乏自制力，常常由于意志薄弱而身陷网络世界中；第二，社交范围的狭窄和个人性格的孤僻往往容易使其沉迷网络，不少未成年人不喜欢与人当面打交道，为了避免自卑和孤独，他们在有苦恼时会选择网络倾诉，通过游戏来宣泄不良情绪，在虚拟世界中获得满足；第三，未成年人面对繁重的学习任务，往往会产生厌学情绪，在网络游戏中更能获得快乐，从而沉迷其中；第四，网络成瘾与社会支持也有密切关系，家庭环境中电子设备随处可见，社会环境中不乏网吧、游戏厅，为未成年人接触网络提供了极大的便利。持续时间是诊断网络成瘾障碍的重要标准，一般情况下，相关行为需至少持续 12 个月才能确诊。网络成瘾会对未成年人的身心健康直接造成影响，长时间面对电子设备，身体素质下降，包括视力衰退、注意力涣散、自控力下降、神经衰弱、焦虑抑郁等，学业、交际等社会功能的发展受阻，家庭观念薄弱，亲子关系恶化。

① 张燕贞、喻承甫、张卫：《青少年网络游戏成瘾的心理社会影响因素》，《中国健康心理学杂志》2017 年第 7 期。

（三）隐私泄露隐患普遍存在

网络隐私权指自然人在网上享有的私人生活安宁和私人信息依法受到保护，不被他人非法侵犯、知悉、收集、复制、利用和公开的一种人格权；也指禁止在网上泄露某些个人相关的敏感信息，包括事实、图像以及诽谤的意见等。[①] 对未成年人来说，网络隐私是指未成年人的个人信息、个人活动、个人生活轨迹、个人领域等应该受到保护，任何通过不法入侵获取这些信息的行为都构成了对未成年人隐私的侵犯。未成年人由于缺乏保护个人隐私的意识，其个人信息在网络如此发达的今天面临着泄露、被利用的风险，造成未成年人信息泄露的渠道主要有：各种孕婴、教育软件、App、小程序的开发层出不穷，有些软件的使用需要填写个人信息，家长警惕性不高很容易将未成年人的信息通过这些社交平台泄露出去；微信、微博等社交媒体中有一些问卷调查需要填写个人信息，也会造成个人数据的泄露；一些家长在连接了公共场所的公共 Wi-Fi 后，黑客对其进行攻击的技术门槛很低，容易造成个人隐私的泄露；游戏、论坛中通过无意的交谈泄露了个人信息；未成年人在使用互联网搜索功能的同时，商家搜集、掌握其习惯，有针对性地推送不法信息等。未成年人隐私的泄露不仅会造成财产的损失，还会对未成年人的身心发展造成不良影响，例如，2016 年汉中张某通过 QQ“附近的人”功能添加网名为“情人”的被害人杨某（女，15 岁，初三学生）为自己的好友，诱骗杨某拍摄不雅照片并以此作为威胁强迫杨某与其发生关系，杨某害怕照片发布到网上影响自己的名誉，也害怕家长得知此事，在张某的威胁下屡次被侵犯，最后，张某因涉嫌强奸罪被提起公诉。

（四）网络欺凌挫伤未成年人的身心健康

欺凌是由一个团体或者个人反复、长时地针对无法轻易保护自己的受害

---

① 赵华明：《论网络隐私权的法律保护》，《北京大学学报》（哲学社会科学版）2002 年专刊。

者的一种有意的、侵犯性的行为。[①] 传统的欺凌形式主要包括物理的、口头的、关系的（例如社会排斥）以及间接的（例如谣言的传播）。[②] 网络的低门槛、匿名性为欺凌行为提供了更多的可能，网络欺凌是通过手机、电脑、平板电脑等数字终端进行的欺凌行为，例如通过短信、图片、应用程序、文本等发送、发布、分享关于他人负面、有害、虚假、卑鄙的内容。欺凌者使用电子邮件、网站、在线游戏、即时消息、博客以及社区站点烦扰和嘲弄别人，与传统欺凌行为相比，网络欺凌传播速度快、范围广、监控难、追责难。2018 年发布的《中国青少年互联网使用及网络安全情况调研报告》显示，三分之一未成年人在网络上遇到过色情信息骚扰，遭遇场景包括社交软件、网络社区和短视频等；遇到过网络诈骗信息的比例则为 35. 76%；而遇到过网络欺凌的未成年人比例最高，达 71. 11%，其中以网络嘲笑和讽刺、辱骂或者用带有侮辱性的词语的形式比例最高，其余表现形式还有恶意图片或者动态图、语言或者文字上的恐吓等，遭遇场景多样化，包括社交软件、网络社区、短视频和新闻评论区域等。受到过网络欺凌的未成年人，容易在情绪上产生挫败感、无助感、社会焦虑、抑郁、自卑、存在感降低等负面认知，甚至还会造成睡眠障碍、饮食不振、头疼等生理问题。而参与网络欺凌的未成年人，往往存在着情感、行为过激，社会亲近度下降等问题，在欺凌行为发生一段时间后，也会深感自责、后悔，负有罪恶感，无法专心学习，导致注意力无法集中。欺凌事件曝光后来自社会、学校、家长的问责会使其丧失自信，自暴自弃。

（五）网络诈骗成为风险之一

网络诈骗的新手段、新技术层出不穷，骗人也逐渐套路化，例如骗子发

---

① Olweus, D. (1993). Acosoescolar, "bullying", en lasescuelas: hechos e intervenciones. *Centro de investigación para la Promoción de la Salud*, *Universidad de Bergen*, *Noruega*, *2*.

② Smith, P. K., Madsen, K. C., & Moody, J. C. (1999). What Causes the Age Decline in Reports of Being Bullied at School? Towards a Developmental Analysis of Risks of Being Bullied. *Educational Research*, *41* (3), 267 – 285.

送信息“明天来我办公室一趟”，冒充领导诈骗；还会有美女添加微信，聊天套近乎，最后发送信息“外公家茶叶滞销了，可以帮忙买一点吗”，要求受害者购买茶叶；不法分子还会冒充快递公司，“你的快递丢了，我们将双倍赔偿”，以此为由诱骗受害者登录钓鱼网站，盗走账号信息。未成年人作为特殊的弱势群体，缺乏正确的判断能力，辨识能力差，没有稳定的经济来源和收入，很容易成为被骗对象。《2018 年网络诈骗趋势研究报告》显示，2014 年至 2018 年，猎网平台共收到网络诈骗举报超过 11.5 万件，仅 2018 年一年就收到有效诈骗举报 21703 例，00 后随着年龄的增加与经济能力逐渐增强，在短短 5 年中占比从 0.7% 猛增至 15.8%，已经成为网络诈骗分子的“新目标”。① 例如，陌生人会利用变声器诱骗网络游戏玩家，从而进行诈骗。受访者小金曾将陌生人当成游戏客服，并在陌生人连麦对话后转钱给对方用于购买游戏皮肤，后来发现上当，导致财产损失。此外，未成年人渴望在游戏、直播等社交平台中出类拔萃、与众不同、引起注意，巨额打点网络主播、购买游戏设备，甚至会掉入网络诈骗的陷阱。例如，重庆市一名 12 岁男孩在 5 秒内“打赏”了 6 万元礼物②；10 岁男孩沉迷游戏，3 个月充值 6 万元③。还有的未成年人禁不住诱骗，加入诈骗团伙中而不自知，2015 年，龙某（17 岁）遇到路人提供只要发信息就可以挣钱的渠道，龙某答应后背着伪基站设备在湖南、四川、陕西等省发送诈骗短信，按发送量领取报酬。遇到网络诈骗后，未成年人往往缺乏自主判断能力，又因为惧怕父母师长的责备，往往不能将实情第一时间告知父母、老师，从而造成不必要的损失。

三　我国未成年人网络安全保护建议

美国著名的人类学家和生态心理学家尤·布朗芬布伦纳（U.

① 参见 https://baijiahao.baidu.com/s?id=1626095170100151447&wfr=spider&for=pc。

② 参见 http://media.people.com.cn/n1/2017/1108/c40606-29632921.html。

③ 参见 http://www.sohu.com/a/296319735_120099884。

Bronfenbrenner）1979 年出版的《人类发展生态学》（*The Ecology of Human Development*）一书提出了著名的人类发展生态学理论，指出个体行为、心理发展的重要影响因素——学校、家庭、社会等。该理论认为，个体发展与周围环境之间相互联系，形成了由内而外的四个系统——微观系统（*microsystem*）、中间系统（*mesosytem*）、外部系统（*exosystem*）和宏观系统（*macrosystem*）。微观系统指个体亲自接触、参与其中并产生体验，与个体有着直接而紧密联系的环境，如家庭、学校、同辈等；中间系统指个体所处的两个或两个以上微观系统之间的相互关系，如家庭与学校、家庭与邻居等之间的相互联系；外部系统是指在个体成长的生态环境中，并不被直接接触或参与，但可以对个体产生直接或间接影响的系统，包括父母的工作单位、学校的领导机构、当地的教育主管等；宏观系统是指个体成长所处的整个社会环境及其意识形态背景，如整个社会长期形成的政治、经济、文化、社会形态以及社会结构等。① 这四个系统相互作用、相互影响，本报告将以此为基础分析我国未成年人网络安全保护的对策建议。

（一）微、中观系统——家庭、学校教育及家校互动

1. 家庭教育的引导：情感教育与行为规范

家庭是未成年人社会化的最初环境，家庭教育是未成年人网络安全保护最有效、最直接的路径。家庭结构的缺失（例如父母离异或长期打工在外地）、家庭教育方式的不合理都容易使得未成年人在网络接触的过程中受到伤害。例如父母对未成年人上网行为的控制太过严格，使其产生逆反心理，一旦有机会接触网络游戏等电子产品就容易深陷其中；或者有的家长对未成年人使用电子设备的监管和限制不足，使得未成年人在网络上受到不良信息的影响；还有的家长自己整天泡在游戏或者电子终端中，为未成年人起到了错误的示范。Epstein 在 1978 年提出的 Mc Master 家庭功能模式理论认为家

① 车广吉、丁艳辉、徐明：《论构建学校、家庭、社会教育一体化的德育体系——尤·布朗芬布伦纳发展生态学理论的启示》，《东北师大学报》（哲学社会科学版）2007 年第 4 期。

庭各项功能相互配合并维持良好时，个体才能健康成长，家庭的基本功能主要表现在 6 个方面：（1）问题解决（problem solving），（2）沟通（communication），（3）家庭角色分工（family role），（4）情感反应（affective response），（5）情感介入（affective involvement），（6）行为控制（behavior control）。为了保护未成年人网络运用安全，家庭教育可以从以下几方面入手引导未成年人合理使用网络。

——情感共振。了解未成年人使用网络的行为习惯、心理状态，对于未成年人来说，网络的影响无处不在，是其发挥自身角色功能、提升社会亲密度、融入知识娱乐的主要空间之一。家长对于未成年人网络使用行为要有理性的认识，避免将一切上网行为都定义为负面的、不好的、影响学业的，努力去认识网络对于未成年人的吸引力所在。通过未成年人能够理解和接受的沟通方式去了解未成年人网络使用的心理、情感机制并进行引导，使未成年人建立正确合理的电子产品使用理念，使其意识到网络平台中存在的安全问题及危害，通过情感介入使家庭教育更具合理性。缺乏情感表达、倾听、沟通的家庭环境往往会使未成年人产生自卑、孤独、无助的心理，从而在网络空间寻求寄托，如果没有合理的引导很容易上网成瘾、无心学业。

——行为引导。行为规范是未成年人参与社会化进程的重要组成部分，每个家庭都有各自的一套家庭行为规范，规范体系过严或者过松，都会对未成年人的网络接触造成不良影响。家长应该从自身做起，为孩子示范正确的网络媒介使用行为，有节制地利用电子产品，使得电子设备能够服务于学习、工作和生活；为孩子制订上网计划，引导其提升运用网络的知识、技能，使其在利用网络放松的同时，也能够通过网络使用有所收获；培养未成年人网络使用的良好习惯，鼓励未成年人形成使用时长、浏览内容的自我约束机制。

——问题解决。当家长发现未成年人在使用网络的过程中遇到问题时，通过沟通、鼓励及时向其了解情况，采取补救措施将危害最小化。及时发现问题和解决问题成为避免未成年人受到网络安全威胁的关键。家长定期关注未成年人网络使用行为，如发现异常就及时加以引导、制止，防患于未然；

当问题已经凸显，造成了财产和人身安全损害时，为了避免未成年人因害怕受到责罚而不敢讲出实情，从而导致安全问题进一步被激化，父母应及时根据具体情况，寻求合理解决方案。

2. 学校教育的支撑：开设媒介素养课程

学校是未成年人生活、学习的主要场所，也是未成年人进行同伴接触的主要场所，对其价值观、人生观的形成起到了重要作用。面对网络给未成年人身心健康成长所带来的负面影响，学校应该注重“教书”与“育人”的结合，不仅注重知识的教授，更应该注重培养学生在人格、情感、个性等方面的健康成长，避免将教育物化为分数，为了追求教学质量的提升，而忽略学校教育在未成年人观念形成方面的引导作用。手机、电脑、电视等媒体越来越多地渗透到未成年人的生活中，开设媒介素养课程能够通过网络资源的共享提升学生的学习能力，能够有助于未成年人通过“自我把关”杜绝网络安全问题。所谓媒介素养，是指人们对各种媒介信息的解读和批判能力，以及使用媒介信息为个人生活、社会发展所用的能力。媒介素养教育是指引导学生正确理解、建设性地享用大众传播资源的教育，通过这种教育，培养学生具有较强的媒介批评能力，使其能够充分利用媒介资源完善自我、参与社会发展。[①] 媒介素养的学校教育可以从以下几方面入手。

（1）完善教育平台和教育资源。设置丰富的媒介素养课程、完善媒介素养教材、构建教学资源平台是媒介素养教育的第一步。以广东为例，2013~2016 年，广州少年宫儿童媒介素养教育团队基于课题研究和教学实践成果，与南方日报社出版社合作，推出了《媒介素养》系列教材，2017 年以来，为了全面推动全国首套进入地方课程的专题教材《媒介素养》的使用，张海波媒介素养教育团队和广州市教师远程培训中心开始联合制作面向中小学教师的在线教育课程，该在线课程以地方课程教材为依据，结合国内外最新的媒介素养教育理念、中央网信办和全国少工委“从小争做中国好网民”

① 张志安、沈国鳞：《媒介素养：一个亟待重视的全民教育课题——对中国大陆媒介素养研究的回顾和简评》，《新闻记者》2004 年第 5 期。

的指示精神，结合地方课程在广东省内中小学的教学实践，介绍了当代我国少年儿童网络素养状况和数字化成长规律，以及中小学教师应该掌握的网络素养教育的理念和方法，每门课包括总体概括、教师分享、课程实录、专家点评和学员反馈等多个环节，对一线教师在中小学深入开展网络素养教育、增强学生的媒介素养，提供了详细的示范和指引，可操作性强。

（2）丰富教学案例，注重知识的实践转化。对未成年人的媒介素养的培养，除了课堂教学外，还应注重课堂知识与课外实践的结合，只有将课本真正应用于指导实践经历，才能使符号逻辑关系具有社会意义。媒介素养课程应注重培养学生的实践能力，通过丰富的教学案例，培养学生的动手能力，围绕课堂知识不断进行实践训练，通过训练提升未成年人对媒介素养的认知。例如，关于网络安全设置相关专题，通过参展、影片教育、经历分享会等方式为未成年人揭示网络中存在的安全问题；让学生通过辩论、课堂演示、访谈、短视频等形式，寻找身边的网络安全隐患以及应对这些隐患的措施等；针对未成年人推动媒介素养的课程实践和科研工作，将媒介素养教育与校园社团活动相结合，将媒介知识的学习、使用、创作能力的训练和媒介批判精神的培养渗透到社团活动中，通过社团活动充分发挥学生的自主性、实践性，使学生在做中学、在玩中学，将知识传授与实践有机结合起来。

（3）注重师生情感交流，建立交互式的教育模式。教师与学生之间应注重交互式关系的培养，媒介素养课程的开设离不开老师的带动作用，学生在老师的人格熏陶和知识经验中获得启迪，老师应该改变以分数为教学目标的取向，将教学变成有利于未成年人探究、思考、生活的舞台，除了为学生提供知识外，关心其良好人格和创造性的培养，为学生提供宽松仁爱的人文环境，促使学生对学校的学习生活充满依恋。

3. 家庭、学校间良性互动

家庭、学校、同辈间的互动是影响未成年人网络安全的隐性因素，只有微观系统间良性互动促成中间系统的和谐一致，才能够为未成年人成长提供良好环境。家庭学校之间的互动合作可以为未成年人创造更多的学习机会，让家庭参与到学校教育中，消除家庭与学校的隔离。广州的媒介素养教育实践高度重视家庭媒介素养教育与学校媒介素养教育的结合，特别是结合了学校的家委会、家长学校和家校互动，通过家庭媒介素养教育讲座、亲子沙龙、家长开放日体验课等多种形式，让新一代父母提升媒介素养。比如海珠中路小学就开展了“让我们约定吧”家庭亲子讲座，在老师的辅导下，让家长和孩子签订《媒介健康使用合约》；明日之星小学利用全校家长开放日的机会，让教师在各班级开展家庭媒介素养教育亲子体验课；开发区一小利用假期安全教育的时间，开展全校的家长网络安全教育公益讲座。家庭与学校从不同角度，共同监督孩子的上网行为，及时发现孩子异常，并积极进行干预，为未成年人的网络活动安全提供可靠保障。

（二）外部系统——行业、企业、公益组织协同治理

为了维护互联网秩序，我国成立了专门的互联网组织、部门来进行网络的治理与规范。例如，为保证和促进我国互联网的健康发展，加强我国互联网络域名系统的管理，中国互联网络信息中心（China Internet Network Information Center，简称 CNNIC）于 1997 年 6 月 3 日组建，现为中央网络安全和信息化委员会办公室（国家互联网信息办公室）直属事业单位，行使国家互联网络信息中心职责；2001 年 5 月 25 日中国互联网协会成立，由国内从事互联网行业的网络运营商、服务提供商、设备制造商、系统集成商以及科研、教育机构等 70 多家互联网从业者共同发起成立，是由中国互联网行业及与互联网相关的企事业单位自愿结成的全国性非营利社性会组织。互联网企业、事业单位、公益组织通过行业自律，积极参与遏制网上低俗风气，才能净化网络文化环境，保护未成年人的健康成长。未成年人网络安全的维护还离不开互联网行业多元主体的共同治理。在行业条例和政策方面，由不同的协会、行业组织牵头发起的公约、细则等规范着互联网行业的运行。例如，2004 年，我国制定了《中国互联网行业自律公约》，该公约倡议全行业从业者从维护国家和全行业整体利益的高度出发，积极推进行业自律，创造良好的行业发展环境，中国互联网协会作为公约的执行机构，负责公约的组织实施；2018 年 11 月，为了规范短视频传播秩序，中国网络视听

节目服务协会联合国内主要视频网站，制定了《网络短视频平台管理规范》和《网络短视频内容审核标准细则》100 条[①]；2019 年 1 月，湖北省标准化学会、武汉市软件行业协会和武汉斗鱼网络科技有限公司，联合发布了《网络直播平台管理规范》和《网络直播主播管理规范》，是中国直播行业发展至今正式出台并实施的首批网络直播团体标准[②]。在技术发展方面，互联网服务商和内容供应商有选择地为未成年人提供信息服务，采用实名注册、分级登录，将不良信息进行过滤后发送，要求用户在其讨论区发言时使用真实身份，以便相关部门进行事后追查。例如，2019 年 3 月 1 日，腾讯启动了“儿童锁”模式测试，13 周岁以下未成年人在首次登录游戏前，将被强制要求登记认证，只有在监护人授权完成“解锁”后才能登录，且登录之后仍遵循现行健康系统的游戏时间限制，“儿童锁”通过企业提供的技术工具，让家长拥有充分知情权，更直接有效地管控孩子的游戏行为，同时，家长也可以运用好“儿童锁”，对孩子进行个性化引导，以良性互动培养更好的亲子关系，促进未成年人健康成长。[③]

（三）宏观系统——国家政策法规的完善

健康的网络环境离不开完善的国家法律体系。为了保障网络安全，维护网络空间主权和国家安全、社会公共利益，保护公民、法人和其他组织的合法权益，促进经济社会信息化健康发展，全国人民代表大会常务委员会于 2016 年 11 月 7 日发布《中华人民共和国网络安全法》，自 2017 年 6 月 1 日起施行。为了保障未成年人的网络空间安全，保护未成年人合法网络权益，2017 年 1 月，国务院法制办公布《未成年人网络保护条例（送审稿）》，面向社会征求意见，送审稿针对网络信息内容建设、未成年人网络权益保障、预防和干预、法律责任等方面进行了详细规定，该法律的发布将意味着未成年人网络保护领域基础性法律的问世，将为未成年人网络安全提供坚实的

① 参见 http：//finance. eastmoney. com/a/201811299959650 78. html。
② 参见 http：//news. sina. com. cn/o/2019 －01 －28/doc －ihqfskcp1169380. shtml。
③ 参见 http：//tech. ifeng. com/a/20190301/45321322_ 0. shtml。

保障。

未成年人网络安全的维护需要微观、中间、外部、宏观系统之间的相互配合。从宏观上来看，需要国家政策法律的支持，从外部环境来看，则需要互联网行业的规范自律；从中微观层面看，需要家庭、学校与未成年人之间形成良好的互动，不同的主体共同参与、协同治理，才能够为未成年人健康成长提供良好的网络环境。

参考文献

张燕贞、喻承甫、张卫：《青少年网络游戏成瘾的心理社会影响因素》，《中国健康心理学杂志》2017 年第 7 期。

赵华明：《论网络隐私权的法律保护》，《北京大学学报》（哲学社会科学版）2002 年专刊。

Olweus, D. (1993). Acosoescolar, "bullying", en lasescuelas: hechos e intervenciones. *Centro de investigación para la Promoción de la Salud*, *Universidad de Bergen*, *Noruega*, *2*.

Smith, P. K., Madsen, K. C., & Moody, J. C. (1999). What Causes the Age Decline in Reports of Being Bullied at School? Towards a Developmental Analysis of Risks of Being Bullied. *Educational Research*, *41* (3), 267 – 285.

车广吉、丁艳辉、徐明：《论构建学校、家庭、社会教育一体化的德育体系——尤·布朗芬布伦纳发展生态学理论的启示》，《东北师大学报》（哲学社会科学版）2007 年第 4 期。

张志安、沈国鳞：《媒介素养：一个亟待重视的全民教育课题——对中国大陆媒介素养研究的回顾和简评》，《新闻记者》2004 年第 5 期。

B.14

农村留守儿童互联网运用状况

郑素侠　李雪丽*

摘　要： 报告基于“农村留守儿童媒介使用与媒介素养教育”课题的问卷数据，对河南省淮阳县留守儿童及其监护人、农村中小学教师开展深度访谈，结合访谈质性资料，分析了农村留守儿童互联网使用的行为特征和偏差，并针对提高留守儿童的网络素养提出相应的网络素养教育思路。

关键词： 留守儿童　互联网使用　网络素养

一　前言

农村留守儿童是指父母一方或双方外出务工，每年务工累计时间超过半年，被留置在户籍所在地，由父母一方或其他监护人照顾、无人照顾的农村儿童，且年龄在18岁以下（0～17岁）①。民政部发布的2018年农村留守儿童数据显示，截至8月底，全国共有农村留守儿童697万余人，96%由祖父母或外祖父母照顾，4%由其他亲戚朋友监护②。父母缺位、亲情疏离，致使留守儿童在成长和社会化过程中面临较多困惑与问题。

---

* 郑素侠，郑州大学新闻与传播学院教授、副院长；李雪丽，郑州大学新闻与传播学院硕士研究生。

① 全国妇联课题组：《全国农村留守儿童、城乡流动儿童状况研究报告》，《中国妇运》2013年第6期。

② 中华人民共和国民政部：《图表：2018年农村留守儿童数据》，2018年9月1日，来自：http：//www. mca. gov. cn/article/gk/tjtb/201809/20180900010882. shtml。

中国互联网络信息中心（CNNIC）发布的第43次《中国互联网络发展状况统计报告》显示，截至2018年12月，我国网民规模为8.29亿，互联网普及率达59.6%；其中农村网民规模为2.22亿，占比26.7%①。互联网以一种新型信息传播工具的身份进入农村，并日益普及。与此同时，留守儿童开始使用电脑、智能手机等工具接入互联网，将互联网作为了解世界、认识社会的重要渠道。但由于缺少监护人的有效监管，互联网成为留守儿童寄托情感的主要平台，他们比非留守儿童更迷恋网络虚拟空间中的交流与交往。

因此，了解农村留守儿童的互联网使用行为特征和行为偏差，培养他们学会利用网络为个人生活和学习服务的能力，以及理性、批判地接受和处理网络信息的能力，是一项具有迫切意义的课题。更进一步地，通过网络素养教育培养留守儿童的表达和参与意识，培养他们利用网络发出声音、表达意愿的能力，进而成长为信息社会的合格公民，具有现实意义。

本报告数据来源于“农村留守儿童媒介使用与媒介素养教育”课题组在劳务输出大省河南、安徽、湖南三省的问卷调查数据（2014～2015）。课题组共发放问卷1140份，回收问卷1123份，其中有效问卷1023份，有效回收率为89.7%。为补充质性数据，研究者于2018年12月至2019年1月在河南省淮阳县对留守儿童及其监护人、农村中小学教师开展深度访谈20余人次，分析农村留守儿童互联网使用的行为特征和偏差，并提出相应的网络素养教育思路。

二　留守儿童互联网使用行为特征

（一）首次触网的低龄化趋势明显，习得途径主要是自学

在互联网接触上，留守儿童首次触网年龄明显呈低龄化趋势。调查数据显示，农村留守儿童首次触网年龄在10岁以下的比例高达91.8%，远高于

① 中国互联网络信息中心（CNNIC）：第43次《中国互联网络发展状况统计报告》，2019年2月，来自：http：//www.cac.gov.cn/2019－02/28/c_1124175677.htm。

未成年人 10 岁之前触网比例为 72.0% 的调查数据①。46.5% 的留守儿童在学龄前就开始接触互联网，而在 10 岁及以后才开始上网的比例只有 8.3%（见图 1）。而且，留守儿童上网技能的习得途径多为自学，占比达到 70.7%，有 9.6% 的留守儿童是从父母处学会上网，另外有 19.6% 的留守儿童是从同学或朋友那里习得上网技能（见图 2）。

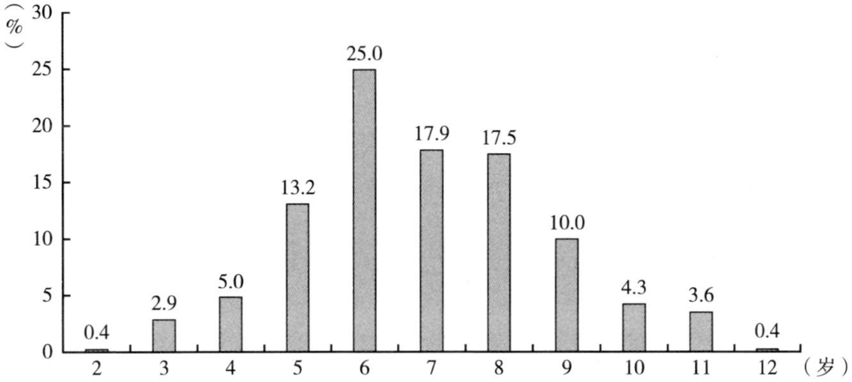

图 1　留守儿童首次触网年龄

（二）互联网成为留守儿童最常接触的媒介，手机是其主要上网工具

随着传播技术在乡村社会的进一步普及，以及手机成为便捷的上网终端，互联网逐步取代电视在留守儿童日常生活中的角色，成为他们最常接触的媒介。问卷调查表明，留守儿童接入互联网的设备主要是手机，占比 87.1%，上网设备为电脑的占比 11.4%，使用平板电脑上网的比例仅为 1.4%（见图 3）。相较于城市未成年人上网设备的多元化，留守儿童的互联网接入设备略显单一。留守儿童的上网工具主要来源中，使用“家人的手机”的比例为 68.2%，“使用家人为自己购买的手机”占比为 26.1%（见

① 季为民、沈杰主编《中国未成年人互联网运用和阅读实践报告（2017～2018）》，社会科学文献出版社，2018。

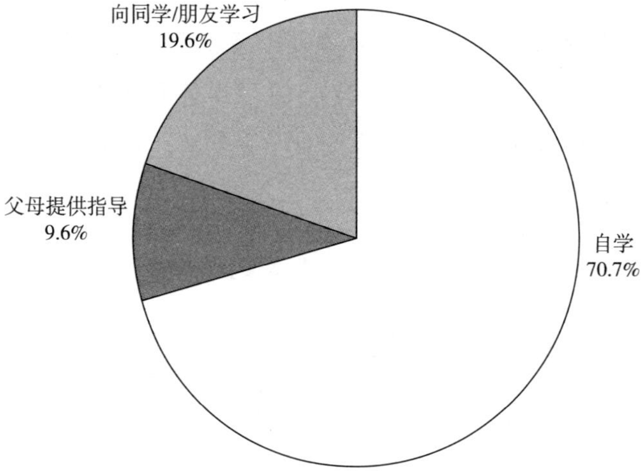

图2　留守儿童的上网技能习得途径

图4）。访谈发现，有些留守儿童会在休息日使用家长手机上网，但大部分留守儿童使用的是父母或哥哥姐姐已经淘汰的手机；有些父母会为孩子购置比较廉价的手机，以方便联系和沟通。

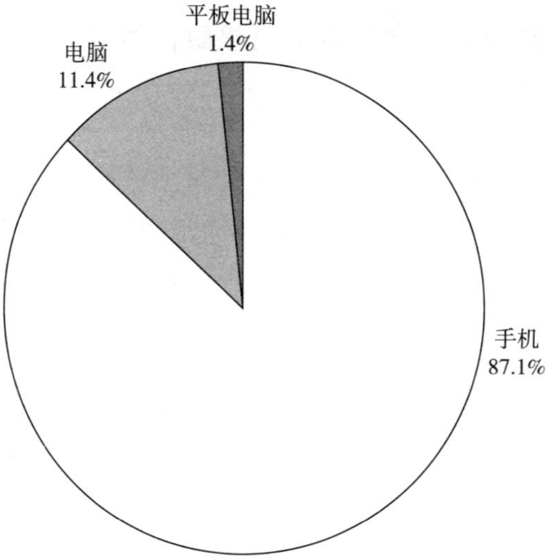

图3　留守儿童的上网设备

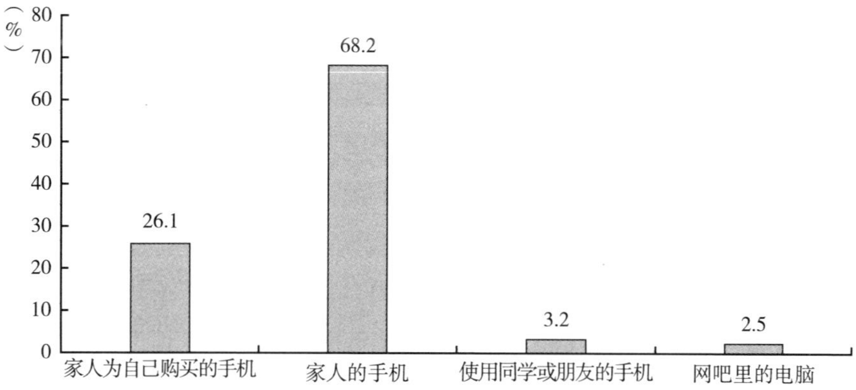

图 4　留守儿童上网工具来源

（三）留守儿童上网频率较高，近1/2的人每天上网

调查数据显示，45.7%的留守儿童每天上网，68.5%的人每周上网（见图5）。访谈发现，走读生的上网频率远高于寄宿生，学校禁止携带手机的规定很大程度上降低了寄宿留守儿童的上网频率。而在休息日，互联网和电视几乎占据了他们全部的非睡眠时间。留守儿童的上网行为频繁地穿插于完成作业的过程，这也是问卷调查时有17.1%的留守儿童说不清楚自己上网频率的原因之一。

（四）上网时长适中，超七成的留守儿童上网时间在1小时以内

问卷调查显示，53.6%的留守儿童每次上网持续时长大约为半小时，72.5%的在1小时左右或更短（见图6）。时间短、频率高是留守儿童使用互联网的主要特征。同时，有13.5%的留守儿童每次上网时长约在4小时甚至更长，数据分析表明，这类留守儿童的上网频率亦更高。

（五）人际交流成为留守儿童上网的主要动机，其次是消遣娱乐

留守儿童的互联网使用动机如图7所示。有46.9%的留守儿童将人际

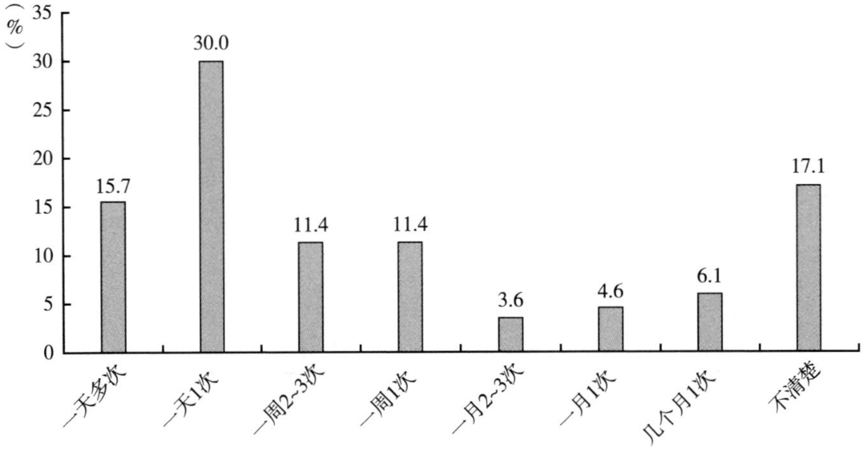

图5　留守儿童上网频率

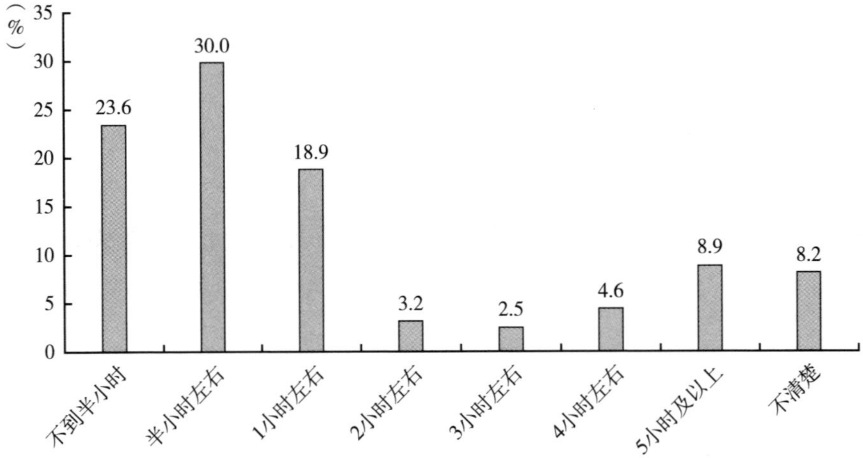

图6　留守儿童每次的上网时长

交流作为上网的主要动机，另有三成的留守儿童将消遣娱乐作为上网的动机。

（六）留守中学生和小学生的网络内容偏好有明显差异

关于网络内容的选择，留守中学生比较偏好新闻资讯类信息，其次是人

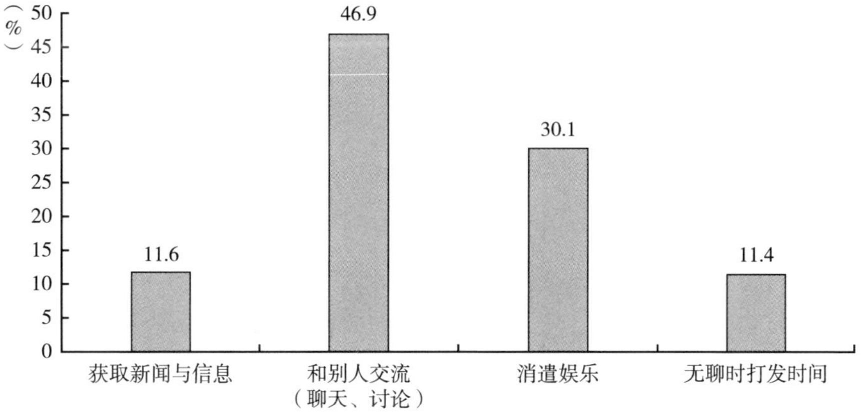

图7　留守儿童的上网动机

际交流类信息，而对网上购物和支付则兴味索然（见图8）。对于留守小学生而言，网络游戏具有较强的吸引力，网上的新闻资讯和人际交流的吸引力较弱（见图9）。

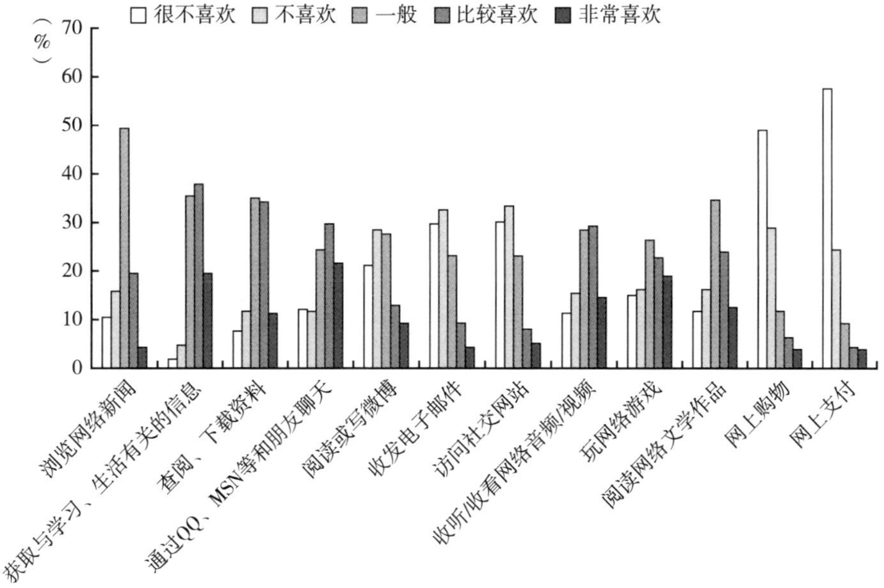

图8　留守中学生的网络内容偏好

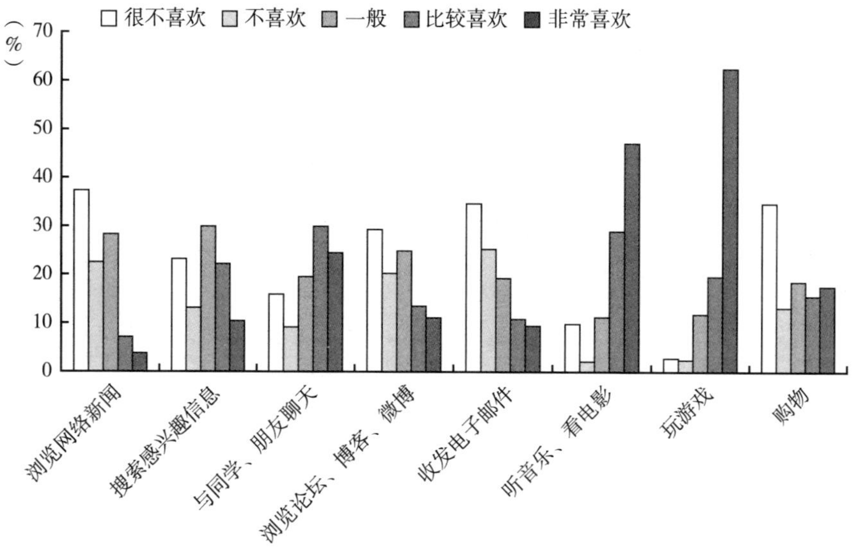

图9　留守小学生的网络内容偏好

（七）“在线学习”应用成为留守儿童最看重的网络功能

当被问及“你觉得最重要的网络功能有哪些”时，被留守儿童排在最前面的是“在线学习”功能，占比55.7%。随着信息技术的普及，留守儿童逐渐意识到网络学习功能的重要性，他们期待能像城市里的同龄人一样享受网络学习的便利。不可忽视的是，认为“网络游戏”功能最重要的占比达到了41.1%，“网络短视频”也被留守儿童评价为最重要的网络功能（见图10）。学习成绩因素在“在线学习”和“网络游戏”两项功能诉求中扮演着重要角色。其中，学习成绩为“优”（班级排名为前三分之一）的留守儿童更多地认为网络的“在线学习”功能最重要，学习成绩排名靠后的留守儿童会认为“网络游戏”功能最重要（见图11）。

（八）留守中学生和留守小学生的网络素养特征较为接近

留守儿童的网络素养测量指标为网络知识、网络技能、网络评价和网络参与①。数据分析显示，留守中学生与留守小学生在4个指标上的得分均值呈现较为一致的特征，即：网络评价 > 网络知识 > 网络参与 > 网络技能（见图12）。留守中学生和留守小学生的“网络评价”和“网络知识”的得分均值都超过了3.0，说明他们具备一定的网络知识基础，能够相对理性地对待网络信息；而在“网络技能”与“网络参与”方面，留守中学生和留

① 留守中学生的网络知识量表（α = 0.743）由以下5个题项构成：①通过互联网，世界上任何国家的人之间都可以建立联系；②在网上发布信息，比登在报纸上能吸引更多的人关注；③在网上可以买东西，付钱时也可以网上支付；④IE是一款网页浏览软件，访问网页时要用到它；⑤“360安全卫士”是一款查毒、杀毒软件，用于保护电脑不受病毒攻击。留守小学生的网络知识量表（α = 0.757）由如下5个题项构成：①上网时遇到不健康的内容（如暴力、血腥），应自觉关闭网页；②不能随便将陌生人加入QQ好友列表，或接受陌生人的聊天请求；③网上跟陌生人聊天时，不能随便说出自己的真实姓名、学校名称、家庭住址、父母的手机号等；④在网上发布信息时，不能攻击他人，或者散布违法的内容；⑤遇到网上有坏人伤害自己，应及时告诉老师或家人。以上问题采用李克特五级量表测量，“1”到“5”分别表示“完全不同意”“不同意”“半同意半不同意”“同意”“完全同意”。

留守中学生网络技能量表（α = 0.928）由以下7个题项构成：①使用搜索引擎查找自己感兴趣的信息；②使用QQ与同学或朋友聊天；③从电脑中删除一个文件；④在IE地址栏中输入要访问的网址；⑤使用邮箱收发邮件；⑥从网上下载一款常用软件；⑦在自己电脑上安装一款常用软件。留守小学生网络技能量表（α = 0.876）由以下8个题项构成：①在网上搜索感兴趣的信息；②汉字输入（打字）；③从电脑中删除一个文件；④播放网上的动画片；⑤注册一个邮箱账号或微博账号；⑥写微博；⑦在IE地址栏中输入要访问的网址；⑧在电脑上安装一款常用软件。以上问题采用李克特五级量表测量，“1”到“5”分别表示“非常不熟练”“不熟练”“一般”“熟练”“非常熟练”。

留守中学生网络评价量表（α = 0.816）由以下4个题项构成：①网络给我们的生活和学习带来很大的方便；②网络对于一个国家的经济和社会发展也很重要；③网上的信息很丰富，但需要我们认真筛选；④网上的信息鱼龙混杂，需要我们认真鉴别。留守小学生网络评价量表（α = 0.675）由以下4个题项构成：①网上有很多课本上学不到的课外知识；②迷恋上网会影响到我的学习；③网上也有坏人，结交朋友要谨慎；④黑客攻击网站的行为是不对的。以上问题采用李克特五级量表测量，“1”到“5”分别表示“完全不同意”“不同意”“半同意半不同意”“同意”“完全同意”。

留守中学生网络参与量表（α = 0.829）由以下4个题项构成：①我愿意通过QQ的个人空间与好友分享心情和观点；②我平时写博客/微博；③我愿意参加网上一些热点话题的讨论；④对于感兴趣的话题，会在网上发帖/转帖/跟帖。留守小学生网络参与量表（α = 0.618）由以下3个题项构成：①我愿意参加网上的讨论；②在网上看完新闻后，我有想发表意见的念头；③如果班里建立了QQ群，我愿意在群里对班级事务积极发言。以上问题采用李克特五级量表测量，“1”到“5”分别表示“完全不同意”“不同意”“半同意半不同意”“同意”“完全同意”。

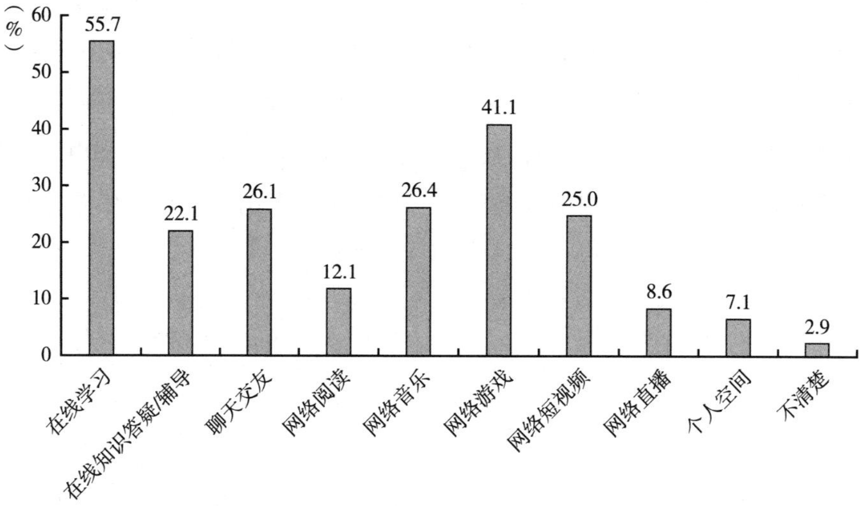

图 10　留守儿童认为最重要的网络功能

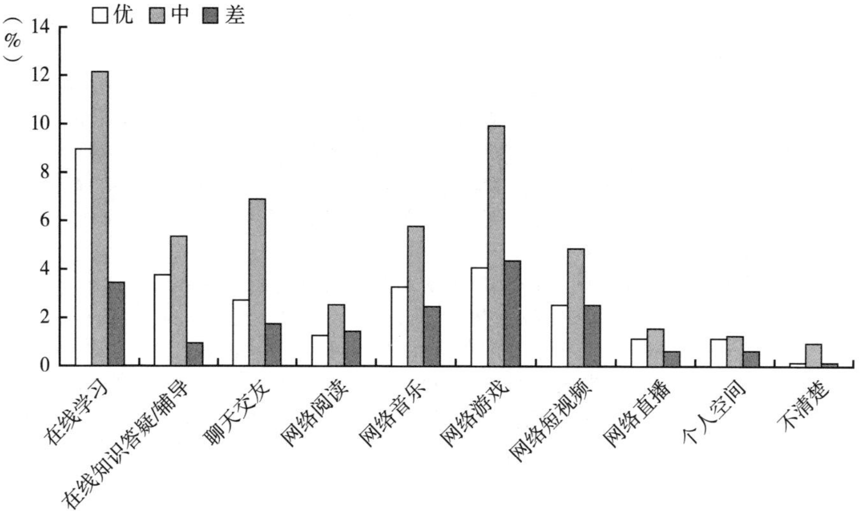

图 11　学习成绩优的留守儿童更倾向于认为在线学习是最重要的网络功能

守小学生的得分均值都低于 3.0，说明他们的网络操作技能水平较低，通过网络参与意见表达的意愿亦不够强烈。

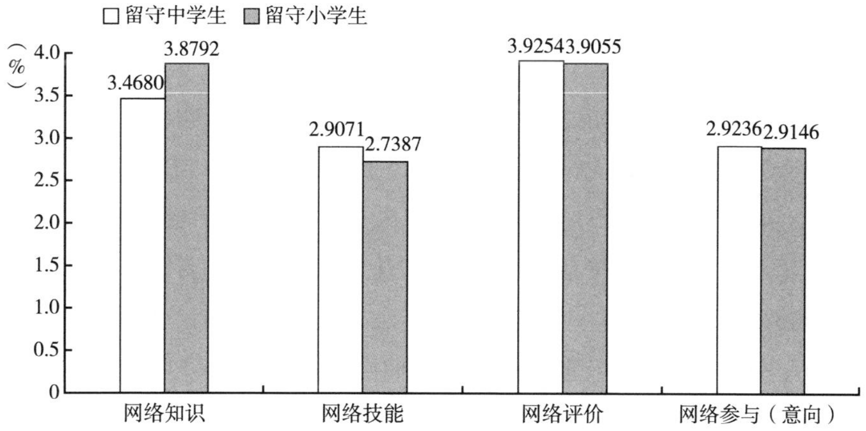

图12 留守儿童网络素养量表的得分均值

（九）留守儿童网络素养与多项属性显示出相关性

1. 网络知识的影响因素

回归分析显示，留守中学生的网络知识与每周上网时间、学校关系、年龄、学习成绩及性别显示出一定的相关性。具体而言，每周上网时间（$\beta = 0.157$，$p < 0.05$）、学校关系（$\beta = 0.150$，$p < 0.05$）①、年龄（$\beta = 0.123$，$p < 0.05$）、学习成绩（$\beta = 0.108$，$p < 0.05$）正向影响留守中学生的网络知识，即男性、年龄愈长、学习成绩愈好、每周在网上花费时间愈多，其网络知识愈多。

留守小学生的网络知识仅和家庭关系（$\beta = 0.360$，$p < 0.001$）② 存在相

① 问卷中询问受访者：你在学校里感觉如何？①我在我们班很愉快；②在班里，我是个受欢迎的人；③在班里，我是个重要的人；④我和同学们的关系很好；⑤老师认为我不是好学生；⑥我讨厌学校。以上问题采用李克特五级量表测量，由“1”到“5”分别表示“完全不同意”“不同意”“半同意半不同意”“同意”“完全同意”。其中题项⑤在统计时反向计分。留守中学生“学校关系”量表信度为0.726。留守小学生“学校关系”量表信度为0.635。

② 问卷中询问受访者：你在家里感觉如何？①家里人只关心我的学习；②我很关心我的家庭；③我感觉不愉快；④我与家人相处得很融洽；⑤爸爸和妈妈的关系不好。以上问题采用李克特五级量表测量，由“1”到“5”分别表示“完全不同意”“不同意”“半同意半不同意”“同意”“完全同意”。其中题项①、③、⑤在统计时反向计分。留守中学生“家庭关系”量表中，删除影响量表信度的题项①后，其量表信度为0.691。留守小学生“家庭关系”量表中，删除影响量表信度的题项②后，其量表信度亦为0.691。

关性，即家庭氛围愈融洽的留守小学生，其网络知识愈多。

2. 网络技能的影响因素

回归分析显示，留守中学生的网络技能与每周上网频次（$\beta = 0.180$，$p < 0.001$）、性别（$\beta = 0.115$，$p < 0.05$）、学校关系（$\beta = 0.110$，$p < 0.05$）、年龄（$\beta = 0.109$，$p < 0.05$）存在一定的相关性。具体而言，性别为男、年龄越大、学校关系越融洽、每周上网频次越多的留守中学生，其网络技能越高。

留守小学生的网络技能与网络游戏偏好（$\beta = 0.150$，$p < 0.05$）、性别（$\beta = 0.145$，$p < 0.05$）存在相关性。具体而言，性别为男、愈偏好网络游戏的留守小学生，其网络技能愈高。

3. 网络评价的影响因素

回归分析显示，留守中学生的网络评价与学校关系（$\beta = 0.180$，$p < 0.001$）、网络新闻资讯偏好（$\beta = 0.163$，$p < 0.05$）、年龄（$\beta = 0.142$，$p < 0.05$）显示出一定相关性。具体而言，年龄越大、学校关系越融洽、越偏好网上新闻资讯的留守中学生，越能够较为理性地评价网络及网络信息。

留守小学生的网络评价与家庭关系（$\beta = 0.267$，$p < 0.001$）显示出相关性，即与家人相处愈融洽的留守小学生，愈能够对网络及网络信息做出理性评价。

4. 网络参与意向的影响因素

回归分析显示，留守中学生的网络参与意向与网络新闻资讯偏好（$\beta = 0.162$，$p < 0.001$）、年龄（$\beta = 0.151$，$p < 0.001$）、学校关系（$\beta = 0.142$，$p < 0.05$）、每周上网频次（$\beta = 0.104$，$p < 0.05$）存在一定的相关性。具体而言，年龄越大，学校关系越融洽，每周上网频次越多，越偏好新闻资讯的留守中学生，其网络参与意向越强烈。

留守小学生的网络参与意向与网络资讯获取（$\beta = 0.370$，$p < 0.001$）、每周上网频次（$\beta = 0.248$，$p < 0.05$）显示出一定的相关性，即每周上网频次愈多、愈偏好网络资讯获取的留守小学生，其在网络空间的参与意向愈强烈。

由以上回归分析结果可知，留守儿童网络素养水平的高低，与多项属性存在相关性，其中，性别、年龄、学习成绩的优劣、家庭氛围的融洽程度、在校与老师和同学关系的好坏，以及具体的网络使用行为都在不同程度上影响留守儿童的网络素养水平。充足的上网时间与频次，对网上新闻资讯的偏好和使用，有助于提升留守儿童的网络素养。

三　留守儿童互联网使用行为偏差

（一）娱乐消遣功能占据主导地位，学习助手功能相对较弱

问卷调查数据显示，留守儿童认为互联网的“在线学习”功能最重要，但实际上最常使用的是互联网的游戏、音乐、视频等娱乐消遣功能。家庭关系的残缺，使留守儿童更易将互联网作为获取精神慰藉的工具，从互联网接触中获得暂时性满足。笔者开展的深度访谈表明，多数留守儿童的生活常态几乎全是玩游戏。如以下案例所示。

留守儿童鑫鑫（男，13 岁，与爷爷奶奶一起生活）：

> “爸妈给我买了智能手机，星期天一到家（我）就不出去找其他人玩，就想玩手机，主要玩《王者荣耀》《吃鸡》，也会看一些科技新闻，我印象最深的一个新闻是‘第一次换头手术’。基本上休息的三天我都在玩手机，最长的一次大概有 16 个小时，眼睛都红了，有时候也会去网吧玩，但比较少。”

留守儿童洋洋（男，12 岁，由爷爷奶奶照看）：

> “我都是写一会儿作业玩一会儿手机，遇到不会写的题就用‘作业帮’拍照搜答案，也会用‘小猿搜题’。不想写的时候还可以玩玩游戏，看看抖音，俺爷还会认为我在学习，就不会吵我了。”

留守儿童帅帅（男，13 岁，与爷爷、弟弟一起生活）：

“家里没有学校那样的学习氛围，我在家的时候很少学习，要么是玩玩我弟弟的手机，要么是看看电视，因为手机上也没啥好玩的，我有时会看看有关历史的信息，晚上吃饭的时候可以和爷爷聊历史。”

留守儿童母亲丹姐（33 岁，儿子 4 岁）：

“也没教过他，他自己就会在应用里下载游戏，像《小伴龙》《汤姆猫跑酷》《欢乐赛车大战》。有些游戏我一个大人都不知道怎么玩，他倒是玩得挺好，自己也会在腾讯视频里看他喜欢的动画片，最常看的是《汪汪队立大功》等，都看了好几季了。养成习惯后，喊他吃饭都喊不动。”

农村小学教师杨老师（女，27 岁，教授英语课程）：

“因为小学规定不让带手机，（孩子们）想带也不敢带，校长每天晚上都去宿舍检查。下课后他们就疯玩，跳绳、踢毽子、打乒乓球。很多学生家长反映，学生放学回家都会抱着手机玩，对这些学生来说，上网就是玩游戏。我跟班吃饭，听到他们讨论最多的就是游戏，像《王者荣耀》《吃鸡》，那些优等生除外。”

（二）对互联网功能的认知较单一，工具性使用程度偏低

网络信息的海量与丰富并未使其成为留守儿童日常生活和学习的帮手，在学校、家庭的干预和监管下，手机、电脑等上网设备似乎成为剥夺儿童学习欲望的“魔鬼”，留守儿童在这场角逐战中形成了对互联网功能的单一认知——一种获得愉悦的工具。

留守儿童小党（男，10 岁，父亲在外地打工，与母亲一起生活）：

“我觉得手机可以玩游戏、看电视节目、给爸爸妈妈打电话、发视频，其他就没有了吧。我跟同学讨论《吃鸡》的时候挺开心的，和打乒乓球一样开心，但是我不太会玩。”

城市儿童享有的“互联网 +”教育，对于处在偏远农村的留守儿童来说仍过于陌生，他们利用互联网搜索信息、获得新知的技能也相对偏低。问卷调查数据显示，留守儿童的网络操作技能尚未达到中等水平，在网上搜索感兴趣的信息的能力尚不娴熟，对网络的工具性使用程度仍然较低。

留守儿童帅帅（男，13 岁，与爷爷、弟弟一起生活）：

“最常用的是百度，但是没有特意搜过我喜欢的历史知识，都是看它自己弹出的，因为我看完一个，点下刷新，屏幕上就会出现新的，还是和历史相关的，所以我自己也很少去搜。”

留守儿童荣荣（女，12 岁，由爷爷奶奶照料）：

“我会用手机听歌、看电视节目，也会用‘作业帮’搜不会做的题，但有时候‘作业帮’上面的答案也不准确，更多的时候我会问老师和同学。老师也给我们说过上网时少玩游戏多看一点儿新闻，但我不太喜欢新闻，所以也没咋看过。”

基于对互联网功能认知的单一化，留守儿童并未将互联网作为认识社会、了解世界的窗口。改变留守儿童对互联网功能的认知，培养他们利用网络获取生活和学习信息的能力，提高他们对互联网的工具性使用程度，应当引起社会各界的重视。

（三）互联网使用行为缺少有效的监管和引导

多数留守儿童由年迈的爷爷奶奶照顾，爷爷奶奶对留守儿童的物质需求和身体健康关注较多，但对学习等其他方面则采取听之任之的态度：

留守儿童奶奶王阿姨（62 岁，孙子 12 岁）：

“（孩子）吃饱穿暖不生病就够了，管多了俺媳妇儿也不高兴，照顾孙子不容易，打了骂了都不好弄，中间还隔着他（孩子）爸妈呢。”

“只要航航不跑出去生事儿，能够搁家里坐得住，电视手机啥的随便看随便玩，玩玩手机也不会有啥（危险），也不会耽误大人干活。学习（方面）他爸妈会管，咱也不识几个大字，教错了都是责任，就随他便。”

留守儿童奶奶吴阿姨（59 岁，孙子 10 岁）：

“（生活上）没敢亏待过他呀，只要说想吃啥，（他）说一声，这边就去买了。也是可怜他爸妈不在家，像个野孩子，不舍得打。（有时）手机玩的时间长了，饭都不吃，他爷气急了会吵他一顿，吵完下次还是不改。”

七年级班主任李老师（女，27 岁）：

“有的爷爷奶奶送孩子来上学，就握着我手说：‘俺搁家都管不住，到你这该打打，该骂骂，多替俺管管。’有些学生皮的，爸妈都管不住，别说爷爷奶奶了，（家长）有摔手机的，还有把手机锁起来的，不管啥用。”

“我偶尔会在课上告诫他们少玩点游戏，多浏览点新闻，多查一些跟时政有关的东西，没几个人听。”

进一步访谈发现，无论是父母一方在外打工还是父母双方都在外打工，他们在留守儿童的互联网使用上并未发挥太多的监管或引导作用。

留守儿童母亲华姐（33 岁，大女儿 10 岁，二女儿 8 岁，儿子 5 岁）：

“他下载的游戏，玩一会儿我就给他删了，基本上他每次玩游戏都要重新下载。家里小孩多手机少，如果都玩，就我一个手机，（让）谁玩（不让）谁玩？所以都不给玩，不听话了就打。玩他爷爷奶奶的手机，我就不管了。”

留守儿童欣欣（女，9 岁，父亲在外地打工，与母亲一起生活）：

“我妈会管我，不让我玩手机。但是我会偷偷地在被窝里玩，主要就是看看视频，跟我爸发微信。但是这几天妈妈把我手机弄得连不上网了，我就有点儿生气。”

留守儿童鑫鑫（男，13 岁，与爷爷奶奶一起生活）：

“我从来不主动给他们（爸妈）打电话，他们打过来我也不接，反正就是叮嘱好好学习，别在学校闹事，少上点儿网，我都听烦了。就是答应他们不玩手机了，玩的时候他们也看不见，我爷爷管不住我的，该咋玩还是咋玩。”

留守儿童祖辈的文化程度普遍较低，缺乏监管和指导能力。留守儿童父母一方在家时会通过干预上网设备（如设置 Wi-Fi 密码）、规定上网时长等手段管理儿童的网络使用行为。但均在外打工的父母，只能通过电话沟通的形式了解留守儿童的上网行为，监督和引导作用往往不如人意。

问卷调查数据亦显示，家庭关系的融洽程度很大程度上影响了留守儿童网络素养水平的高低，家庭关系愈融洽，留守儿童的网络素养水平愈高。而留守儿童上网行为偏差的背后，不仅是生活中温情与关爱的缺失，亦是与监护人之间有效沟通的缺席。因此，父母应该意识到，营造和谐家庭关系，加强亲子陪伴，是培养儿童健康上网的前提。

（四）网络安全意识相对薄弱，易面临网络安全问题

留守儿童虽然也是“数字时代的原住民”，对互联网产品和应用有着相对较高的敏感度和接受能力，但由于身心尚未健全、父母监管的缺失，他们也是最易受到网络侵害的群体。这从 2017 年发生的未成年人网络安全事件——“《王者荣耀》成为未成年人沉迷网游的典型”中可见一斑。小学生沉迷网游《王者荣耀》的现象经《人民日报》、新华社接连发文批评后，引起社会广泛讨论，儿童的网络安全问题再次进入大众视野。

笔者在访谈过程中，也发现了留守儿童沉迷手机游戏的极端案例：

> 小超舅妈：“他学习成绩很差，也不学习，就天天抱着手机玩游戏。有一次家里人找不到他，后来发现他蹲在别人家墙角玩手机，都晚上 11 点多了。他爷爷根本管不了，说他说得有点多了，还嘴都是轻的，有时候直接和他爷爷奶奶动手。他爸妈都在外边打工，他根本不会接爸妈电话，妹妹接电话只是哭着问妈妈啥时候回来。”（小超今年 8 岁，父母均在外地打工，和爷爷奶奶、妹妹一起生活）

留守儿童不仅容易被网络游戏吸引，还面临网络利益平台的诱惑。受访者李丹的儿子曾在她不知情的情况下向某平台付费下载了游戏。

> “他自己是不知道这些游戏的好处和坏处的，觉得好玩就下载，也不管要不要钱。我发现之后，就给他讲了什么样的游戏不能下载，还会尽量关闭手机的上网功能。”

从家长和教师的反馈中，我们发现他们对留守儿童使用互联网的担忧：不良网络内容侵害孩子的心灵，影响他们的学习成绩和身心健康，网络直播平台和短视频向农村的扩散也使网络安全问题变得更加复杂。此外，留守儿童在使用家人手机的情况下，也会受到大人所浏览信息的影响，这些内容未必适合儿童。

四　留守儿童网络素养教育思路

留守儿童的互联网使用行为偏差，暴露出有效监管和引导的缺失，以及他们网络素养水平的低下。留守儿童的人生观、价值观尚在形成的关键时期，对他们进行网络素养教育，培养他们利用网络为个人生活和学习服务的能力，以及对各种网络信息的解读和批判能力，进而使他们学会理性地对待和评价网络信息，自觉抵制网络不良信息的影响，是当下的一项迫切课题。

本报告认为，在农村中小学教育中设置网络素养课程，对农村中小学教师进行网络素养培训，实行家庭网络素养教育计划，吸纳社会力量参与留守儿童的网络素养教育，强化他们的网络安全意识，可有效提高留守儿童的网络素养。

（一）推动网络素养教育在农村中小学教育中的常规化

留守儿童对互联网功能认知的单一性，很大程度上是因为缺少有效指导和引导。调研发现，农村中小学的网络教育设施相对匮乏，大部分中小学生未接受过学校的网络素养教育。在有条件的学校，虽然尝试开设计算机与网络课程，但由于这样的课程尚未纳入升学考试的科目范围，所以往往被必考科目取代。笔者建议，在教育资源向农村中小学倾斜的条件下，在对素质教育大力倡导的当下，应将网络素养教育纳入计算机与网络课程，并设置成农村中小学的常规课程。

本报告建议，网络素养课程应注重：①讲述基本的网络知识和操作技能；②培养留守儿童获取有价值信息的能力；③提升留守儿童解读网络信息和抵制不良网络信息的能力；④培养留守儿童理性、有序参与网络活动的能力。开设网络素养课程的目的，一方面使留守儿童具备基本的网络操作技能，提高他们的互联网运用能力；另一方面使他们正确理解网络媒介内容，培养他们的媒介评价能力①。

（二）开展面向农村中小学教师的网络素养培训

留守儿童多为寄宿学生，大部分时间是在学校度过，学校自然而然成为他们成长的第一课堂，而教师在他们成长中发挥的作用甚至超过父母。

但调研发现，目前农村中小学教师的学历普遍不高，多为中等师范毕业，在一些偏远山区，更不乏一些由高中毕业生担任代课教师的情况。这些教师自身的网络素养水平并不高：网络知识匮乏，网络操作技能较低且网络评价能力不高，仅有少数教师能够熟练地运用互联网媒介查找专业资料；而且，部分教师受自身素质所限，不仅未将网络作为获得重要教学资源的平台，反将网络作为休闲娱乐的工具。农村中小学教师普遍偏低的网络素养，导致他们难以对学生的互联网使用行为进行有效的指导②。

本报告建议，政府应牵头组织面向农村中小学教师的网络素养培训，提升教师自身利用互联网学习和教学的技能。此外，学校要不定期考核教师的网络课程教学技能，以规避此类课程形同虚设的情况。

（三）推进家庭网络素养教育计划的实施

留守儿童的父母多在孩子幼时就选择外出务工，生存的现实压力导致他们无法为孩子提供亲子共同居住的家庭环境，久而久之，亲子关系的疏离愈加严重，父母对孩子上网行为的监管亦愈加困难。调研发现，父母往往是在孩子沉迷网络时才进行干预，但这种滞后管理反而强化了留守儿童的叛逆心理。

---

① 郑素侠：《加强农村留守儿童的网络素养教育》，《中国社会科学报》2014年6月20日。

② 郑素侠：《加强农村留守儿童的网络素养教育》，《中国社会科学报》2014年6月20日。

为更好地推进家庭网络素养教育计划的实施，报告建议留守儿童父母：①提升自身网络技能。“文化反哺”现象表明当代儿童的网络技能正在赶超上一代，挑战父辈权威，如果父母不能与时俱进，家庭传播中“数字代沟”就会愈发加深。②借助技术产品及时了解和干预儿童的上网行为。技术产品的日新月异为父母远程监控孩子的网络生活提供了可能，在外打工的父母可借助远程工具了解和控制孩子的上网时间，并进行在线辅导。③以身作则，为孩子树立上网榜样。部分父母在对待孩子和自身上网行为时采用双重标准，尚未意识到自身不正确的网络使用习惯无形中给孩子带来的影响。留守儿童父母在与孩子相处期间，应该严格规范自身行为，做孩子上网的好榜样。

（四）吸纳社会力量参与留守儿童的网络素养教育，强化他们的网络安全意识

在西方国家，公益性的社会组织已成为未成年人媒介素养教育的重要推动力量。如在美国，来自民间的媒介素养联盟（AMLA）和媒介教育行动联合会（ACME），为包括未成年人在内的个人和团体机构提供媒介素养教育网络和课程。在英国，目前已有超过 250 个志愿机构提供媒介和创造性艺术方面的课程，内容包括电影摄制、电脑美术设计、网页设计和音乐录制等，为当地未成年人的网络素养教育及其他各类媒介素养教育无偿提供服务①。

留守儿童的网络素养教育是一项全民性的公益事业，需要社会各界力量的共同参与。国内企业腾讯公司专门针对农村留守儿童的网络素养教育问题开展了“腾讯 DNA（Digital Natives Action）计划”，携手多家公益组织开展提升网络素养的农村支教活动。除了企业的积极响应外，还应发动更多的社会力量参与到留守儿童的网络素养教育中：可发动高校教育工作者，如新闻传播专业教师、教育学专业的教师，由他们编写面向农村中小学生的网络素养教育普及读物，在政府教育部门的帮助下，免费发放给农村中小学学生；

① 郑素侠：《加强农村留守儿童的网络素养教育》，《中国社会科学报》2014 年 6 月 20 日。

号召大学生志愿者和民间公益人士走进农村中小学课堂，向他们传播网络知识，普及基本的网络技能，强化他们的网络安全意识。只有发动全社会力量关注留守儿童，并积极参与到留守儿童的网络素养教育中，留守儿童的未来才有希望①。

参考文献

中国互联网络信息中心（CNNIC）：第 43 次《中国互联网络发展状况统计报告》，来自：http：//www. cac. gov. cn/2019 -02/28/c_ 1124175677. htm，2019 年 2 月。

中华人民共和国民政部：《图表：2018 农村留守儿童数据》，来自：http：//www. mca. gov. cn/article/gk/tjtb/201809/20180900010882. shtml，2018 年 9 月 1 日。

全国妇联课题组：《全国农村留守儿童、城乡流动儿童状况研究报告》，《中国妇运》2013 年第 6 期。

季为民、沈杰主编《中国未成年人互联网运用和阅读实践报告（2017 ~2018）》，社会科学文献出版社，2018。

郑素侠：《农村留守儿童的媒介使用与媒介素养教育》，社会科学文献出版社，2017。

郑素侠：《加强农村留守儿童的网络素养教育》，《中国社会科学报》2014 年 6 月 20 日。

① 郑素侠：《加强农村留守儿童的网络素养教育》，《中国社会科学报》2014 年 6 月 20 日。

B.15

广州未成年人互联网运用状况

冯英子　谢素军*

摘　要： 报告基于广州市11区实证调研数据，分析了广州市未成年人互联网运用状况、影响因素、行为特征和存在的问题，提出对策建议。当前未成年人是新的网络一代，他们沐浴在Bits（数位）里、沉浸在小屏幕里、活跃在虚拟社区，在追星文化的风靡下，被数字技术改变生活。引导未成年人正确使用互联网，需要发挥主流文化的价值导向作用，加强网络社交平台监管，创新学校教育方式，引导他们合理分配闲暇时间。

关键词： 互联网　未成年人　网络一代

一　前言

互联网方便了生活，也改变了生活；互联网塑造了年轻的网络一代，网络一代也用自己的行动影响着互联网。当我们发现，孩子们正以超乎以往的速度接受、传播、创造着互联网上的信息、资源时，才不得不惊叹于他们基于互联网获得了前所未有的智力启蒙和潜力开发。“网络会毁了孩子们”“网络会让孩子们变笨”“上网很耽误学习时间”……这些传

* 冯英子，广州市穗港澳青少年研究所助理研究员，硕士，主要研究方向：青少年发展、社会工作等；谢素军，广州市穗港澳青少年研究所研究中心主任、副研究员，博士，主要研究方向：共青团与青年工作、政治哲学等。

统观念正在被颠覆，年轻的网络一代会运用互联网制作动漫、短视频，设计海报，创作文学作品，参与世界网游竞技、在线功课辅导；网络的共享、合作、公开、透明等特点影响着年轻网络一代的思想观念，他们的价值观变得更注重自由、自定义、诚信、合作、娱乐、速度和创新。他们是以行动者、倡议者、创作者、参与者和合作者等多重身份成长起来的一代，互联网塑造了他们。

本报告基于2018年广州青年发展状况调查数据，共收集416个未成年人有效样本，总结了14～18岁的广州未成年人互联网运用状况，分析他们在互联网运用方面的特征及存在的问题，提出对策建议，让未成年人在互联网时代能更顺利、健康地成长。

二　广州未成年人互联网运用基本现状

（一）未成年人上网时长大幅增加，手机上网频繁

调查显示，广州未成年人平均每天上网总时长约为5小时，其中使用手机上网约3.7小时，电脑上网约1.3小时。相比2016年，未成年人上网时长增加了2.24小时，几乎是2016年上网时长的两倍。尤其是未成年人手机使用时间日均将近4小时，这一数据也是现实情况的反映，当前在中学生群体中，“低头族”随处可见，手机不让带进校园，学生们就在地铁上、公共汽车上、马路上、餐厅里用手机查资料、看新闻、追星、购物……手机已融入他们的日常生活。

表1　广州未成年人上网时长

选项	N	极小值	极大值	均值	标准差
每天使用手机上网_____小时	384	.0	12	3.705	2.8504
每天使用电脑上网_____小时	387	.0	12	1.293	2.3440
合计				4.998	5.2252

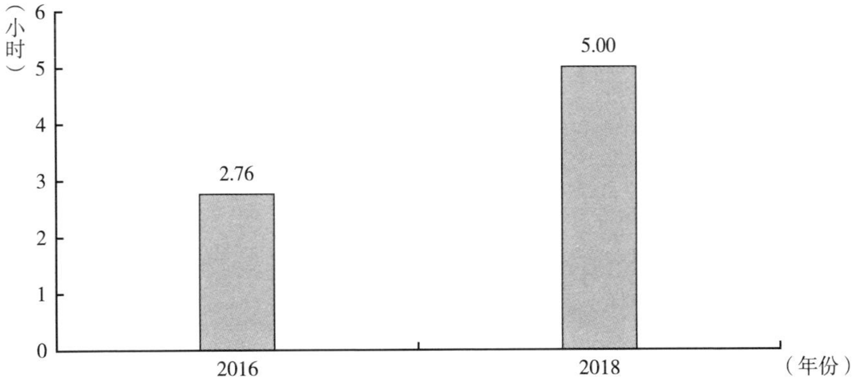

图1　上网时长变化

（二）社交网站成为最高频浏览对象，网络直播成新时尚

广州未成年人上网最主要是浏览各大社交网站，使用QQ、微博、微信进行聊天交友，这一比例高达79.8%。虚拟社交是互联网最重要的一个功能，社交网站是传播信息的一个非凡方式。而随着马克·扎克伯格创立"FaceBook"，全球掀起一股"在线私人空间"的风潮，随后而来的新浪微博、微信朋友圈，改变了网络一代的社会交往方式。让他们变得更加离不开社交网络。"看直播、听音乐、追剧"是第二大上网内容，选择此项的未成年人占63.1%，网络直播是当前颇为流行的娱乐方式，直播内容各种各样，满足未成年人不同兴趣爱好。排在第三位的未成年人上网内容是"购物、玩游戏、旅游指南"，比例为48.4%，随后依次是"阅读/在线学习/搜索资料"（33.7%）、"看新闻、收发邮件"（19.0%）、"看/发帖、评论事件"（11.6%）、"关注喜爱的明星相关信息"（9.2%）。

（三）未成年人网络月均消费超过300元，移动支付成主流

自从移动支付风靡大江南北以来，出门已不需要带过多现金，支付手段更为便捷、高效。CNNIC发布的第42次《中国互联网络发展状况统

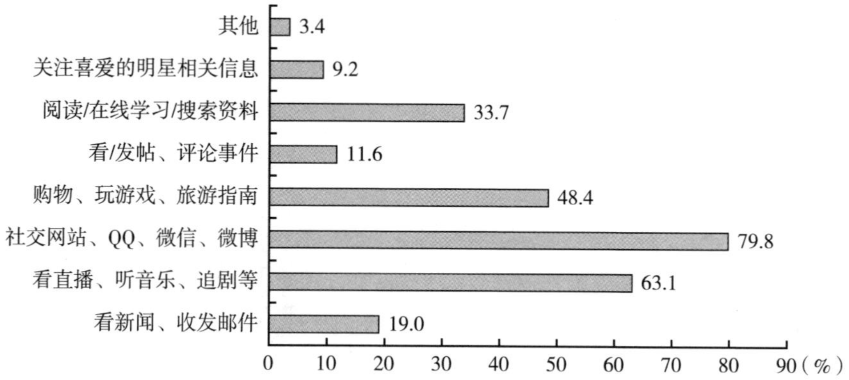

图2　广州未成年人上网内容

计报告》显示，截至2018年6月，我国网络购物用户规模达到5.69亿，占网民总体的比例达到71%；手机网络购物用户规模达到5.57亿，比2017年末猛增10.2%。尤其是在线下消费使用手机支付的用户中，使用微信支付与支付宝的比例分别达到95.6%和78.1%。在此种大背景下，广州未成年人2017年全年平均月消费1208元，网络消费为326.4元，占比超过四成。

根据本次调查，广州未成年人网络消费占比最大的是“买护肤品、衣服”，比例为63.9%；第二位是“外卖订餐”（50.8%），第三位是“生活支出（如买菜/水果、交水电费）”（38.3%）；也有31.6%的未成年人会在网上“购买书籍、网络课程”，还有14%的受访者表示会购买平台会员、消费券；9.4%的广州未成年人会进行游戏充值，表示会订购旅游路线的占6%，看直播打赏主播的占1.9%。

（四）网络语言便于交流沟通，表情包文化盛行

语言是文化的载体，网络语言生长于网络，又酝酿了特有的网络文化。随着互联网技术的革新，这种语言形式在互联网传播中有了极快的发展。目前，网络语言越来越成为人们网络生活中必不可少的一部分。每年都诞生许多网络用语以及各式表情包，都是人们常常使用的。本次我们调查了广州未

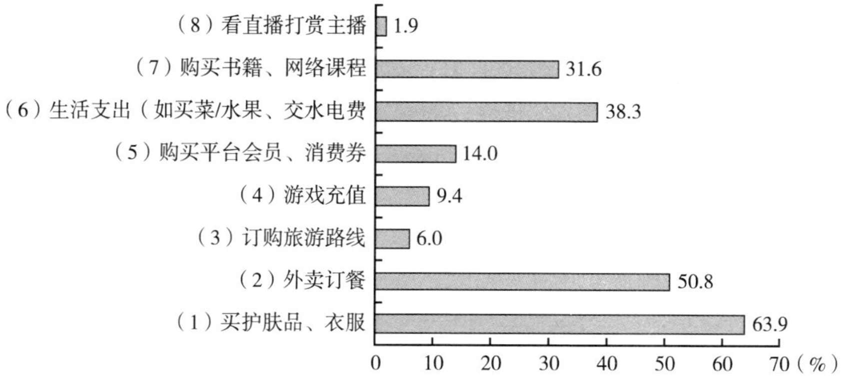

图 3　广州未成年人上网消费

成年人使用网络语言的情况，发现仅有 12% 的广州未成年人表示没使用过网络语言；有 47% 的受访者认为网络语言便于交流沟通，16% 的受访者认为网络语言可以含蓄表达一些不能直说的内容，还有 13% 的未成年人认为网络语言“时尚、有趣、能表达个性”，12% 的人使用网络语言是随大流、受网络环境影响。

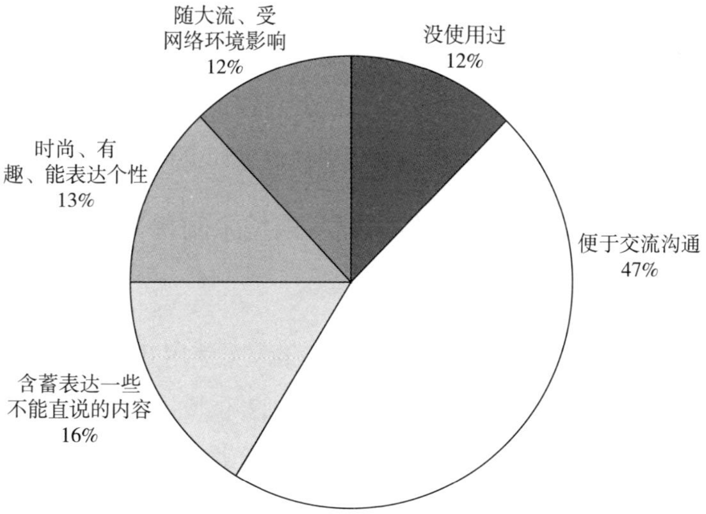

图 4　广州未成年人网络语言使用情况

在大量的网络语言中，表情包符号尤为盛行。每当一件社会新闻、娱乐热点爆发，就催生出各种各样的表情包，“转发这条锦鲤”“小猪佩奇社会人”“今天也要加油鸭!”，包括网红明星、萌宠、二次元动漫等在内的多种表情包，已经成为人们在网络上表达情绪的主要载体。网友们热衷于创作表情包，既可缓解尴尬、调节气氛，又可进行“斗图”，“斗图”也是近年尤为流行的网络语言，即用有趣的图片、表情包来彼此调侃、斗嘴，表情包这类网络语言俨然已成为网友们互动交流的最重要符号媒介。

（五）抖音、快手异军突起，录“短视频”成未成年人最爱

当问及“您会在现实生活中进行哪些网络行为”时，有33.2%未成年人表示会使用抖音、快手等社交App录制视频并分享给网友，26.8%的受访者会学习网络主播的美妆方法与服装搭配，参与电子竞技的比例排在第三位，占24.6%，随后依次是从事网络音乐作品创作（22.4%），追星、加入粉丝团体（14.3%），加入字幕组翻译、短视频创作（10%），同网友在现实世界见面的比例较低，仅为7.3%；仅有4.3%的受访者会进行Cosplay角色扮演。值得注意的是，广州未成年人十分热衷于抖音、快手、网络直播等新兴的网络娱乐方式，这些平台在为未成年人提供丰富多彩的娱乐内容时，也常常传播低俗信息，这就要求家长、老师对孩子进行正确引导，社会、政府相关部门要对网络直播、短视频内容加强监管和审核。

（六）广州未成年人擅长使用互联网技术制作视频、创办微博或微信公众号

本次调查显示，有37.9%的广州未成年人会使用互联网技术来创作动漫、短视频作品；32.4%的广州未成年人会创办微博、微信公众号；排在第三位的是“设计表情包符号”，有28.4%的受访者选择了此项；随后依次是撰写制作网游攻略（14.6%）、成为美食博主旅游博主（11.8%）和网游代练（10.3%）；还有16.6%的受访者选择了“其他”，主要有“写小说”“P图”“原创音乐”等。网络一代从互联网上获取了前所未有的海量信息，享

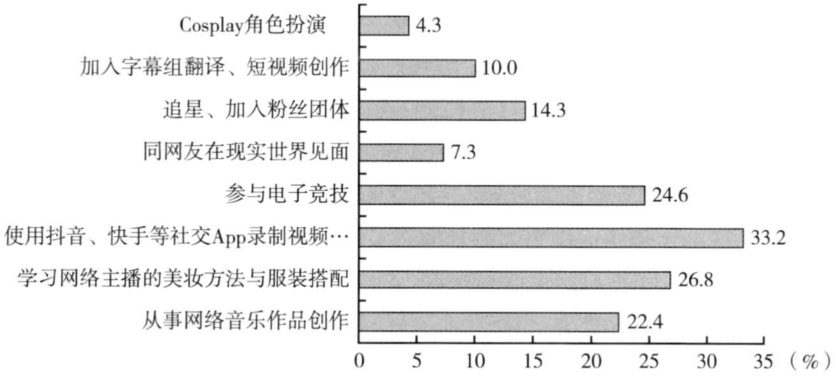

图5　广州未成年人网络行为

受到极度便捷的商业服务，他们也是最熟悉互联网技术的一代，每天生产着品种繁多的文化内容，这些文化内容有短视频、原创文章、表情包等等。当我们还在担忧互联网让孩子们变“蠢”的时候，孩子们已经为我们证明互联网也让他们掌握了更多的新技术，有些未成年人还可以利用这些技术来挣钱。

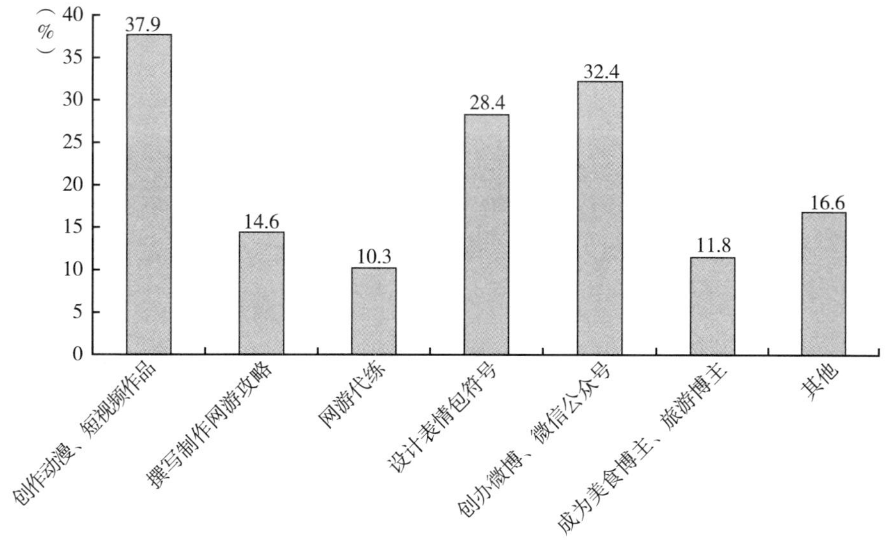

图6　广州未成年人互联网技术使用情况

（七）广州未成年人对互联网影响的正面认知居多，受网络暴力、网络谣言影响的比例低

广州未成年人对互联网影响的认知多为正面，有 56.1% 的认为互联网“丰富了我的生活，培养兴趣爱好”，38.1% 的认为互联网“有助于我的学习、工作”，33.7% 的未成年人认为网购、外卖、网络订票方便生活，33.5% 的未成年人通过互联网了解国际、国家时事政治等，29.4% 的未成年人认为互联网提供展现自我的平台、增强社交能力，25.3% 的受访者认为互联网提升了自己对国家、社会的认同感和参与感。对网络影响的负面认知主要集中在“导致视力下降或其他身体疾病”（13.3%）、“看直播/游戏/聊天/网络成瘾”（13.0%）、“浪费时间，分散精力，影响学习/工作”（9.6%）和“上网花钱太多”（7.7%）。受访者参与网络暴力、受到网络欺诈的比例较低，均为 1.7%。

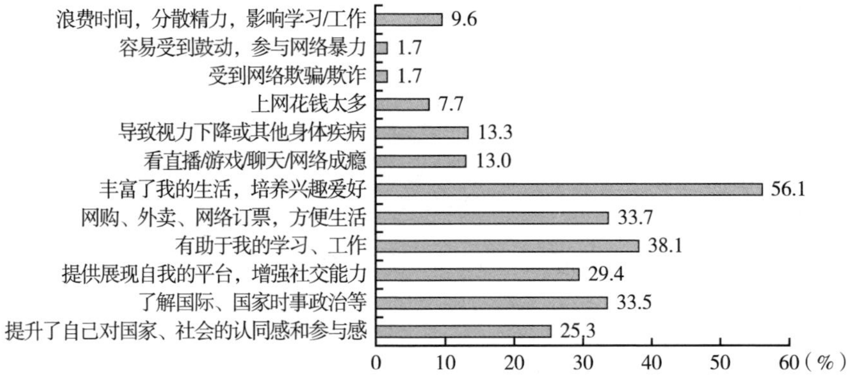

图 7　网络影响广州未成年人情况

三　影响广州未成年人互联网运用的主要因素

（一）性别

1. 男性日均上网时间多于女性

将性别与广州未成年人的日均上网时长做 T 检验发现，男性的上网时

长显著高于女性（$t = 3.376^{***}$），男性每天上网5.68小时，女性每天上网4.20小时，究其原因，主要是男性玩网游较多，在上网内容中“玩游戏”一项男女差异显著（$\chi^2 = 16.880$，$P < 0.001$），有59.4%的受访男性会选择此项，女性选择这一项的比例仅为38.9%。网游是一项耗时较多的网络娱乐活动，我们常常能看到男孩子们在网吧集体打游戏，可以一整天都沉浸于网络游戏世界里。而现在手机智能化大幅提升，手游受到年轻人追捧，根据CNNIC数据，截至2018年6月，我国网络游戏用户规模达到4.86亿，较2017年末增长4391万人；手机网络游戏用户规模明显提升，达到4.58亿，较2017年末增长5123万人，占手机网民的58.2%。

表2　性别与上网时长

性别	N	每天上网时长(小时)	t检验
男	163	5.6816	3.376^{***}
女	205	4.2041	

注：$*p < 0.05$，$**p < 0.01$，$***p < 0.001$。

2. 性别显著影响未成年人的网络消费类型

对比不同性别未成年人的网络消费情况发现，女性明显更爱上网买护肤品、衣服，这一比例为78%，而男性仅为45.8%，女性高出男性约33个百分点；男性明显更爱上网点外卖（59.8%），比女性高约17个百分点，女性受访者会上网订外卖的比例为42.7%；会给网络游戏充值的男性占15.1%，女性才4%。而女性对“购买书籍、网络课程”的兴趣要高于男性，有37%的女性受访者表示会进行此项网络行为，而男性这一比例仅为25.1%。

3. 追星“主力军”为女性，男性最爱电子竞技

进一步分析发现，在“追星、加入粉丝团体”这一网络行为上，女性比例远远高于男性（$\chi^2 = 28.228$，$p < 0.001$），有22.7%的女性表示会在网络上进行此种行为，而男性该比例仅为3.1%。在“学习网络主播的美妆方法与服装搭配”上，女性和男性的选择也有显著不同（$\chi^2 = 34.250$，$p <$

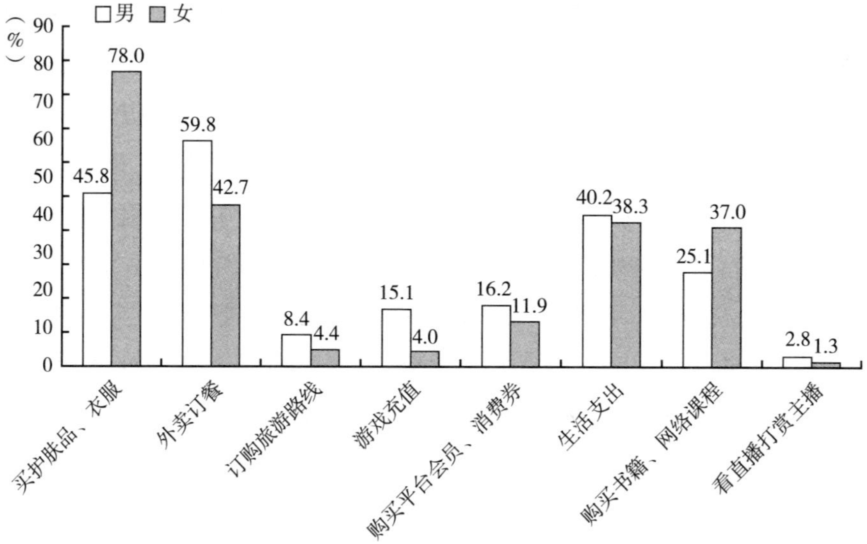

图8　性别与上网消费

0.001)，有38.6%的女性受访者表示会在上网时进行这项行为，相比男性的该比例11.3%要高出约27个百分点。而男性受访者“参与电子竞技”的比例远高于女性（$\chi^2 = 40.438$，$p < 0.001$），男性选择此项的比例为40.3%，而女性仅为11.6%，同时，“从事网络音乐作品创作”的男性受访者比例（28.9%）高于女性（16.9%）。

表3　不同性别未成年人网络行为情况

单位：%

性别	从事网络音乐作品创作	学习网络主播的美妆方法与服装搭配	使用抖音、快手等社交视频App录制视频并分享给网友	参与电子竞技	同网友在现实世界见面	追星、加入粉丝团体	加入字幕组翻译、短视频创作	Cosplay角色扮演
男	28.9	11.3	32.7	40.3	9.4	3.1	11.3	4.4
女	16.9	38.6	32.9	11.6	5.3	22.7	9.2	4.3
卡方	7.543**	34.250***	0.001	40.438***	2.313	28.228***	0.454	0.001

注：* $p<0.05$，** $p<0.01$，*** $p<0.001$。

值得注意的是，不同性别未成年人在“使用抖音、快手等社交视频 App 录制视频并分享给网友”上，选择的比例基本相同，且总体比例也是最高（33.2%）。这一数据再次验证当前抖音、快手等 App 确实受到了大多数年轻人的追捧，对于不同性别的未成年人来说，都有同样的吸引力，这也是广州未成年人上网进行的最主要的活动之一。

4. 不同性别未成年人使用互联网技术情况存在显著差异

通过进一步分析得知，男性和女性在互联网技术使用上存在显著差异，具体情况为：男性“创作动漫、短视频作品”的比例要高于女性（$\chi^2=8.780$，$p<0.01$），比例分别为46.3%和31.6%；有18.9%的男性受访者表示会“撰写、制作网游攻略”，女性这一比例为10.2%；“网游代练”这一选项的男女差异最大（$\chi^2=22.933$，$p<0.001$），比例分别为男性17.7%、女性3.3%；“成为美食博主、旅游博主撰写文章”的女性占比显著多于男性（$\chi^2=7.917$，$p<0.01$）；女性受访者会“创办微博、微信公众号”的比例为36.7%，男性为26.3%，二者也存在显著差异（$\chi^2=4.845$，$p<0.05$）

表 4　不同性别未成年人互联网技术使用情况

单位：%

性别	创作动漫、短视频作品	撰写、制作网游攻略	网游代练	设计表情包符号	创办微博、微信公众号	成为美食博主、旅游博主撰写文章
男	46.3	18.9	17.7	24.6	26.3	6.3
女	31.6	10.2	3.3	31.6	36.7	15.3
卡方	8.780**	5.924*	22.933***	2.359	4.845*	7.917**

注：* $p<0.05$，** $p<0.01$，*** $p<0.001$。

（二）户籍

1. 不同户籍未成年人上网时长存在差异，外地农村户籍未成年人上网时长更长

数据显示，不同户籍未成年人的上网时长有显著区别（$F=7.397$，$p<0.001$）。具体来看，广州城镇户籍未成年人的日均上网时长为 3.46 小时，

明显低于广州农村户籍未成年人的4.65小时；外地农村户籍未成年人的日均上网时长为5.80小时，明显高于外地城镇户籍未成年人的4.39小时。

表5　户籍与上网时长

户籍	N	每天上网时长(小时)	单因素 ANOVA
广州城镇户籍	98	3.4648	7.397***
广州农村户籍	49	4.6531	
外地城镇户籍	31	4.3871	
外地农村户籍	184	5.7984	
总数	362	4.8907	

注：* $p<0.05$，** $p<0.01$，*** $p<0.001$。

2. 不同户籍未成年人网络消费情况存在差异

进一步对比不同户籍未成年人的上网消费情况发现，上网“买护肤品、衣服”方面存在显著差异（$\chi^2=11.667$，$p<0.01$），农村户籍未成年人普遍高于城镇，选择此项比例最高的是广州农村户籍未成年人（71.7%），随后由高到低是外地农村户籍（69.2%）、外地城镇（54.3%）和广州城镇（52.0%）；上网“购买书籍、网络课程”也存在差异（$\chi^2=13.807$，$p<0.01$），广州户籍未成年人显著高于外地户籍，选择此项比例由高到低依次是广州农村户籍（43.3%）、广州城镇户籍（39.2%）、外地城镇户籍（34.3%）和外地农村户籍（22.9%）。

表6　不同户籍未成年人的上网消费情况

选项		户籍				卡方
		广州城镇	广州农村	外地城镇	外地农村	
买护肤品、衣服	计数	53	43	19	139	11.667**
	百分比(%)	52.0	71.7	54.3	69.2	
外卖订餐	计数	54	23	17	109	4.927
	百分比(%)	52.9	38.3	48.6	54.2	
订购旅游路线	计数	5	3	3	14	0.968
	百分比(%)	4.9	5.0	8.6	7.0	

续表

选项		户籍				卡方
		广州城镇	广州农村	外地城镇	外地农村	
游戏充值	计数	15	3	2	16	5.571
	百分比(%)	14.7	5.0	5.7	8.0	
购买平台会员、消费券	计数	14	5	9	28	0.157
	百分比(%)	13.7	8.3	25.7	13.9	
生活支出	计数	30	21	14	86	5.439
	百分比(%)	29.4	35.0	40.0	42.8	
购买书籍、网络课程	计数	40	26	12	46	13.807**
	百分比(%)	39.2	43.3	34.3	22.9	
看直播打赏主播	计数	3	1	1	3	0.886
	百分比(%)	2.9	1.7	2.9	1.5	

注：$*p<0.05$，$**p<0.01$，$***p<0.001$。

（三）父亲学历

为考察学历背景对上网时长的影响情况，笔者将未成年人自己的学历以及父母学历同上网时长做相关分析发现，未成年人自身学历和母亲学历与他们的上网时长无明显关联，但父亲学历与上网时长显著相关（$F=4.224$，$p<0.001$）。父亲学历为初中的未成年人每天上网时间最长，为5.62小时，其次是父亲学历在小学及以下者（5.04小时）；父亲学历为高中的未成年人每天上网4.57小时，大专的为3.30小时，大学本科的为2.32小时。由此可知，父亲学历相对更高的未成年人上网时长更短。

表7　父亲学历与上网时长

父亲学历	N	每天上网时长(小时)	单因素ANOVA
小学及以下	48	5.0417	4.224***
初中	158	5.6196	
高中(含中专、中技)	99	4.5707	
大专	18	3.3056	
大学本科	36	2.3153	

注：$*p<0.05$，$**p<0.01$，$***p<0.001$。

（四）政治面貌

笔者将未成年人的政治面貌与他们对网络影响的认知做相关分析，发现政治面貌不同的未成年人，在认为网络有助于“了解国际、国家时事政治，增强政治敏感性”方面有显著区别（$\chi^2 = 7.401$，$p < 0.05$），中共党员和共青团员认为网络对他们有此影响的比例要明显高于群众，比例由高到低是共青团员（39.4%）、中共党员（37.5%）和群众（26.6%）。

同样的，中共党员和共青团员认为网络“丰富了我的生活，培养兴趣爱好”的比例显然要比群众高（$\chi^2 = 16.867$，$p < 0.001$），中共党员比例最高，为75.0%，其次是共青团员（64.8%），而群众选择此项的比例为45.2%。

表8　政治面貌与网络影响认知

网络影响认知		政治面貌			卡方
		中共党员	共青团员	群众	
了解国际、国家时事政治，增强政治敏感性	计数	3	85	50	7.401*
	百分比（%）	37.5	39.4	26.6	
丰富了我的生活，培养兴趣爱好	计数	6	140	85	16.867***
	百分比（%）	75.0	64.8	45.2	

注：* $p < 0.05$，** $p < 0.01$，*** $p < 0.001$。

四　互联网使用特征及存在的问题

（一）沐浴在Bits（数位）里的网络一代

互联网的迅猛发展，让网络一代变得与他们的父母长辈非常不同，他们不会坐在电视机前一整天，而是“泡”在网上一整天，他们在网上有海量并且差异化显著的视频节目可以选择；他们也不再通过短信、电话来联系朋友、沟通事情，而是频繁发送微信或进行视频通话；他们还会聚集在虚拟的社交平台上，分享自己的学习、工作、生活和情感，在网络上搜索最为热门的新闻和他们喜爱的娱乐人物。根据最新调查，广州未成年人每天上网时间已突破6小时，手机上网时间长达4个多小时，可以说，除去上课和休息的时间，其他时间里互联网与未成年人已如影随形，他们作为最新的网络一代，同已成年、工作的青年群体在互联网运用特征上已开始有所区别，比如他们更爱玩直播、追星，更爱运用互联网技术原创作品。未成年人敏感好奇且易于接受新生事物，他们成长在信息化背景下，一出生就被互联网的大环境包围，依靠电脑和手机在互联网平台上获取资料、沟通交流、娱乐放松。同时，经济的发展、科技的进步也带来更高的消费水平和更新的生产力，未成年人接触互联网变得更加容易。网络是一把双刃剑，虚拟世界在丰富未成年人的知识和心灵的同时，也出于未成年人自制力不足、家庭学校的引导不够科学等原因在一定程度上加剧了“网络沉迷”的风险，给孩子成长带来了巨大的危害。

（二）沉浸在小屏幕里的网络一代

手机，仅以一块小小的屏幕，就吸引了未成年人的大部分注意。调查数据显示，广州未成年人的手机上网时间远远超过使用电脑的时间，手机正成为他们访问互联网的最重要工具，移动互联网的发展为这种情况提供了技术保障。可以说，未成年人将手机视为他们日常生活中最重要的“朋友”，一下课，他们就会立即打开手机，以便联系朋友、分享状态、获得信息，手机最原始的功能“打电话”已显得没那么重要，它可以是一部摄像机、一台电视机、一个录音机……“基本上我日常主要的娱乐方式都能通过手机来完成”，“我小学时就开始玩手机了，主要是打游戏”，许多访谈对象如是说。

伴随此种情况而来的是“手机依赖症”，没有手机的话，网络一代会感到很焦虑，当习惯于使用手机的未成年人在脱离这个小工具一段时间后，他们会产生“被剥夺感”，有人就此创造了一个词：“no-mo-phobia”（无手机焦虑症）。他们睡觉时也不关掉手机，并且将这个他们最珍视的所有物置于枕头旁边，以防午夜有人给他们发重要的消息[①]。手机依赖症会对未成年人的身心健康、学业成绩和现实社交能力造成负面影响。过度使用手机，一是会影响未成年人的视力发育以及睡眠质量，不利于身体素质的提高；二是手机的娱乐功能比学习功能更有吸引力，容易分散学习精力和时间；三是手机社交功能打破人际交流时空限制，让人容易沉浸在虚拟空间的人际交流中，不利于未成年人现实社交能力的提升。这些问题需要引起我们的重视。

（三）活跃在虚拟社区的网络一代

网络社交是指人与人之间的关系网络化，表现为人们在网上以各种社会化网络软件进行沟通交往。自“脸书”风靡全球，本土化后的“微博”也受到新兴网络一代的追捧。如今“QQ 空间”“新浪微博”“微信朋友圈”等即时通信平台，以及“天涯社区”“豆瓣”“知乎”等社交平台上聚集着大批的未成年人，他们在社交平台发布自己的照片、消息乃至日常琐事，这让他们之间的分享、交流变得尤为简单、快捷，成为他们结交朋友、交流情感、讨论事件的最主要方式。但随之而来的问题是“隐私泄露”，因为这些应用程序的开发人员可以很轻易地看到用户的个人信息，包括性别、年龄、照片、住址、手机号码等。在网络时代，只要有利可图，甚至有人将这些宝贵的个人隐私“贩卖”，这些信息的暴露，将会给网络使用者的切身利益带来不同程度的损害，“丢了手机”已不仅仅是损失了一个通信录，更是丢了钱包、丢了日记本、丢了相册、丢了所有私人信息。

除了隐私泄露外，网络社交平台可能还会带来让未成年人脱离现实的问题。众所周知，除了语言之外，肢体动作和面部表情等信息在人际交流中也起着很重要的作用。当下流行的一些社交软件，例如 QQ 和微信，主要通过语言和视频方式进行互动，无法让人获得真正的代入感。沉浸于虚拟世界的年轻网络一代，在现实社会中与人沟通交流时，越是内向的学生越容易出现问题。“澳大利亚的一次问卷调查显示：性格、自尊程度、年龄

---

① 〔加〕唐·泰普斯科特著《互联网原生代》，张敬茹等译，机械工业出版社，2018。

大小甚至性别都是导致不当利用手机的因素，而且是不够外向健谈、不够自尊的青年在使用手机上更容易产生问题”。[①] 同时，未成年人的思想意识还未完全成熟，在虚拟世界同人交流时，还极易遭受网络诈骗，近年来此类事件比比皆是。

（四）追星文化风靡下的网络一代

当前，文化娱乐产业快速发展，伴随着网络媒介的高速传播与渲染，各种综艺节目及直播平台如雨后春笋般涌现。如今社交网络媒体已经成为未成年人的聚集地，明星偶像也因此变得更加多元、更易接触，这使未成年人的崇拜现象呈现复杂化、普遍性等特征[②]。近年来对未成年人群体“粉丝文化”“偶像崇拜”现象的研究较为热门。偶像崇拜是从古至今一直存在的社会文化心理现象，它是对幻想中杰出人物的依恋，是个人对所喜欢人物的认同。但当这种崇拜陷入“非理性”的狂热追逐时，就会有诸如“私生饭”事件、追车造成事故的极端案例出现，带来极大的负面影响。还有一些商家看中“粉丝文化”中巨大的潜在利润，通过将商品与偶像明星捆绑宣传，使年轻的“粉丝们”出于崇拜偶像的情感动机，“一掷千金”地购买其产品。而未成年人大多数没有独立经济来源，在追星上花费太多金钱，往往给他们的家庭带来沉重负担，更有甚者通过“校园贷”来筹集资金，产生一系列隐患。另外，未成年人的主业是学习，部分人将过多的时间精力花在追逐偶像上，耽误了学业，这些问题都会影响未成年人的身心健康成长。

（五）被数字技术改变生活的网络一代

数字技术正在改变网络一代的思想方式、行为方式和生活方式。本次接受访谈的广州未成年人谈道：“每天早上手机闹钟叫醒我们后，第一件事就

① 藏楠：《基于大学生手机依赖症背景下高校学风建设研究》，沈阳航空航天大学硕士毕业论文，2017。

② 彭文波等：《新时代青少年崇拜现象的现状与启示》，《青年探索》2018 年第 2 期。

是打开微信、微博看看有没有新的大事件发生，再看看有没有小伙伴找我，洗漱出门后在上学路上刷刷微博、看会电视剧或者打王者荣耀"，谈到学习，他认为在手机上可以进行在线课程学习，"现在很多著名的课外辅导机构都有网络平台了，我们都在网上选课，用手机看视频听课"。互联网技术对孩子们的影响是双向的，孩子们的思维、行为方式也会反过来影响互联网技术的发展。比如本次调查中我们就了解到有 37.9% 的广州未成年人会使用互联网技术来创作动漫、短视频作品，未成年人对这种互联网技术的使用，也推进了动漫视频网站、短视频 App 的发展，让更多的人喜爱这种娱乐形式，并不断从技术层面来优化这些网站、软件。比如百度百科，是由全国成千上万的参与者共同撰写和编辑的，是新型网络合作、运用网络技术的典型例子；网络一代还创办微博、微信公众号，创作网络文学，这些都让相关的平台、媒介有了更长足的发展。

五　对策建议

（一）发挥主流文化价值的导向作用，强化思想教育

习近平总书记曾在全国高校思想政治工作会议上强调："青年的价值取向决定了未来整个社会的价值取向，而青年又处在价值观形成和确立的时期，抓好这一时期的价值观养成十分重要"[①]，而社会主义核心价值观是当代最重要、最值得在未成年人群体中倡导的主流价值观。要发挥主流文化价值的导向作用，强化思想教育，落在实处，就是要求：第一，发挥学校的教育主阵地作用，将社会主义核心价值观融入各项学习实践活动中；第二，重视移动互联网络平台的舆论阵地作用，在聚集了大量未成年人的"微平台"上进行社会主义核心价值观的宣传，比如在未成年人喜爱的社交娱乐平台及 B 站等，融入社会主义核心价值观内容，提升其在未成年人群体中的渗透力；

① 习近平：《在全国高校思想政治工作会议上的讲话》，《人民日报》2016 年 12 月 9 日。

第三，主动联合多平台以增强主流价值观的传播力，以现有的共青团中央微博、广州青年微信公众号的运营为例，建议除了维持现有的业务内容外，还可联合诸如新浪微博、豆瓣、知乎等热门社交 App，共同开发更多优质内容或活动，例如举办一些活动，让未成年网民讲述自己身边的体现社会主义核心价值观的小故事，加强互动交流。

（二）加强网络社交平台监管，净化不良风气

近两年来，以“未成年人”“网络社交”“直播平台”“偷拿父母钱打赏主播”等为关键词的热点事件层出不穷，其中多起纠纷甚至已进入法律程序。针对这些情况，我们一定要加强网络社交平台监管，以净化不良风气。一是要严格“实名认证”制度，未成年人注册登录，需得到监护人的确认，在不把未成年人挡在网络之外的同时，也严格规范其网络行为和网络逗留时长，对任何在实名认证上投机取巧的个人和平台，予以严厉处罚。二是要严格“举报和追责”制度，对于涉及未成年人的网络纠纷事件，设立通畅的举报渠道和严厉的追责机制，严格网络平台准入和退出机制，对于一些屡教不改的平台，要坚决地予以清退。三是严格审核网络社交平台发布的内容，对于“淫秽色情”“暴力谣言”“人肉搜索”等网络负面信息要严查严管严控，一旦发现有平台发布这些内容，立即明令予以下线，整改完成后平台才可恢复使用。

（三）创新学校教育方式，重视网络教育阵地建设

上文提到，当前未成年人是被数字技术改变生活的网络一代，他们在学习、生活方面的行为模式同以往大不相同。学校的教育方式要不断创新，重视网络阵地建设，尽可能贴近未成年人的“审美取向”来开展各项教育工作。具体来说，首先是要探索从单向教学到互动教学的转变路径。在为工业时代培养一名合格工人所设计的“填鸭式”教学法中，老师的教学行为往往是单向的，即老师是传输者，学生是接收者。数码时代的孩子们正在抛弃单向传播的电视，转投互联网的怀抱，他们不喜欢安静坐在电视机前或者教

室课桌前，而是需要互动、交流，老师们可以尝试“及时教学”方式，在课前几小时将课堂的“热身问题”发送到网络上，再根据学生的回应程度及时调整课程。其次是研发网络教育平台，征集学生们感兴趣的课外知识、社会现象、热门学科等议题，邀请著名人物来录制视频讲座，让学生们在网络上可以根据个人的兴趣来挑选合适的内容进行阅读，还可邀请讲座嘉宾在特定时间参与“弹幕”互动，扩大传播力，让未成年人在学习知识的同时又满足了与他人交流、互动的需求。

（四）引导未成年人正确使用手机，合理分配闲暇时间

过度使用手机会危害未成年人的成长，我们首先要致力于引导未成年人正确使用手机。一是可以在全社会倡导合理使用手机的价值观念，营造良好的社会环境，宣传过度使用手机对身心健康的危害，加强技术监督，在一些热门的游戏、娱乐 App 上植入防沉迷系统，要求未成年人进行实名认证，包括最新的面容 ID 登录，检测未成年人使用社交平台、操作游戏的时长，限制未成年人使用手机的时间。二是家长跟未成年人约定使用手机的“规则”，例如可以约定上学的时候不能带手机，防止沉迷于游戏而影响学业，在家时对孩子使用手机的用途也应该有所限制，主要为联系朋友、上网查资料、阅读积极向上健康的书籍、查不会读的单词等，偶尔可以适当地玩会游戏放松一下。

其次，我们要引导未成年人合理分配闲暇时间。可以由学校牵头开展多种形式的户外活动，如当前流行的公益徒步、环保志愿活动都是未成年人喜闻乐见的活动形式，还要加强对各类兴趣社团的经费、场地等支持，加强对学生的吸引力；未成年人要主动发现、培养自己的兴趣爱好，将娱乐需求更多地投向现实世界，充实生活，积极地与同学、老师、朋友、家人进行面对面的谈话和，在现实生活中保持正常的社会沟通和交往，在现实生活中满足正常的社交需求①。

---

① 郭玉欣：《新媒体时代下大学生手机依赖症调查以及对策研究》，《新闻研究导刊》2018 年第 3 期。

参考文献

习近平：《在全国高校思想政治工作会议上的讲话》，《人民日报》2016 年 12 月 9 日。

中国互联网络信息中心：第 42 次《中国互联网络发展状况统计报告》，2018 年 6 月。

〔加〕唐·泰普斯科特著《互联网原生代》，张敬茹等译，机械工业出版社，2018。

藏楠：《基于大学生手机依赖症背景下高校学风建设研究》，沈阳航空航天大学硕士学位论文，2017。

彭文波等：《新时代青少年崇拜现象的现状与其实》，《青年探索》2018 年第 2 期。

郭玉欣：《新媒体时代下大学生手机依赖症调查以及对策研究》，《新闻研究导刊》2018 年第 3 期。

B.16
澳门未成年人手机使用与手机依赖

盛绮娜　李文俊　张荣显*

摘　要： 科技的发展、手机的普及与手机功能的增加使得未成年人形成对手机的依赖，但过度的手机依赖对未成年人的学习生活与身心健康都将造成不容忽视的负面影响。本文对澳门6～17岁未成年人使用手机的状况、手机上网活动及应用进行了描述与分析，并编制量表测量未成年人对手机依赖的程度。基于数据分析，我们认为政府、社会各界与教育工作者皆应该正视过度的手机使用带来的手机依赖问题，积极宣传合理使用手机的理念；家长亦要关注未成年人的手机使用，并积极进行沟通与指引；未成年人自己亦可以积极运用手机时间管理工具，增强自制能力，减轻对手机的依赖程度，趋利避害，正确使用手机。

关键词： 手机　手机使用　手机上网　手机依赖

一　前言

通信技术与信息科技的发展日新月异，在这十年间，手机领域内已掀起一场智能手机革命，过往以语音通话及文字简讯为主要功能的传统手机正在

* 盛绮娜为澳门互联网研究学会（MAIR）理事长，李文俊为博易数据研究员，张荣显为澳门互联网研究学会会长。

被与之迥然不同的智能手机取代，智能手机凭其外观、功能以及高性价比快速地占据市场，用户可以通过智能手机便捷地连接互联网。随着移动互联网的发展，网页浏览、影音娱乐、购物、支付、预约等功能皆被整合到手机当中，具备多种功能的手机产品被推至市场，人们正在实现“一机通行”，手机亦已经成为人们的多功能掌上生活助手。

科技的进步与手机设备的更新迭代固然给人们的生活带来许多便利和乐趣，但不可避免会带来一定的负面效应。手机功能的增加使人们使用手机的深度、对手机依赖的程度随之增加，这有其必然性与合理性，但对手机的过度依赖甚至成瘾同样会使人们的身心健康受到负面影响。“低头一族”已屡见不鲜。尤其是，未成年人正处于人生中极为重要的求学阶段，对事物的辨别能力、自制能力普遍不如成年人，其手机使用状况更需要进一步的观察与研究。在未成年人普遍使用手机的今天，如何对未成年人的手机使用进行有效的教育指引，引导其正确使用手机，从而避免对手机的过度依赖影响未成年人的学业、身心健康、社交能力以及健全人格塑造。引导未成年人正确使用手机，应该成为全社会共同关注的课题。

二　分析框架

本文数据来自澳门互联网研究学会管理及执行的《澳门互联网研究计划》，从 2001 年起，过去 19 年几乎每年进行大规模随机抽样电话调查（2002、2011 年除外），访问 6～84 岁会说中文的澳门居民，调查结果可以反映澳门居民使用互联网、使用手机及其他新传播科技的状况。本篇将抽取调查中与手机使用相关的问题并以其调查结果为基础，选取当中 6～17 岁的未成年人样本进行分析，并将其划分为 6～11 岁及 12～17 岁两个年龄段，将部分结果与 18～84 岁成年居民的状况做横向比较分析，与此同时，亦会将结果与往年调查结果做纵向比较分析，如无特别指明，本文的数据均来自 2019 年最新的调查结果。

表 1 调查执行情况

调查年份	2009	2010	2012	2013	2014	2015	2016	2017	2018	2019
调查日期	11/19 ~ 12/2	11/19 ~ 12/3	5/22 ~ 29	5/6 ~ 14	5/31 ~ 6/15	6/23 ~ 29	1/10 ~ 31	1/2 ~ 14	1/29 ~ 2/12	1/21 ~ 2/20
回应率（%）	38. 1	45. 2	71. 6	58. 0	23. 7	40. 0	45. 4	35. 3	39. 9	35. 1
合作率（%）	66	69	73	74	67	79	78	70	86	66
抽样误差（%）	±2. 51	±2. 4	±2. 83	±2. 64	±3. 2	±3. 2	±3. 2	±3. 2	±3. 2	±3. 2
完成个案	1586	1808	1250	1427	1000	1002	1002	1000	1000	1000
6 ~ 11 岁未成年人样本数	86	71	68	54	50	40	44	53	64	57
12 ~ 17 岁未成年人样本数	275	327	183	242	142	126	116	131	121	101

本次研究的内容包括未成年人的手机使用概况、手机与智能手机拥有状况、使用手机的年期及时长、手机联网方式与手机使用目的，同时，研究关注手机网民的上网活动，包括总体的上网率与手机上网率、最常使用的手机应用，以及微信使用状况。

在第三部分，本研究参考了不同的量表，编制由 20 道题目组成、各题分值为 1 ~5 分的手机依赖程度量表，从“时间管理”“生活习惯”“社交习惯”与“戒断反应”四个面向对未成年人手机依赖程度进行测量计算。我国在手机依赖程度测量方面的研究多以大学生群体为目标，以某院校的学生为样本，而本次研究则以整个澳门地区的居民为基础进行随机抽样电话调查，具有较强的代表性与前沿性。本次研究编制的量表以 Kimberly Young 的网络成瘾量表（The Internet Addiction Test，IAT，1998）为重要基础，该量表由 20 题组成，各题分值为 1 ~5 分，测量对网络的依赖程度，该量表有其深厚的心理学、医学基础，被广泛应用至互联网及其他成瘾现象的测量当中。与此同时，本次研究参考了香港中文大学梁永炽编制的手机成瘾指数量表（Mobile Phone Addiction Index，MPAI，2008）、我国台湾林煜轩（Yu-Hsuan Lin）及陈淑惠等学者编制的智慧型手机成瘾量表（Smartphone Addiction Inventory，SPAI，2014）、我国内地苏双等学者编制的大学生智能手机成瘾量表（2014）及其他学者制作的量表，综合学界的研究成果。当前，学界尚未对“手机依赖”的定义形成共识，还没有一个被广泛应用的定义，更多的是学者通过自己的方法进行判断。例如，梁永炽编制的量表由17题组成，17题中有8题做出肯定回答者，即界定为手机依赖者。而林煜轩指出，从精神科角度而言，“把持不住”才是关键，亦即不能以使用时间长短来进行片面的界定，而要结合人的心理状况，“失控”这个参考维度更加重要。

本次研究使用的量表，主要参考Kimberly Young制作之量表对网络成瘾的界定方法，以20~49分界定为正常级，50~79分为预警级，80~100分为危险级，同时，参考前述的各个手机依赖相关量表设计的题目、涉及的领域，以令量表充分吸收各学科学者的研究成果，更加符合澳门手机使用的实际状况。

三　未成年人手机使用状况及特征

（一）手机使用概况

本节内容包括澳门未成年居民拥有手机与智能手机的状况、使用手机年期、每日使用手机时间及手机使用目的。

1. 手机与智能手机拥有率

2019年，6~11岁未成年人拥有手机的比例为30.6%，相对其他年龄段较低，而12~17岁未成年人的手机拥有率为95.2%，与成年人的96.9%相近。近年12~17岁未成年人的手机拥有率一直稳定在九成左右，非常接近成年人的水平。

近年来，12~17岁未成年人、成年人的智能手机拥有率保持上升态势，且12~17岁未成年人历年拥有智能手机的比例皆高于成年人。2019年，

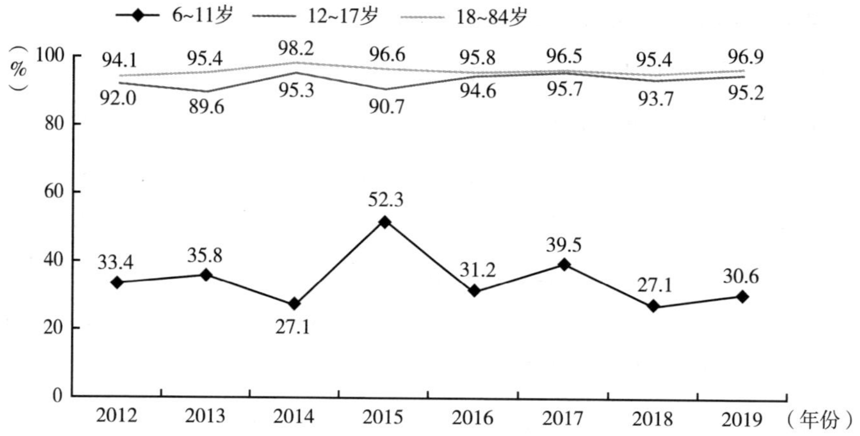

图1　未成年人与成年人的手机拥有率

6～11 岁未成年人拥有智能手机的比例约三成（29.9%），12～17 岁未成年人则为94.3%，高于成年人（90.4%）。

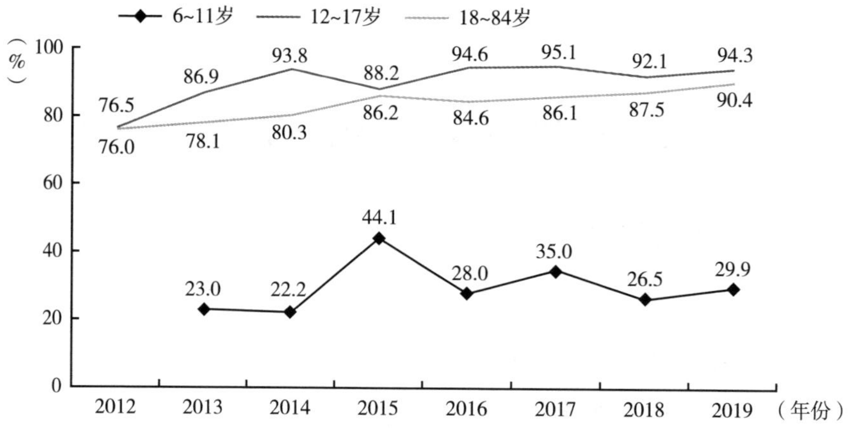

图2　未成年人与成年人的智能手机拥有率

注：2012 年调查没有向 6～11 岁居民问及智能手机使用相关问题。

2. 使用手机年期

2019 年，6～11 岁未成年手机用户（手机使用者）平均已经使用手机 2.9 年，而 12～17 岁未成年手机用户已使用 5.6 年，成年手机用户平均为 14.7 年。

表2　未成年手机用户与成年手机用户的使用手机年长

单位：年

年龄	最小值	最大值	平均数	删除两极端观察值之平均数(5%)	标准差	众数	中位数
6～11岁	0.3	6.0	2.9	2.9	1.35	3.0	3.0
12～17岁	0.5	10.0	5.6	5.6	2.25	7.0	6.0
18～84岁	0.5	40.0	14.9	14.7	7.00	2.0	15.0

3. 每日使用手机时间

平均每日使用手机的时长方面，6～11岁未成年手机用户平均每日使用90.1分钟，约为1.5小时，而12～17岁未成年手机用户与成年手机用户每日使用时间较为接近，分别为188.7分钟与207.5分钟，都超过了3个小时。

表3　未成年手机用户与成年手机用户每日使用手机时间

单位：分钟

年龄	最小值	最大值	平均数	删除两极端观察值之平均数(5%)	标准差	众数	中位数
6～11岁	10.0	360.0	99.7	90.1	99.92	30.0	60.0
12～17岁	4.0	600.0	197.1	188.7	139.90	240.0	180.0
18～84岁	1.0	1440.0	228.7	207.5	214.11	180.0	180.0

4. 手机使用目的

各年龄段手机用户的使用目的具有较大的差异。12～17岁未成年手机用户与成年手机用户表示主要用手机来收发即时通信内容（12～17岁：70.9%、18～84岁：62.2%），但与成年手机用户有所不同的是，分别有56.7%和43.7%的12～17岁未成年手机用户主要用手机来看影片/视频/剧集与玩游戏，比例高于成年手机用户（24.6%、17.6%）。6～11岁未成年手机用户使用目的则有所不同，70.2%表示主要用手机玩游戏，其次为看影片/视频/剧集（48.5%），对于该年龄段手机用户而言，手机的影音娱乐属性较强，而传统的通信与社交属性则较弱。

另外，将近半数成年手机用户主要用手机来打电话（43.5%），而未成年手机用户的该比例则明显较低（6～11 岁：16.4%、12～17 岁：17.9%），对于未成年手机用户而言，手机的功能已经远不局限于语音通话。

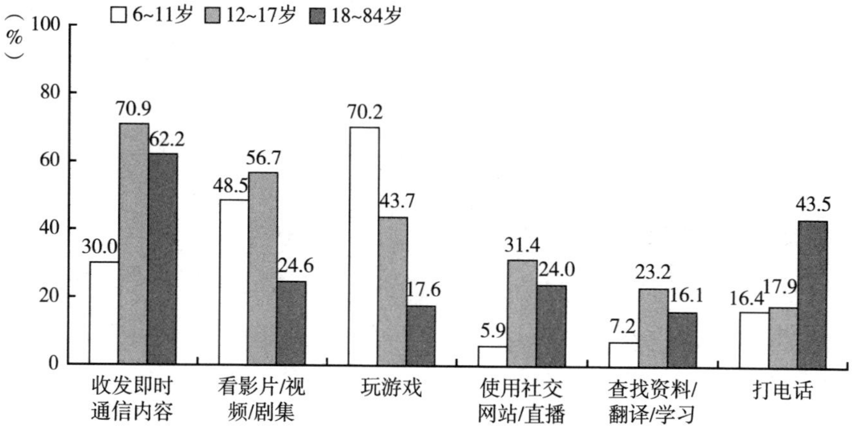

图 3　各年龄段手机用户的使用目的（前六位）

（二）手机上网活动及应用

随着手机功能的扩展与通信技术的突破，澳门未成年人使用手机连接互联网已经成为常态，大部分未成年人亦已经成为手机网民，本节内容包括未成年手机网民上网的概况、常用的手机应用及使用微信的情况。

1. 上网率及手机上网率

12～17 岁的未成年人的上网率一直较为稳定，6～11 岁未成年人的上网率较为波动，而成年人的上网率则保持上升趋势。

2019 年，6～11 岁的未成年人上网率为 85.8%，低于 12～17 岁的未成年人（99.2%），后者几乎都已经上网，上网率近年保持在近 100% 的水平。

在手机上网率方面，由于手机产品的技术升级与更新迭代，具有上网功能的手机成为主流，各年龄段居民的手机上网率从 2010 年起都出现了明显的上升趋势。12～17 岁未成年人的手机上网率在 2019 年达到 98.3%，该年龄段居民几乎全部成为手机网民，而成年人的手机上网率为 87.9%，同样达到历史最高点。值得注意的是，6～11 岁未成年居民 2019 年的手机上网

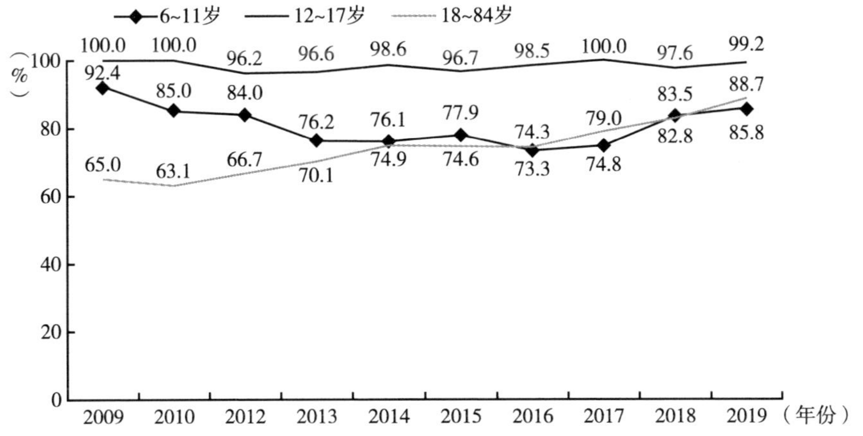

图 4　未成年人与成年人的上网率

率为 70.4%，结合该年龄段未成年人三成左右的手机与智能手机拥有率，可以推测，6～11 岁未成年人较多地通过家人、亲戚或朋友而非自己拥有的手机连接互联网。

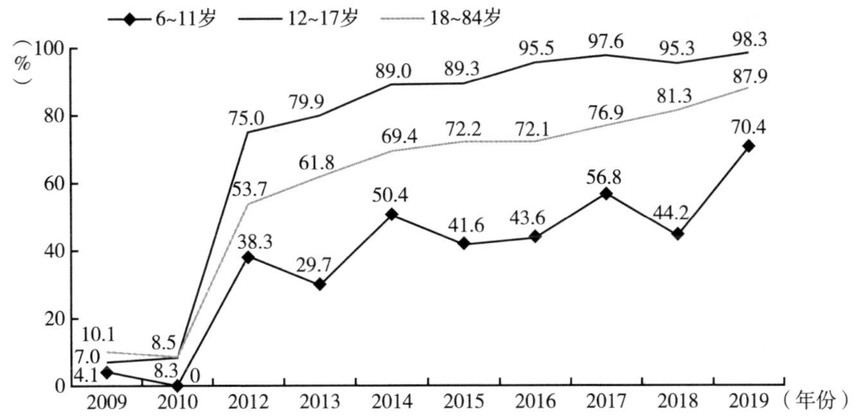

图 5　未成年人与成年人的手机上网率

各年龄段手机网民都更多地以 Wi-Fi 作为手机上网的主要联网方式，成年手机网民以 3G/4G 流动数据为主要联网方式的比例为 25.2%，高于未成年手机网民。88.4%的6～11岁手机网民以Wi-Fi作为主要上网方式，比值较高。可以推测，网络运营商对使用3G/4G流动数据上网进行收费会影响手机网民对联网方式的选择，而未成年手机网民亦有可能因无力支付大量流量所产生的费用而较少使用之。

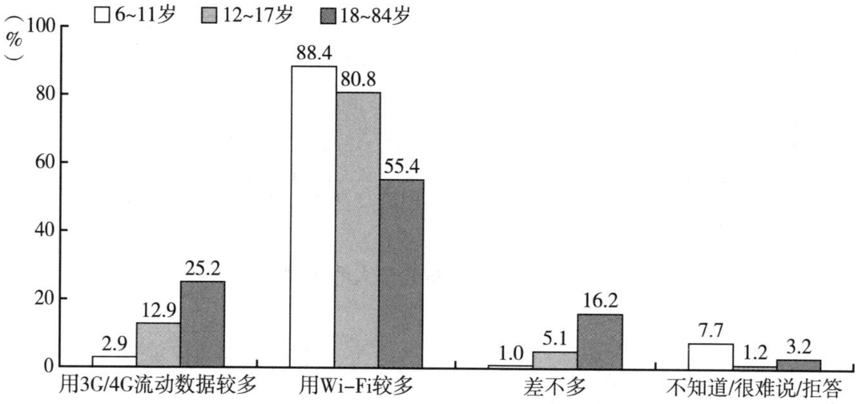

图6　未成年手机网民与成年手机网民的主要联网方式

2. 最常使用的手机应用

在最常使用的手机应用方面，12～17岁未成年手机网民及成年手机网民最常使用微信/WeChat的比值皆为最高；而未成年手机网民最常使用YouTube（视频平台）的比值（6～11岁：45.5%、12～17岁：52.5%）相对成年手机网民高（25%）。

6～11岁未成年手机网民最常使用微信/WeChat、Instagram、Facebook及WhatsApp的比值相对其他两个年龄段皆为最低，分别为38.9%、4.3%、7.2%、5.2%，显示该年龄段手机网民对于社交应用的使用率较低，这与该年龄段未成年人生活状况与社交形态有关。

值得注意的是，未成年手机网民最常用游戏类App的比值相对成年人更高（6～11岁：9.8%、12～17岁：20.5%）。同时，最常用YouTube的比值亦较高（6～11岁：45.5%、12～17岁：52.5%），可见未成年手机网民有着相对更强的游戏需求及较多地使用YouTube进行影音娱乐。

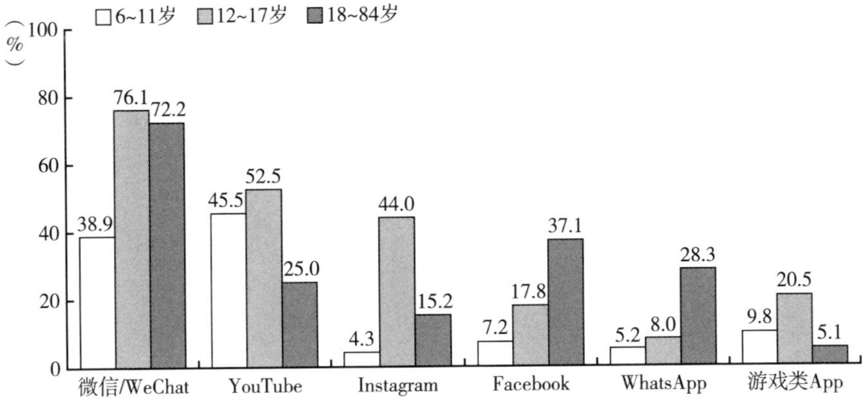

图 7　未成年手机网民与成年手机网民最常使用的手机应用（前六位）

3. 微信使用

微信/WeChat 是中国内地使用率最高的社交应用，在澳门亦不例外，绝大多数手机网民都使用微信。在 2019 年，98.8% 的 12 ~ 17 岁未成年手机网民使用微信，自 2014 年起该比例便稳定在近 100% 的水平，而成年手机网民的微信使用率一直稍低于 12 ~ 17 岁未成年手机网民，但 2019 年也达到 95.5% 。6 ~ 11 岁未成年手机网民的微信使用率波动相对较大，经历了数年的下降之后，在 2019 年回升至 72.7% 。

微信用户平均每日使用微信的时长方面，在 2019 年，三个年龄段的微信用户使用微信的时长有较明显的差别。6 ~ 11 岁未成年微信用户日均使用微信 20.1 分钟，12 ~ 17 岁未成年微信用户则为 59.5 分钟，接近 1 小时，而成年微信用户则为 92.8 分钟，超过 1.5 小时。结果显示，未成年微信用户对微信的使用强度相对成年微信用户更低。

（三）手机依赖情况

近年来，智能手机拥有率逐步提升，手机应用快速发展，手机可实现的功能亦越来越多，手机的功能已经不再局限于通话与简讯，而是已经覆盖到学习、生活、娱乐、理财等方方面面，手机在手机用户生活中亦扮演着越来

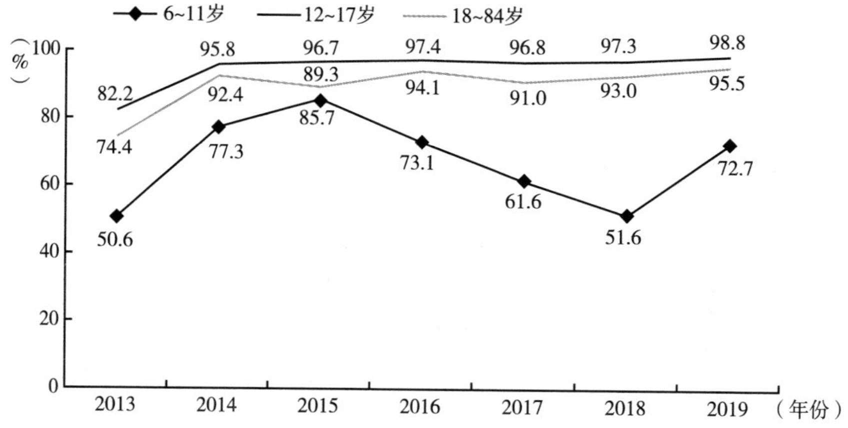

图 8　未成年手机网民与成年手机网民的微信使用率

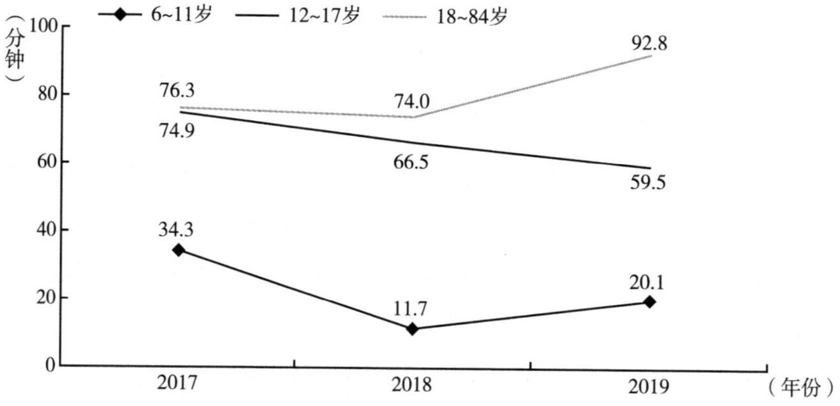

图 9　未成年微信用户与成年微信用户每日使用微信时间

越重要的角色，为用户的生活带来了巨大的便利。因此，用户对手机的依赖程度提升或有其合理性与必然性。但是，对手机的过度依赖同样会对人的生活、工作学习、社交带来负面影响，而未成年人对手机依赖的态度如何？是否认为自己已经形成手机依赖？在生活的各方面体现出何种程度的手机依赖？本节将对上述这些内容进行阐述。

1. 对手机依赖的认知

在手机用户对手机依赖是不是一种正常现象的评价中，“正常”是包括客观事实判定与主观情感态度两个含义的一种综合评定，前者指“频率”，若受访者身边手机依赖现象非常普遍，则可认为属于“正常”；而后者指“好坏”，若受访者认为手机依赖并非什么大不了的事情，同样可以认为是“正常”现象。

总体而言，6～11 岁未成年手机用户最不认同手机依赖是一种正常现象，同意比例最低（32.7%）且不同意比例最高（32.5%），成年手机用户则较为认同，同意比例最高（53.9%）且不同意比例最低（15.5%），12～17 岁未成年手机用户同意比例（45.8%）与不同意比例（23.1%）都在两者之间，其持一半一半态度的比例在三个年龄段中最高（31.1%）。

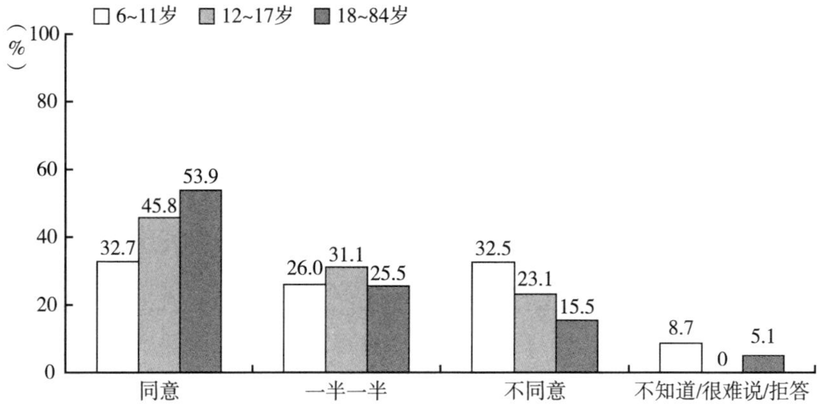

图 10　未成年手机用户与成年手机用户是否同意手机依赖是一种正常现象

2. 对手机依赖的自我评估

在探讨未成年人对手机依赖的认知之后，则需要研究他们对手机依赖的自我评估。结果显示，12～17 岁未成年手机用户同意自己已经形成手机依赖的比例最高，为 41.6%，同时不同意的比例亦最低，为 17.2%。

3. 不使用手机的最大容忍时长

手机的功能快速增多，对于不少手机用户而言，“机不离手”似乎已经成为生活常态，离开手机生活显得困难重重。结果显示，除睡眠时间以外，在一日之内，6～11 岁未成年手机用户平均最长可以在 786.8 分钟内不接触

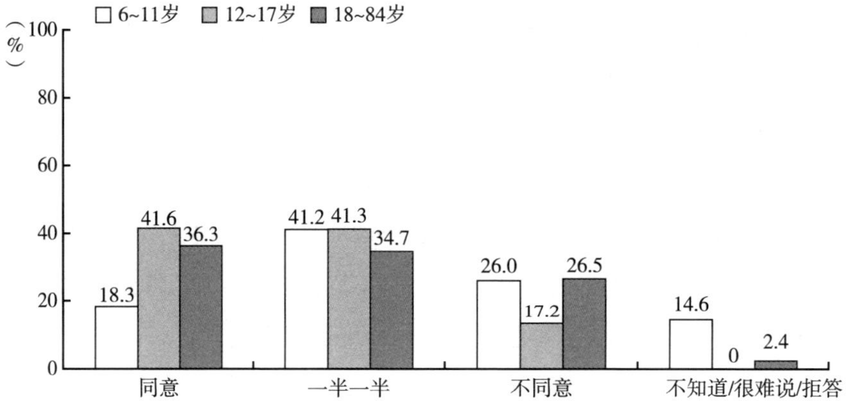

图11　未成年手机用户与成年手机用户是否同意自己已经形成手机依赖

手机，而12～17岁未成年手机用户则为528.5分钟，短于成年手机用户（594.8分钟）。

表4　未成年手机用户与成年手机用户不使用手机的最大容忍时长

单位：分钟

年龄	最小值	最大值	平均数	删除两极端观察值之平均数(5%)	标准差	众数	中位数
6～11岁	1.0	1440.0	780.5	786.8	589.18	1440.0	660.0
12～17岁	4.0	1440.0	548.0	528.5	535.0	1440.0	360.0
18～84岁	0.0	1440.0	607.5	594.8	584.0	1440.0	300.0

4.手机依赖程度总得分

本次研究结合了过往国内外学者编制的与互联网及手机成瘾相关量表与澳门实际使用状况，制作了一份合计20道题目的量表以衡量手机用户对手机的依赖程度，题目分为“时间管理”“生活习惯”“社交习惯”与“戒断反应”四个面向，以得知手机用户在各方面对手机的依赖程度，以“从不”“很少”“有时”“经常”“总是”五个层级计算，分数分别为1～5分，分数越高，对手机的依赖程度即越高。在总分方面，20～49 分为正常级，50～79 分为预警级，80～100 分为危险级，本次研究将以总分与各题得分来研究未成年人的手机依赖程度。

表 5　手机依赖程度计算量表

面向	题目
时间管理（7 题）	我用手机的时间超出了原先我的预计
	我因为玩手机而减少了处理家庭事务的时间
	我会在做正事之前玩一会手机
	我会因为玩手机而牺牲或缩短晚上的睡眠时间
	我学习或工作的时间会因玩手机而减少
	我会因为玩手机而令工作表现变差或成绩退步
	我玩手机的时候会对自己说“再玩一会就不玩了”
生活习惯（3 题）	我会在有空的时候就拿手机出来玩
	我会去到哪里都要随身带着手机
	我在走路或乘车的时候都会玩手机
社交习惯（4 题）	我会在与其他人聚会的时候玩手机
	我觉得手机在人际交往中的作用越来越重要
	我会因为玩手机太久而被家人朋友埋怨指责
	我觉得在手机上与人聊天比面对面交流更自在
戒断反应（6 题）	当我很累时，玩手机可以减轻我的劳累
	如果离开了手机，我会觉得生活没什么乐趣了
	我会产生手机正在响铃或震动的错觉
	我会因为别人打扰我玩手机而不开心或发脾气
	我有尝试缩短玩手机的时间或不玩手机但最终失败的经历
	我会在不能玩手机时变得烦躁，能玩手机时心情才平复

在总得分方面，三个年龄段手机用户的总得分皆处于正常级别，而 6～11 岁未成年手机用户总得分为 36.4，相对最低，12～17 岁未成年手机用户

则相对最高，为 48.7 分，已相当接近 50 分之预警级别。

若将手机使用状况、年龄与总得分进行交叉分析，从表 6 的交叉分析结果可以发现，手机使用状况与手机依赖程度呈现正相关的关系，对手机的深度使用将体现为较高的总得分，这从另一个角度也表明量表的有效性。对于未成年人而言，拥有手机、更长的手机使用年期、更长的每日手机使用时长、同意手机依赖是一种正常现象、同意自己已经形成手机依赖、较短的不使用手机最大容忍时长将直接体现为更高的总得分。值得注意的是，在12~17 岁未成年手机用户当中，6 年以上的手机使用年期（51.6 分）、每日手机使用时长 180 分钟以上（53.9 分）、同意手机依赖是一种正常现象（54.1 分）、同意自己已经形成手机依赖（57.2 分）、不使用手机最大容忍时长为 0~360 分钟（51.5 分）的用户总得分都超过了 50 分，达到手机依赖的预警级别。

表 6　未成年手机用户与成年手机用户手机依赖程度计算量表总得分

			总得分
年龄	6~11 岁		36.4
	12~17 岁		48.7
	18~84 岁		40.3
手机拥有情况	6~11 岁	自己拥有手机	39.9
		没有手机	34.6
	12~17 岁	自己拥有手机	49.6
		没有手机	32.3
	18~84 岁	自己拥有手机	40.4
		没有手机	29.8
手机使用年期	6~11 岁	0~3 年[1]	36.2
		3 年以上	38.9
	12~17 岁	0~6 年	46.9
		6 年以上	51.6
	18~84 岁	0~15 年	41.2
		15 年以上	40.4

续表

			总得分
每日手机使用时长	6～11 岁	0～60 分钟	35.4
		60 分钟以上	42.0
	12～17 岁	0～180 分钟	46.7
		180 分钟以上	53.9
	18～84 岁	0～180 分钟	39.6
		180 分钟以上	45.7
是否同意手机依赖是一种正常现象	6～11 岁	同意	39.8
		一半一半	37.4
	12～17 岁	不同意	33.0
		同意	54.1
		一半一半	47.3
	18～84 岁	同意	43.0
		一半一半	38.9
		不同意	36.9
是否同意自己已形成手机依赖	6～11 岁	同意	39.1
		一半一半	37.2
		不同意	38.0
	12～17 岁	同意	57.2
		一半一半	44.5
		不同意	38.5
	18～84 岁	同意	47.4
		一半一半	40.2
		不同意	32.0
不使用手机的最大容忍时长	6～11 岁	0～660 分钟	39.6
		660 分钟以上	34.3
	12～17 岁	0～360 分钟	51.5
		360 分钟以上	45.7
	18～84 岁	0～300 分钟	45.1
		300 分钟以上	35.7

注：①区间的选定以中位数为准。

5. 手机依赖各题得分

在“时间管理”方面，12～17 岁未成年手机用户对“我用手机的时间超出了原先我的预计”的平均分为2.8分，接近中间水平。该年龄段手机用户亦同时更易因玩手机而减少了处理家庭事务的时间，选择经常/总是的比例相对其他两个年龄段高（19.4%），该题平均分为2.1分。

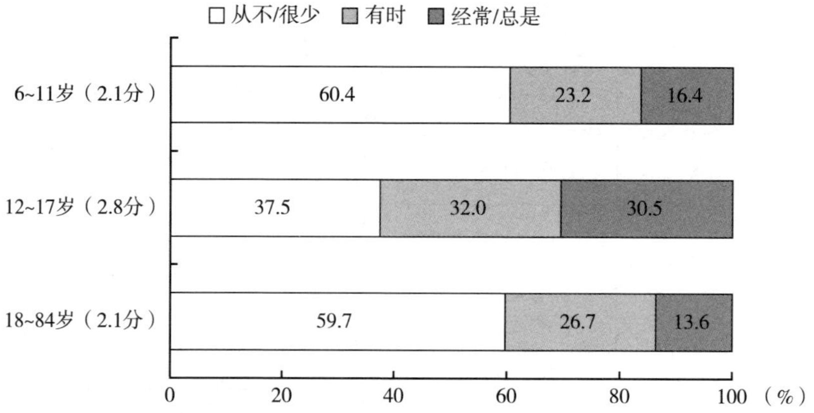

图12　未成年手机用户与成年手机用户：用手机的时间超出原先的预计

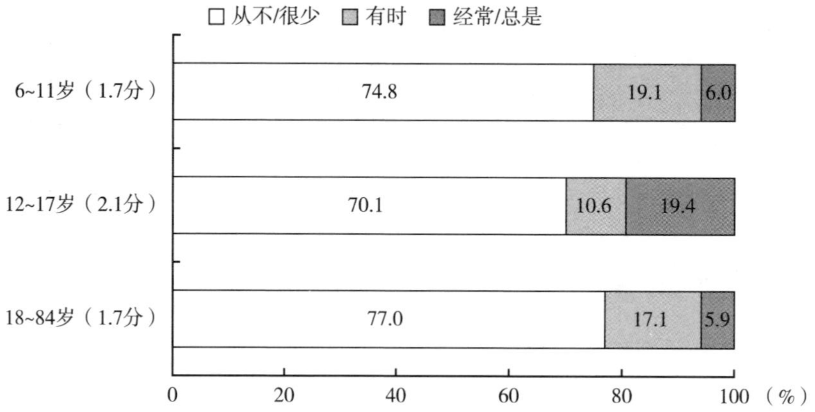

图13　未成年手机用户与成年手机用户：因玩手机而减少了处理家庭事务的时间

12~17岁未成年手机用户在“我会在做正事之前玩一会手机”项上的得分为2.6分，高于其他两个年龄段0.8分，使用手机的时间已正在挤压处理要事时间。而在“因玩手机而牺牲或缩短晚上的睡眠时间”这道题目当中，12～17 岁未成年手机用户得分为 2.2 分，仍相对较高，但 6～11 岁未成年手机用户得分较低（1.3 分），近九成表示从不/很少，对该年龄段手机用户而言，使用手机对睡眠质量的影响仍较有限。

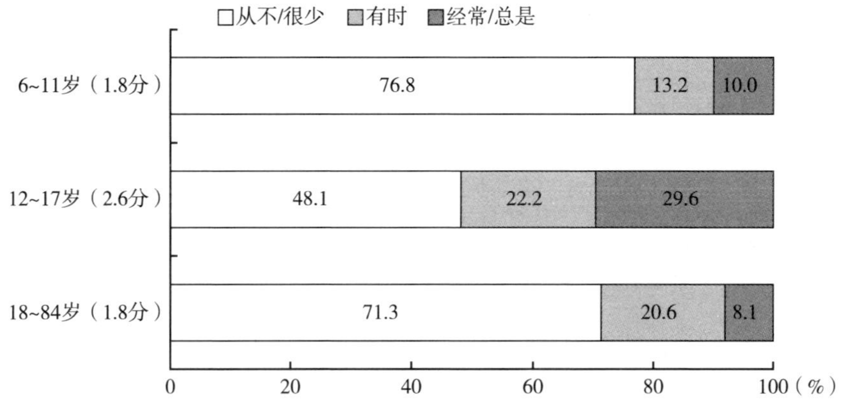

图 14　未成年手机用户与成年手机用户：我会在做正事之前玩一会手机

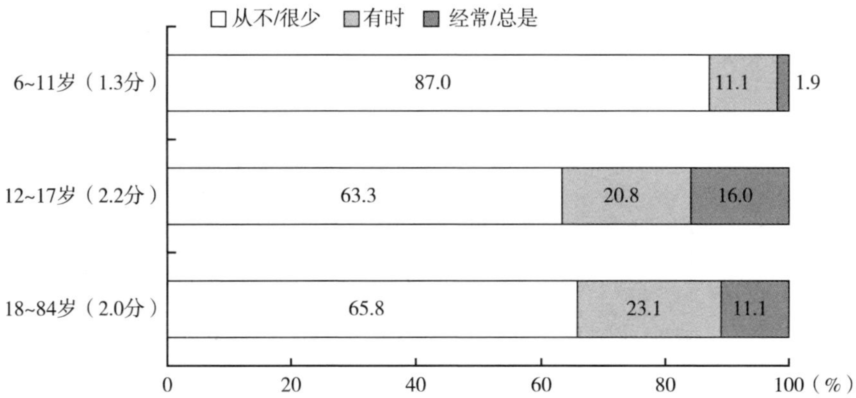

图 15　未成年手机用户与成年手机用户：因玩手机而牺牲或缩短晚上的睡眠时间

使用手机对 12～17 岁未成年手机用户的学习或工作影响相对较大，该年龄段用户在“学习或工作的时间因玩手机而减少”项上的得分为 2.3 分，选择经常/总是的比例为 20.2%，而在“因为玩手机而令工作表现变差或成绩退步”此题上的得分为 2.0 分，选择经常/总是的比例为 11.9%，这些都显示出手机对学习或工作造成负面影响的可能性。

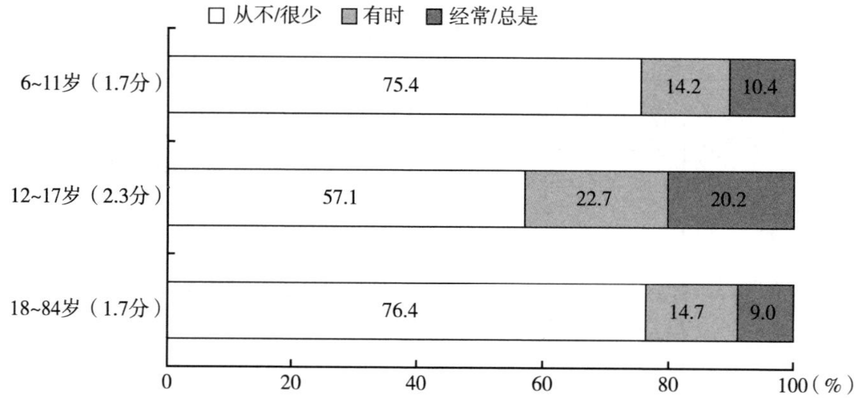

图 16　未成年手机用户与成年手机用户：学习或工作的时间因玩手机而减少

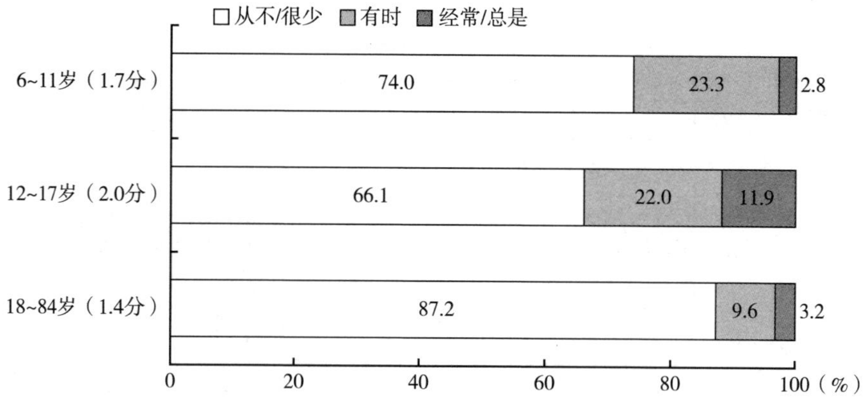

图 17　未成年手机用户与成年手机用户：因为玩手机而令工作表现变差或成绩退步

“拖延症”体现着时间管理的滞后性与低效性，而在手机使用层面，这种“拖延症”同样存在。未成年手机用户在使用手机上的“拖延症”较为明显，6～11 岁未成年手机用户在“玩手机的时候对自己说‘再玩一会就不玩了'”项上的得分为2.4分，12~17岁未成年手机用户则为2.7分，高于成年手机用户的1.9分。

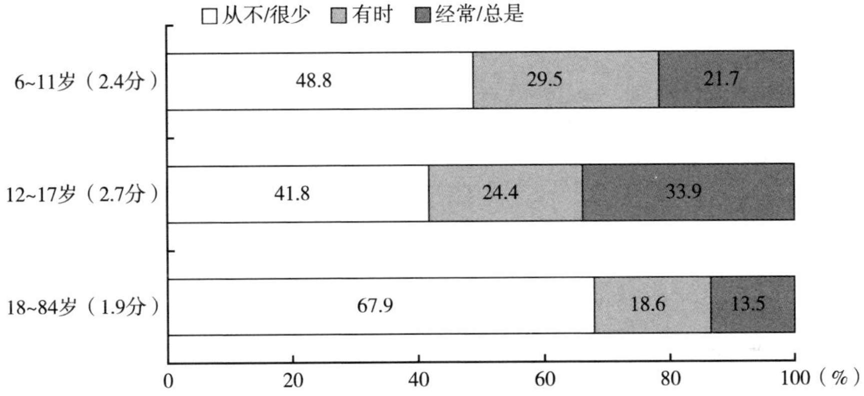

图18　未成年手机用户与成年手机用户：玩手机的时候对自己说“再玩一会就不玩了”

在“生活习惯”这个面向，手机的应用场景和使用频率都体现着手机依赖的程度。12~17岁未成年手机用户在“有空的时候就拿手机出来玩”得分为3.3，超过3分之中间水平，52.7%表示经常/总是，比例过半。可见，玩手机已经是一种随时发生的行为。而6~11岁未成年手机用户在“去到哪里都要随身带着手机”项的得分为1.7分，78.8%选择从不/很少，与其他两个年龄段用户差异较大，前文在手机拥有率相关内容中已经表明，6~11岁未成年人的手机拥有率明显低于其他两个年龄段，这或是本题分数较低的原因。

12~17岁未成年手机用户在“在走路或乘车的时候都会玩手机”题上得分为2.7，相对较高，6~11岁未成年手机用户得分相对较低，为1.3分，同样可能与较低的手机拥有率有关，低拥有率限制了手机的使用场景。

手机正在改变人们的社交形态。23.9%的12~17岁未成年手机用户表示经常/总是会在聚会时玩手机，其在该题得分为2.8分，接近3分之中间水平。而该年龄段用户在“觉得手机在人际交往中的作用越来越重要”项

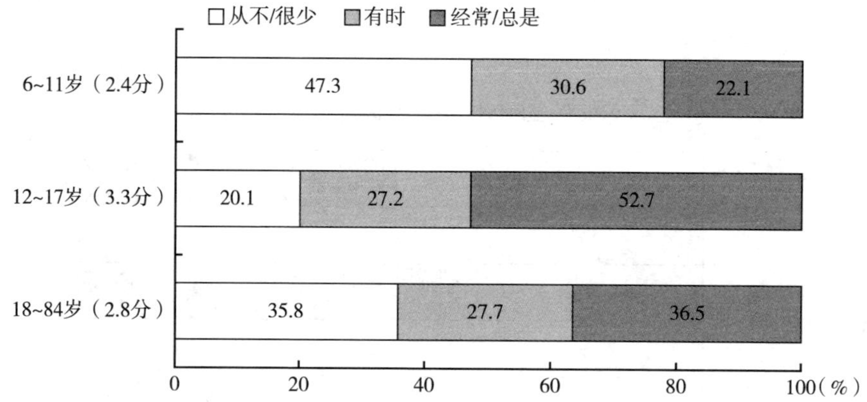

图 19　未成年手机用户与成年手机用户：在有空的时候就拿手机出来玩

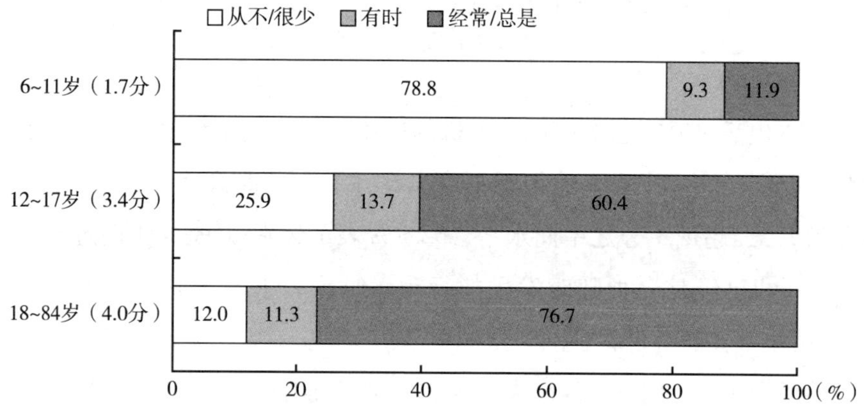

图 20　未成年手机用户与成年手机用户：去到哪里都要随身带着手机

上的得分为 3.1 分，手机正在该年龄段手机用户的社交中有着较大的影响。

未成年手机用户在“因为玩手机太久而被家人朋友埋怨指责”项上得分较高（6～11 岁：2.2 分、12～17 岁：2.5 分），家人对未成年人手机的使用状况进行了一定的监督，对未成年人参与家庭生活有一定的要求。在“觉得在手机上与人聊天比面对面交流更自在”题目当中，各年龄段手机用户得分较为接近，12～17 岁未成年手机用户得分为 2.3 分。

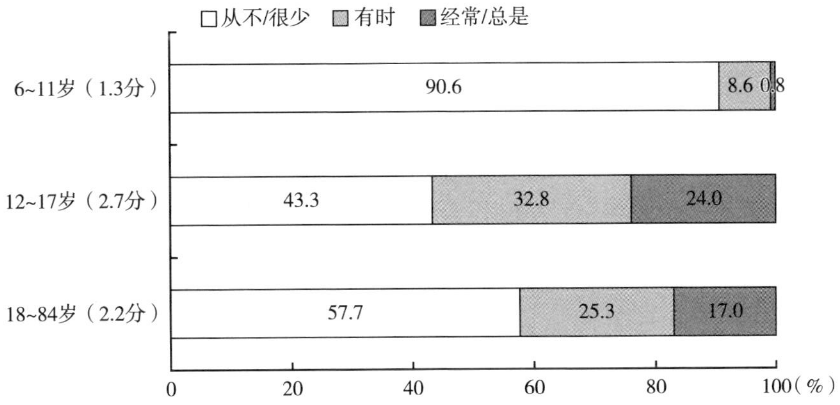

图 21　未成年手机用户与成年手机用户：在走路或乘车的时候都会玩手机

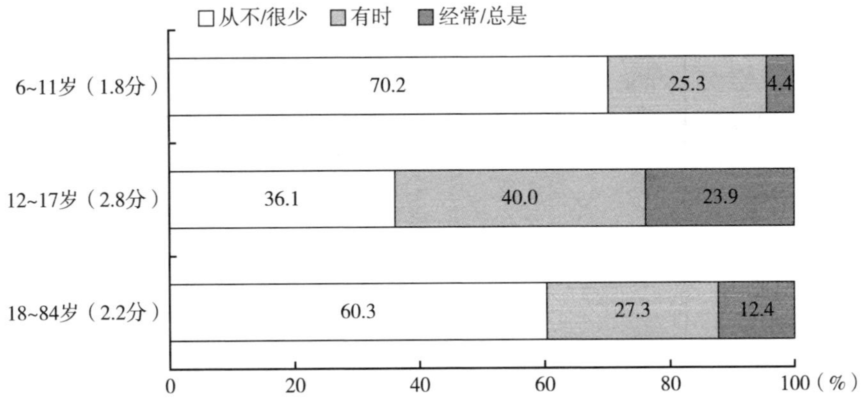

图 22　未成年手机用户与成年手机用户：会在聚会的时候玩手机

"戒断反应"概念多用于医学领域，衡量停止用药或减少剂量后病人的不良反应，此概念在本研究中应用于手机依赖，以检视当手机使用受到限制及限制被解除之后手机用户的表现。12～17岁未成年手机用户在"玩手机可以减轻劳累"项上得分较高，为2.5分，高于其他两个年龄段各0.8分，体现出用户在使用手机时表现出一定肉体疲劳的缓解与精神状态的放松，实际上亦体现为对手机的依赖。对于"离开了手机便觉得生活没什么乐趣

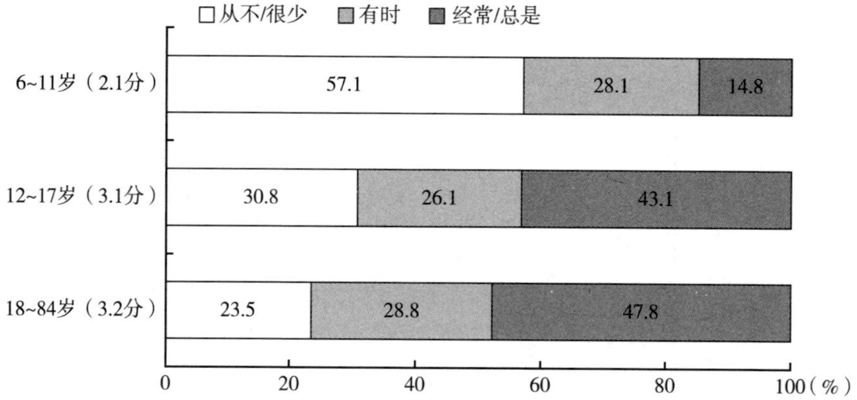

图 23　未成年手机用户与成年手机用户：觉得手机在人际交往中的作用越来越重要

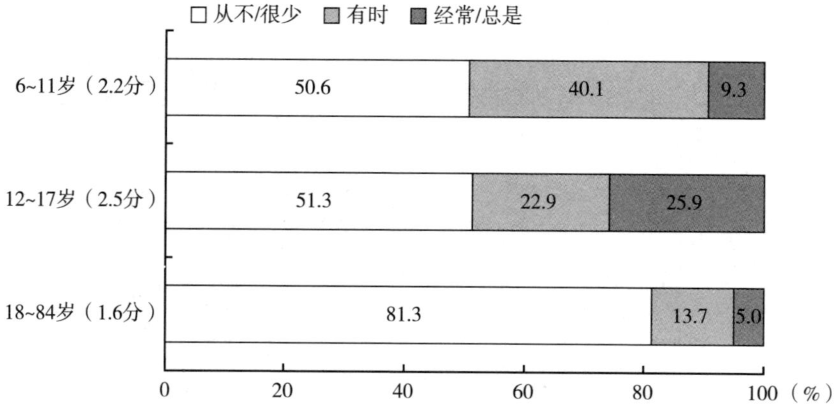

图 24　未成年手机用户与成年手机用户：因为玩手机太久而被家人朋友埋怨指责

了”，各年龄段手机用户得分都在 2 分左右，低于中间水平，从整体表明，手机不是生活娱乐的全部，但选择有时、经常/总是的比值表明，相当一部分用户认为，手机有时是生活乐趣的重要来源。

各年龄段手机用户在“产生手机正在响铃或震动的错觉”题目上的得分皆较低，在 1.5 ~ 1.7 分，手机响铃或震动的错觉反映着用户对手机上的通话、短信等仍念念不忘，该题得分较低亦表明大部分用户较少出现这种现

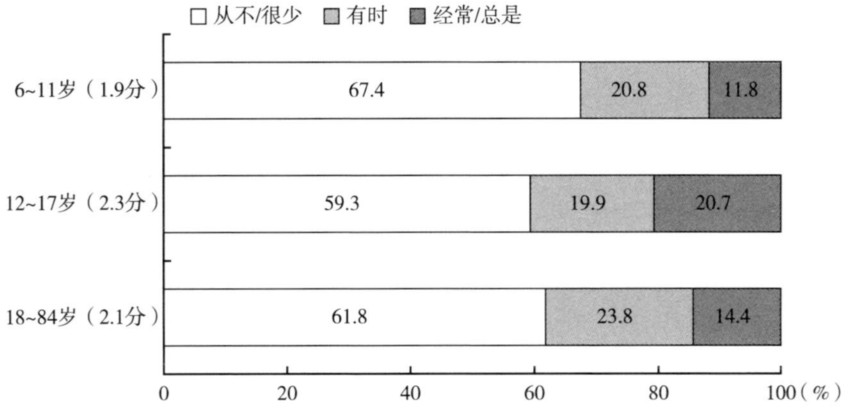

图 25　未成年手机用户与成年手机用户：觉得在手机上与人聊天比面对面交流更自在

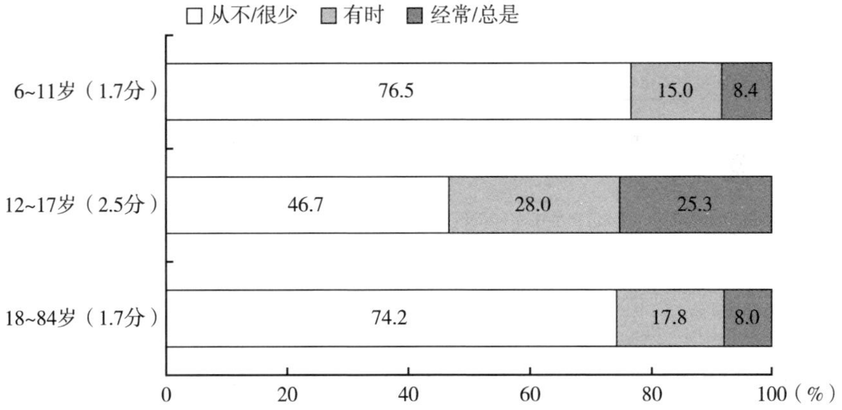

图 26　未成年手机用户与成年手机用户：玩手机可以减轻劳累

象。在“因为别人打扰自己玩手机而不开心或发脾气”方面，虽然所有年龄段用户的得分都低于 2 分，但仍有 10.7% 的 12 ~ 17 岁未成年手机用户表示经常/总是，这种不开心或发脾气的反应可能会影响与他人的关系。

12 ~ 17 岁未成年手机用户在“尝试缩短玩手机的时间或不玩手机但最终失败”项上得分为 2.2 分，高于其他两个年龄段用户 0.5 分，有一定比例

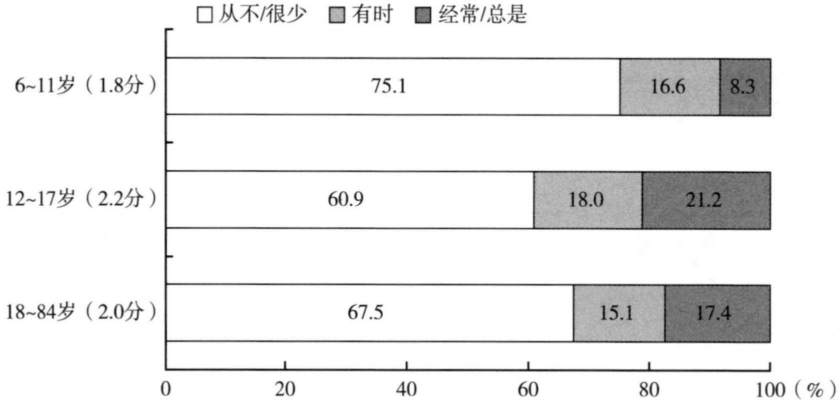

图 27　未成年手机用户与成年手机用户：离开了手机便觉得生活没什么乐趣了

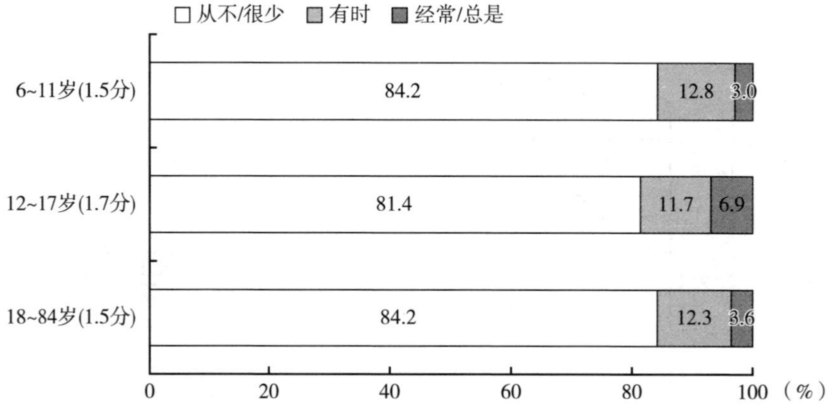

图 28　未成年手机用户与成年手机用户：产生手机正在响铃或震动的错觉

的用户意识到使用手机时间过长的问题，但当限制使用时间之后，产生了依赖反应，导致这种限制最终失败，体现出自制能力的下降与较高的依赖程度。

6～11 岁未成年手机用户在“在不能玩手机时变得烦躁，能玩手机时心情才平复”项上得分为 2.1 分，高于其他两个年龄段用户，但总体仍处于较低的水平。

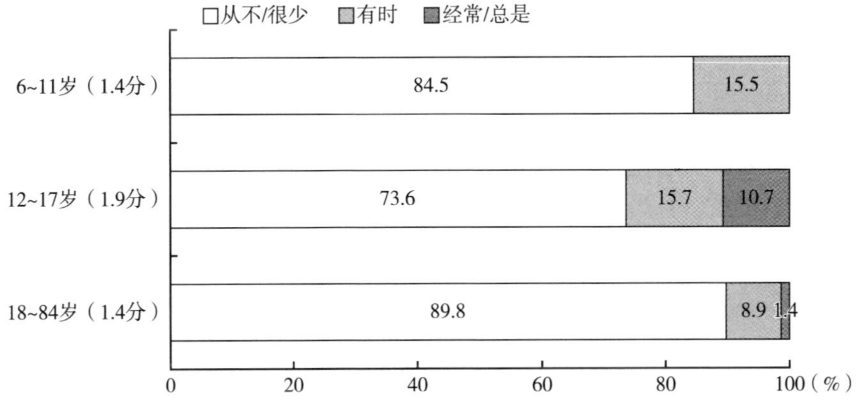

图 29　未成年手机用户与成年手机用户：因为别人打扰自己玩手机而不开心或发脾气

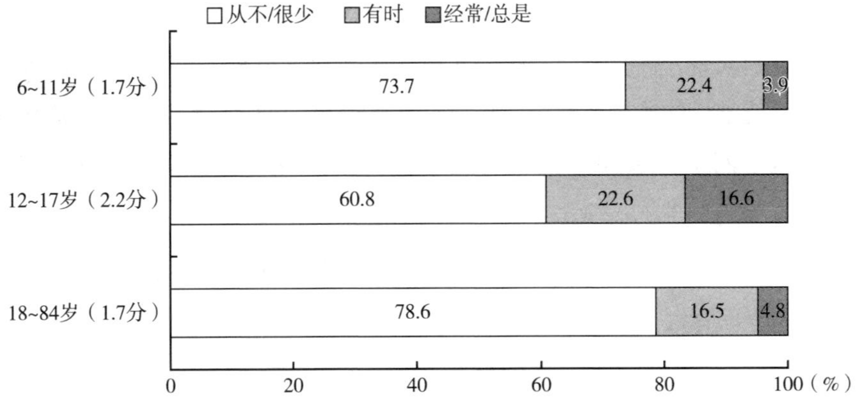

图 30　未成年手机用户与成年手机用户：尝试缩短玩手机的时间或不玩手机但最终失败

四　问题及建议

未成年人拥有手机、使用手机已较为普遍，从手机拥有率来看，在2019 年，12 ~ 17 岁未成年人的手机拥有率（95. 2%）与成年人（96. 9%）

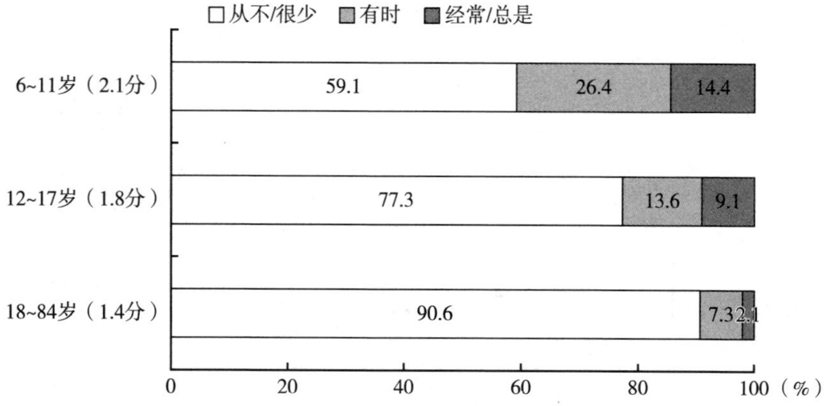

图31　未成年手机用户与成年手机用户：在不能玩手机时变得烦躁，能玩手机时心情才平复

已相差无几，都接近100%。与此同时，智能手机进一步普及，94.3%的12~17岁未成年人拥有智能手机，比例超过成年人（90.4%）。手机功能的升级与智能手机的普及令使用手机连接互联网更为便利，6~11岁未成年居民的手机上网率为70.4%，12~17岁则为98.3%，接近全员上网。可以说，拥有手机、手机上网在未成年人当中成为两大趋势。

本研究发现，人们对手机的使用直接带来了手机依赖问题。在移动互联网快速发展的情况下，对手机依赖程度的提升有其存在的必然性，但对手机的过度依赖对未成年人身心发展有着不容忽视的负面影响。在参考其他学者的研究成果后，本研究编制了手机依赖量表，计算出6~11岁未成年手机用户总得分为36.4，处于正常级别，离50分之预警级水平仍有距离，而12~17岁未成年手机用户总得分为48.7分，较为接近50分之预警级别。拥有手机、更长的手机使用年期、更长的每日手机使用时长、较短的不使用手机最大容忍时长，这些更深度的手机使用都将直接体现为更高的总得分，使用手机的频率、时长、便捷性都将影响使用者对手机的依赖程度，在生活中体现为手机在生活中的角色变得更为重要，在心理上体现为个人意志对使用手机的控制能力减弱，注意力难以从手机上转移至其他地方。本次对手机使用与手机依赖的相关调查结果都表明，社会各界、教育工作者、家长需要对未成年人的手机使用进行有益的引导，同时，未成年人自己也应该做出切实行动，强化时间观念，合理地使用手机。

（一）积极沟通及引导，对未成年人手机使用进行规划

由于未成年人一般不具有经济独立能力，以家长作为日常开销的来源，因此，对家长而言，未成年人手机的购置将较为可控。6～11 岁未成年人在手机使用方面体现的重要特点为较低的拥有率，手机拥有率为 30.6%，与其他两个年龄段有较大差异，结合其 70.4% 的手机上网率，可推测 6～11 岁未成年人较多地借用他人的手机进行影音娱乐，而 88.4% 的 6～11 岁手机网民以 Wi-Fi 作为主要上网方式，这些数据共同构建了未成年人使用手机的常见场景：借用家人的手机，连接 Wi-Fi，进行娱乐活动。值得注意的是，数据显示，6～11 岁未成年手机用户在“在不能玩手机时变得烦躁，能玩手机时心情才平复”项上的得分为 2.1 分，高于其他两个年龄段用户（12～17 岁：1.8 分、18～84 岁：1.4 分），他们对能否使用手机的心情变化更为敏感，需要家长注意其娱乐方式是否依赖于手机，对未成年人手机使用的限制是否会导致他们的不良反应。家长宜积极与他们进行沟通交流，对他们使用手机做出基本的协定，在适当的时候借用手机，达到让他们休闲放松的目的之余，亦可引导未成年人更多地尝试将手机用于学习。

而 12～17 岁未成年人则体现出与 6～11 岁未成年人不同的特点，高使用率、高上网率、多使用场景这几种特点并存。12～17 岁未成年手机用户在“在有空的时候就拿手机出来玩”上的得分为 3.3，在“去到哪里都要随身带着手机”上的得分为 3.4 分，在“在走路或乘车的时候都会玩手机”上的得分为 2.7 分，都较高。该年龄段未成年人大多处于求学阶段，较多的手机使用场景可能引发的交通安全问题、对教学秩序的影响都值得关注。一方面，家长在为未成年人购置手机之前对未成年人使用手机的目的及可能的使用状况都需要进行慎重考虑；另一方面，学校需要对校园内手机的使用做出一定的引导与限制，需要在深入了解手机使用状况之后，对手机的使用场

景做出明文规定，有效督促学生，保证教学工作的顺利进行及教学质量的提高。

（二）强化时间管理规划，降低手机依赖程度

对手机过度依赖的一大直观体现为时间管理的失控。以手机依赖程度较高的12~17岁未成年人为例子，12~17岁未成年手机用户平均每日使用手机时间为188.7分钟，超过了3个小时，若将上课时间与睡眠时间排除，可见手机使用已经成为他们课余生活的重要组成。问及一日内最多可以多长时间不使用手机，该年龄段手机用户平均最多可在528.5分钟内不使用手机，相比其他两个年龄段更低（6~11岁：786.8分钟、18~84岁：594.8分钟）。在现实生活中，过度的手机使用与依赖将直接使时间管理与生活总体规划失效。例如，在学习之前、学习时“刷手机”压缩了学习时间，并且多次中断学习将使整个学习过程碎片化，影响学习效果；又如，在使用手机时的“拖延症”将打乱整个时间管理规划，“再玩一会”的“拖延症”将导致生活的无序。调查结果显示，12~17岁未成年手机用户在“我会在做正事之前玩一会手机”上的得分为2.6分，20.2%的表示学习或工作的时间经常/总是会因玩手机而减少，该比例不容忽视；该年龄段用户在“玩手机的时候对自己说‘再玩一会就不玩了’”上的得分为2.7分。数据说明，使用手机对该年龄段手机用户的时间规划产生的干扰作用确实存在。

因此，对于12~17岁未成年人而言，如何强化时间管理规划，增强自制能力，降低手机依赖程度，避免手机对学习生活造成负面影响从而趋利避害，将成为学习生活中的重要课题。政府相关部门与教育工作者可宣传正确的时间管理观念，开展以手机与时间管理为主题的分享会、讲座，向未成年人分享有效的方法；同时，家长亦可更多地督促，循循善诱，关注未成年人使用手机与手机依赖的状况并及时进行指导。但在12~17岁未成年人普遍拥有手机的现状下，更需要未成年人自己行动起来，进行有效的时间管理，避免过度的手机依赖乃至成瘾。目前，两大智能手机系统iOS及Android分别推出了“屏幕使用时间”（Screen Time）及“数位健康”（Digital Wellbeing）

等工具，这些工具具备查看手机使用时间、限制手机使用、限制手机应用开启时间等功能，业界的重视使得未成年人有了有效的手机使用管理工具，家长亦可与未成年人协商沟通，开启这类管理工具的“家长模式”，进一步掌握未成年人使用手机的情况。现在，这些手机时间管理工具已经较为成熟，未成年人宜适当运用这些工具，强化时间管理规划。

（三）传播健康游戏的观念，积极建设手机游戏防沉迷机制

对未成年人而言，游戏是手机的重要功能。在手机使用目的方面，70.2%的6～11岁未成年手机用户将玩游戏作为手机的主要用途，而12～17岁的未成年手机用户则为43.7%，显著高于成年用户（17.6%）；在常用的手机应用方面，未成年手机网民最常用游戏类App的比例相对成年人更高（6～11岁：9.8%、12～17岁：20.5%、18～84岁：5.1%）。两者结合来看，未成年人使用手机时有着较大的游戏需求，从这个角度而言，手机在很多时候是作为“游戏机”而非与家长进行联络的工具而存在，与部分家长为未成年人购置手机的初衷或有所差异。

相比市面上各种专门的游戏机，手机的普及率更高，且家长出于与未成年人的联络需求，更可能为未成年人购置手机。相较于电脑游戏，手机游戏以其较低的配置要求、相对简单的玩法与更强的便携性赢得许多玩家的青睐。因此，总体而言，相比其他游戏平台，手机游戏的进入门槛较低，未成年人可以在手机上接触到各种流行的手机游戏，通过过关、升级、击杀等方式来获取游戏的满足感，还可以将游戏作为与朋友一同进行的社交活动。沉迷于手机游戏，对未成年人的学习、视力与心理健康都可能造成重大的负面影响。

因此，社会各方需要通过工作坊、网络宣传、标语等方式向未成年人传达健康游戏、反对沉迷的游戏观念，让未成年人以放松心情为目的进行游戏，同时，政府、游戏营运商与家长需要积极合作，推动手机游戏防沉迷系统的建立与完善，推进游戏实名验证与身份验证系统的建设，对未成年人的游戏登录行为、游戏时长、充值行为等做总体的了解与适当的限制，避免未

成年人深夜游戏、游戏时长过长、非理性地充值大量金钱购买游戏道具等情况，预防及矫正未成年人的手机游戏沉迷现象。

（四）重视手机对未成年人社交的影响，积极进行亲子互动交流

对于未成年人，尤其是12～17岁的未成年人而言，手机的使用正在重塑其社交形态。70.9%的12～17岁未成年手机用户表示主要用手机来收发即时通信内容，31.4%主要使用社交网站/直播，比例皆高于其他两个年龄段。在微信使用方面，98.8%的12～17岁未成年手机网民使用微信，接近100%，并且平均每天使用微信59.5分钟，接近1小时，76.1%表示微信是最常用的手机应用，44.0%的12～17岁未成年手机用户表示Instagram是最常用的手机应用。数据显示，以微信为主要代表的社交应用，已成为未成年人生活的一部分，“屏幕社交”已经成为社交活动的重要组成。

这种现象有其发生的原因，12～17岁的未成年人多处于青春期，借助社交应用寻求展现自我的满足感、被其他人肯定的认同感、扩大人际交往的成就感、与他人积极互动的参与感，这些都是正常现象。“屏幕社交”与现实社交的关系应该是互补而绝非互斥的，以手机为重要工具，增强与人沟通交流的便利性、拓展现实当中的社交圈子更应成为未成年人的主流社交模式。但现实中，难免会出现手机与手机社交应用的使用导致未成年人更关注网络社交，从而对现实当中的家庭生活、人际交往降低兴趣。数据显示，23.9%的12～17岁未成年手机用户表示经常/总是会在聚会时玩手机，在该题得分为2.8分；在“觉得手机在人际交往中的作用越来越重要”上的得分为3.1分；在“因为玩手机太久而被家人朋友埋怨指责”上的得分为2.5分；在“我觉得在手机上与人聊天比面对面交流更自在”上的得分为2.3分。这些都表明手机的使用对未成年人社交行为的改变与影响。家长需要意识到手机对未成年人社交方式与社交能力的影响，对未成年人社交进行良好的指引，避免手机聊天的过度使用导致现实生活中的“社交恐惧症”，防患于未然。家长需要与未成年人共同进步，正确认识社交应用，同时，家长需要与未成年人在充分尊重的前提下进行深入沟通交流，积极进行亲子互动，

营造良好的家庭氛围，以丰富多彩的家庭生活将未成年人从手机拉回现实生活，令其拒当“低头一族”，培育未成年人的健全人格。

参考文献

Leung, L.（2008）. Linking Psychological Attributes to Addiction and Improper Use of the Mobile Phone among Adolescents in Hong Kong. *Journal of Children and Media*, 2（2）, 93 – 113.

Young, K. S.（1996）. Internet Addiction: The Emergence of a New Clinical Disorder. Paper presented at the 104th Annual Meeting of the American Psychological Association, Toronto, Ontario, Canada.

Young, K. S.（1998）. *Caught in the Net: How to Recognize the Signs of Internet Addiction and a Winning Strategy for Recovery*. New York, NY: John Wiley & Sons.

Yu-Hsuan Lin, Li-Ren Chang, Yang-Han Lee, Hsien-Wei Tseng, Terry B. J. Kuo, Sue-Huei Chen.（2014）. Development and Validation of the Smartphone Addiction Inventory（SPAI）. PLOS ONE.

王浩：《山西高校大学生“手机依赖症”研究》，山西财经大学硕士学位论文，2018。

王雅丽、陈家乐：《在校大学生手机依赖的调查研究——以黄山学院为例》，《黄山学院学报》2018 年第 1 期。

苏双、潘婷婷、刘勤学、陈潇雯、王宇静、李明月：《大学生智能手机成瘾量表的初步编制》，《中国心理卫生杂志》2014 年第 5 期。

郑红涛：《国内手机依赖研究的可视化分析——基于 2007 ~ 2017 年文献的分析》，《东南传播》2018 年第 11 期。

夏艳雨：《手机对大学生认知功能的影响研究》，信阳师范学院硕士学位论文，2018。

贺金波、陈昌润、鲍远纯、雷玉菊：《青少年手机依赖的测量、危害和发生机制》，《中国临床心理学杂志》2012 年第 6 期。

柴晶鑫：《大学生手机依赖行为意向及影响因素研究》，吉林大学博士学位论文，2017。

熊婕、周宗奎、陈武、游志麒、翟紫艳：《大学生手机成瘾倾向量表的编制》，《中国心理卫生杂志》2012 年第 3 期。

B.17

未成年人互联网运用的研究热点和演进趋势

董艳春*

摘　要： 本文采用文献计量法，通过 CiteSpace 可视化软件，分析未成年人互联网运用研究的知识生产过程，并系统地梳理出研究热点和演变趋势：主要围绕网络环境、网络行为、网络成瘾、国外研究这几个方面展开；未成年互联网运用研究的演进趋势，先后经历了初步认识、发展认识、片面认识、全面认识等四个阶段。鉴于此，本文尝试从研究方法、研究内容、研究视角几个方面，提出了改进和完善未成年人互联网运用研究的对策建议。

关键词： 未成年人　网络　演进趋势　可视化分析

一　引言

中国互联网络信息中心统计数据显示，截止到 2018 年底中国网民规模达到 8.29 亿人，19 岁及以下的人群占到全部网民的 21.6%①，未成年网民约占到全部网民的五分之一，说明当前我国的未成年人网民已具备相当大的规模。

* 董艳春，天津商业大学公共管理学院讲师，博士，研究领域为社会管理、青少年事务。

① 中国互联网络信息中心：第 43 次《中国互联网络发展状况统计报告》，2019，第 17 页。

自1996年以来学界就开始对未成年人互联网运用情况开展研究，截止到目前，二十多年间，学者们开展了大量研究。本文将采用文献计量法，对收集到的定性文献资料进行定量化、可视化的分析。文献计量法意在研究文献资料达到一定量时所反映出来的规律和变化，通过文献信息来考察其所指事物的状态和变化①，进而通过统计分析来帮助人们做出正确的判断和决策。

在CNKI期刊数据库中，对当前有关未成年人互联网运用的文章进行高级检索。检索条件为：篇名 = “未成年人 and 网络 or 互联网” or “青少年 and 网络 or 互联网” or “儿童 and 网络 or 互联网” or “小学生 and 网络 or 互联网” or “初中生 and 网络 or 互联网” or “高中生 and 网络 or 互联网” or “中学生 and 网络 or 互联网”；匹配条件为精确；截止时间为2018年12月31日；总共检索出7709篇文献，经过人工逐条筛选后，得到与研究主题高度相关的中文文献5823篇（检索日期为2019年3月10日）。

本文运用美国德雷塞尔大学计算机与情报学教授陈超美教授开发的CiteSpace软件进行分析，具体采用的是CiteSpace. V. 5. 3. R8（64bit）版本。

二　研究现状

通过上述文献检索过程，从时间分布、高下载量、高被引论文、作者合著网络、研究热点、演变趋势几个维度出发，分析近年来有关未成年人互联网运用的文献研究情况。

（一）初步统计结果

1. 未成年人互联网运用研究论文总体上呈现增长趋势

在2000年以前，学界有关未成年人互联网运用的研究文献相对较少。其中最早的一篇文献资料为1996年中国社会科学院新闻研究所学者卜卫发

① 王曰芬：《文献计量法与内容分析法综合研究的方法论来源与依据》，《情报理论与实践》2009年第2期。

表在《现代传播·北京广播学院学报》上的《关于青少年网络管理的理论和实践探讨》一文。这篇文章针对如何管理未成年人使用计算机的问题，从未成年人使用网络的问题、未成年人网络管理的理论、未成年人网络管理的实践这三个方面着手，深入系统地分析①。2000～2008 年研究文献出现了快速增长（见图 1），这与此阶段我国经济发展水平提高、互联网普及率提升、未成年人触网日趋普遍密切相关。2008～2010 年这三年间，学者发表的文献数量持续保持高位，年均 400 篇以上，此后呈现一定的下降趋势，而从近五年的文献数量来看，再次呈现持续增长模式，其中 2018 年的文献数量高达 476 篇，为发表论文数量最多的一年。

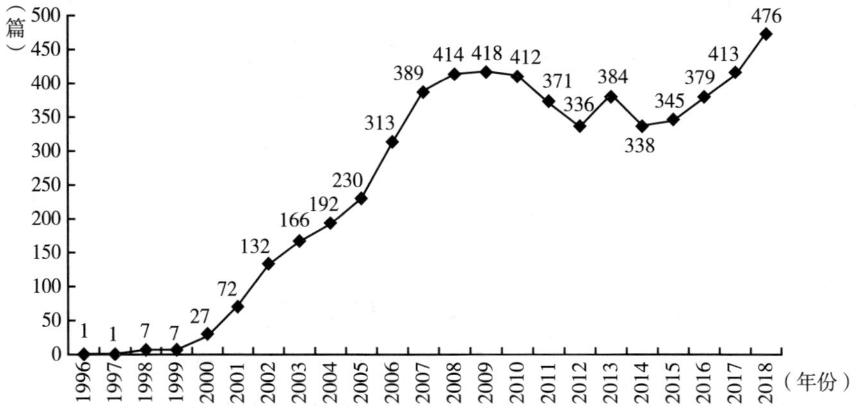

图 1　相关文献时间分布情况

2. 未成年人互联网运用研究论文的单篇最高被引频次达到246次

在所有的 5823 篇文献中，绝大多数文献被引频次都在 100 次以下，只有 12 篇文章被引频次在 100 次以上，同时被引频次在 130 次以上的仅有 5 篇文章（见表 1）。其中被引频次最高的文章来自南京大学新闻系的孙少晶，即 1999 年发表于《青年研究》的《网络传播对青少年的负面影响》一文，

① 卜卫：《关于青少年网络管理的理论和实践探讨》，《现代传播·北京广播学院学报》1996 年第 5 期。

被引次数高达246次，远远高于被引频次排在第二位的文章；在这篇文章中，作者在认识到计算机网络给未成年人带来益处的同时，也从信息泛滥、网络上瘾、网络诈骗等角度，深入分析了互联网给未成年人带来的不良影响[①]。被引频次排在第二、四、五位的文献，都是由首都师范大学心理学系的雷雳（后转入中国人民大学心理学系）、杨洋、柳铭心研究团队2005～2007年间联合发表在《心理学报》上的文章[②③④]，主要分析了未成年人人格特征对其互联网运用情况的影响。被引频次排在第三位的是由华东师范大学心理学系的崔丽娟、王小晔发表在《心理科学》上的《互联网对青少年心理发展影响研究综述》[⑤]，作者从心理发展的视角出发，分析了学者当时对未成年人互联网运用行为的研究。

表1　高被引频次论文分布情况

序号	篇名	作者	被引
1	网络传播对青少年的负面影响	孙少晶	246
2	青少年病理性互联网使用量表的编制与验证	雷雳、杨洋	206
3	互联网对青少年心理发展影响研究综述	崔丽娟、王小晔	161
4	青少年神经质人格、互联网服务偏好与网络成瘾的关系	雷雳、杨洋、柳铭心	150
5	青少年的人格特征与互联网社交服务使用偏好的关系	雷雳、柳铭心	133

3. 未成年人互联网运用研究论文的单篇最高下载量达到8435次

在一定程度上看，论文的下载量越高表明论文越受欢迎，其研究主题和研究成果越受到该领域知识共同体的认可。从统计数据来看，下载量超过

① 孙少晶：《网络传播对青少年的负面影响》，《青年研究》1999年第7期。

② 雷雳、杨洋：《青少年病理性互联网使用量表的编制与验证》，《心理学报》2007年第4期。

③ 雷雳、杨洋、柳铭心：《青少年神经质人格、互联网服务偏好与网络成瘾的关系》，《心理学报》2006年第3期。

④ 雷雳、柳铭心：《青少年的人格特征与互联网社交服务使用偏好的关系》，《心理学报》2005年第6期。

⑤ 崔丽娟、王小晔：《互联网对青少年心理发展影响研究综述》，《心理科学》2003年第3期。

4500 次的文献有 8 篇，见表 2。其中下载量排在第一位的文章，是由邓林园、方晓义、伍明明、张锦涛、刘勤学 2013 年联合发表在《心理发展与教育》的《家庭环境、亲子依恋与青少年网络成瘾》，下载量高达 8435 次。作者在这篇文章中，对在北京、重庆和石家庄选取的 1038 名初中生开展问卷调查，深入探讨了未成年人的家庭环境、亲子依恋对他们网络成瘾的影响和作用机制①。排在第二位的文章，下载量为 7639 次，同样发表在《心理发展与教育》杂志上，且同样关注到了家庭亲子关系和未成年人网络成瘾的问题②。排在第三位、第四位文章的下载量依次为 6647 次、5739 次；而其余 4 篇文献的下载量均在 5000 次以下。

表 2　高下载量论文分布情况

序号	篇名	作者	下载量
1	家庭环境、亲子依恋与青少年网络成瘾	邓林园、方晓义、伍明明、张锦涛、刘勤学	8435
2	青少年亲子关系与网络成瘾：孤独感的中介作用	张锦涛、刘勤学、邓林园、方晓义、刘朝莹	7639
3	亲子依恋与青少年的问题性网络使用：一个有调节的中介模型	陈武、李董平、鲍振宙、闫昱文、周宗奎	6647
4	青少年网络成瘾的预防与干预研究	方晓义、刘璐、邓林园、刘勤学、苏文亮	5739
5	青少年网络道德与其网络偏差行为的关系	马晓辉、雷雳	4773
6	青少年疏离感与病理性互联网使用的关系：家庭功能和同伴接纳的调节检验	徐夫真、张文新	4605
7	青少年网络成瘾问题的家庭干预与社会工作介入——家庭功能理论视角	陈秀红	4581
8	青少年网络游戏行为的心理需求研究	才源源、崔丽娟、李昕	4521

① 邓林园、方晓义、伍明明、张锦涛、刘勤学：《家庭环境、亲子依恋与青少年网络成瘾》，《心理发展与教育》2013 年第 3 期。

② 张锦涛、刘勤学、邓林园、方晓义、刘朝莹：《青少年亲子关系与网络成瘾：孤独感的中介作用》，《心理发展与教育》2011 年第 6 期。

（二）研究作者合著网络分析

1. 未成年人互联网运用研究的高发文量作者相对较少

在 CiteSpace 软件的参数设置方面，Years Per Slice = 3，Note Types = Author，Selection Criteria = Top 50，运行后得到一个包括 689 个顶点和 772 条边的作者合著网络。从发文数量上看，发文量在 7 篇及以上的作者有 29 位，详见表 3。其中以中国人民大学心理学系（2007 年以前在首都师范大学心理学系任教）教授雷雳发文数量最多，高达 36 篇；排在第二位的作者为华南师范大学教育科学学院的张卫和广州大学教育学院的喻承甫，他们的发文数量均为 22 篇；紧随其后的作者为北京军区总医院的陶然，发文数量为 20 篇；并列排在第五位的是杜亚松和燕道成，两者的发文数量都为 17 篇；其余作者发文数量相对较少，均在 15 篇以下，其中又以发文数量在 10 篇以下的居多。

表 3　高发文量作者发文数量

序号	作者	发文数量	序号	作者	发文数量
1	雷雳	36	16	江文庆	9
2	张卫	22	17	邓林园	8
3	喻承甫	22	18	李宏利	8
4	陶然	20	19	曹枫林	8
5	杜亚松	17	20	彭阳	7
6	燕道成	17	21	魏昶	7
7	苏林雁	12	22	高雪屏	7
8	姜永志	11	23	王玉凤	7
9	黄少华	11	24	郭开元	7
10	方晓义	10	25	郝伟	7
11	耿红卫	9	26	张国华	7
12	余祖伟	9	27	崔丽娟	7
13	范翠英	9	28	金盛华	7
14	高英彤	9	29	周世杰	7
15	李静	9	合计		326

2. 未成年人互联网运用研究的作者较为分散

从总体上看作者合著网络密度（Density = 0.0033）较小，这说明研究未成年人互联网运用的作者较为分散。为了研究不同作者之间的合作情况，文章选择最大子网络开展进一步分析。该网络为一个包括45个顶点的联合网络，占到顶点总数的6%，这说明这45位作者在开展研究期间进行了多方合作，见图2。在这个合著网络中，以雷雳、喻承甫、张卫等发文量较大的作者为核心，以范翠英、周宗奎、李董平为连接桥点，实现了不同机构作者之间的密切合作。

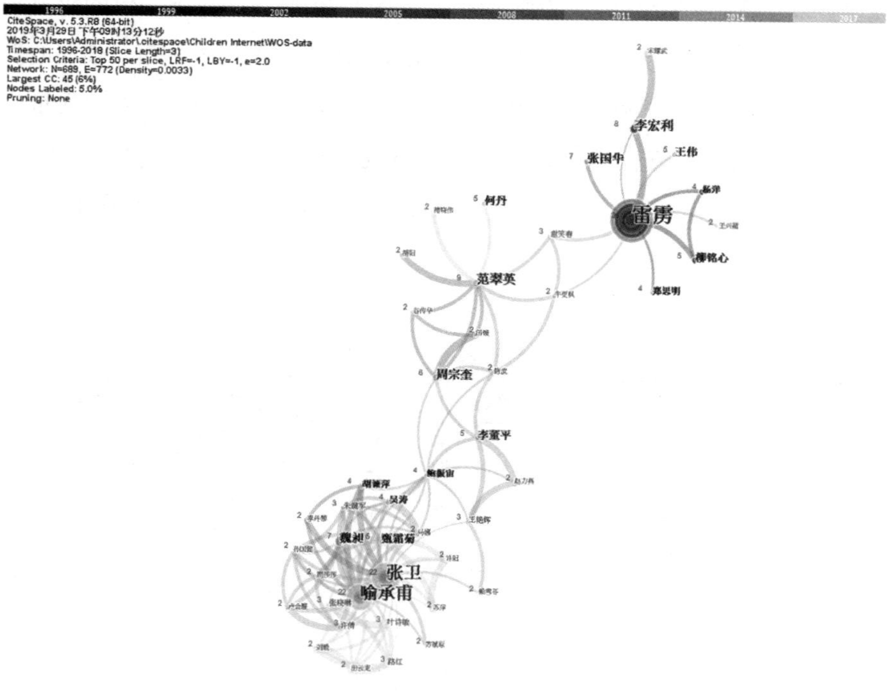

图2　作者合著网络

（三）研究机构合作网络分析

1. 未成年人互联网运用发文数量较多的研究机构以师范类院校为主

在进行研究机构合作情况分析时，参数设置基本与进行作者合著分析时一致，仅有一项内容发生变化，即选择 Note Types = Institution，其他内容均不变。得到一个包括 424 个顶点 128 条边的研究机构合作网络，该网络密度为 0.0014，这说明从事未成年人互联网运用研究的机构较为分散，且机构之间的合作相对较少。为了进一步研究不同机构之间的最大合作情况，选择最大子网络进行分析。该合作网络中的最大子网络，包括 22 个顶点，这说明 22 个不同机构之间实现了直接或者间接的合作，占到总数的 5%，见图 3。从发文数量来看，以华中师范大学心理学院参与的发文数量最多，达到 33 篇，居于第二位的机构是北京师范大学发展心理研究所，其发文数量达到 20 篇，排在第三位的是华南师范大学心理学院，发表了 18 篇文章，其余机构发文数量相对较少。

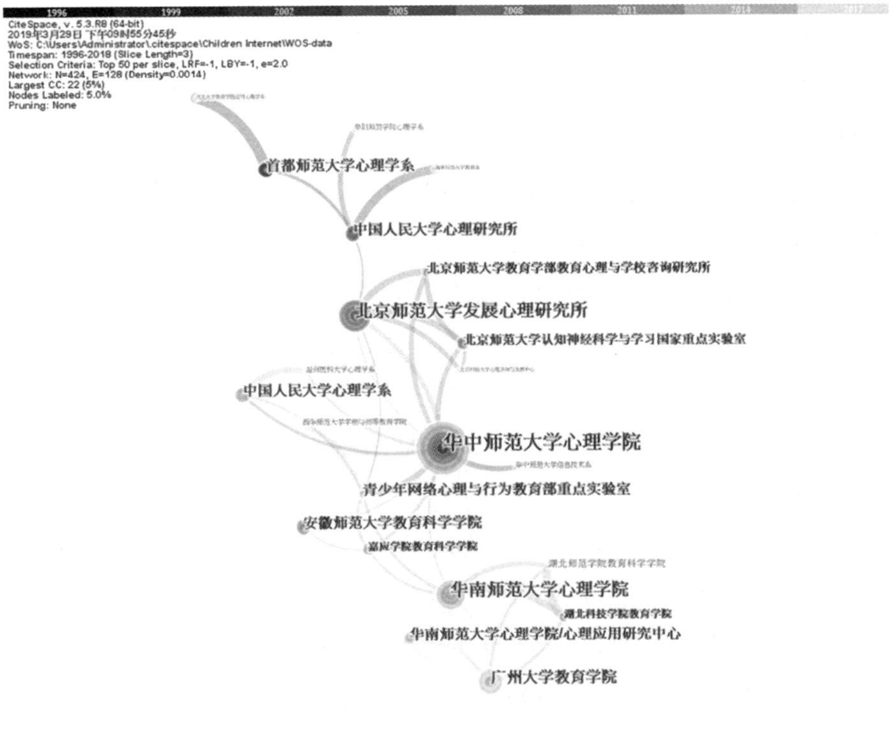

图 3　机构合作网络

2. 未成年人互联网运用研究呈现北中南三地区研究机构合作模式

在参与合作的研究机构方面，北京师范大学的不同二级机构，如发展心理研究所、认知神经科学与学习国家重点实验室、教育学部教育心理与学校咨询研究所，都开展了有关未成年人互联网运用的研究，它们之间的合作较为密切，而且它们与中国人民大学心理研究所、华中师范大学心理学院之间的合作也较为密切；而华南师范心理学院、湖北科技学院教育学院、广州大学教育学院等机构的合作也较为密切，进而形成了北中南三个不同地区科研机构之间的合作网络。

（四）研究热点分析

在参数设置方面，Years Per Slice = 3，Note Types = Keyword，Selection Criteria = Top 50，同时为了增加网络的可读性，在 Pruning 部分，选择 Pathfinder 和 Pruning Sliced Networks，对网络进行了裁剪。运行后得到一个包括 153 个顶点和 306 条边的网络。其中最大子网络包括 150 个顶点，占到总数的 98%。

理论上讲，一篇文章的关键词通常是该文章最核心内容的体现，一段时间内所有相关文章中关键词出现的频率，与该关键词在本领域内的研究热度呈现正相关关系①，即出现频率越高的关键词越属于该领域的研究热点。同时节点的中心性也是衡量研究热点的一项关键指标，它能够反映出不同关键词之间的内在联系，中心性越高，说明它联系着的关键词越多，在网络中的桥梁功能越大②，越能够将不同的关键词联系在一起，形成一个关键词热点群。就本网络而言，词频在 50 次以上的关键词有 38 个，见表 4。其中出现频率最高的关键词是“青少年”，其频率为 1933 次；其次是“网络成瘾”和“网络”，两者出现的频率分别为 727 次和 674 次；接着是关键词“中学生”，其出现的频率为 511 次；出现频率在 200 次以上的关键词还有“未成年人”“对策”“互联网”“网络游戏”“中小学生”“影响”；其余关键词出

① 王娟、陈世超、王林丽、杨现民：《基于 CiteSpace 的教育大数据研究热点与趋势分析》，《现代教育技术》2016 年第 2 期。

② 赵俊芳、安泽会：《我国大学学术权力研究热点及知识可视化图谱分析》，《复旦教育论坛》2014 年第 4 期。

表 4　高频关键词统计

序号	关键词	出现频率	中心性	序号	关键词	出现频率	中心性
1	青少年	1933	0.55	20	小学生	118	0.06
2	网络成瘾	727	0.16	21	因特网	112	0.04
3	网络	674	0.13	22	学生	98	0.03
4	中学生	511	0.05	23	青少年犯罪	97	0.04
5	未成年人	313	0.21	24	儿童	95	0.11
6	对策	310	0.10	25	网络道德教育	90	0.04
7	互联网	260	0.05	26	思想政治教育	90	0.05
8	网络游戏	253	0.03	27	心理健康	80	0.06
9	中小学生	237	0.18	28	学校	76	0.14
10	影响	229	0.07	29	影响因素	70	0.02
11	网络文化	183	0.06	30	网络语言	67	0.00
12	负面影响	171	0.13	31	青少年学生	66	0.07
13	网络环境	158	0.21	32	教育	63	0.06
14	网络犯罪	141	0.16	33	网络安全	61	0.05
15	高中生	134	0.16	34	初中生	61	0.02
16	成瘾	132	0.00	35	社会化	58	0.01
17	网络道德	128	0.05	36	原因	54	0.00
18	行为	123	0.1	37	网络行为	54	0.01
19	网络时代	122	0.17	38	网络阅读	50	0.02

现频率相对较低。

在 CiteSpace 的聚类分析中，按照规范来讲 Modularity Q 的值在 0.4 ~ 0.8 之间，Mean Silhouette 的值在 0.3 以上，说明聚类分析恰当①。通过聚类分析得出本网络的 Modularity Q = 0.5682，Mean Silhouette = 0.5439，说明聚类效果比较好，见图 4。从聚类后自动生成的类别标签来看，除了标明研究对象群体的“青少年”“未成年人”“中小学生”之外，还形成了“网络”“网络环境”“行为”“网络成瘾”“青少年网络成瘾”“北美洲”几个聚类标签；同时聚类标签前的序号越小，表明这个类别子网络的聚集性越强，研

① 李杰、陈超美：《CiteSpace：科技文本挖掘机可视化（第二版）》，首都经济贸易大学出版社，2016，第 144 ~ 145 页。

究热点越聚焦，这些聚类标签代表的内容正体现研究热点，下面将对这几个方面的研究热点逐一进行深入分析。

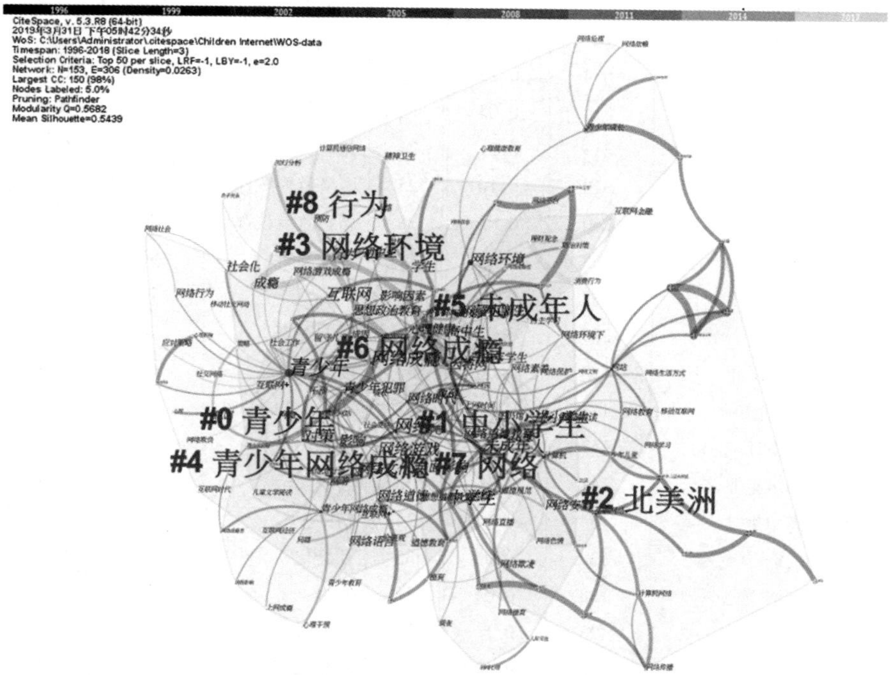

图 4　研究热点关键词的聚类网络

1. 关于未成年人上网的网络环境研究

在聚类标签“网络环境”代表的子网络中，Silhouette = 0. 738，大于 0. 3，聚类效果较好。该类别包含的关键词主要有“中小学生、网络环境下、健康成长、网络道德意识、中学生心理健康、学生心理健康教育、心理健康教育工作、情感联结、Web2. 0 网络环境、网络道德教育、网络成瘾、影响因素、回归分析、社交网络、青少年网络犯罪、学生心理健康、网瘾青少年”。代表性论文包括《网络环境视野下的中小学生德育工作实效性研究》①、《网络与

① 吴茂森、王建火、吴泽武：《网络环境视野下的中小学生德育工作实效性研究》，《福建基础教育研究》2016 年第 3 期。

小学生心理健康》[1]《加强青少年的网络道德教育》[2] 等。

2. 关于未成年人上网的网络行为研究

在聚类标签“行为”代表的子网络中，Silhouette = 0.792，这个聚类包括的关键词有“网络道德、校外青少年、干预性研究、社交网络、综合素质评价、素养教育、信息查寻行为、干预研究、健康教育、心理健康、精神卫生、电子游戏”。例如《青少年网络道德与其网络偏差行为的关系》[3]、《青少年网络游戏行为的心理需求研究》[4]、《青少年网络暴力：一种网络社区与个体生活环境的互动建构行为》[5] 等文章。

3. 关于未成年人网络成瘾问题的研究

在聚类标签“网络成瘾”和“青少年网络成瘾”代表的子网络中，Silhouette 的值依次为 0.744、0.575，这个聚类标签下包含的关键词主要有“网络成瘾、家庭环境、亲子依恋、自我认同、传播语境、父母监控、网络道德教育、父母教养方式、素养教育、网络游戏、未成年人、身份认同、网络德育”。以《透视青少年“网络成瘾综合症”》[6]、《青少年亲子关系与网络成瘾：孤独感的中介作用》[7]、《青少年网络成瘾的预防与干预研究》[8] 等为代表性论文。

4. 关于国外未成年人上网情况的研究

从世界范围来看，以北美洲的美国为代表，西方发达国家发展互联网的

---

① 王爱华：《网络与小学生心理健康》，《少年儿童研究》2011 年第 12 期。

② 李文清：《加强青少年的网络道德教育》，《中北大学学报》（社会科学版）2008 年第 1 期。

③ 马晓辉、雷雳：《青少年网络道德与其网络偏差行为的关系》，《心理学报》2010 年第 10 期。

④ 才源源、崔丽娟、李昕：《青少年网络游戏行为的心理需求研究》，《新闻大学》2007 年第 1 期。

⑤ 江根源：《青少年网络暴力：一种网络社区与个体生活环境的互动建构行为》，《新闻大学》2012 年第 1 期。

⑥ 朱美燕、朱凌云：《透视青少年“网络成瘾综合症”》，《中国青年研究》2002 年第 6 期。

⑦ 张锦涛、刘勤学、邓林园、方晓义、刘朝莹：《青少年亲子关系与网络成瘾：孤独感的中介作用》，《心理发展与教育》2011 年第 6 期。

⑧ 方晓义、刘璐、邓林园、刘勤学、苏文亮：《青少年网络成瘾的预防与干预研究》，《心理发展与教育》2015 年第 1 期。

时间较早，其未成年人接触网络的时间早、机会多，鉴于此，一些学者针对国外有关未成年人互联网运用情况开展了研究。就这个研究的聚类子网络而言，Silhouette = 0. 813，关键词聚集性强。这个聚类网络中包括的关键词有“网络社区、青少年活动、道德素质培养、游戏功能、电子游戏、知识大赛、国际互联网络、中华人民共和国、网络综合征、青少年身心健康、青少年成长、信息泛滥、网络综合征、游戏功能、青少年身心健康、美利坚合众国、青少年活动、道德素质培养、网络社区、文娱性体育活动”，有《美国儿童网络保护政策分析》①、《没有大人的世界：躲进网络中的美国青少年》②、《网络时代儿童个人信息的法律保护——基于美国和欧盟立法的比较研究》③ 等文章。

（五）演进趋势分析

为了探索自 1996 年以来未成年人互联网运用研究的演变趋势，在 CiteSpace 的视图模式中，依次点击快捷功能窗口的 Brustness、Refresh、View 键，进行关键词的突发性探测，并选择按照“Sort by the Beginning Year of Burst”排列④，得到关键词的演进过程图。关键词的突发性探测，有助于进一步揭示以关键词为代表的研究主题的知识演进过程⑤。关键词的突发强度值越大，说明该关键词的研究热度越高，限于篇幅，图 5 显示的是突发强度值排在前 28 位关键词的年度演进过程。经过分析之后，从总体上看，依据不同关键词在不同年度的突变情况，大体上可以将我国有关未成年人互联网运用研究的演进过程划分为四个阶段。

---

① 何恩基：《美国儿童网络保护政策分析》，《电化教育研究》2002 年第 4 期。

② 吕铁军：《没有大人的世界：躲进网络中的美国青少年》，《中国青年研究》2000 年第 3 期。

③ 殷峻：《网络时代儿童个人信息的法律保护——基于美国和欧盟立法的比较研究》，《学术研究》2018 年第 11 期。

④ 李杰、陈超美：《CiteSpace：科技文本挖掘机可视化（第二版）》，首都经济贸易大学出版社，2016，第 155 ~ 157 页。

⑤ 叶栩闻、张芷：《基于 CiteSpace 的国内青少年犯罪问题演进路径分析》，《预防青少年犯罪研究》2017 年第 3 期。

第一阶段：1996～1999年，初步认识网络阶段。这一阶段的研究集中于“互联网络”“计算机网络”方面，也有一些学者认识到了互联网的“负面影响”。如1996年卜卫发表的《关于青少年网络管理的理论和实践探讨》[①]、1999年书聚发表的《少年儿童与网络时代》[②]，以及1999年孙少晶发表的《网络传播对青少年的负面影响》等文[③]。整体而言，该阶段的研究以初识网络为主。

第二阶段：2000～2004年，发展认识网络阶段。在该阶段的研究中，突现性关键词主要包括“网站”“网络道德教育”“上网时间”“网络时代”“青少年学生”“网吧”“社会化”“网络教育”“网游”。其中以“网络”“网吧”“青少年学生”“网站”“网络时代”的突发强度值较高；而且以“网络道德教育”“社会化”这两个关键词的突变持续时间较长。在这一阶段内，伴随着我国互联网普及率的不断提升，未成年人接触网络的机会日益增加，研究者开始从多个方面，如网络教育、网络文明、上网时间、上网成瘾等，探讨未成年人互联网运用的问题，特别是认识到青少年网络道德的必要性，以及互联网在推动青少年社会化方面的作用。

第三阶段：2005～2010年，片面认识网络阶段。在这一阶段，突现性关键词主要包括“网络教育”“网游”“上网成瘾”“道德教育”“图书馆”“网络德育”“预防”“社会工作”等。在这一阶段研究者普遍认为网络成瘾占用了青少年的大量时间，给青少年的身心健康发展带来了负面影响，并进一步分析了造成青少年网络成瘾的原因，找到有效阻止青少年网络成瘾和网络犯罪的防治对策，并希望能够通过诸如将青少年引入图书馆学习等社会工作，改变互联网给青少年带来的不良影响。

第四阶段：2011～2018年，全面认识网络阶段。这一阶段的突现词有“网络阅读”“预防”“儿童”“留守儿童”“网络欺凌”“应对策略”“自主

---

① 卜卫：《关于青少年网络管理的理论和实践探讨》，《现代传播·北京广播学院学报》1996年第5期。

② 书聚：《少年儿童与网络时代》，《现代特殊教育》1999年第10期。

③ 孙少晶：《网络传播对青少年的负面影响》，《青年研究》1999年第7期。

Keywords	Year	Strength	Begin	End	1996~2018
互联网络	1996	7.4430	1998	2004	
负面影响	1996	23.4722	1999	2005	
计算机网络	1996	6.8846	1999	2004	
网站	1996	10.9420	2000	2004	
网络道德教育	1996	6.8920	2000	2007	
上网时间	1996	7.5605	2001	2004	
网络时代	1996	9.9675	2001	2005	
网络	1996	19.3100	2002	2005	
青少年学生	1996	11.2119	2002	2007	
网吧	1996	14.3637	2002	2007	
社会化	1996	6.8461	2002	2009	
网络教育	1996	7.5863	2002	2007	
网游	1996	8.4752	2003	2006	
网络德育	1996	6.2278	2005	2007	
上网成瘾	1996	6.2278	2005	2007	
道德教育	1996	8.8674	2005	2010	
图书馆	1996	6.8582	2005	2010	
社会工作	1996	6.9134	2008	2010	
网络阅读	1996	8.7107	2009	2014	
预防	1996	7.0518	2011	2013	
儿童	1996	6.2498	2013	2015	
留守儿童	1996	8.7199	2014	2018	
网络欺凌	1996	9.5532	2014	2018	
应对策略	1996	7.0456	2014	2016	
网络游戏成瘾	1996	11.6323	2014	2018	
自主学习	1996	7.6956	2015	2018	
网络流行语	1996	6.7613	2015	2018	
网络安全	1996	13.2267	2015	2018	

图 5　关键词中的突现词演进趋势

学习”“网络安全”“网络流行语”“网络社会”“网络游戏成瘾”等。从研究对象的角度来看，这一阶段将儿童、留守儿童、学生这些青少年中的子群体分离出来研究，体现了研究对象群体的针对性；从研究内容来看，这一阶段不再仅仅把网络视为洪水猛兽，更认识到网络环境和网络平台的重要性，以充分发挥其在帮助未成年人进行网络阅读、学习方面的作用；同时针对青少年网络成瘾的问题，更希望从前期预防着手，变被动治理为主动预防。

三　对策建议

通过上述基于文献计量法的内容分析，这一部分将从研究方法、研究内容、学科视角这三个方面，针对未来有关未成年人互联网的研究提出对策建议。

（一）不断丰富未成年人互联网运用的研究方法，从定性方法向定量方法拓展

从现有文献资料来看，当前有关青少年互联网运用的研究，多以定性资料分析方法开展，定量研究相对较少；在对现有文献进行梳理和分析时，常见方法以阅读文献后的资料整理和内容整合为主，而采用统计分析、文献计量等研究方法的相对较少，不能够很好地发挥文献研究法的作用。因此，未来在开展未成年人互联网运用研究时，可以更多地采用定量研究、统计分析、文献计量等能够实现定性资料量化分析的新兴社会科学研究方法。

（二）日趋完善未成年人互联网运用的研究内容，从片面认识向全面认识演化

从研究内容来看，有许多作者关注的是互联网运用给未成年人带来的负面影响，而聚焦于产生负面影响原因的分析相对较少，同时很多学者关注的是未成年人网络成瘾后的被动治理，而缺乏对如何预防未成年人网络成瘾的思考。而且，在如何正确引导互联网更好地给未成年人带来积极影响方面，开展的研究相对较少。因此，未来需要以更为积极的态度全面研究未成年人互联网运用。

（三）积极拓宽未成年人互联网运用研究的学科视角，从单学科视角向多学科视角转变

从研究的学科视角来看，当前研究未成年人上网的文献资料，多从心理学视角着眼，研究视角过于狭窄，未来可以更多地从社会学、管理学、医学等学科出发，拓展未成年人互联网运用研究的广度和深度。

参考文献

卜卫：《关于青少年网络管理的理论和实践探讨》，《现代传播·北京广播学院学报》1996 年第 5 期。

才源源、崔丽娟、李昕：《青少年网络游戏行为的心理需求研究》，《新闻大学》2007 年第 1 期。

崔丽娟、王小晔：《互联网对青少年心理发展影响研究综述》，《心理科学》2003 年第 3 期。

邓林园、方晓义、伍明明、张锦涛、刘勤学：《家庭环境、亲子依恋与青少年网络成瘾》，《心理发展与教育》2013 年第 3 期。

方晓义、刘璐、邓林园、刘勤学、苏文亮：《青少年网络成瘾的预防与干预研究》，《心理发展与教育》2015 年第 1 期。

何恩基：《美国儿童网络保护政策分析》，《电化教育研究》2002 年第 4 期。

江根源：《青少年网络暴力：一种网络社区与个体生活环境的互动建构行为》，《新闻大学》2012 年第 1 期。

雷雳、柳铭心：《青少年的人格特征与互联网社交服务使用偏好的关系》，《心理学报》2005 年第 6 期。

雷雳、杨洋：《青少年病理性互联网使用量表的编制与验证》，《心理学报》2007 年第 4 期。

雷雳、杨洋、柳铭心：《青少年神经质人格、互联网服务偏好与网络成瘾的关系》，《心理学报》2006 年第 3 期。

李杰、陈超美：《CiteSpace：科技文本挖掘机可视化（第二版）》，首都经济贸易大学出版社，2016。

李文清：《加强青少年的网络道德教育》，《中北大学学报（社会科学版）》2008 年第 1 期。

吕铁军：《没有大人的世界：躲进网络中的美国青少年》，《中国青年研究》2000 年第 3 期。

马晓辉、雷雳：《青少年网络道德与其网络偏差行为的关系》，《心理学报》2010 年第 10 期。

书聚：《少年儿童与网络时代》，《现代特殊教育》1999 年第 10 期。

孙少晶：《网络传播对青少年的负面影响》，《青年研究》1999 年第 7 期。

王娟、陈世超、王林丽、杨现民：《基于 CiteSpace 的教育大数据研究热点与趋势分析》，《现代教育技术》2016 年第 2 期。

王爱华：《网络与小学生心理健康》，《少年儿童研究》2011 年第 12 期。

王曰芬：《文献计量法与内容分析法综合研究的方法论来源与依据》，《情报理论与实践》2009 年第 2 期。

吴茂森、王建火、吴泽武：《网络环境视野下的中小学生德育工作实效性研究》，《福建基础教育研究》2016 年第 3 期。

殷峻：《网络时代儿童个人信息的法律保护——基于美国和欧盟立法的比较研究》，《学术研究》2018 年第 11 期。

赵俊芳、安泽会：《我国大学学术权力研究热点及知识可视化图谱分析》，《复旦教育论坛》2014 年第 4 期。

张锦涛、刘勤学、邓林园、方晓义、刘朝莹：《青少年亲子关系与网络成瘾：孤独感的中介作用》，《心理发展与教育》2011 年第 6 期。

中国互联网络信息中心：第 43 次《中国互联网络发展状况统计报告》，2019。

中国互联网络信息中心：第 41 次《中国互联网络发展状况统计报告》，2018。

朱美燕、朱凌云：《透视青少年“网络成瘾综合症”》，《中国青年研究》2002 年第 6 期。

B.18
未成年人网络阅读的基本状况及其特点

张文彦　黄东明*

摘　要：　未成年人阅读已成为多学科交叉的研究热点，研究者对其内在阅读素养、外在阅读环境等主题展开了广泛的调查、研究和讨论。从全国国民阅读调查发布的最新六年（2013～2018年）的数据看，我国0～8周岁、9～13周岁、14～17周岁未成年人的阅读率和阅读量呈现整体水平有待提升、数据振荡不稳的特征，数字化阅读接触率上升、普及速度快，手机阅读的上升幅度最为显著，未成年人城乡阅读一直存在差距，在低幼儿童中最为明显。在新媒体背景下，未成年人阅读中的新问题不断出现，需要加快立法以保障未成年人的阅读权利，推进阅读推广的专业化，并且加强对儿童阅读最基础的环境——家庭阅读环境的塑造。

关键词：　未成年人阅读　互联网阅读　数字化阅读　阅读推广　阅读调查

---

* 张文彦，青岛大学新闻与传播学院教授、副院长、硕士生导师，研究领域为出版史、阅读政策与文化传播；黄东明，青岛出版集团少儿期刊中心总经理、“红读计划”组委会办公室副主任，主要从事少儿阅读活动推广事业。

一 前言

十余年来，未成年人阅读已成为我国教育、公共文化服务、全民阅读和数字化阅读转型等领域交相激荡的议题“旋涡”，研究者围绕未成年人的内在阅读素养、外在阅读环境等主题展开了广泛的调查、研究和讨论。本文根据这些研究所指出的方向和问题，在已有数据①解读的基础上，研究近年来我国未成年人阅读发展的总体趋势和特点，尤其关注数字新技术所带来的新影响，并结合近年来对阅读教育、阅读推广的田野调查所得，分析问题，提出建议。

（一）未成年人阅读调查研究的进展

20 世纪 80 年代，西方研究者就已开始对未成年人阅读状况及相关政策开展调查研究工作。90 年代以来，欧美多国和日韩等纷纷以法律、法案、项目等方式保护未成年人阅读权利，提高未成年人阅读素养。在这样的环境下，教育、媒体研究、社会工作等领域有关未成年人阅读的实证研究和理论研究的成果日益丰富，又反过来成为未成年人阅读政策和项目的基石和养分。进入 21 世纪之后，研究者开始聚焦新媒体与未成年人阅读的关系，开展了大量的调查研究，并提出了未成年人在线阅读的理论②。各类阅读项目也展现出对新技术情境下阅读的关注。例如，著名的国际学生评价项目（Program for International Student Assessment，以下简称 PISA）③，PISA2000 将阅读素养界定于纸质文本之上，PISA2009 的阅读素养测试则扩展到了电

① 本文数据的主要来源为中国新闻出版研究院国民阅读研究与促进中心编撰出版的《全国国民阅读调查报告》（2013～2016）、2018 年 4 月 18 日中国新闻出版研究院发布的第十五次全国国民阅读调查报告，同时也辅以其他有关未成年人阅读的调查数据。

② 程瑞：《对国外青少年在线阅读研究的综述》，《中国青年研究》2016 年第 3 期。

③ PISA 自 2000 年开始，在全球范围内每三年开展一次大规模的学生测评，阅读素养即其核心测试领域之一。

子文本（electronic texts），PISA2018 则彻底删除对文本的限定词①——界定的不断调试展现了研究者对新技术所引发的阅读内涵外延的深度思考，当“信道和信息的数字一体化抹杀了各种媒介的个体差别”② 时，声音、图片和影视动漫等视听语言便共同构成了阅读的对象；未成年人必须具备适应时代发展要求的阅读新素养，比如“评价”（evaluating）的能力，即在线阅读的海量内容中，读者能对文本来源、真实性等做出判断和评价的能力③。另一项针对 9 岁儿童的国际阅读能力测试——国际教育成绩评价协会（International Association for the Evaluation of Educational Achievement，IEA）所主持的国际阅读素养进展研究（PIRLS），2012 年也推出了数字阅读内容，2016 年新增了 ePIRLS 测试④。

近十年来，我国针对未成年人阅读的研究建立在众多调查的基础之上，大致可划分为两类：一类是以传统纸质图书为主的阅读调查，如自 1999 年开始的全国国民阅读调查，自 2009 年开始，每年开始发布未成年人的阅读数据，纸质图书的阅读率和阅读量是每年四月份发布会最引人关注的数据。近年来也出现了不少针对未成年人图书阅读的专项调查，如《中国城市儿童阅读调查报告》⑤《深圳市流动儿童家庭亲子阅读状况调研报告》《乡村儿童阅读报告》（2018）⑥ 等。这些调查也多会涉及听书、互联网阅读、电子书等方面的阅读接触情况，但更偏向于以纸书阅读数据作为评判未成年人阅读水平的主要依据。

---

① 俞向军、宋乃庆、王雁玲：《PISA2018 阅读素养测试内容变化与对我国语文阅读教学的借鉴》，《比较教育研究》2017 年第 5 期。

② 〔德〕弗里德里希·基德勒著《留声机电影打字机》，邢春丽译，复旦大学出版社，第 2 页。

③ 俞向军、宋乃庆、王雁玲：《PISA2018 阅读素养测试内容变化与对我国语文阅读教学的借鉴》，《比较教育研究》2017 年第 5 期。

④ 姜洪伟、高辅婧、胡霞、覃冰芸：《四年级儿童数字阅读与纸质阅读记忆效果比较研究》，《图书馆建设》2019 年第 1 期。

⑤ 《中国城市儿童阅读调查报告》，http：//www. 199it. com/archives/605653. html。

⑥ 《乡村儿童阅读报告》由亚马逊中国联合中国扶贫基金会、北京师范大学中国公益研究院于 2018 年 5 月 2 日共同发布，聚焦中西部贫困地区的乡村儿童阅读。

另一类是在新技术的大背景下，从教育、心理、媒体、互联网使用等不同专业角度出发所进行的阅读调查，如上海交通大学副教授李武所持续开展的“上海市青少年数字阅读及其引导机制研究”“新媒介环境下青少年社会化阅读及其引导机制研究”等实证调查，以PISA阅读素养研究为思路开展的《北京青少年网络阅读的实证研究》[①]，以及2018年发布的青少年蓝皮书——《中国未成年人互联网运用和阅读实践报告（2017～2018）》[②] 等，这些调查与报告将未成年人的阅读镶嵌在新媒体的时代背景下，审视技术革新给读者阅读带来的新的需求、特征、问题和趋向。

（二）未成年人阅读推广的推进

近十年来，未成年人阅读推广成为我国教育、新闻出版、公共文化服务等多领域的共同政策热点，并成为阅读推广行业中专业化程度最高的重要板块，专门从事少儿阅读推广的公益组织和商业机构大量涌现。与这种热潮相比，我国阅读学、阅读脑科学、阅读心理学、阅读教育、阅读疗法、阅读史等有关未成年人阅读的理论研究虽然起步较早，20世纪80年代就有相关著作问世，但科研成果的应用落地能力不足，我国依然缺少如PISA、分级阅读等有世界影响力的重量级科研项目。现有理论的社会影响力和普及程度也是远远不够的，舆论界往往基于感性、经验层面来对未成年人的阅读表达忧虑、重视，进行推荐、指导，而往往缺乏坚实可靠的理论依据或实证支持。在市场上活跃的大量商业性未成年人阅读推广机构水平参次不齐，甚至以简单粗暴的成功学去偷换读书的丰富内涵，用神秘主义对阅读推广进行包装营销，而不少家长和未成年人是缺乏判断力的。

未成年人阅读推广政策的完善、行业的健康发展，离不开理论的推进和调查的开展。值得欣喜的是，越来越多的高校和科研院所开始对此投入热情和精力，诸如北京师范大学儿童阅读与学习研究中心、亲近母语研究院等领

---

① 倪燕：《北京青少年网络阅读的实证研究》，《传媒》2018年第15期。

② 季为民等：《中国未成年人互联网运用和阅读实践报告（2017～2018）》，社会科学文献出版社，2018。

军研究机构正在崛起，有关未成年人阅读推广研究的不同层次的课题项目的立项数量也在急剧增多。

二　我国未成年人阅读的基本状况与主要特征①

根据《2015 年全国 1% 人口抽样调查资料》数据推算，我国目前 0 ~ 17 岁未成年人数量为 2.71 亿，占总人口数的 20%②，2015 年我国有未成年人的家庭占全部家庭的 45%，其中有一个儿童的家庭占 65.6%，两个儿童的占 28.4%，三个及以上的占 6%③。家庭是社会的细胞，儿童则是家庭的瑰宝，通过这些数据我们可以看到，未成年人阅读对于国家和家庭的重要意义不言而喻。本文将以中国新闻出版研究院国民阅读研究与促进中心每年所公布的全国国民阅读调查数据为主要依据展开分析，同时也会辅以其他机构的相关调查数据，对未成年人阅读的主要特征、发展趋势、存在的问题及原因进行初步的探索。

（一）全国国民阅读调查的数据特征

全国国民阅读调查由中国新闻出版研究院国民阅读研究与促进中心每年组织开展，由中央财政经费支持，在全国范围内进行抽样入户调查，于每年“4·23”世界读书日期间发布上一年度国民阅读调查的主要数据，并在其

① 本部分所引用全国国民阅读调查的数据来自中国新闻出版研究院每年所发布的报告，见中国新闻出版研究院旗下的中国出版网（www.chuban.cc），以及中国书籍出版社出版的全国国民阅读调查报告系列，分别为：《全国国民阅读调查报告（2014）》《全国国民阅读调查报告（2015）》《全国国民阅读调查报告（2016）》《全国国民阅读调查报告（2017）》，这 4 册报告的出版时间均为 2018 年 8 月。

② 中华人民共和国统计局：《2015 年全国 1% 人口抽样调查资料》，转引自国务院妇女儿童工作委员会：《中国儿童发展指标图集 2018》，https：//www.unicef.org/china/sites/unicef.org.china/files/2019 - 03/Atlas%202018%20CN%20%E4%B8%AD%E6%96%87.pdf。

③ 中华人民共和国统计局：《2015 年全国 1% 人口抽样调查资料》，转引自国务院妇女儿童工作委员会：《中国儿童发展指标图集 2018》，https：//www.unicef.org/china/sites/unicef.org.china/files/2019 - 03/Atlas%202018%20CN%20%E4%B8%AD%E6%96%87.pdf。

后编撰出版数据更为翔实的年度《全国国民阅读调查报告》。该大型调查自1999年启动，至2019年已经开展16次，其问卷分为0~8周岁、9~13周岁、14~17周岁和18~70周岁四套。本文将根据2013~2018年这六年发布会所发布的主要数据，以及《全国国民阅读调查报告2014》《全国国民阅读调查报告2015》《全国国民阅读调查报告2016》《全国国民阅读调查报告2017》这四部已经出版的调查报告中更为详细的数据，[①] 来分析我国未成年人阅读的基本状况。

全国国民阅读调查所展示的数据也在不断变化，从最初的书报刊阅读，到互联网阅读，再到听书率，展示着社会阅读的不断变化，但仍然体现着社会阅读观的主流认知——读书，作为人类获取知识和信息的一种古老而延续的行为，今天仍然在人们的阅读生活中占据重要的地位。相对于变化多样的数字化阅读，纸质图书的阅读，仍然是人类阅读世界中最为重要的部分。因此，《全国国民阅读调查报告》发布时，图书阅读数据的表述更为详尽和明确，并且稳居报告的开始部分。各类媒体竞相报道转载时，往往会对这份较长的报告进行压缩，图书的阅读率和阅读量是必然保留的，报刊及数字化阅读的数据往往会受到不同程度的删减。在各类评论文章之中，图书阅读量也常常会成为衡量不同地区或者国家阅读实力乃至文化实力的重要砝码[②]。当然，这项已开展近20年的全国性调查，也反过来不断塑造、影响着人们的阅读观，图书阅读率、阅读量是贯穿近20年调查的“灵魂”词，同时数据变化也相对稳定；报刊阅读正处于不可逆的严重下跌态势，数字化阅读因载体、内容、形式高速发展变化，其调查问题的设置、表述方式，则处于不断

---

① 每年“4·23”所公布的未成年人阅读数据仅包括图书阅读率、阅读量等。《全国国民阅读调查报告》则更为详尽地展示未成年人互联网接触率、接触时长、数字化阅读方式接触率等数据，但《全国国民阅读调查报告》仅提供至2016年度的数据，因此数据分析限于2013~2016年。

② 长期以来，网上流传着这样一组各国国民人均读书的对比数量：以色列64本、俄罗斯55本、美国50本，而中国平均每人每年购书不足5本。虽然其64本、55本、50本等数据查无实据，但仍然不妨碍这条消息在各种场所被广为援引。换一个角度来看，这也反映了长期以来人们观念中对图书阅读的严肃性、重要性的认知。

调整的状态中。

然而，数字化阅读仍然在消解着人类传统的阅读习惯，挤压着纸质图书的阅读时空。我国十余年来极力倡导全民阅读，但成年人图书的阅读率、阅读量涨幅微小，甚至出现下降的状况，数字化阅读不用推广，其阅读率和阅读时长却连年攀升。这种“纸”“数”之间鲜明的对照，在未成年人那里却显得复杂一些，他们的读书往往受到学业、老师和家长等外界力量的干预影响。具体情况如何？我们将从 2013 ~ 2017 年未成年人的图书阅读率、阅读量，数字化阅读接触率，城乡阅读差别等方面的数据入手，展开分析。

（二）未成年人的图书阅读率

如图 1 所示，各年龄段未成年人这六年间的图书阅读率总体呈现波动发展的态势。从三个年龄段分别看，0 ~ 8 岁儿童图书阅读率前几年上升态势最为明显，2017 年开始呈现下降趋势，总体水平不高，2014 年数值最低。9 ~ 13 岁和 14 ~ 17 岁均呈现起伏不定的态势，如果将时间轴向前延伸至 2008 年，就会发现这种起伏状态始终存在于各个年龄段的未成年人阅读率之中[①]。

0 ~ 8 周岁儿童相对较低的阅读率和 0 ~ 17 周岁未成年人阅读率整体起伏不定的状态，是需要引起人们警醒的。0 ~ 8 岁儿童由于文字障碍，其阅读习惯的培养、高质量阅读活动的开展，不可缺少监护人和教育者的引导、陪伴和辅助，早期阅读的长期坚持，是为其后两个年龄段乃至终身的阅读素养打基础的重要前提，也正因如此，美国成立了多位专家组成的早期阅读教育委员会开展研究咨政工作，英国有了举世闻名的“阅读起步走”（Book Start）国际项目。我国 0 ~ 8 周岁儿童阅读率低于其他年龄段，则意味着我国仍待大力推进儿童早期阅读，尤其要倡导亲子阅读，重视幼儿园阅读教育，提高全社会各界对学龄前儿童阅读的关注，形成合力，为赢在明天而共

---

① 张文彦、徐升国：《从全民阅读活动到全民阅读国家战略——全民阅读十年回顾》，《出版发行研究》2016 年第 4 期。

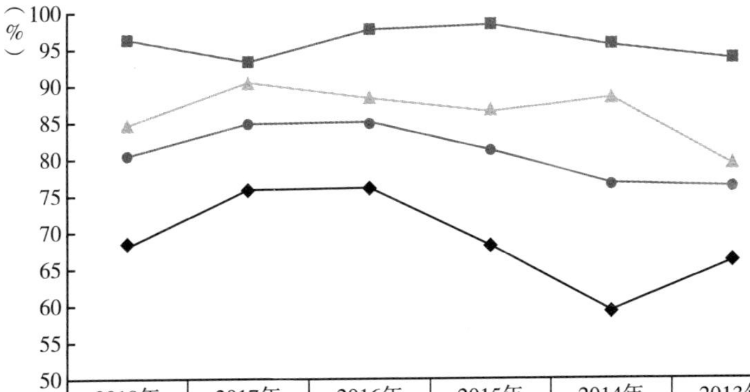

	2018年	2017年	2016年	2015年	2014年	2013年
0~8周岁	68.00	75.80	76.00	68.10	59.20	66.00
9~13周岁	96.30	93.20	97.60	98.20	95.40	93.50
14~17周岁	84.60	90.40	88.20	86.30	88.30	79.10
0~17周岁	80.40	84.80	85.00	81.10	76.60	76.10

图1　2013~2018 年我国未成年人图书阅读率

注：2018 年的数据来源：邓杨《第十六次全国国民阅读调查成果发布》，http：//www. chuban. cc/zx/cbyw/201904/t20190416_ 180996. html。

2017 年 0~17 周岁、0~8 周岁、14~17 周岁未成年人的阅读率的数据来源：中国新闻出版研究院全国国民阅读调查课题组、魏玉山、徐升国：《第十五次全国国民阅读调查主要发现》，《出版发行研究》2018 年第 5 期。其中，9~13 周岁的数据来源为：邓杨《第十六次全国国民阅读调查成果发布》，http：//www. chuban. cc/zx/cbyw/201904/t20190416 _ 180996. html。

2016 年的数据来源：全国国民阅读调查课题组、魏玉山、徐升国、拜庆平、田菲、高洁：《第十四次全国国民阅读调查主要发现》，《出版发行研究》2017 年第 5 期。

2015 年的数据来源：全国国民阅读调查课题组、魏玉山、徐升国、拜庆平、田菲、高洁：《第十三次全国国民阅读调查主要发现》，《出版参考》2016 年第 5 期。

2014 年的数据来源：全国国民阅读调查课题组、魏玉山、徐开国、屈明颖、田菲、谷征、高洁：《2014 年全国国民阅读调查十大结论》，《出版发行研究》2015 年第 5 期。

2013 年的数据来源：全国国民阅读调查课题组、屈明颖、田菲：《2013 年全国国民阅读调查十大结论》，《出版发行研究》2014 年第 5 期。

同创设人人有责的儿童阅读环境。

9~13 周岁的儿童，是阅读习惯养成的关键时期，随着识字量逐渐增多，孩子开始自主走进阅读的世界。相较于 0~8 岁，该年龄段的阅读率会有一个显著的提高。近年来，我国义务教育改革尤其是语文教育改革，极大地提升了家长和学校对阅读教育的重视程度，各类课外书目的研制和推广，客观上也有助于提高该年龄段儿童的阅读率。这个阶段的阅读率应该稳步上升，其起伏不定，展示了这个群体儿童阅读状况抗干扰、抗意外水平的不足——或许如《哈利·波特》这样的超级畅销书的出版发行，就是当年阅读率上升的主要原因。

14~17周岁的未成年人，已经具备足够的阅读能力，开始向人类深邃广阔的知识世界起航，但这个年龄段也往往是升学考试压力最大的阶段，以及阅读分道扬镳的阶段——落后地区和贫困家庭的不少未成年人会辍学打工、步入社会。那么，这个年龄段未成年人的阅读率是否有天花板？这个天花板的高度是由国家社会发展现状决定，还是可以通过政策干预改变？这值得我们继续分析思考。

一个国家或地区未成年人的阅读率，如果能够持续平稳地保持较高数值，那就意味着该国家或地区的未成年人有着稳定且优越的阅读环境——教育水平较高，公共阅读资源丰富，社会各界对儿童阅读的意义和价值达成共识，共同保障未成年人享有平等的阅读权利。我国目前的教育水平、阅读公共服务还极不均衡，这种大环境有待逐步改善。作为研究者，我们可以深入社区、幼儿园、家庭、乡村，从相关政策文件、教师阅读素养、亲子阅读观念、儿童阅读设施建设和使用、儿童阅读公共服务、学校阅读策略等多方面开展详细的调查研究，就如何能够长期有效提高未成年人阅读率提出建议。

（三）未成年人的图书阅读量

如图2所示，我国未成年人在这五年中的课外图书阅读量亦充满起伏变化，并且总体数量不高。0~8岁儿童的阅读量尤其少，与这五年来我国儿童读物欣欣向荣的发展并不相符。儿童出版专家海飞先生认为，21世纪以来，中国童书出版进入“黄金十年”，并且正在迎来第二个黄金十年，中国童书平均每年以15%的速度增长，形成了一个巨大的市场。[①] 在内容

① 海飞：《中国童书第二个“黄金十年”——图画书时代正在到来》，2016年5月14日首届“儿童时代图画书”论坛上的演讲，http：//www. a - site. cn/article/249691. html。

上，本文仅就绘本出版这个近年来最引人瞩目的现象展开分析。国外优秀绘本（或图画书）的大量译介，原创绘本的迅速发展，为低幼儿童构建起一个万花筒版的绚烂阅读世界，引发了我国阅读教育和亲子阅读观念和方法的创新发展。需要注意的是，绘本图文并茂，文字量少，篇幅较短，默读或朗读绘本，往往仅需要几分钟到十几分钟，这种阅读形式是符合儿童认知发展特征的，与以文字为主的图书“阅读容量”差别极大。0~8 周岁儿童如果有足够的绘本阅读资源，有成人的辅助引导，读书量很容易大幅提升，而不会是现在个位数的人均阅读量。绘本形式多样，简单的形式可以包含深刻的思想，小学阶段的儿童仍然可以阅读欣赏，目前我国小学高年级也往往会开绘本阅读课。据此，9~13 岁儿童的图书阅读量亦应有很大提高空间。

儿童阅读量的走势与童书市场的发展态势不相匹配，与儿童阅读不均衡性有着重要关系：绘本阅读成为发达地区的亲子阅读、阅读教育潮流，而且与家庭经济状况和父母文化程度正相关，落后地区、低收入家庭、家长文化素质不足往往会限制儿童对绘本的获取。长期调研中发现，许多农村儿童从未读过绘本，甚至许多二线、三线城市的儿童也缺少优质绘本，即使其父母尤其是理工科毕业生（接受过高等教育），也缺少对绘本质量的判断认知，往往会购买一些粗制滥造甚至是盗版图画书[①]。亲子阅读的缺失也是低幼儿童没有养成阅读习惯的重要原因。最后，我国虽然建设了大量农家书屋、社区书屋，但符合儿童认知特点和兴趣的绘本等优质读物不足，并且缺少专业阅读推广人，服务儿童读者的能力有限。

对比各年龄段的课外书阅读量，14~17 周岁未成年人的起伏最大，这种情况与儿童图书市场、家校阅读环境、学业压力、公共阅读空间条件、新媒体阅读之间又有何种关联，与国外该年龄段少儿的阅读量对比情况如何？这些都是非常值得深入探讨的话题。

---

① 本文所讲的优质绘本，一般是指专业儿童出版社或优秀出版社出版的、名家创作、印刷制作精良的儿童读书。许多有插图但未经过精心创作、绘制、印刷的儿童读物，往往是工业化流水线加工出来的快餐化读物，没有营养，甚至会给儿童阅读带来负面作用。盗版图画书不仅违法，其所用油墨属于劣质、图像经复制后变色走样，甚至会影响儿童的身体健康。

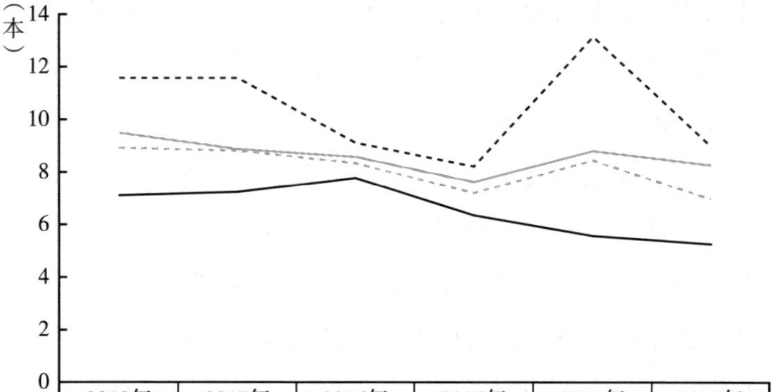

	2018年	2017年	2016年	2015年	2014年	2013年
0~8周岁	7.10	7.23	7.76	6.34	5.56	5.25
9~13周岁	9.49	8.87	8.57	7.62	8.8	8.26
14~17周岁	11.56	11.57	9.11	8.21	13.13	8.97
0~17周岁	8.91	8.81	8.34	7.19	8.45	6.97

图 2　2013 ~ 2018 年我国未成年人人均课外图书阅读量

数据来源：邓杨：《第十六次全国国民阅读调查成果发布》，http：//www. chuban. cc/zx/cbyw/201904/t20190416_ 180996. html。

2017 年 0 ~ 8 周岁、14 ~ 17 周岁、0 ~ 17 周岁未成年人阅读量的数据来源：中国新闻出版研究院全国国民阅读调查课题组、魏玉山、徐升国：《第十五次全国国民阅读调查主要发现》，《出版发行研究》2018 年第 5 期。其中，9 ~ 13 周岁未成年人的阅读量来源为邓杨：《第十六次全国国民阅读调查成果发布》，http：//www. chuban. cc/zx/cbyw/201904/t20190416_ 180996. html.

2016 年的数据来源：全国国民阅读调查课题组、魏玉山、徐升国、拜庆平、田菲、高洁：《第十四次全国国民阅读调查主要发现》，《出版发行研究》2017 年第 5 期。

2015 年的数据来源：全国国民阅读调查课题组、魏玉山、徐升国、拜庆平、田菲、高洁：《第十三次全国国民阅读调查主要发现》，《出版参考》2016 年第 5 期。

2014 年的数据来源：全国国民阅读调查课题组、魏玉山、徐开国、屈明颖、田菲、谷征、高洁：《2014 年全国国民阅读调查十大结论》，《出版发行研究》2015 年第 5 期。

2013 年的数据来源：全国国民阅读调查课题组、屈明颖、田菲：《2013 年全国国民阅读调查十大结论》，《出版发行研究》2014 年第 5 期。

（四）未成年人城镇阅读的差距

从图 3、图 4 看，我国城乡未成年人图书阅读率和阅读量之间的差距一直存在，差值起伏变化，城镇总体高于农村。

从阅读率来看，0 ~ 8 周岁儿童城乡差距最大，差值波动也最大，9 ~ 13

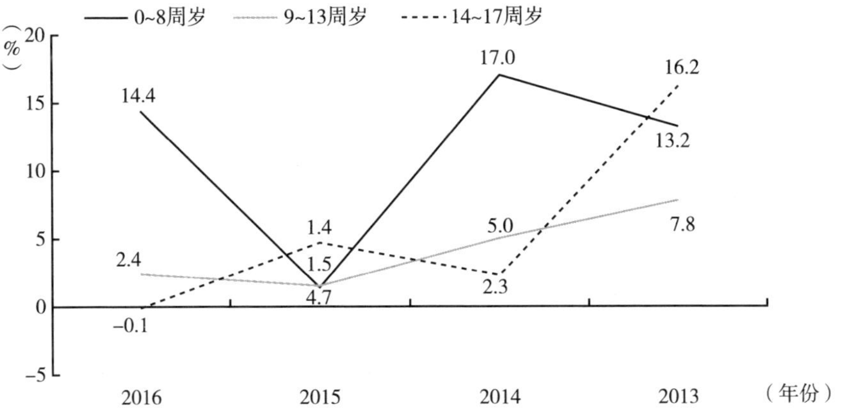

图3　城乡未成年人图书阅读率的差值

注：2013 年图书阅读率的差值数据来源为：中国新闻出版研究院全国国民阅读调查课题组《全国国民阅读调查报告（2014）》，中国书籍出版社，2018。其中，0～8 周岁、9～13 周岁、14～17 周岁三个年龄段的差值数据来源页码分别为 328 页、266 页、177 页。

2014 年图书阅读率的差值数据来源为：中国新闻出版研究院全国国民阅读调查课题组《全国国民阅读调查报告（2015）》，中国书籍出版社，2018。其中，0～8 周岁、9～13 周岁、14～17 周岁三个年龄段的差值数据来源页码分别为 304 页、246 页、165 页。

2015 年图书阅读率的差值数据来源为：中国新闻出版研究院全国国民阅读调查课题组《全国国民阅读调查报告（2016）》，中国书籍出版社，2018。其中，0～8 周岁、9～13 周岁、14～17 周岁三个年龄段的差值数据来源页码分别为 268 页、210 页、141 页。

2016 年图书阅读率的差值数据来源为：中国新闻出版研究院全国国民阅读调查课题组《全国国民阅读调查报告（2017）》，中国书籍出版社，2018。其中，0～8 周岁、9～13 周岁、14～17 周岁三个年龄段的差值数据来源页码分别为 272 页、214 页、144 页。

周岁组、14～17 周岁组则在波动中逐渐缩小差值。从阅读量来看，2013～2016 年四年中三个年龄段未成年人的城乡差距基本都呈下降趋势，14～17 周岁差距缩小得最大。

阅读率、阅读量背后城乡未成年人阅读质量的差别——主要体现为阅读品种和质量上的差异。相对于城市未成年人，农村地区的未成年人缺少丰富的阅读资源、优美的阅读空间、多样化的阅读服务，监护人阅读意识不足，低龄留守儿童的阅读更加令人担忧，抚养孙辈的农村老人大多缺乏阅读能力，很难进行亲子阅读。由此看来，城乡阅读差距的缩小，将是一个需要综合治理的问题，任重道远。

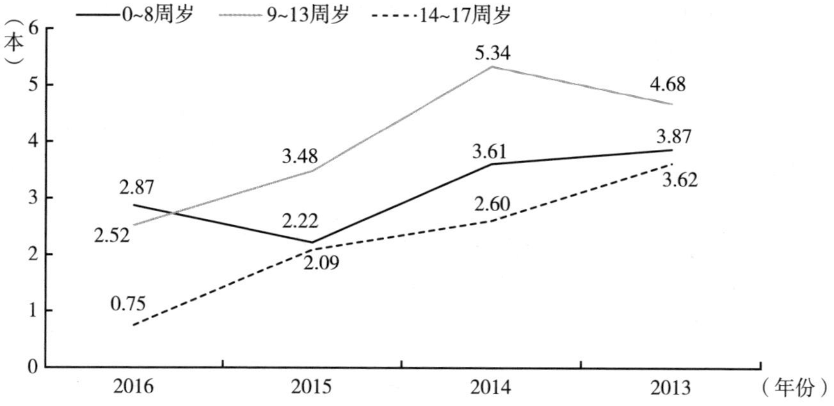

图4　城乡未成年人图书阅读量的差值

数据来源：2013 年图书阅读量的差值数据来源文献为：中国新闻出版研究院，全国国民阅读调查课题组《全国国民阅读调查报告（2014）》，中国书籍出版社，2018 年 8 月。其中，0 ~8 周岁、9 ~13 周岁、14 ~17 周岁三个年龄段的差值数据来源页码分别为：329 页、267 页、178 页。

2014 年图书阅读量的差值数据来源文献为：中国新闻出版研究院，全国国民阅读调查课题组《全国国民阅读调查报告（2015）》，中国书籍出版社，2018 年 8 月。其中，0 ~ 8 周岁、9 ~13 周岁、14 ~17 周岁三个年龄段的差值数据来源页码分别为：305 页、247 页、166 页。

2015 年图书阅读量的差值数据来源文献为：中国新闻出版研究院，全国国民阅读调查课题组《全国国民阅读调查报告（2016）》，中国书籍出版社，2018 年 8 月。其中，0 ~ 8 周岁、9 ~13 周岁、14 ~17 周岁三个年龄段的差值数据来源页码分别为：269 页、211 页、142 页。

2016 年图书阅读量的差值数据来源文献为：中国新闻出版研究院，全国国民阅读调查课题组《全国国民阅读调查报告（2017）》，中国书籍出版社，2018 年 8 月。其中，0 ~ 8 周岁、9 ~13 周岁、14 ~17 周岁三个年龄段的差值数据来源页码分别为：273 页、214 页、144 页。

（五）未成年人的数字化阅读状况

基于光盘、互联网，手机、平板电脑、电子阅读器等不同载体的数字化阅读，是历年《全国国民阅读调查报告》以很大篇幅论述的内容。考虑到历年数据的连续性，本文主要选择 14 ~17 周岁未成年人数字化阅读数据进行局部讨论，见表 1 至表 4。

2013～2016 年，14～17 周岁未成年人数字化阅读的各项数据基本都呈现上升的态势，2017 年的数据尚未发布，但从中国社会科学院所组织的调查看，2017 年未成年人互联网运用的总体普及率高达 98.1%。① 两项调查的方法和范围不一致，但均反映出网络新技术正在剧烈而普遍地影响着未成年人的阅读行为。

全国国民阅读调查数据显示②，未成年人各类数字化媒介的使用情况差别较大，其中，互联网是 14～17 周岁未成年人了解学习、新闻、生活、娱乐、时尚等各类信息的重要渠道，其接触率仅次于电视，而一直远高于其他媒介，但手机的接触率在大幅提高，2016 年的接触率和接触时长均首次超越了互联网。

表 1 "14～17 周岁未成年人过去一周"数字媒介接触率

单位：%

调查年度 \ 媒介类别	互联网接触率	手机接触率	电子阅读器接触率
2016	88.2	92.3	17.8
2015	84.4	80.0	21.2
2014	83.7	62.0	13.4
2013	80.8	50.7	10.1

数据来源：中国新闻出版研究院全国国民阅读调查课题组《全国国民阅读调查报告（2017）》，中国书籍出版社，2018，第 139 页。

中国新闻出版研究院全国国民阅读调查课题组《全国国民阅读调查报告（2016）》，中国书籍出版社，2018，第 136～137 页。

中国新闻出版研究院全国国民阅读调查课题组《全国国民阅读调查报告（2015）》，中国书籍出版社，2018，第 158 页。

中国新闻出版研究院全国国民阅读调查课题组《全国国民阅读调查报告（2014）》，中国书籍出版社，2018，第 170 页。

① 季为民等：《中国未成年人互联网运用与阅读实践报告（2017～2018）》，社会科学文献出版社，2018。

② 全国国民阅读调查中涉及的数字媒介包括互联网、手机、电子阅读器、光盘、PDA/MP4/MP5 阅读等。本文只选择前三种进行讨论。

表2　14～17周岁未成年人一周数字媒介接触时长（分钟）

调查年度 \ 媒介类别	互联网接触时长	手机接触时长	电子阅读器接触时长
2016	60. 30	65. 60	7. 62
2015	59. 17	58. 09	12. 16
2014	62. 79	39. 40	7. 98
2013	56. 08	25. 67	4. 16

数据来源：中国新闻出版研究院全国国民阅读调查课题组《全国国民阅读调查报告（2017）》，中国书籍出版社2018，第140页。

中国新闻出版研究院、全国国民阅读调查课题组《全国国民阅读调查报告（2016）》，中国书籍出版社，2018，第137页。

中国新闻出版研究院全国国民阅读调查课题组《全国国民阅读调查报告（2015）》，中国书籍出版社，2018，第159页。

中国新闻出版研究院全国国民阅读调查课题组《全国国民阅读调查报告（2014）》，中国书籍出版社，2018，第171页。

从表3、表4所展示的数据看，数字化阅读方式已成为14～17岁未成年人的普遍选择，“基本不从事网上相关阅读活动”的比例越来越低。随着技术的发展，数字终端中可供未成年人阅读的内容、形式都在不断丰富、成熟，阅读类App、阅读类微信公众号、听书等平台的崛起，以音频、视频、可视化图标、互动性阅读等方式大大地拓展了阅读范畴，带给读者更加丰富便捷的阅读体验，同时读者可深度介入内容的生产和传播流程。因此，未成年人数字化阅读不仅意味着接触率等数据的攀升，还意味着新技术对未成年人阅读行为、阅读习惯的解构和重建。

我们无法以线下阅读的能力技巧去评判线上阅读，而我国线上阅读的理论研究相对更为不足，“对于在线阅读能力水平评估方法和措施的缺失，将使人们无法对一些学生面对互联网阅读遇到的挑战、（产生的）帮助需求以及他们取得的进步进行诊断和评价”① ——一项针对北京中小学学生网络阅读的在线问卷调查显示，未成年人网络阅读的兴趣高、频率高，但满意度评

① Julie Coiro. Predicting Reading Comprehension on the Internet：Contributions of Offline Reading Skills，Online Reading Skills，and Prior Knowledge［J］. *Journal of Literacy Research*，2011，43（4）转引自程瑞：《对国外青少年在线阅读研究的综述》，《中国青年研究》2016年第3期。

价较低，接触时间碎片化，浅层次阅读行为较为明显。① 在数字化时代有效提高未成年人的阅读能力和素养，是一个需要跨越技术、生理、心理、文化、教育、政策、社会等多学科领域的任务。

表 3　14～17 周岁未成年人数字化阅读方式接触率

年度	2016	2015	2014	2013
比例(%)	85.2	80.4	80.5	73.3

数据来源：全国国民阅读调查中涉及的数字化阅读方式包括网络在线阅读、手机阅读、电子阅读器阅读、光盘阅读、PDA/MP4/MP5 阅读等接触率。本文只选择前三种进行讨论。

中国新闻出版研究院全国国民阅读调查课题组《全国国民阅读调查报告（2017）》，中国书籍出版社，2018，第 173 页。

中国新闻出版研究院全国国民阅读调查课题组《全国国民阅读调查报告（2016）》，中国书籍出版社，2018，第 169 页。

中国新闻出版研究院全国国民阅读调查课题组《全国国民阅读调查报告（2015）》，中国书籍出版社，2018，第 200 页。

中国新闻出版研究院全国国民阅读调查课题组《全国国民阅读调查报告（2014）》，中国书籍出版社，2018，第 215 页。

表 4　“基本不从事网上相关阅读活动”的 14～17 周岁未成年人比例

年度	2016	2015	2014	2013
比例(%)	6.4	3.7	4.9	16.4

数据来源：全国国民阅读调查中涉及的数字化阅读方式包括：网络在线阅读、手机阅读、电子阅读器阅读、光盘阅读、PDA/MP4/MP5 阅读等接触率。本文只选择前三种进行讨论。

中国新闻出版研究院全国国民阅读调查课题组《全国国民阅读调查报告（2017）》，中国书籍出版社，2018，第 191 页。

中国新闻出版研究院全国国民阅读调查课题组《全国国民阅读调查报告（2016）》，中国书籍出版社，2018，第 187 页。

中国新闻出版研究院全国国民阅读调查课题组《全国国民阅读调查报告（2015）》，中国书籍出版社，2018，第 219 页。

中国新闻出版研究院全国国民阅读调查课题组《全国国民阅读调查报告（2014）》，中国书籍出版社，2018，第 235 页。

阅读的边界正在不断打开，成年人听书的调查成为 2017 年发布的全国国民阅读调查的新项目，2018 年发布的全国国民阅读调查报告重点公布了

① 倪燕：《北京青少年网络阅读的实证研究》，《传媒》2018 年第 15 期。

2017 年未成年人听书率：0 ~ 17 周岁未成年人的听书率为 22.7%，其中 14 ~ 17 周岁未成年人的听书率最高，为 28.4%；0 ~ 8 周岁和 9 ~ 13 周岁分别为 20.7% 和 20.9%。[①] 2018 年的四个数据依次为 26.2%、26.0%、26.8%、25.2%。[②] 听书和其他阅读新方式，为未成年人泊向信息知识海洋提供越来越多的船只，这些船只的质量和效率如何，未成年人的驾驭能力如何，都值得研究者进一步考量。在查阅资料中，笔者发现许多研究者正向这些方向努力，如国家社科项目“基于智能移动终端的 9 岁儿童阅读能力实证研究”（14BTQ011）[③] 等，对国外儿童数字阅读项目的研究文章如《“连接学习”：美国青少年数字阅读推广的关联与创新策略》[④] 等。

针对未成年人的阅读状况，全国国民阅读调查报告还有大量的数据可待挖掘，涵盖了数字化时代未成年人的阅读环境、阅读习惯、阅读态度、阅读认知、阅读行为以及亲子阅读关系等各方面内容，有待研究同仁们共同推进。

三 存在的问题及原因分析

（一）未成年人数字化阅读研究亟待推进

总体看来，我国未成年人阅读存在着阅读总体质量有待提升、阅读量长期起伏不定、城乡发展不均衡等问题。从各种数据来看，我国未成年人的图书阅读量是明显低于欧美发达国家的[⑤]。亚太经合组织所发布的 PISA2015

① 魏玉山：《第十五次全国国民阅读调查结果解析》，《新阅读》2018 年第 5 期。

② 2018 年的数据来源：邓杨：《第十六次全国国民阅读调查成果发布》，http://www.chuban.cc/zx/cbyw/201904/t20190416_180996.html。

③ 上海理工大学出版印刷与艺术设计学院副教授姜洪伟所主持的国家社会科学基金一般项目。

④ 刘银娣：《“连接学习”：美国青少年数字阅读推广的关联与创新策略》，《编辑之友》2018 年第 7 期。

⑤ 近年来发达国家虽然少有我国这样的大规模全国国民阅读调查项目，但小范围的科学调查极其频繁，这些数据亦有参考对比价值。

测试结果，亦为我们敲响了警钟：参加测试的北京、上海、江苏、广东组成的中国部分地区联合体不仅阅读素养排名不佳（在72个国家和经济体中排名第27名，PISA2012中上海单独参加时阅读排名第一）①，阅读效率更不容乐观，学习时长和测试分数负相关②。数字化技术为阅读创造了更多的选择，对未成年人阅读素养的影响却是多元而复杂的。国外研究者认为，网络阅读存在诸多不确定性因素，比如，在哪里阅读终止并得出结论，是由阅读者而不是文章的作者决定，因此，数字化时代，未成年人能否学会自我管理、自我调节、自我监控阅读的策略是极其重要的，③ 这些策略不可能仅依靠未成年人自身来发现并实践，而需要社会共同创造良好的环境，唯此才有可能实现未来调查数据稳定地上升。

（二）乡村未成年人数字阅读鸿沟亟待消弭

城乡未成年人阅读的差距长期表现在阅读资源、阅读氛围、阅读环境的差距之上，这些条件的不足，尤其会限制乡村低幼儿童阅读能力的发展，也会影响大龄未成年人阅读的质量和水平。今天，数字化阅读又开始带来新的阅读鸿沟。在2019年3月召开的全国政协十三届二次会议上，政协委员俞敏洪以《乡村儿童阅读报告》（2018）④、《中国城乡少年阅读现状白皮书》（2017）⑤ 两份报告作为数据支持，就如何消弭城乡少年儿童阅读鸿沟提出提案，重点提到乡村少儿“阅读介质和形式”单一，电子读物、有声读物的低接触率限制了其获取知识的渠道，使之无法共享数字化阅读

① 《PISA测试最新结果出炉，中国成绩倒退值得深思的原因!》https：//www. sohu. com/a/121272555_ 372546。

② 孙天慈：《基于PISA 2015对学生学习时间合理性的研究》，http：//sky. cssn. cn/jyx/jyx_jyglx/201803/t20180327_ 3889364. shtml。

③ 程瑞：《对国外青少年在线阅读研究的综述》，《中国青年研究》2016年第3期。

④ 《乡村儿童阅读报告》由亚马逊中国联合中国扶贫基金会、北京师范大学中国公益研究院于2018年5月2日共同发布，聚焦中西部贫困地区的乡村儿童阅读。

⑤ 《中国城乡少年阅读现状白皮书》由平安人寿“幕天捐书”教育公益项目联合中国青少年发展基金会和21世纪教育研究院，委托专业调查机构“零点有数”调研，于2017年“4·23世界读书日”前夕发布。

的科技成果。[1] 要让农村儿童、城市贫困儿童共享数字化阅读成果，不仅要给予科技、载体支持，还需要有专业化、系统化、长期化的阅读教育指导，才能真正提高未成年人的阅读素养，帮助其做好进入未来阅读世界的准备。

四 对策建议

2014 年到 2019 年，“倡导全民阅读”连续六年被写入《政府工作报告》，全民阅读是建设学习型社会、增强国家文化软实力的基础，而未成年人阅读则是全民阅读的基础和明天。

（一）为保障未成年人阅读权利创造良好的法律环境

近年来，从全国“两会”代表委员到文化名人、学者专家，有关创建全民阅读节、建立阅读基金、设立国家阅读日、设置全民阅读专家委员会的各种呼声一直不绝于耳，这些提案既是对国外成功经验的借鉴，又符合我国的现实需要，期待能够落地实现。然而，以立法的方式根本保障未成年人的阅读权利，更具有现实紧迫性。正如前文所述，我国儿童阅读总体水平有待提高，城乡差别有待缩小，而解决这些问题的主要方法在于，一是提高全社会对未成年人阅读的认知水平，二是提升未成年人阅读推广主体（如教师、图书馆员、家长、专业阅读推广人等）的专业化水平，三是扩大面向落后地区和贫困家庭的阅读推广资源和服务的投入。推进这些问题的解决，首先需要社会各界达成共识，进而建立稳定的制度保障。从这个角度而言，立法不仅是法规文本的研究制定，还是一次广泛征求意见、达成社会各界共识的观念推进的过程。法规的落地实施，则有助于为未成年人阅读的研究和推广创造良好环境，吸引社会各界力量加入，推动专业化经验得以持续积累、总结、提炼。笔者之所以强调立法的价值和意义，主

① 俞敏洪：《74% 乡村儿童一年阅读量不足十本，尽快消除城乡阅读鸿沟》，http：//baby. sina. com. cn/news/2019 - 03 - 04/doc - ihsxncvf9540572. shtml。

要是因为从2013年开始《全民阅读促进条例》立法工作陷入停滞状况，该条例的立法思路，则是将“未成年人阅读”列为专章加以保障和促进，这也是对美国、日本、韩国等相关国家立法经验的借鉴吸收。地方立法的脚步仍然在继续，最近公布的地方法规为《烟台市全民阅读促进条例》[①]，与之前深圳、江苏、湖北、四川等地区的法规一样，均涉及未成年人阅读的推广，值得其他地方立法者吸收借鉴。期待未来能有保障未成年人阅读的国家法规文件出台，以法规作为串联活动、仪式、节日、项目、组织、研究等各方力量的持久链条。

（二）提升未成年人阅读推广专业化水平

未成年人阅读水平的提升，离不开阅读推广专业化水平的提高，阅读推广的专业化需要建立在学科和应用双轨前行之上。在西方研究界，未成年人阅读受到文学、生理学、心理学、社会学、教育学、传播学和图书馆学等诸多学科的普遍关注，取得了丰富的理论和实证研究成果，各学科在研究取向、研究主题上有着相互交融和借鉴[②]。这些研究成果与未成年人阅读推广应用积极互动，成就了一些在全国乃至世界展开的重要项目，如英国的“阅读起跑线”（Bookstart）计划，该项目面向全英及多个国家和地区的婴幼儿发放免费阅读书包，而书目的研制、推广策略离不开其阅读研究中心。德国阅读基金会专设有阅读与媒体研究所。我国目前亦有大量未成年人阅读推广机构，但往往采取与儿童文学家、教育家、外来学者合作的方式，形式相对松散，缺少严谨而持续的科学研究支持。

提升未成年人阅读推广的专业化水平，学校阅读教育是引擎，社会阅读推广力量是有益补充。无论是学校还是社会力量，都需要建立经常性和专业化的阅读推广培训体系[③]，培训则需要建立在科学调查和理论推进的基础之上。

---

① 《烟台市全民阅读促进条例》2019年2月13日公布，4月1日起开始实施。

② 孙蕊、郑建明：《多学科视野下国外儿童阅读研究综述》，《图书情报工作》2016年第5期。

③ 张文彦：《融合视域下全民阅读推广专业化研究》，《中国出版》2018年第20期。

（三）重视未成年人阅读基础单元——家庭阅读的建设

书香家庭是书香社会的细胞，家庭阅读氛围和父母的阅读素养，构建了未成年人阅读起步的第一个港湾。面对我国未成年人阅读不均衡的现状，改变父母阅读观念，改良家庭阅读环境，是解决这一问题的重要途径。国内外面向基础家庭的知名公益项目，值得我们总结探讨，因地制宜地继续推广。例如，笔者曾构想并试图推动“书香产房计划”的落地，即利用孕妇待产、生产后住院恢复的宝贵时间，向新父母赠送婴儿阅读礼包，通过书架展示或视频等方式，教育父母如何通过亲子阅读给孩子哺育“精神乳汁”。又例如，有着专业儿童阅读推广人和儿童读物的社区书屋，往往能为社区居民实现良好的亲子阅读启蒙，串联起一个个书香家庭，让父母和儿童在社交中共同阅读、交流经验。国外免费发放婴幼儿阅读书包的项目，爱阅基金的“阅芽包”，第二书房的“第一书包”等本土项目，青岛面向农村儿童的“行走的书箱”项目，以及各类儿童听书 App，都将阅读推广的终端直接镶嵌到千家万户之中，值得我们持续关注。总之，未成年人阅读推广已经成为一个充满创意的领域，需要研究者努力打通科学调查、理论研究与这些创意应用之间的关联，探索数字化时代未成年人阅读促进的有效途径。

参考文献

张文彦：《全民阅读立法视域下对阅读推广专业化的思考》，《出版广角》2018 年第 12 期。

〔美〕凯瑟琳·斯诺等主编《预防阅读困难：早期阅读教育策略》，胡美华等译，南京师范大学出版社，2006。

王倩：《大众传媒语境下儿童文学传播障碍归因研究》，山东师范大学博士论文，2012。

尹国强：《儿童数字化阅读研究》，西南大学博士论文，2017。

包雪：《我国未成年人数字化阅读行为失范的现状与成因研究》，温州大学硕士论文，2017。

王慧、刘婧、顾围：《国内外未成年人数字阅读研究综述》，《山东图书馆学刊》2015 年第 4 期。

Online Reading Activities and ICT Use as Mediating Variables in Explaining the Gender Difference in Digital Reading Literacy：Comparing Hong Kong and Korea［J］. Kwok – cheung Cheung，Soi – kei Mak，Pou – seong Sit. *The Asia – Pacific Education Researcher.* 2013（4）.

The Role of Online Reader Experience in Explaining Students' Performance in Digital Reading［J］. Javier Gil – Flores，Juan – Jesús Torres – Gordillo，Víctor – Hugo Perera – Rodríguez. *Computers & Education.* 2012（2）.

全国国民阅读调查课题组：《全国国民阅读调查报告（2014）》《全国国民阅读调查报告（2015）》《全国国民阅读调查报告（2016）》《全国国民阅读调查报告（2017）》，中国书籍出版社，2018。

B.19

城市未成年人社交媒体使用的亲和动机、自我表露与性观念传播

李永健　陈宗海*

摘　要：　本文在问卷调查的基础上分析了未成年人社交媒体使用状况，探析了未成年人社交媒体使用的亲和动机、自我表露、社会资本与性观念传播的基本情况。研究发现，未成年人使用过社交媒体的比例高达99%，接近半数的未成年人每天使用社交媒体的时间为1小时并且“一天多次”使用社交媒体，其亲和动机表现为社交互动、社会支持、自我保护三种形式，社会支持动机最为强烈。总体来说，未成年人在社交媒体上的自我表露意愿不高，社交媒体的使用频率、使用时长显著影响未成年人的自我表露。为促进未成年人更好地使用社交媒体，建议社交平台内部建立净化与规范机制、学校加强社交媒体使用的健康与道德教育、家长多陪伴未成年人，促进健康和谐的媒介教育，采取多种措施增强未成年人的自我教育能力。

关键词：　未成年人　社交媒体　亲和动机　自我表露　社会资本　性观念传播

当下的未成年人已然成为名副其实的“网生代”，先进的媒介技术已经

* 李永健，中国社会科学院大学媒体学院教授；陈宗海，中国社会科学院大学硕士研究生。

融入未成年人生活的方方面面，他们使用 QQ、微信、知乎、豆瓣等社交媒体进行即时通信、社会交往、在线学习、休闲娱乐……社交媒体在给未成年人带来便利的同时，也产生了一些弊端，中小学生对移动手机越来越迷恋，造成网络沉迷、精力消耗、视力下降等社会问题，引起广大媒体的强烈关注。在此背景下，2018 年 10 月至 2019 年 3 月，本项目组在北京、广东、山东、浙江、山西、河南、湖北、海南、宁夏等东中西部省份开展了一次问卷调查，采取整群抽样的方式，按照经济社会发展程度，以北京、广东、山东、浙江为一类，山西、河南、湖北为一类，海南、宁夏为一类，分别选择一所中学的一个班级作为此次调查的对象，主体是生活在城市（包括县城）中的初中生和高中生，共发放问卷 540 份，其中有效问卷 467 份，有效回收率为 86.5%，其中男性占比 38%，女性占比 62%；11 ~ 14 岁的未成年人占比约 43%；15 ~ 18 岁的未成年人占比约 57%。

亲和动机是与人亲近需要的内在心理动力，用以描述个体寻求和维系人际关系的愿望。对未成年人来说，亲和动机是人际互动过程中一种非常重要的社会动机，它可以激发更多积极的社会互动以及社会关系的互惠行为。社交媒体在满足未成年人的亲和动机方面有很大的潜力，在网络的人际互动中，亲和动机促使未成年人建立和维护自我形象，参加各种线上活动，并从中获得更多的人际交流满足感和主观幸福感。

“自我表露”一词最早由人本主义心理学家西德尼·朱拉德提出，他认为自我表露就是让交流对象了解有关自己的信息。后来，他在《透明的自我》一书中对自我表露做了进一步的界定——告诉另外一个人有关自己的信息，真诚地与他人分享自己个人的、私密的想法与感觉的过程。互联网的发展使得自我表露从现实生活部分迁移到了虚拟网络中，这给未成年人的自我表露带来了怎样的改变，这些改变对他们的社会交往产生了什么影响都是值得探讨的问题。

性观念是指对性的总的认识和看法，包括对性生理、性心理、性行为、性道德和性文化等的总的认识和看法，包括恋爱观、婚姻观和对性别角色的看法等。性观念传播，即个人借助某种渠道向个人或群体传播对性的认识和看法。形成健康的性观念，对未成年人的社会化进程起着十分重要的作用。2017 年下半年，经过记者调查和媒体曝光，“小猿搜题”“作业帮”涉黄事件引爆公众舆论，这些面向中小学生的学习类 App 暗藏“小黄文”“荤段子”，竟把网络课堂变成了“污秽温床”。“眼球经济”的残酷现实迫使一些大众传媒在为公众传播新闻时，不约而同地把“性”作为新闻价值判断的关键词。性的元素在传媒中泛滥成灾，“性”成了“眼球经济”中传媒最有效的卖点。[①] 近年来，暴力、色情、越轨等低俗信息也借着互联网的东风大肆蔓延，并将魔爪伸向未成年人，对其人生观和价值观的形成产生不可磨灭的灰色印记。

一　未成年人社交媒体使用的基本状况

（一）未成年人使用过社交媒体的比例极高

本次调查显示，未成年人使用过社交媒体的比例高达 98.93%，只有 5 人表示未使用过社交媒体。由此可见，微信、QQ 等社交软件已经深入未成年人的日常生活，并使未成年人日渐成瘾。广东团省委发布的《广东青少年网络媒介素养研究》显示，若长时间不能使用社交软件，超五成的受访未成年人“感觉与世界失去联系、烦躁不安”，可见其对社交媒体的依赖颇为严重。

（二）未成年人使用社交媒体“一天多次”的比例最高

在使用频率方面，选择“一天多次”的未成年人人数最多，占比达到 35.5%；选择“一天一次”的未成年人次之，占比为 26.6%，两者累计超过六成。未成年人社交媒体的使用频率快速增长，这与他们拥有智能手机的比例存在很大的关系。上年的调查数据显示，未成年人拥有自己手机的比例达到 73.1%。

① 陈勇：《“艳照门”事件与传媒泛性化的误区》，《青年记者》2008 年第 11 期。

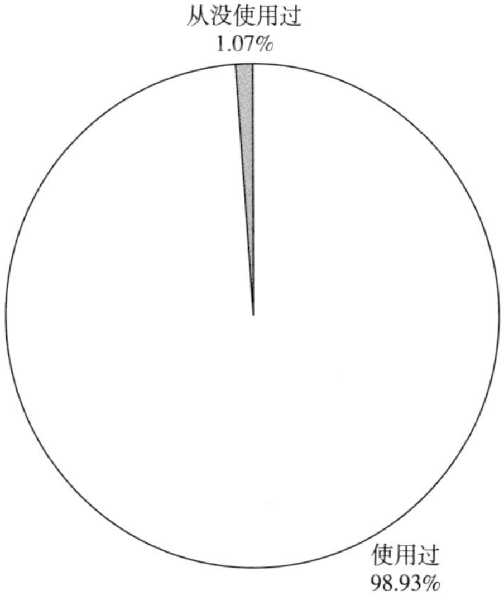

图 1　未成年人社交媒体使用比例

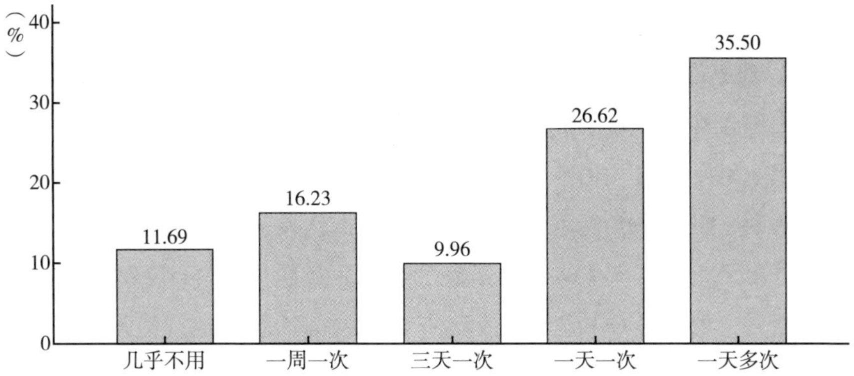

图 2　未成年人社交媒体使用频率

（三）接近半数的未成年人每天使用社交媒体的时间为1小时

在使用时长上，接近半数的未成年人使用时间为 1 个小时，22% 的未成年人使用时间为 2 个小时，接近 16% 的未成年人每天使用社交媒体的时间甚至超过4个小时。未成年人社交媒体的使用时长呈逐渐增长的态势，过度使用社交媒体挤占了未成年人宝贵的学习时间和休息时间，网络沉迷、网络成瘾等社会问题日益突出，受到社会各界的广泛关注。

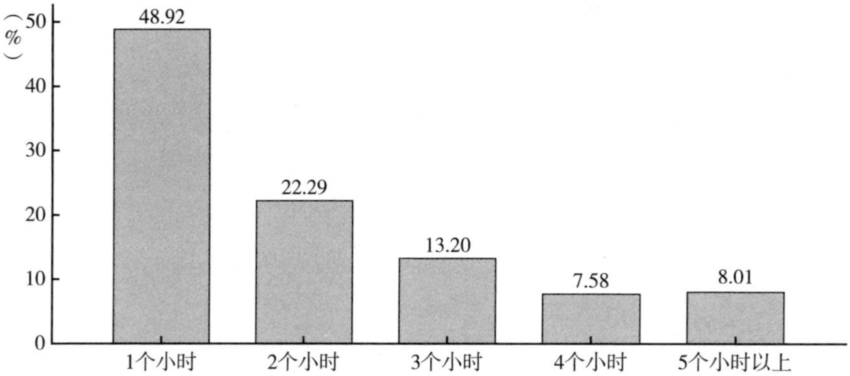

图3　未成年人每天社交媒体的使用时长情况

（四）QQ和微信深受未成年人的喜爱，警惕手机游戏的负面影响

在使用社交媒体种类方面，以QQ、微信为代表的即时通信类社交媒体深受未成年人喜爱，而未成年人几乎不使用陌陌或探探这类陌生人交友软件。企鹅智酷发布的《用数据读懂95后》年度报告显示，在所有国内主流社交平台中，QQ中95后用户占比最高，与本次调研结果相吻合。QQ一直以来都以年轻人为用户主体，尤其是近年来手机QQ针对年轻人推出的各种个性化服务，更使得QQ成为未成年人最主要的活跃阵地。值得注意的是，以《王者荣耀》《刺激战场》为代表的竞技类手游向未成年人扩散，其使用程度高于以豆瓣和知乎为代表的知识社区类App，需要警惕手机游戏给未成年人带来的负面影响，适当引导未成年人通过其他方式进行休闲娱乐。

进一步的分析中我们发现，性别因素与未成年人社交媒体使用频率（$\chi^2=1.013$，df＝4，sig＝0.908）、使用时长（$\chi^2=3.954$，df＝4，sig＝0.412）、QQ或微信的使用（$\chi^2=0.782$，df＝4，sig＝0.941）均不存在统

表 1　未成年人每类社交媒体（或游戏）使用程度分布

单位：人

类别	1→5：每类社交媒体使用程度越来越深				
	1	2	3	4	5
QQ 或微信	51	28	86	85	212
微博或论坛	246	55	75	50	36
豆瓣或知乎	358	33	34	17	20
《王者荣耀》	270	57	46	36	53
陌陌或探探	429	14	6	2	11

计学意义上的显著差异，但与《王者荣耀》存在统计学意义上的显著差异（$\chi^2=36.452$，df =4，sig =0.000），男性未成年人更喜欢玩王者荣耀、刺激战场等竞技类手游，而女性未成年人在游戏社交方面稍逊于男性。

（五）年级因素显著影响未成年人使用社交媒体

表 2　年级因素与三者之间的关系数据

类别	使用频率			使用时长			QQ 或微信的使用		
	χ^2	df	sig	χ^2	df	sig	χ^2	df	sig
学校	56.205	8	0.000	43.135	8	0.000	24.615	8	0.002

年级因素与未成年人社交媒体的使用频率、使用时长、QQ 或微信的使用均存在统计学意义上的显著差异。更多初中生选择使用社交媒体“一天一次”，更多高中生选择使用社交媒体“一天多次”；初中生每天使用社交媒体一个小时、两个小时的比例均高于高中生，使用 3 个小时、4 个小时、5 小时以上的比例明显低于高中生；高中生对 QQ 或微信的使用深度①

① QQ 或微信的使用深度 = 选择 QQ 或微信此类社交媒体使用程度为 4 和 5 的未成年人数量/这类未成年人的总数。例如，初中生 QQ 或微信的使用深度 =（48 +119）/293 =57%。

（78%）明显高于初中生（57%）。这说明，随着年龄和年级的增长，未成年人社交媒体使用程度也随之上升。

二 未成年人社交媒体使用的亲和动机特征

（一）未成年人社交媒体使用表现的亲和动机：社交互动、社会支持、自我保护

基于问卷调查，笔者对未成年人社交媒体使用所表现的亲和动机进行了因子分析。由 Bartlett 检验可以看出，应拒绝各变量独立的假设，即变量间具有较强的相关性。且 KMO 统计量为 0.800，大于 0.7，说明各变量间信息的重叠程度比较高，可用因子分析模型进行降维。之后，对各成分的方差贡献率和累计贡献率进行了分析，只有前 3 个特征根大于 1，因此 SPSS 提取了前三个主成分。第一个主成分的方差所占所有主成分方差的 38.461%，第二个主成分的方差所占所有主成分方差的 13.850%，前三个主成分的方差贡献率达到 64.279%，因此选前三个主成分已经足够描述未成年人社交媒体使用的亲和动机。

经过因子分析，我们总结出未成年人社交媒体使用的亲和动机的表现形式：社交互动、社会支持、自我保护。

社交互动是未成年人社交媒体使用的亲和动机的表现形式之一，未成年人通过社交媒体与他人保持联系，并为自己能够与别人融洽相处感到高兴。社交媒体创造了全新的信息传播场景，未成年人摆脱了以往线下面对面社交的传统，转而利用形式多样的新媒体进行社交互动。未成年人使用社交媒体进行社交互动主要表现在以下三个方面：即时通信，掌握朋友动态；维持人际关系，增进感情；结识新朋友，扩展交际圈。

社会支持是人际关系发展中的互动与交换行为，涉及感情、肯定、援助、鼓励和情感确认等成分，是不同个体或节点间彼此能够提供的情绪或工具上的协助。个体根据其所扮演的社会角色及人际关系的亲疏远近，以直接

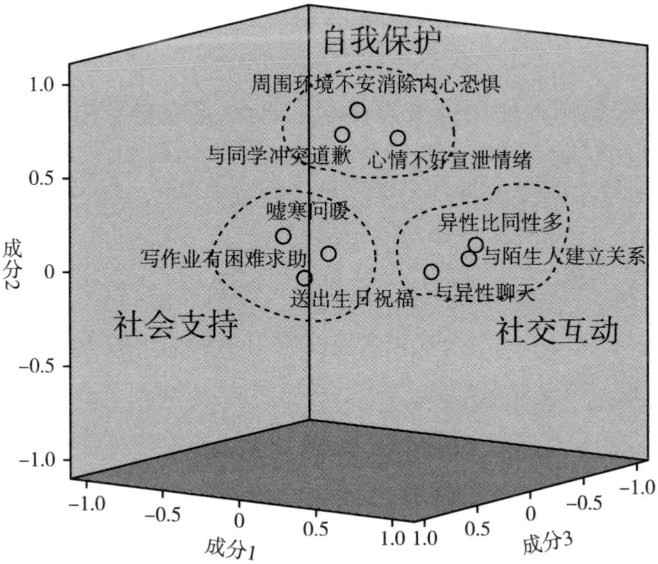

图 4　未成年人社交媒体使用的亲和动机的表现形式

或间接的方式同家人、朋友或同辈联结，进而形成一个错综复杂的社会关系网络。每一个个体或群体构成关系网络中的节点，节点之间的联结依靠信息与资源流动来维系，例如此联结是否提供了情绪上的帮助或陪伴，双方在情绪协助或陪伴方面是否有对等的交换。社会支持是未成年人社交媒体使用的亲和动机不可或缺的一部分，对未成年人成长起着至关重要的作用。未成年人使用社交媒体表现出的社会支持主要体现在三个方面：与别人共同合作完成某项任务；主动陪伴圈内好友；自己遇到困难，通过社交媒体获取帮助和支持。

自我保护是个体维护心理平衡的一种自发性行为，即通过压抑、补偿、文饰和升华的手段改变对心理紧张的主观感受，掩饰不能接受的内在冲动和虚拟现实环境的危险，用以减少痛苦以及对痛苦的意识，达到心理平衡的行为反应，从而使自己摆脱不利地位。通过数据分析发现，自我保护是未成年人社交媒体使用的亲和动机的组成部分，未成年人使用社交媒体进行自我保护主要表现为：避免孤独；抒发负面情绪，消除内心恐惧；缓和人际关系，恢复破裂关系。

（二）未成年人使用社交媒体获取社会支持的亲和动机最为强烈

对亲和动机三种表现形式：社交互动、社会支持、自我保护进行单独的描述分析，发现未成年人使用社交媒体获取社会支持的亲和动机最为强烈，均值为3.311；其次为自我保护，均值为3.007；最后为社交互动，均值为2.684。这意味着，未成年人社交媒体使用的亲和动机的表现形式排序为社会支持>自我保护>社交互动。

随后，我们利用回归分析探究影响未成年人社交媒体使用的亲和动机的主要因素，结果表明，性别（标准系数=-0.42，sig=0.365）、居住地（标准系数=0.001，sig=0.978）对于未成年人社交媒体使用的亲和动机的影响不存在统计学意义上的显著性差异，而年龄（标准系数=0.141，sig=0.002）、学校等级（标准系数=0.146，sig=0.002）、社交媒体的使用时长（标准系数=0.381，sig=0.000）和使用频率（标准系数=0.362，sig=0.000）对未成年人社交媒体使用的亲和动机的影响存在统计学意义上的显著差异。未成年人的年龄越大，年级越高，使用社交媒体越频繁、时间越长，亲和动机越强烈。

三　未成年人使用社交媒体进行自我表露的状况

（一）未成年人在社交媒体中自我表露意愿不高

为了测量未成年人在社交媒体中的自我表露程度，问卷中设置了两道题目，分别是“在使用一款社交软件时你会填写自己的性别和年龄吗?”“你愿意在社交软件中发布自己的照片吗?”前者代表浅层自我表露，后者代表深层自我表露。

表3　未成年人在社交媒体中自我表露意愿

自我表露	填写性别和年龄		发布自己的照片	
	频率	百分比(%)	频率	百分比(%)
非常愿意	48	10.4	14	3
比较愿意	80	17.3	29	6.3
一般	177	38.3	139	30.1
不愿意	99	21.4	122	26.4
非常不愿意	58	12.6	158	34.2
合计	462	100	462	100

由表3可以看出，未成年人在社交媒体上进行浅层自我表露（填写性别和年龄）的意愿不高，将近4成的未成年人选择"一般"，选择"非常不愿意"和"不愿意"的未成年人比选择"非常愿意"和"比较愿意"的未成年人大约高出7个百分点。与浅层自我表露相比，未成年人在社交媒体上进行深层自我表露（发布自己的照片）的意愿更低，超过60%的未成年人选择"不愿意"和"非常不愿意"，仅有大约9%的未成年人愿意在社交软件上发布自己的照片。总体来说，未成年人使用社交媒体进行自我表露的意愿不高。

（二）社交媒体使用频率、使用时长影响未成年人自我表露

经过卡方检验和交叉表分析，发现性别与未成年人使用社交媒体进行浅层自我表露（$\chi^2=10.425$，df=4，sig=0.034）存在着统计学意义上的显著差异，而学校等级（$\chi^2=11.346$，df=8，sig=0.183）、居住地（$\chi^2=3.939$，df=8，sig=0.863）、首次使用社交媒体时间（$\chi^2=9.763$，df=16，sig=0.879）与未成年人浅层自我表露不存在显著差异。相比于男性，女性未成年人使用社交媒体进行浅层自我表露的意愿更低，这主要体现在女性选择非常愿意的比例低于男性，选择非常不愿意的比例远高于男性。这可能是因为女性在社交媒体中更注重保护自己的隐私，而男性在社交媒体中更愿意表露自己。

表 4　性别与未成年人在社交软件上填写性别和年龄交叉制表

性别	在使用一款社交软件时你会填写自己的性别和年龄吗？					合计
	非常愿意	比较愿意	一般	不愿意	非常不愿意	
男性	27	28	60	40	17	172
女性	21	52	117	59	41	290
合计	48	80	177	99	58	462

在深层自我表露层面，年级与未成年人使用社交媒体进行深层自我表露（$\chi^2 = 34.514$，$df = 8$，$sig = 0.000$）存在着统计学意义上的显著差异，而性别（$\chi^2 = 6.659$，$df = 4$，$sig = 0.155$）、居住地（$\chi^2 = 8.421$，$df = 8$，$sig = 0.393$）、首次使用社交媒体时间（$\chi^2 = 11.531$，$df = 16$，$sig = 0.776$）与未成年人深层自我表露不存在统计学上的显著差异。相比于高中生，初中生使用社交媒体进行深层自我表露的意愿更低，这主要体现在初中生选择不愿意和非常不愿意的比例远高于高中生。这可能因为初中生对社交媒体的各项功能还不够熟悉，因而倾向于在网络上保护自己，而高中生的交往技巧比较成熟，能够把控自己的交往行为，因此倾向于表露自己，从而加深朋友之间的友谊。

表 5　年级与未成年人在社交软件上发布自己的照片交叉制表

年级	你愿意在社交软件中发布自己的照片吗？					合计
	非常愿意	比较愿意	一般	不愿意	非常不愿意	
初中	8	9	75	85	122	299
高中	6	20	64	37	36	163
合计	14	29	139	122	158	462

未成年人社交媒体的使用频率、使用时长与其进行自我表露（包含浅层自我表露和深层自我表露）存在统计学意义上的显著差异。这说明，未成年人使用社交媒体的频率越高、时间越长，越有可能进行自我表露。

综上所述，未成年人在社交媒体上的自我表露较为保守，尤其是在未成年早期，这说明未成年人在社交媒体上并不是完全的被动，他们对不熟悉的事物会保持谨慎态度。但随着年龄增长以及对社交规则的熟悉，未成年人的谨慎态度有所下降。然而，未成年人有可能夸大自己对社交媒体的掌控度，反而陷入被社交媒体“掌控”的境地。因此，我们应当增大宣传力度，增强未成年人的网上保护意识，让他们充分了解到社交媒体可能带来的潜在危险。

表 6　未成年人社交媒体的使用频率、使用时长与自我表露的关系数据

类型	使用频率			使用时长		
	χ^2	df	sig	χ^2	df	sig
浅层自我表露	49.951	16	0.000	43.029	16	0.000
深层自我表露	41.812	16	0.000	42.967	16	0.000

四　未成年人社交媒体使用带来的社会资本

（一）未成年人使用社交媒体带来的桥接型社会资本多于黏合型社会资本

根据未成年人获取关系资源的途径和渠道，社会资本可分为线下社会资本和线上社会资本。由于我们主要探讨的是社交媒体使用给未成年人社会网络带来的影响，所以此处的社会资本更多指的是线上社会资本，即未成年人通过动员嵌构在互联网中的关系网络资源而获得的社会资本，这种关系既包括互联网使用而建立的新的关系网络，也包括重构在互联网中的现实生活中的关系网络（由现实生活中原有的社会资本转化为互联网中的社会资本）。20 世纪 70 年代，美国社会学者格拉诺维特通过定量研究个人求职行为和结果，发现了个体所拥有的关系网络对其求职行为的重要影响，并归纳出社会资本中的“强连接”和“弱连接”。社会资本分为“桥接型社会资本”和“黏合型社会资本”，“桥接型社会资本”对应“弱连接”，“黏合型社会资本”对应“强连接”。

表 7　未成年人线上社会资本因子分析

	因子 1	因子 2
桥接型社会资本		
与社交媒体中的人联系，可以让我对自己生活圈以外的事情感兴趣	.891	
与社交媒体上的人联系，让我想不断尝试新事物	.884	
黏合型社会资本		
当我做重大决定时，通过社交网络认识的人可以给我提供切实的建议		.729
与我在社交媒体中联系的人能够对我表示尊重，而且可以帮助我为不公正的事情打抱不平		.894
KMO 统计量	0.727	
累计解释的总方差	80.345%	

表 7 所示，通过主成分因子分析，显示未成年人的社会资本包含两个维度，KMO 统计量为 0.727，累计解释的总方差为 80.345%。第一个维度是桥接型社会资本，该维度有两道题目，反映未成年人由较弱的社会联系所带来的社会资本，包括和朋友交流能让其想要不断尝试新事物、对外界的事情感兴趣。第二个维度是黏合型社会资本，该维度有两道题目，反映未成年人由亲密的社会联系而产生的社会资本，包括在需要做重大决定时，有人可以提供切实的建议；有人对自己表示尊重并能够为不公正的事情打抱不平。这两个维度共同构成未成年人的线上社会资本。

通过对两种线上社会资本进行均值计算，我们发现未成年人社交媒体使用带来的桥接型社会资本（3.1504）＞黏合型社会资本（2.8561）。未成年人使用社交媒体扩大了桥接型社会资本，黏结型社会资本并未见明显扩大。大多数未成年人认为，并不能将社交软件上添加的陌生人定义为“真正的朋友”，这充分体现出线上社交的虚拟性和脆弱性，因为未成年人并不会在虚拟空间与偶然结交的陌生人畅聊个人生活和隐私话题。可以说，未成年人使用社交媒体强化但远未扩大自己原有的朋友圈。

（二）社交媒体的使用频率、时长与未成年人线上社会资本呈正相关

笔者利用回归分析研究了未成年人社交媒体使用对其线上资本的影响，结果显示，使用频率（标准系数 = 0.331，sig = 0.000）、使用时长（标准系数 = 0.313，sig = 0.000）与线上社会资本呈正相关。这意味着，未成年人社交媒体使用增加了其线上社会资本，社交媒体使用频率越高、使用时间越长的未成年人增加的社会资本越多。对于家长、老师来说，应正确看待未成年人社交媒体使用对其身心健康的影响，不能一味否定社交媒体营造的虚拟环境给未成年人带来的积极作用，需要在不同情境下采用不同的方法，以适当的方式引导未成年人适度使用社交媒体，提升其媒介素养。

五　未成年人使用社交媒体传播性观念的特征

（一）传播意愿和传播行为共同构成未成年人的性观念

2008 年初，香港娱乐圈“艳照门”事件轰动全网，两年后，“兽兽门”事件和闫凤娇“不雅照”事件再次进入了公众的视野。近年来，色情、暴力、越轨等低俗信息，借互联网东风大肆蔓延。除了“优衣库事件”“出轨门”等情色娱乐信息外，社会新闻中也夹带着很多性暴力信息。根据格伯纳的培养理论，现代社会媒介提示的“象征性现实”对未成年人认识和理解现实世界发挥着巨大的作用，而网媒环境泛性化与客观现实之间有很大的偏离。同时，网媒环境的泛性化对未成年人的影响不是短期的，而是一个长期的、潜移默化的、培养的过程，它在不知不觉当中制约着未成年人的现实观。

笔者对问卷中涉及性观念的六个题目进行了探索性因子分析，发现未成

表 8 未成年人使用社交媒体进行性观念传播的因子分析

KMO 统计量 0.744 累计解释的总方差 67.288%		因子 1	因子 2
性观念传播意愿	你愿意与他人讨论电影中的激情镜头吗?	0.672	
	如果你看到电视剧中有人出轨,你愿意向他人表达对此的看法吗?	0.861	
	你愿意与他人分享自己心中理想异性的样子吗?	0.761	
性观念传播行为	你与他人分享过电影中的激情镜头吗?		0.777
	你有向他人分享过自己对与异性交往的想法吗?		0.872
	你与他人分享过自己对第三者的看法吗?		0.741

年人使用社交媒体进行性观念传播分为两个维度——传播意愿和传播行为，KMO 统计量为 0.744，累计解释的总方差为 67.288%。传播意愿是未成年人对事物所产生的看法或想法，并因此而产生的个人主观性思维，该维度包括三道题目——是否愿意与他人谈论电影中的激情镜头、是否愿意表达对电视剧人物出轨的看法、是否愿意与他人分享自己心中理想异性的样子；传播行为是未成年人向他人传播性观念的举止行动，该维度包括三道题目——是否分享过电影中的激情镜头、是否与他人分享过自己对与异性交往的想法、是否与他人分享过自己对第三者的看法。

（二）未成年人使用社交媒体传播性观念的意愿强于行为

对数据进行深度处理、计算、分析后，发现未成年人性观念的传播意愿（2.36）强于传播行为（1.62），说明未成年人性观念的传播意愿较强，可能找不到合适的方法和渠道向他人进行表露。这提示父母和老师要对处于青春期的未成年人进行一定的引导，多多聊天，向他们普及正确的性知识，因为他（她）正处于性观念形成的关键时期，不能只抓学习而忽略身心健康。

为了进一步探讨影响未成年人性观念传播的因素，我们进行了回归分析，结果显示，性别（1 代表男性，2 代表女性）（标准系数 = -0.093，sig = 0.046）、年龄（标准系数 = 0.187，sig = 0.000）、年级（标准系数 = 0.222，sig = 0.000）、社交媒体使用时长（标准系数 = 0.053，sig = 0.000）

和使用频率（标准系数 =0.232，sig =0.000）与未成年人性观念传播存在着紧密的相关性，而现居住地（标准系数 =0.003，sig =0.956）与未成年人进行性观念传播不存在统计学意义上的显著差异。这意味着，年龄越大、年级越高、使用社交媒体时间越长、使用频率越高的男性未成年人越可能传播性观念。

六　对策与建议

社交媒体构建的多元互动的线上空间，为未成年人获取友伴关系提供了更加灵活的方式；与此同时，未成年人也能够得到来自线上、线下两个空间的情感关注与社会资本；而社交媒体所构筑的虚拟化空间，为他们重新设定了活动背景和行动框架，使他们能够采取更多新形式构建自我形象和传播积极的性观念，从而调整和平衡自我的社会角色与定位。

我们应辩证地看待社交媒体使用对未成年人心理健康发展的影响，既不能对社交媒体一味妖魔化，也不应过于夸大其积极作用。而是要做到在关注未成年人社交媒体使用状况的同时，深入了解未成年人在社交媒体空间的切身感受，探析其线上社会交往与现实空间社会生活之间的交织影响，立足于社会现状，对其进行合理的引导，帮助其形成健康的社交媒体使用动机与习惯，探寻未成年人健康成长与建构和谐人际关系的方法与路径。

（一）社交媒体平台内部建立净化与规范机制

如今，各社交媒体平台的未成年人用户越来越规模化增长，但其自身的鉴别能力还不足，很容易沉溺于社交软件中的消遣娱乐，而非通过社交媒体建立人际关系。因而，社交媒体应规范平台内的娱乐功能，包括对使用时长进行限制、分级设置入口、对暴力色情等进行监管等；另外，应进一步优化平台的信息交流、社交互动、自我表达等功能的设置，适当增加具有积极引导意义的线上互动活动，让未成年人在进行线上参与的过程中加强对社交媒体的认知，形成对自我线上行为的规范。

（二）学校加强对社交媒体使用的健康与道德教育

学校可以利用信息技术课堂开展线上道德教育，倡导文明向上的精神风貌，重建和规范中学生的线上社交道德准则。推进未成年人的网络安全意识教育，提高他们辨别线上信息真伪、良莠、善恶的能力，引导他们正确认识社交媒体的优点与弊端。推动网络文化与校园文化建设的融合发展，丰富未成年人的业余文化活动，通过开展健康向上的校园文化活动、组织丰富的社会实践，引导未成年人正确认知虚拟空间的人际关系与现实世界的社交活动。借助社交媒体平台等具有高互动性的工具，积极关注学生心理健康，实现线上的心理测试、心理辅导，加强师生在线交流，丰富网络心理健康教育的内容和形式；同时，通过开展线上线下结合的友伴支持活动，让未成年人在帮助他人的同时提升自我认同感，建立对自身角色的明确认知，从而调动他们自我教育、同伴教育、同侪互动的积极性，让他们在丰富的友伴活动中获得良好的社会支持，提高自我认知与调节能力。

（三）加强家庭陪伴与沟通，促进健康和谐的媒介教育

对于未成年人而言，青春期带来的许多变化，包括生理变化、学业压力增加以及对社会期望的感知都会使他们感到迷茫，但同时又会经历一个自我意识不断增长的阶段。他们尤其敏感，可能会渴求别人的关注，同时过度在乎自己在他人心中的形象。对他们而言，来自家人的陪伴、鼓励与疏导尤为重要，如果来自家人的社会支持缺位，他们也会寻求来自朋友、同伴的支持，也希望借助社交媒体形成与外界的联系，透过键盘符号交换讯息，从而获取社会支持，降低孤独感。

未成年人面临的一个较大转变还在于同辈群体对其的影响可能会超过父母。对于新兴社交媒体的使用，未成年人往往比父母更熟悉，这在很多情况下颠倒了传统的亲子关系，因此父母和孩子的沟通方式调整就显得尤为重要，如果只是单纯地制止孩子使用手机、使用社交媒体，可能物极必反。有研究指出，未成年人越是具体、清楚地了解网络媒体及其功能，就越能健康正确

地使用。为了让未成年人更加全面地认识社交媒体的益处与危害，家长应积极与孩子进行沟通与互动，对他们提出指导性意见，引导他们健康使用社交媒体。

（四）增强未成年人的自我教育能力

培养良好的自制力和健康的社交媒体使用动机应立足于求知、开阔眼界，真实客观地展现自我的价值与潜能，增强人际沟通互动，并且适度宣泄不良情绪。未成年人应当学会有效管理时间，不断提高自我监控水平，充分发挥社交媒体的积极功能，避免过分沉溺。

无论是在现实生活中，还是在虚拟的社交媒体空间，未成年人都应保持良好的交际心态，尽量客观、正确地认识自己的能力，准确地表达情感以及有效地控制情感，特别是应当学会在现实生活中建立良好的人际关系，通过线上社交渠道完善自己的交际生活。在不断的社会化进程中完善自我意识和人格建构，积极主动地适应环境，满足自我的合理需求。借助社交媒体所形成的社会关系是现实关系的延续，但并不是生活的全部，处理好现实生活中的人际关系需要未成年人不断提高自己的交际能力，从而获得来自外界的信息支持、情感支持、陪伴与帮助。

在未成年人使用社交媒体的过程中，应引导他们形成健康合理的动机需求，正确解决他们在青春期这一发展阶段的矛盾冲突，提供良好的现实支持系统，使线上支持与现实陪伴相结合，帮助他们正确地认识自我，从而成长为人格独立、积极向上的个体。

参考文献

陈勇：《“艳照门”事件与传媒泛性化的误区》，《青年记者》2008 年第 11 期。

季为民、沈杰：《中国未成年人互联网运用和阅读实践报告（2017～2018）》，社会科学文献出版社，2018。

附　录

Appendix

B.20 未成年人与互联网发展大事记（截至2018年12月）

季琳　陆瑶*

1969年

1969 年 9 月 2 日，加州大学洛杉矶分校在实验室里完成了两台计算机之间的数据传输试验，即阿帕网（Arpanet）。10 月 29 日，加州大学洛杉矶分校与斯坦福研究院实现首次网络连接。

1983年

1983 年，域名系统（DNS）被提上日程，一年后，.com、.gov 和 .edu 域名被启用。

---

* 季琳，中国少年儿童发展服务中心媒介与教育中心主任、中国青少年宫协会阅读推广部部长；陆瑶，中国少年儿童发展服务中心媒介与教育中心员工。

1987年

1987 年 9 月 14 日，CANET 在北京发出中国第一封电子邮件：“Across the Great Wall we can reach every corner in the world.”（越过长城，走向世界），揭开了中国人使用互联网的序幕。

1990年

1. 1990 年，蒂姆·伯纳斯 - 李（Tim Berners-Lee）在欧洲核子研究中心（CERN）开发了远程控制计算机的方法，万维网（WWW）诞生。

2. 1990 年 11 月 28 日，钱天白教授代表中国正式在 SRI-NIC 注册登记了中国的顶级域名 cn，从此中国的网络有了自己的身份标识。

1992年

1992 年 12 月底，清华大学校园网（TUNET）建成并投入使用，是中国第一个采用 TCP/IP 体系结构的校园网。

1994年

1. 1994 年 4 月 20 日，NCFC 工程通过美国联入 Internet 的 64K 国际专线开通，实现了与 Internet 的全功能连接。从此中国被国际上正式承认为真正拥有全功能 Internet 的国家。被称为“中国互联网元年”。

2. 1994 年 5 月，国家智能计算机研究开发中心开通曙光 BBS 站，这是中国大陆的第一个 BBS 站。

1995年

1995 年 1 月，邮电部电信总局分别在北京、上海设立的通过美国 Sprint 公司接入美国的 64K 专线开通，并且通过电话网、DDN 专线以及 X. 25 网等方式开始向社会提供 Internet 接入服务。

1996年

1996 年 1 月，中国公用计算机互联网（CHINANET）全国骨干网建成并正式开通，全国范围的公用计算机互联网络开始提供服务。

1997年

1. 1997 年 1 月 1 日，《人民日报》主办的人民网开通，这是我国开通的第一家国家重点新闻宣传网站。

2. 1997 年 2 月，瀛海威全国大网开通，3 个月内在北京、上海、广州、福州、深圳、西安、沈阳、哈尔滨 8 个城市开通，成为中国最早也是最大的民营 ISP、ICP。

3. 1997 年 5 月 20 日，国务院颁布了《国务院关于修改〈中华人民共和国计算机信息网络国际联网管理暂行规定〉的决定》，对《中华人民共和国计算机信息网络国际联网管理暂行规定》进行修正。

4. 1997 年 5 月 30 日，国务院信息化工作领导小组办公室发布《中国互联网络域名注册暂行管理办法》，授权中国科学院组建和管理中国互联网络信息中心（CNNIC），授权中国教育和科研计算机网网络中心与 CNNIC 签约并管理二级域名 . edu. cn。

5. 1997 年 6 月 3 日，中国互联网络信息中心（CNNIC）成立。

6. 1997 年 10 月，中国公用计算机互联网（CHINANET）实现了与中国其他三个互联网络即中国科技网（CSTNET）、中国教育和科研计算机网（CERNET）和中国金桥信息网（CHINAGBN）的互连互通。

7. 1997 年 11 月，中国互联网络信息中心（CNNIC）发布第一次《中国互联网络发展状况统计报告》：截止到 1997 年 10 月 31 日，中国共有上网计算机 29. 9 万台，上网用户 62 万，cn 下注册的域名 4066 个，WWW 站点约 1500 个。

8. 1997 年 12 月 30 日，公安部发布了由国务院批准的《计算机信息网络国际联网安全保护管理办法》。

1998年

1. 1998 年 3 月 6 日，国务院信息化工作领导小组办公室发布《中华人民共和国计算机信息网络国际联网管理暂行规定实施办法》，并自颁布之日起施行。

2. 1998 年 8 月，公安部正式成立公共信息网络安全监察局，负责组织维护计算机网络安全，打击网上犯罪，对计算机信息系统安全保护情况进行监督管理。

1999年

1. 1999 年 1 月 22 日，由中国电信和国家经贸委经济信息中心牵头、联合共青团中央等四十多家部委（办、局）的信息主管部门在京共同举办“政府上网工程启动大会”，政府上网工程主站点 www. gov. cn 开通试运行。

2. 1999 年 2 月，中国国家信息安全测评认证中心（CNISTEC）正式运行。

3. 1999 年 5 月 4 日，由共青团中央主办的共青团组织在互联网上的核心站点“中国共青团”（www. ccyl. org. cn，www. gqt. org. cn）和首个以青少年为服务对象的中国青少年计算机信息服务网（www. cycnet. com，www. youth. cn，简称中青网）正式开通。

2000年

1. 2000 年 9 月 25 日，国务院发布《中华人民共和国电信条例》，标志着中国电信业的发展步入法制化轨道。同日，国务院公布施行《互联网信息服务管理办法》。

2. 2000 年 11 月 7 日，中国互联网络信息中心（CNNIC）中文域名注册系统全面升级，推出“. cn”“. 中国”“. 公司”“. 网络”为后缀的中文域名服务。

3. 2000 年 12 月 7 日，由文化部、共青团中央、广电总局、全国学联、国家信息化推进办公室、光明日报社、中国电信、中国移动等单位共同发起的“网络文明工程”在京正式启动。该工程的主题是：“文明上网、文明建网、文明网络”。

4. 2000 年 12 月 12 日，人民网、新华网、中国网、央视国际网、国际在线网、中国日报网、中青网等率先获得国务院新闻办公室批准，进行登载新闻业务。

2001年

1. 2001 年 4 月 3 日，信息产业部、公安部、文化部、国家工商行政管理总局联合发布《互联网上网服务营业场所管理办法》。

2. 2001 年 4 月 13 日，信息产业部、公安部、文化部、国家工商行政管理总局部署开展“网吧”专项清理整顿工作。

3. 2001 年 4 月，中国社会科学院社会发展研究中心与中国社会科学院新闻与传播研究所媒介与青少年发展研究中心共同发布了《2001 年中国 5 城市互联网使用及影响报告》的成人版和青少年版。

4. 2001 年 11 月 22 日，共青团中央、教育部、文化部、国务院新闻办公室、全国青联、全国学联、全国少工委、中国青少年网络协会向社会正式推出《全国青少年网络文明公约》，在青少年中倡导文明网络行为道德规范。

2002年

1. 2002 年，《互联网上网服务营业场所管理条例》规定：中学、小学校园周围 200 米范围内和居民住宅楼（院）内不得设立互联网上网服务营业场所。互联网上网服务营业场所经营单位不得接纳未成年人进入营业场所。互联网上网服务营业场所经营单位应当在营业场所入口处的显著位置悬挂未成年人禁入标志。

2. 2002 年 3 月 26 日，中国互联网协会在北京发布《中国互联网行业自律公约》，是为建立中国互联网行业自律机制迈出的重要一步。

2003年

2003 年 9 月，中国社会科学院社会发展研究中心、中国社会科学院新闻与传播研究所与青少年发展研究中心共同发布了《中国 7 城市青少年互联网使用状况及影响调查报告》，报告显示，中国网民占人口比例达到约 25%，北京、上海、广州、成都、长沙、西宁、呼和浩特这 7 个城市青少年的平均上网比例为 63.3%，42.3% 的青少年用户认为互联网使用对学习“几乎没有影响”；青少年关于使用互联网，选择比例最高的是“满足交流的需要”（65%）。

2004年

1. 2004 年 6 月 10 日，由中国互联网协会互联网新闻信息服务工作委员会主办的“违法和不良信息举报中心”网站（net. china. cn）开通，其宗旨是“举报违法信息，维护公共利益”，标志着我国互联网在加强行业自律和公众监督方面又迈出实质性一步。

2. 2004 年 7 月 16 日，全国打击淫秽色情网站专项行动电视电话会议召开。次日，中宣部、公安部、中央外宣办、最高人民法院、最高人民检察院、信息产业部等 14 个部门联合发布《关于依法开展打击淫秽色情网站专项行动有关工作的通知》。

2005年

1. 2005 年 7 月 21 日，中国互联网络信息中心（CNNIC）发布“第 16 次中国互联网发展状况统计报告”，截至 6 月 30 日，中国网民人数达 1.03 亿，仅次于美国，位居世界第二。

2. 2005 年 8 月，文化部和信息产业部联合下发《关于网络游戏发展和管理的若干意见》。我国将采取一系列措施对我国的网络文化市场进行大力整顿，提高网络游戏经营准入门槛，实行网络游戏实名制，严格审查游戏内容。

2006年

1. 2006 年 4 月 9 日，北京千龙网等 14 家网站联合向全国互联网界发出文明办网倡仪书，积极倡导文明办网、文明上网，净化网络环境，抵制不文明行为，形成健康向上的网络文明新风。

2. 2006 年 5 月 30 日，由共青团中央、中央文明办、国务院新闻办、教育部、信息产业部、中国社会科学院等部委共同指导，人民网、新浪网等 20 家网站共同发起，中国青少年社会服务中心承办的“中国未成年人网脉工程”启动，并首次提出未成年人网络空间应与成年人分开的理念。

3. 2006 年 6 月，面向未成年人专属的上网导航平台——“网脉网”（www. wm360. cn）开通。

4. 2006 年 9 月，多名专家联合出版发行了中国第一本面向未成年人及其家长的上网导航图书——《网脉导图》。

5. 2006 年 10 月 26 日，时任中共中央政治局常委李长春，中共中央政治局委员、中央书记处书记、中宣部部长刘云山，国务委员陈至立、团中央常务书记杨岳等领导同志在参观第四届中国国际网络文化博览会时专门视察了“中国未成年人网脉工程”展区，听取工程负责人有关工作汇报后对“网脉工程”做出了重要指示。

6. 2006 年，全球网民数量超过 10 亿。全国人大常委会 12 月 29 日新修订的未成年人保护法规定，“国家采取措施，预防未成年人沉迷网络。”修订后的未成年人保护法规定，国家鼓励研究开发有利于未成年人健康成长的网络产品，推广用于阻止未成年人沉迷网络的新技术。

2007年

2007 年 5 月，中国青少年社会服务中心、中国社会科学院青年研究中心、中国青年政治学院青少系共同发布《2006 年度第 1 次中国未成年人互联网运用状况调查报告》。同时，与检察日报社共同推出了《未成年人网络自护手册》。

2008年

1. 2008年4月28日，工业和信息化部委托中国互联网协会设立12321网络不良与垃圾信息举报受理中心，举报方式包括电话、网站、邮件、短信和移动互联网WAP网站共五种方式。

2. 2008年6月20日，胡锦涛总书记考察人民日报社工作时，在人民网强国论坛同网友在线交流。互联网作为信息交流的重要渠道，受到党政部门越来越多的重视。

3. 2008年6月30日，中国网民数量以2.53亿的规模跃居世界第一。7月22日，cn域名注册量以1218.8万个首次成为全球第一大国家顶级域名。2008年12月31日，中国互联网络信息中心（CNNIC）统计数据显示，全球网民数量超过15亿，我国网民数达到2.98亿人，其中中国青少年网民数达到1.67亿。

4. 2008年10月14日，中国青少年社会服务中心、中国社会科学院青年研究中心、中国青年政治学院青少系共同发布2007年《第2次中国未成年人互联网运用状况调查报告》。调查主要针对9~16岁的未成年人，同时兼顾老师与家长，在北京、上海、重庆等10省份的26个市、县进行了实地调查。

2009年

1. 2009年1月5日，国务院新闻办公室、工业和信息化部、公安部、文化部、工商行政管理总局、广播电影电视总局、新闻出版总署七部委在北京召开电视电话会议，部署在全国开展整治互联网低俗之风专项行动。

2. 2009年1月7日，工业和信息化部为中国移动通信集团、中国电信集团公司和中国联合网络通信有限公司发放3张第三代移动通信（3G）牌照，此举标志着我国正式进入3G时代。

3. 2009年5月19日，工业和信息化部下发了《关于计算机预装绿色上网过滤软件的通知》，要求7月1日之后，在我国销售的所有个人电脑出厂时预装绿色上网过滤软件“绿坝－花季护航”，并定期报告计算机销售数量和软件安装数量。“绿坝”软件具备拦截色情内容、过滤不良网站、控制上网时间、查看上网记录等功能。

4. 2009 年 6 月 26 日，文化部、商务部联合下发《关于网络游戏虚拟货币交易管理工作》的通知，首次明确了网络游戏虚拟货币的适用范围，规定同一企业不能同时经营虚拟货币的发行。

2010年

1. 2010 年 3 月，中国青少年社会服务中心联合北京邮电大学、中国社会科学院青年研究中心、中国青年政治学院等机构共同发布《2009 年第 3 次中国未成年人互联网运用状况及网络与校园暴力调查报告》。

2. 2010 年 6 月 3 日，文化部公布《网络游戏管理暂行办法》，这是我国第一部针对网络游戏进行管理的部门规章。

3. 2010 年 6 月 8 日，国务院新闻办公室首次发表《中国互联网状况》白皮书，说明了中国政府关于互联网的基本政策：“积极利用、科学发展、依法管理、确保安全。”

4. 2010 年 6 月 18 日，中国少先队事业发展中心、中国社会科学院青年中心、中国社会科学院社会科学文献出版社联合发布了国内第一本青少年蓝皮书《中国未成年人互联网运用报告（2009 ~ 2010）》。

5. 2010 年，网络舆论的社会影响力加深，“王家岭矿难救援”“方舟子打假”“宜黄县强拆自焚”“李刚之子醉驾撞人”等一系列事件通过网络曝光后引起社会广泛关注。

6. 中国互联网络信息中心（CNNIC）统计数据显示，截至 2010 年 12 月 31 日，中国网民规模达 4. 57 亿人，其中，手机网民规模达 3. 03 亿人。IPv4 地址数达 2. 78 亿个，域名总数 866 万个，其中 . cn 域名数为 435 万个，网站数 191 万个，国际出口带宽达 1098957Mbps。

2011年

1. 2011 年 2 月 11 日，工业和信息化部发布《信息安全技术个人信息保护指南》。

2. 2011 年 2 月，中国少先队事业发展中心联合中国社会科学院青年研究中心、中国社会科学院新闻与传播研究所、中国青年政治学院等机构发布 2010 年《第 4 次中国未成年人互联网及手机运用状况调查报告》。

3. 2011 年 3 月 18 日，文化部修订发布《互联网文化管理暂行规定》。

4. 2011 年 3 月 31 日，新闻出版总署修订发布《出版物市场管理规定》，对通过互联网等信息网络从事出版物发行业务的单位或个人提出明确要求。

5. 2011 年 5 月 4 日，国家互联网信息办公室成立，成为我国首个针对互联网信息内容的主管机构，标志国家互联网治理进入新阶段。

6. 2011 年 7 月 27 日，工业和信息化部发布《互联网信息服务管理规定（征求意见稿）》。

7. 2011 年 7 月，据 CNNIC 报告显示，2011 年上半年，我国微博用户数量从 6311 万快速增长到 1.95 亿，半年增幅高达 208.9%。11 月底，微博用户数量超过 3 亿。政务微博发展迅速，截至 2011 年 12 月底，通过新浪微博认证的政府机构官方微博达到近 15000 个，广泛推动微博问政，促进社会管理创新。微公益活动积极开展，促进民间公益活动和网民社会责任整体提升；郭美美微博炫富等热点事件显示微博作为社交网络媒体的巨大舆论监督威力。微博传播的巨大能量在现实生活中日益凸显，对信息传播格局产生影响。

8. 2011 年 10 月 15 日，中国共产党第十七届中央委员会第六次全体会议召开，审议通过《中共中央关于深化文化体制改革、推动社会主义文化大发展大繁荣若干重大问题的决定》（以下简称《决定》）。《决定》对加强网络文化建设和管理做了专门部署，并强调指出“推动优秀传统文化瑰宝和当代文化精品网络传播，制作适合互联网和手机等新兴媒体传播的精品佳作，鼓励网民创作格调健康的网络文化作品”，为加强网络文化建设和管理、更好地探索中国特色文化发展道路指明方向。

9. 2011 年 10 月，发改委针对中国电信、中国联通的宽带垄断调查爆料，造成中央电视台、新华社、《人民日报》、《人民邮电报》等主流媒体围绕中国“宽带价格、宽带速率、宽带排行”的争论，引发社会各界重视，一个由政府主导、各界支持的，以光纤入户为特征的，旨在提速降价、增强国家综合竞争力的“国家宽带战略”加速实施。

10. 2011 年 11 月，在党中央的亲切关怀下、共青团中央的高度重视下和相关机构大力推动下，由团中央网络影视中心承办建设的未成年人专属大型公益网站——未来网（www. k618. cn）开通上线。

11. 2011 年 12 月 7 日，工业和信息化部审议通过《规范互联网信息服务市场秩序若干规定》。

12. 2011 年 12 月 21 日，有黑客在网上公开 CSDN 网站 600 万用户资料数据库，自此包括天涯、人人、开心网、多玩等在内的十几个大型网络或信息数据库被曝光，约 1 亿用户个人信息遭到泄露，网络安全与信息安全引起社会广泛关注。12 月 9 日，工业和信息化部发布首部移动互联网网络安全管理规范《移动互联网恶意程序监测与处置机制》。

13. 2011 年 12 月 29 日，工业和信息化部印发了《互联网行业“十二五”发展规划》，对我国互联网行业多年来的发展进行了全面总结，并对“十二五”期间的发展做了全面部署。

2012年

1. 2012 年 1 月 18 日由我国主导制定、大唐电信集团提出的 TD-LTE 被国际电信联盟确定为第四代移动通信国际标准之一。

2. 2012 年 3 月 27 日，国家发改委等七部门研究制定了《关于下一代互联网“十二五”发展建设的意见》，提出“十二五”期间，互联网普及率达到 45% 以上，IPv6 宽带接入用户数超过 2500 万的目标。

3. 2012 年 4 月 26 日，中国少先队事业发展中心联合中国社会科学院新闻与传播研究所、中国社会科学院青年研究中心等发布《2011 年第 5 次中国未成年人互联网和社交网络运用状况调查报告》。报告显示，未成年人互联网使用率达到 91. 4%，家庭互联网普及率达 82. 0%。《人民日报》发布整版报告解读《网络时代的小小原住民》。

4. 2012 年 5 月 9 日，国务院总理温家宝主持召开国务院常务会议，研究部署推进信息化发展、保障信息安全工作，会议通过了《关于大力推进信息化发展和切实保障信息安全的若干意见》。

5. 2012 年 7 月 9 日，在国务院印发的《“十二五”国家战略性新兴产业发展规划》中，提出实施宽带中国工程，要求到 2015 年城市和农村家庭分别实现平均 20 兆和 4 兆以上宽带接入能力。

6. 2012 年 8 月 16 日，奇虎 360 综合搜索上线，自此引发了百度和 360 的搜索之争。11 月 1 日，在中国互联网协会组织下，百度、奇虎 360 等 12 家搜索引擎服务企业签署了《互联网搜索引擎服务自律公约》，促进了行业规范。

7. 2012 年 9 月 18 日，科技部公布《中国云科技发展“十二五”专项规划》，以加快推进云计算技术创新和产业发展。

8. 2012 年政务微博发展快速。2012 年 10 月底，新浪微博认证的政务微博数量达 60064 个，较 2011 年同期增长 231%；11 月 11 日，腾讯微博认证政务微博达 70084 个。

9. 2012 年 12 月 28 日，第十一届全国人民代表大会常务委员会第三十次会议通过《关于加强网络信息保护的决定》。决定要求保护个人电子信息、防范垃圾电子信息、确立网络身份管理制度，并赋予了有关主管部门必要的监管权力。

2013年

1. 2013 年 1 月 4 日，国家广播电影电视总局下发了 2013 年 1 号文《广电总局关于促进主流媒体发展网络广播电视台的意见》，要求将网络广播电视台提升到与电台电视台同等重要地位，鼓励电台电视台与宽带互联网、移动通信网等新兴媒体结合，发展新形态广播电视播出机构——网络广播电视台，经过三至五年的努力，确立网络广播电视台在新媒体传播格局中的主流地位。

2. 2013 年 2 月 1 日我国首个个人信息保护国家标准《信息安全技术公共及商用服务信息系统个人信息保护指南》实施，标志着我国个人信息保护工作进入法制阶段。

3. 2013 年 2 月 17 日，国务院公布《关于推进物联网有序健康发展的指导意见》，提出到2015 年，打造物联网产业链，形成物联网产业体系。按照《意见》要求，国家发展改革委等联合印发了《物联网发展专项行动计划（2013～2015）》，制定了10 个物联网发展专项行动计划，对 2015 年物联网行业将要达到的总体目标做出了规定。

4. 2013 年 7 月 22 日，中国少先队事业发展中心联合中国社会科学院新闻与传播研究所、中国社会科学院青年研究中心发布《2012 年第 6 次中国未成年人互联网运用状况调查报告》。本报告是对全国 10 省（区/市）98 所城镇地区中小学校 13488 名 10～17 岁中小学生及其家长的新媒体运用状况进行实地调查得到的结果。

5. 2013 年 8 月 1 日，国务院印发《“宽带中国”战略及实施方案》，指出宽带是我国经济社会发展的战略性公共基础设施，要加强战略引导和系统部署，推动我国宽带基础设施快速健康发展，制定了 2015～2020 年两阶段发展目标。

6. 2013 年 9 月 1 日起，为了进一步规范互联网接入服务规范，工业和信息化部制定的《互联网接入服务规范》正式实施，对电信业务经营者向公众用户提供互联网接入服务规定了服务质量指标和通信质量指标。

7. 2013 年 11 月 9 日至 12 日，中国共产党十八届三中全会在北京召开，全会决定加大依法管理网络力度，加快完善互联网管理领导体制，形成从技术到内容、从日常安全到打击犯罪的互联网管理合力，确保国家网络和信息安全，以维护国家安全和社会稳定。

8. 2013 年 12 月 4 日，我国正式发放首批 4G 牌照，中国移动通信集团公司、中国电信集团公司和中国联合网络通信集团有限公司获颁“LTE/第四代数字蜂窝移动通信业务（TD-LTE）”经营许可。

2014年

1. 2014 年 2 月，中央网络安全和信息化领导小组宣告成立，中共中央总书记习近平亲自担任组长，显示出中国最高层在保障网络安全、维护国家利益、推动信息化发展的决心。在第一次小组会议上，习近平提出“没有网络安全，就没有国家安全；没有信息化，就没有现代化”“建设网络强国的战略部署要与‘两个一百年’奋斗目标同步推进”等重要论断，深刻阐释了党中央关于加强网络安全和信息化工作的指导思想和方针路线，标志着中国这一网络大国正加速向网络强国挺进。

2. 2014 年 4 月，互联网管理部门相继组织开展“净网 2014”“剑网 2014”“打击新闻敲诈和假新闻”“微信等即时通信工具治理”等专项行动，全面治理网络乱象。《最高人民法院关于审理利用信息网络侵害人身权益民事纠纷案件适用法律若干问题的规定》出台，网民权益得到法律保护；十八届四中全会通过《中共中央关于全面推进依法治国若干重大问题的决定》，明确互联网领域立法重点与立法方向，依法规范网络行为，依法治网正成为依法治国的重要基础工程。

3. 2014 年 7 月 14 日，中国少先队事业发展中心联合中国社会科学院新闻与传播研究所发布《2013 年第 7 次中国未成年人互联网运用状况调查报告》。报告显示，六成以上未成年人在 10 岁之前开始接触网络，其中，23. 8% 的未成年人在 6 岁前接触网络。报告认为，随着互联网普及率的提高，未成年人触网年龄进一步降低，建议将未成年人新媒体素养提升到国家安全、社会创新管理和国民素质养成的层面。

4. 2014 年 8 月，中央全面深化改革领导小组第四次会议审议通过《关于推动传统媒体和新兴媒体融合发展的指导意见》，从发展战略的高度明确了媒体改革与发展的方向。坚持以先进技术为支撑、内容建设为根本、机制创新为动力、重点项目为抓手、队伍建设为基础，加快推动传统媒体和新兴媒体深度融合，成为传媒界共识。实践中，传统媒体积极布局于微信及新闻客户端，进行“移动化”“碎片化”“矩阵化”传播，取得良好的传播效果，开辟了文化传播新阵地。

5. 2014 年 9 月，阿里巴巴在美国纽约证券交易所上市，成为世界第二大互联网公司，引发全球聚焦。2014 年，新浪微博、聚美优品、京东等企业也先后赴美上市，掀起中国互联网企业海外上市热潮。中国互联网企业在价值创造、经营模式创新、行业格局改善等多个领域取得了长足进步。

6. 2014 年 11 月，中央网信办等部门联合举办首届国家网络安全宣传周活动，引导社会公众提高网络安全风险防范意识，共同维护网络安全。2014 年，信息泄露、木马病毒、网络侵权等安全问题再度给人们敲起了警钟。“维护网络安全”首次被列入政府工作报告；国务院授权国家互联网信息办公室负责全国互联网信息内容管理工作；工业和信息化部发布了《关于加强电信和互联网行业网络安全工作指导意见》；有关政府部门围绕网络强国建设的总体目标，坚持多措并举，从行政决策、技术保障及公益宣传等多方面合力推动我国网络和信息安全保障体系建设。

7. 2014 年 12 月，工业与信息化部明确提出“要以智能制造为主攻方向，大力发展新一代信息技术、高端装备制造等新兴产业，全面提升制造业产品、装备、生产、管理和服务的智能化应用水平”，加快研究出台互联网与工业融合创新指导意见，绘制工业互联网发展路线图。国内大型工业企业和互联网企业共同推进中国制造业转型，新技术、新产品、新业态、新商业模式不断涌现，生产的网络化、智能化、绿色化特征日趋明显。中国互联网协会顺应态势，成立工业应用工作委员会、中小企业服务工作委员会、创新创业基地和产业互联网实践园区等，与政府、企业和社会共同推动互联网与工业融合创新发展，助力工业生产的网络化、智能化转变，不断推动产业合作、完善产业环境。

2015年

1. 2015 年 3 月，在十二届全国人大三次会议上，李克强总理在政府工作报告中提出制定“互联网 +”行动计划，推动移动互联网、云计算、大数据、物联网等与现代制造业结合，促进电子商务、工业互联网和互联网金融健康发展，引导互联网企业拓展国际市场。7 月，国务院发布《关于积极推进“互联网 +”行动的指导意见》。12 月，工业和信息化部出台了2015 ~ 2018 年的具体行动计划。“互联网 +”行动计划的正式提出，标志着我国工业化和信息化的深度融合进入了新阶段。

2. 2015 年 7 月，第十二届全国人大常委会第十五次会议初次审议了《中华人民共和国网络安全法（草案）》，并面向社会公开征求意见。《草案》共七章六十八条，从保障网络产品和服务安全，保障网络运行安全，保障网络数据安全，保障网络信息安全等方面进行了具体的制度设计。《草案》的制定为维护我国网络安全提供了保障和依据，进一步完善了我国的互联网法律体系。此外，第十二届全国人大常委会第十五次会议通过的《中华人民共和国国家安全法》，第十六次会议通过的刑法修正案（九），以及第十八次会议通过的《中华人民共和国反恐怖主义法》，均对保护国家网络与信息安全、网络信息内容监管与责任做出了明确规定。

3. 2015 年 7 月 14 日，中国少先队事业发展中心联合中国社会科学院新闻与传播研究所发布《2014 年第 8 次未成年人互联网运用状况调查报告》。调查显示，城市小学一年级至高中未成年人使用互联网的比例高达到 92.9%，农村（乡镇）中小学生也高达 80.2% 曾经接触网络，远高于我国网民的总体触网率。

4. 2015 年 10 月，党的十八届五中全会审议通过的“十三五”规划建议，明确提出实施网络强国战略，实施“互联网 +”行动计划，发展分享经济，实施国家大数据战略。

5. 2015 年 12 月，第二届世界互联网大会在乌镇举行。国家主席习近平出席大会开幕式并做主旨演讲，提出各国应该加强沟通、扩大共识、深化合作，共同构建网络空间命运共同体。习近平在讲话中提出了推进全球互联网治理体系变革的“四项原则”，并就共同构建网络空间命运共同体提出“五点主张”。本届大会以“互联互通 · 共享共治——构建网络空间命运共同体”为主题，与会代表围绕互联网基础设施建设、数字经济发展、网络空间治理、网络安全和文化传播等议题进行了探讨交流。

2016年

1. 2016 年 1 月，中国少先队事业发展中心联合中国社会科学院新闻与传播研究所等单位发布《2015 年第 9 次中国未成年人互联网运用状况调查报告》。报告显示，中国青少年网民已有 1.7 亿人，8 岁以前第一次接触互联网的未成年人超过五成，在上网的未成年人中半数左右使用微信。

2. 2016 年 2 月，网络安全专项基金捐资仪式在京举行。这是国内首个网络安全领域的专项基金，启动资产达 3 个亿。网络安全专项基金 3 亿元的启动资金由全国政协常委郑家纯捐出，专项基金设在中国互联网发展基金会之下。

3. 2016 年 4 月 19 日，习近平主持召开网络安全和信息化工作座谈会，强调按照创新、协调、绿色、开放、共享的发展理念推动我国经济社会发展，是当前和今后一个时期我国发展的总要求和大趋势，推进网络强国建设，推动我国网信事业发展，让互联网更好地造福国家和人民。

4. 2016 年 7 月，十二届全国人大常委会第二十四次会议表决通过了《中华人民共和国网络安全法》。这是我国第一部网络安全的专门性综合性立法，提出了应对网络安全挑战这一全球性问题的中国方案，网络安全将有法可依，信息安全行业将由合规性驱动过渡到合规性和强制性驱动并重，具有里程碑式的意义。12 月，经中央网络安全和信息化领导小组批准，国家互联网信息办公室发布了《国家网络空间安全战略》。作为我国首部关于国家网络安全工作的纲领性文件，《战略》阐明了中国关于网络空间发展和安全的重大立场和主张，明确了战略方针和主要任务。

2017年

1. 2017 年 1 月 6 日，国务院法制办公室发布《未成年人网络保护条例（送审稿）》，面向社会公开征求意见。其中对预装未成年人上网保护软件做出了选择性要求。《条例（送审稿）》要求公共上网场所应当安装未成年人上网保护软件，智能终端设备在出厂时或销售前，应当安装未成年人上网保护软件或者为安装未成年人上网保护软件提供便利并进行显著提示。一部未成年人网络保护领域基础性的法规及其所展现的基本规制框架即将面世。

2. 2017 年 2 月 14 日，国家发改委公布“互联网 +”和大数据领域国家工程实验室名单，共有 19 个国家工程实验室获批，其中大数据领域 11 个，互联网+领域8个。由清华大学牵头承担的“大数据系统软件国家工程实验室”、北京奇虎科技有限公司承担的“大数据协同安全技术国家工程实验室”、中国人民解放军总医院承担的“医疗大数据应用技术国家工程实验室”名列其中。

3. 2017年2月16日，腾讯游戏率先推出了针对父母和未成年子女的“一键禁玩”功能。根据腾讯游戏官方微信消息，2017年1月23日发布的《中国互联网络发展状况统计报告》数据显示，截至2016年12月，中国青少年网民即19岁以下的网民已经达到1.7亿，约占全体网民的23.4%。其中未成年人首次触网时间越来越提前。

4. 为了完善对未成年人使用网络游戏服务的监护，腾讯公司在文化部的指导下，正式推出“网络游戏未成年人家长监护工程”之“腾讯游戏成长守护平台”的系列服务（http：//jiazhang. qq. com），协助家长对未成年子女的游戏账号进行健康行为的监护，这将成为当前国内互联网游戏行业首个面向未成年人健康上网的系统解决方案。

5. 2017年5月，一款名为“蓝鲸”的游戏在全球引发了轩然大波。在2017年五月进入我国境内，在聊天软件上陆续出现“4：20叫醒我”自杀群，内部聊天不断出现自杀任务、图片等极端信息，对青少年危害极大。好在发现及时，相关企业迅速响应，及时阻挡了惨剧的发生，未成年人互联网保护问题再次引发关注。

6. 2017年6月1日，第十二届全国人大常委会第二十四次会议表决通过《网络安全法》并开始施行。《网络安全法》作为我国第一部全面约束网络安全管理的基础性法律，迈出了我国网络强国建设的坚定步伐，在我国网络空间法制建设中具有里程碑的意义。此部法律内容涉及关键信息基础设施范围的界定、对个人信息保护的加强管理、对攻击和破坏关键信息基础设施的境外组织和个人的惩罚措施以及惩治网络诈骗等新型网络违法犯罪活动的规定。《网络安全法》正式施行，标志着我国维护网络与信息安全的工作进入一个全新阶段。

7. 2017年7月初以来，腾讯旗下手游《王者荣耀》引发舆论热议。其中，以《人民日报》、人民网、新华社等为代表的央媒频频发声。这些评论文章多从游戏监管、健康娱乐、尊重历史、家庭教育等角度出发。相关媒体报道称全国共有680万小学生，而腾讯的《王者荣耀》游戏玩家中就有小学生玩家600万，覆盖率高达88%。

8. 2017年8月发布的第40次《中国互联网络发展状况统计报告》，称至2017年6月，中国网民总数已经达到7.51亿。其中未满19岁的未成年人总计已经达到1.69亿人，占中国网民的近五分之一。

9. 2017年9月1日，2017年“西藏网络安全宣传周”活动在拉萨隆重启动，西藏自治区相关领导出席启动仪式。360企业安全集团相关负责人对“网络安全战车西藏行”活动进行介绍，与会领导和嘉宾还共同参观体验了网络安全战车。2016年以来，网络安全战车走过了河北、河南、山东、天津、江苏、浙江、上海、重庆、湖北、广东、福建、安徽等15个省份，覆盖全国400多所学校，辐射3000多万名师生。目前已有50多位国家级、省级领导参观网络安全战车，并给予高度评价。

10. 2017年9月，DCCI未来智库联合中青奇未对外发布《2017年中国青少年移动网络安全蓝皮书》，这份以小学、初中阶段的孩子及其家长为调查对象的蓝皮书，分析总结出关于孩子移动网络行为和网络安全意识方面的五个要点：青少年最常使用的上网工具是智能手机，占调查人群的82.7%，83.5%的家长都为儿童配备了智能手机；超过半数青少年每天上网时长在半小时到2小时之间；近九成的家长表示孩子存在手机依赖问题；超七成的青少年接触过网络不良信息；青少年接触的不良信息中六成是诈骗或色情内容；由于青少年还处于成长阶段，其自控及分辨事物的能力有限，因此移动网络在青少年中的普及使用不可避免地带来了一定的负面影响。为此社会各界正在共同努力，想办法为孩子创造一个绿色、安全的移动网络环境。同时，9月23日青少年日这天，全国各地开展2017国家网络安全宣传周青少年日主题活动。活动主要以主题讲座、线上线下宣传活动、网络安全知识挑战赛等形式，向青少年们宣传网络安全知识，提高广大青少年的网络安全意识，从而培养他们具有较高网络素养、守法的行为习惯和防护技能。

11. 2017 年 9 月 12 日，团中央网络影视中心和 360 公司主办、中青奇未协办的“未来守护” App 正式发布，以帮助家长远程管理孩子手机，防止青少年沉迷网络，确保网络安全。

12. 2017 年 10 月 27 日，中国电信未来信息馆举行了“青少年互联网知识宣教视频上线暨南京市未成年人互联网教育基地揭牌仪式”。由南京市互联网协会、南京市公安局和龙虎网精心制作的动画宣教视频正式上线，并指定中国电信未来信息馆为“南京市未成年人互联网教育基地”。

13. 2017 年 11 月 26 日，中共中央办公厅、国务院办公厅印发《推进互联网协议第六版（IPv6）规模部署行动计划》。《计划》提出，要用 5 ~ 10 年时间，形成下一代互联网自主技术体系和产业生态，建成全球最大规模的 IPv6 商业应用网络，实现下一代互联网在经济社会各领域深度融合应用，到 2025 年末，我国 IPv6 网络规模、用户规模、流量规模位居世界第一，网络、应用、终端全面支持 IPv6，全面完成向下一代互联网的平滑演进升级，形成全球领先的下一代互联网技术产业体系。

14. 2017 年 12 月 4 日上午，第四届世界互联网大会“守护未来·未成年人网络保护”分论坛，在浙江乌镇互联网国际会展中心举行。共青团中央书记处常务书记、全国青联主席贺军科，共青团中央书记处书记尹冬梅，联合国儿童基金会副执行主任法图玛塔·恩达耶出席论坛。论坛围绕“未成年人保护”这一主题，邀请中外政府官员、国际组织和青年代表、知名学者以及青少年代表进行研讨，针对当前存在的突出问题，交流相关国际经验和实际做法，进一步推动建设健康、文明、有序的网络环境。

2018年

1. 2018 年 1 月，“儿童邪典视频”通过互联网传播引发关注。此类视频对艾莎公主、蜘蛛侠、小猪佩奇等卡通形象二次加工，充斥大量血腥暴力、恐怖、色情等内容。22 日，北京文化市场行政执法总队下发紧急通知，要求查禁“儿童邪典视频”，相关内容一律下线。腾讯 QQ 正式上线“侵犯未成年人权益”专属举报标签，当用户发现有侵犯未成年人权益的 QQ 群或账号，可以通过专属标签快速举报和反馈。相关资料显示，在2017年，QQ安全团队共封停超过6000个涉嫌侵害未成年权益的违规QQ群组及账号，包括QQ群3000多个，关停QQ账号近3000个，关停兴趣部落11个，删除兴趣部落相关帖子2000多篇。

2. 2018年1月18日，由中国儿童中心、社会科学文献出版社主办的国内首本儿童蓝皮书《中国儿童参与状况报告（2017）》新闻发布会在北京举行。蓝皮书以“儿童参与”为主题，梳理了儿童参与的概念与内涵，研究了当前中国儿童参与的状况，分析了儿童参与的影响因素和意义，旨在为保护儿童权利、促进儿童发展提供理论支撑与实践指导，为党和政府制定与儿童相关的政策提供参考和依据。

3. 2018年4月20日，教育部办公厅印发《教育部办公厅关于做好预防中小学生沉迷网络教育引导工作的紧急通知》强调，预防中小学生网络沉迷需要各方面尽心尽责、密切配合、齐抓共管，各地要充分认识预防中小学生沉迷网络的极端重要性和现实紧迫性；同一天，全国网络安全和信息化工作会议在北京召开。习近平总书记出席会议并发表重要讲话，从党和国家事业全局出发，科学分析了信息化变革趋势和肩负的历史使命，系统阐述了网络强国战略思想，深刻回答了事关网信事业发展的一系列重大理论和实践问题，为加快推进网络强国建设指明了前进方向、提供了根本遵循。

4. 2018年5月30日，全国“扫黄打非”办公室公布“护苗2018”专项行动中查办的一批典型案件。各地“扫黄打非”部门在中小学春季开学后，集中开展中小学校园周边文化市场环境、涉未成年人网络有害信息两个专项整治，严厉查办涉“邪典”动漫、色情低俗等有害信息案件。同时，各地“扫黄打非”部门加强“护苗”正面宣传教育，组织开展“绿书签2018”等系列活动，正确引导中小学生健康阅读、上网活动。

5. 2018年5月31日，共青团中央维护青少年权益部、中国社会科学院社会学研究所以及腾讯公司联合发布了《中国青少年互联网使用及网络安全情况调研报告》。据悉，本次调研报告是国内第一次专门针对青少年网络安全的全国性社会调查。

6. 2018 年 6 月，最高人民法院公布利用互联网侵害未成年人合法权益的 10 起典型案例。

7. 2018 年 7 月 26 日，知名短视频平台抖音宣布启动“向日葵计划”，将在审核、产品、内容等多个层面推出 10 项措施，助力未成年人的健康成长。这是国内短视频平台推出的首个专注于未成年人健康成长的系统保护计划。抖音方面表示，平台严格杜绝未成年人直播，并建成了实名验证、人脸识别、人工巡查三道防火墙。

8. 2018 年 8 月 24 日，国家广播电视总局起草形成《未成年人节目管理规定（征求意见稿）》，旨在将未成年人节目管理工作纳入法治化轨道，引导、规范节目内容，切实保障未成年人合法权益，提出要防止未成年人节目出现商业化、成人化和过度娱乐化倾向。

9. 2018 年 9 月 6 日，联合国儿童基金会发布《终结校园暴力：每日的必修课》报告。报告显示，在全球 13 ~ 15 岁的学生中，有一半人（约 1.5 亿）表示他们曾在校内外遭受过同伴暴力。

10. 2018 年 9 月 10 日，青少年蓝皮书《中国未成年人互联网运用和阅读实践报告（2017 ~ 2018）》发布。该书是青少年蓝皮书《中国未成年人互联网运用报告》的第四部。此次发布会由中国社会科学院新闻与传播研究所、社会科学文献出版社和中国少年儿童发展服务中心、中国青少年宫协会共同举办。该书是基于“中国未成年人互联网运用状况”2017 年度第 10 次全国调查数据的研究成果，对青少年网络使用、网络认知、网络技能、网上交往、手机上网、网络热点应用、网络素养、相关政策法规以及网络阅读、阅读实践等焦点问题进行深入分析，旨在营造有利于未成年人健康成长的互联网和教育实践活动环境，具有特定的理论价值和现实意义。

11. 2018 年 10 月 9 日，新浪微博暂停 14 岁以下未成年人新用户注册。

12. 2018 年 10 月 10 日，杭州师范大学、杭州市余杭区检察院、阿里巴巴集团宣布共建“青少年互联网法治宣传与教育基地”，并在杭州师范大学举行“青少年互联网法治宣传与教育”合作启动仪式，表示将结合各自优势，积极开展新型网络违法犯罪预防及知识产权大讲堂进校园活动。

13. 2018 年 12 月 28 日，中国信息通信研究院互联网法律研究中心发布《互联网法律白皮书（2018）》（以下简称“白皮书”）。结合数字经济发展新趋势，白皮书总结分析了过去一年国内外互联网领域重要立法活动。防沉迷、防过度娱乐化未成年人网络立法保护不断加强，网络社会管理的立法活动对于保障互联网正常运行至关重要，白皮书提到，过去一年我们不断通过立法加强对未成年人网络运用的保护。

Abstract

The use of internet has penetrated all aspect of minors' growth and development. Thanks to the internet and other information technologies, home personal computer, smart TV, tablet computers and smartphones have been widely adopted. Children start accessing the internet almost as soon as they are born. The internet has become an inseparable tool in their living and learning. However, for minors who are still growing, copying and learning from adults, the kaleidoscopic internet is not entirely a blessing: apart from bringing ease and efficiency to learning and living, it also brings risks and harms such as crime, harmful information, privacy intrusion, and addiction. Minors' use of the internet need protection and regulation. These questions need to be answered by the whole society and even the whole world. It concerns the future grand strategy of building a strong internet power and the cultivation of "A Strong Nation's Generation".

This book is the latest result of the Internet Use by Minors in China Project, which is conducted by the Chinese Academy of Social Sciences Institute of Journalism and Communication, and China Service Center for Teenagers and Children. The project's editorial and research team have worked on this area for more than a decade and have completed nine large national surveys. The survey workgroup invited experts specializing in minors and internet use to conduct in-depth studies. The first Blue Book of this series was published in 2010 and received wide discussion from all walks of society. The fifth installment uses the latest data from the last year to find out new conditions and new features of minors' internet use. It offers constructive thoughts and research on the protection and regulation of minors' internet use, covering various agents and aspects, such as internet use, online safety, cyber culture, policies and regulations.

This book has four parts. The first part is a general report on China's regulatory system for minors' internet use. The second part consists of reports over policies and laws in the regulatory system. There are reviews of global regulatory efforts as well as explications on Chinese laws and their development. Privacy issues in minors' use of short videos and cyber tort law cases from 2018 involving minors are also discussed. The third part is a discussion of minor's internet literacy and cyber culture based on the current online ecology. For minors' internet literacy, this book combs through the explorations in practice made by China and developed countries. For cyber culture, it discusses issues such as cultural phenomena unique to minors, the popularity of short video-based learning, and interactions between minors' virtual socialization and virtual identity. The forth part presents annual survey data collected from Beijing, Guangdong, Henan, Macau and other areas, covering minors' online safety, motivations of internet use, new media use, and online reading.

Research on minors' internet use is a continuously exploring and expanding process. Based on new phenomena and new questions, this report conducts research and exploration with innovation, especially in research subjects and methodology. In *Online security for minors: The first survey report participated by children*, for the first time in China, the methodology invites children participation, giving them their own voice. It has five aspects: gaming and socialization, online learning, popular short videos, parent-child relationship, cyber lingo. From these five perspectives, internet's influence on minors' life, learning, entertainment, and familial relationship are reviewed. As an annual report, this book continuously tracks the latest and most looked-at issues. Reports on minors' reading practices has been included since 2018 in order to understand their learning and reading on the internet. In addition to rigorous national surveys, special surveys are also conducted, including regional data analysis and topic-specific studies on issues such as rural left-behind children's internet use, motivation for use, and their self-expression. To diversify the book's perspectives, surveys on minors' phone use and phone dependency in Macau are also reported. In general, this book strives to stay true to its original cause and its aspiration to innovation, in order to facilitate healthier growth and flourishing for minors.

The main findings of this annual study are: 1. Minors are already tightly integrated to the era of Internet Plus. The internet has profound influence on minors' socialization. 2. The society at large care more and more about minors' use of the internet and the internet's influence on them. 3. Internet literacy education for minors has multi-directional practices and theoretical explorations. 4. Protecting minors online is still the central topic and perspective of research. 5. Minors' internet use and their online behavior has common features shared by their group. Cyber popular culture has influence on children and teenagers' moral values.

This book has a number of policy recommendations. 1. Through systematic measures such as online mechanisms, internet literacy education, and regulations, a regulatory system for the protection of minors online should be established and refined, with both short- and long-term goals in mind. 2. Internet literacy education for minors should be promoted in accordance with regional development and group features. Their trial and execution should be well-targeted and differentiated. 3. Inter-departmental cooperation should be instituted to promote better internet use among minors through activities such as online learning, collaborated innovation, new technology competition, and mutual help. 4. There should be an emphasis on the influence of cyber popular culture. Deep research and innovation in the guidance and shaping of minors' values should be encouraged. There should be guidance and cultivation of a cyber culture that is uplifting and virtuous. 5. Setting off from the strategy of A Strong Nation's Generation, fundamental research should be strengthened through the expansion of research perspectives and horizons.

Keywords: Minors; Internet Use; Internet Protection; Media Literacy; Cyber Culture

Contents

I General Report

Abstract: The internet's influence on minors' daily living and their socialization development has been growing with continued strength. However, the management of online content and the regulation of the use of internet has been lagging behind. The regulation of the protection of minors online has thus become an important matter that has attracted world-wide attention. Many issues pose huge challenges: ensuring minors use the internet fairly, sufficiently, and sensibly; protecting minors from harmful online information; blocking inappropriate information; protecting their personal information online; preventing addiction, and so on. This report summarizes the basic current state of these issues and the problems that exist in the protective regulation effort. Based on these findings, a number of policy recommendations are suggested.

Keywords: Chinese Characteristics; Minors Protection; Internet Use; Regulatory System

Ⅱ Protection Regulatory and Policy

Abstract: Minors face many risks on the internet such as harmful information, addiction, and privacy intrusion. The prevention of these harms has become a global issue. Establishing a regulatory system is the basic form of protection. There are three approaches of regulation in the protection of minors online: self-regulation, exemplified by the United States; governmental regulation, exemplified by South Korea and Singapore; and cooperative regulation, exemplified by the United Kingdom and Japan. This article analyzes these approaches, while proposing a number of recommendations, including accelerated legislation, coordinated governance, guiding industry self-discipline, and realizing the potential of schools and families.

Keywords: Protecting Minors Online; Regulations; Global Perspective

Abstract: The rapid development of internet technologies and artificial intelligence has not only influence on minors' socialization development but also impact on their rights protection online. In addition to existing international rules, countries such as China, the United Kingdom, the United State, and Germany have attempted to revise existing laws, push for specialized legislation, or make new laws with new precedence, in order to meet the challenges posed by modern communication technologies. Centering around basic questions from the three perspectives of balancing interests, regulatory approach, and legal culture, legal scholars foreign and domestic have debated these issues: The equilibrium between the rights of minors and the rights of adults, and the equilibrium between public power and private rights. They have compared the two globally co-existing approaches to the protection of minors online: distributed protection and specialized protection, and their latest developments. In search of good governance in the age of artificial intelligence, they have also discussed differences in legal cultures and their influence in the practices of the rule of law in different countries.

Keywords: Protections Online; Children and Teenagers, Legal Protection; Internet Governance

B. 4 A Research Report on Policies for Chinese Minors' Internet Use

Chen Jinghuan / 056

Abstract: This article combs through the development of policies that govern Chinese minors' use of the internet since China first connected to the internet in 1994. It divides the development of such policies into four stages by policy preferences: an exploration state, a protective stage, a state of guidance, and a state of convergence. Drawing on policies from Japan, Korea, the UK, Germany, and Australia, an analysis is made regarding their features and contents, in the hope of improving domestic policies.

Keywords: Minors; Internet Use; Policy

B. 5 Minors' Use of the Internet: Laws, Regulations, and Case Analyses

Wang Ying / 074

Abstract: The development of the rule of law for Chinese minors' internet use are influenced by both the legislation of cyber laws and the guidance and intervention from the Party and the government. The rule of law and governmental regulation are equally important. This article looks at cases related to minors' internet use in 2018. It discusses four aspects in the legal protection of minors' internet use: internet tort, harmful information, privacy invasion and minors' addiction. Based on a review of these issues, policy advice is offered for building a national supervision system for the protection of minors online, through cooperation among multiple parties.

Keywords: Minors; Internet Use; Online Tort; Harmful Content; Internet Addiction

Abstract: This article takes privacy protection in minors' use of short videos as the starting point. It first analyzes the current conditions of their use of online short videos, including the popularity of short videos, intrusion of privacy, and lack of moral values in platform providers. It then analyzes the effects of privacy loss on personal safety, future development and social credit ratings. Finally, policy recommendations are proposed on three levels regarding laws, platforms and the family. The authors argue that laws should be improved, and supervision enhanced; moral values should be clarified for algorithms and platforms should have better self-discipline; guardians should protect minors' privacy and raise their awareness of privacy protection.

Keywords: Minors; Short Videos; Online Privacy

Ⅲ Internet Literacy and Cyber Culture

B. 7 The State of the Development of Internet Literacy among Minors in China

Fang Zengquan, Qi Xuejing and Jia Lin / 099

Abstract: Based on the current state of minors' internet literacy in China, from the four aspects of school, family, society and the government, this study looks at the practical exploration and the efficacies of minors' internet literacy. It then proposes advices for building a system for internet literacy education. First, the leading role of schools should be stressed in areas such as curricula design, training for teachers, while utilizing the society's role as a grand classroom. Second, the family's role in internet literacy education should be effectively carried out. Third, the whole society should work together to educate minors on internet literacy. Fourth, the rule of law, governmental supervision and social security should be enforced.

Keywords: Internet Literacy Education; Minors; China

B. 8 Foreign Practices and Explorations in Minors' Internet Literacy Education

Fang Zengquan, Ji Xiaoxu and Li Kun / 118

Abstract: This study reviews the practices in minors' internet literacy education in developed countries. There are three forms of such practices mainly, including the independent curriculum type, the integrated curriculum type, and the after-school activity type. Internet literacy education system and home education play important role in the education of minors' internet literacy education. The government facilitate education in three ways. First, they enforce supervision on media; second, their education departments design plans and standards for internet literacy education that suits their own students. Third, they make sure there are laws that can be followed for the education of internet literacy. These explorations can offer some guidance for developing countries. Integrated curriculum is the main form of education for internet literacy. Utilization of social organizations is an important support. Family education is an organic part of minor's internet literacy education. Building and refining a framework for internet literacy education is a foundational project.

Keywords: Minors; Internet Literacy Education; Developed Countries

Abstract: Short videos have become a trending form of mass media in recent years and have gradually become a basic unit of interaction in cyberspace. Apart from information acquisition and entertainment, knowledge acquisition has become a new element on short video platforms. A new demand has emerged for knowledge acquisition and skill acquisition through short videos. Online learning by short videos provides a way of learning that is enjoyable and diverse. This article discusses three aspects of the influence that short videos have on minors' learning: its current state, its characteristics, and its values. It offers recommendation from four perspectives of the learner, platform, creator and educator.

Keywords: Short Video; Knowledge Communication; Minors; Online Learning

Abstract: Cyber cultural phenomena are the embodiment of young people's online behaviour as well as a reflection of their preferences in material consumption and their spiritual life. Based on recent cyber phenomena, through reviewing and analysing typical cyber cultural phenomena, this article discusses their influence on youths. It offers several policy recommendations: Educators should treat minors' cyber culture with cool-headedness. Social organizations should participate the cultivation of internet literacy of minors. Schools should work with familial education and social education to facilitate cyber culture's constructive development, so that it interacts harmoniously with mainstream culture.

Keywords: New Media; Minors; Cyber Culture

Abstract: The Post-2000 generation are called the natives of mobile internet. The use internet purposefully and consciously, forming a cyber culture that is different from other age groups. This article discusses minors' online socialization, their interests and hobbies and group logic. It also discusses the positive intensions and controversies of these cultures. Developing from here, the features and problems of their cyber culture's development are explicated. Possible solutions are discussed from perspectives of intergenerational communication and community building.

Keywords: Minors' Cyber Cultural; Digital Socialization; Intergenerational Communication

Abstract: This article discusses the interactive relationship between the virtual social space constructed by mobile internet and minors' virtual identity. It attempts to explain and analyse internet phenomena such as gossiping, aggression, bullying and addiction in order to better serve the planning, policy-making, and enforcement of solutions to such problems. The author believes that the awareness and ability to switch between virtual and physical identities is the fundamental key to solve negative behaviours online. This includes establishing a sense of duty with virtual identities, establishing an awareness of responsibility in dealing with different contexts. Adults should intervene from an approach of cooperation.

Keywords: Mobile Social Network; Media; Minors; Virtual Identity; Online Context

Ⅳ Annual Data Analysis

Abstract: This study aims to understand the current state of minors' use of internet through surveys. It also attempts to review problems that exist in minors' online safety, and offer advice on the protection of minors based on the survey. First, the methodology of this report includes children participation, giving them their own voice. It has five aspects: gaming and socialization, online learning, popular short videos, parent-child relationship, cyber lingo. From these five perspectives, internet's influence on minors' life, learning, entertainment, and familial relationship are reviewed. Second, risks faced by Chinese minors are mainly harmful information, addiction, privacy invasion, cyber bullying, and online fraud, which are detrimental to minors' healthy development. Finally, maintaining online safety for minors requires healthy interactions among micro, middle, external and macro systems. On the middle and micro level, positive interactions among family, school and minors are needed. From the external perspective, the internet industry needs regulation and self-discipline. On the macro level, the support of the national policies and legislation. , participation by various actors and a coordinated governance are key to the provision of a safe online environment for minors to develop and flourish.

Keywords: Minors; Online Security; Intent Use; Children Participation

B. 14 An Analytical Report on Left-behind Children's Internet Use

Zheng Suxia, Li Xueli / 235

Abstract: This report is based on questionnaire survey data from the project *Rural Left-behind Children's Use of Media and Media Literacy Education*. Deep interviews were conducted with left-behind children, their guardians, rural primary school teachers, and rural middle school teachers in Huaiyang county, Henan province. An analysis on the behaviour characteristics and biases of rural left-behind children's internet use is carried out using interview materials. Thoughts on possible ways of improving internet literacy education for left-behind children are also discussed.

Keywords: Left-behind Children; Internet Use; Internet Literacy

B. 15 Report on Minors' Internet Use in Guangzhou

Feng Yingzi, Xie Sujun / 257

Abstract: Based on empirical survey data from 11 districts of Guangzhou, this report analyzes Guangzhou minors' internet use, influencing factors, behavioral characteristics, and problems they face. Policy recommendations are also discussed. The current generation is a new generation of the internet. They are showered by bits, immersed in small screens, and are active in online communities. Their lives are changed by technologies. In order to teach minors use the internet properly, the following requirements must be met: mainstream media's guiding role in moral values must be carried out. Supervision on social media platforms must be strengthened. Innovations in school education are also needed to teach them the sensible use of leisure time.

Keywords: Internet; Minors; Internet Generation

Abstract: With the development of technology, the penetration of mobile phones and their increasing functionalities, minors have become more dependent on phones. However, over dependency have great negative impacts on minors' learning, living and mental health. This study describes and analyzes the state of phone use, mobile internet and app use among minors aged 6 to 17 in Macau. A rating scale is devised to measure minors' dependency on phones. Based on data analysis, we believe that government, society and educators should all take the problems of over use seriously and promote healthy use of smartphones. Parents should pay attention to their children's use of phones, actively guide and communicate with them. Minors can also utilize time management tools on their phones to improve their self-control and reduce dependency.

Keywords: Mobile Phone; Phone Use; Mobile Internet; Mobile Phone Dependency

B. 17 Popular Research Topics and Their Evolutional Trends in the Study of Minors' Internet Use *Dong Yanchun* / 310

Abstract: Using bibliometrics and the visualization program CiteSpace, this study analyzes the process of knowledge production in researches on minors' internet use. It teases out systematically popular topics and trends in changes. Popular topics in minors' internet use center around issues such as online environment, online behaviour, internet addiction, and foreign research. The evolution of such research went through stages of preliminary understanding, developing understanding, partial understanding, and full understanding. This article attempts to offer recommendations regarding research methodology, research content, and research perspective.

Keywords: Minors; Internet; Trends in Changes; Visualized Analysis

B. 18 Minors' Online Reading: Its Basic State and Characteristics

Zhang Wenyan, *Huang Dongming* / 328

Abstract: Minors' reading practices have become a popular topic for multi-disciplined research. Researchers have conducted wide surveys, studies and discussions regarding the internal reading literacy and the external reading environments. Based on national reading surveys data of the last six years (2013 – 2018), it is found that for age groups of 0-8 years, 9-13 years, and 14-17 years, minors' rate of reading and the quantity of their reading are still to be raised, and the data fluctuate. Rate of access to digital reading is rising rapidly, its popularity is growing fast. Reading on mobile devices saw the greatest rise. There has been a persistent disparity between urban and rural minors' reading, especially for younger minors. New problems arise in the background of new media. More responsive legislation is needed to guarantee minors' right to read. The promotion of reading should be professionalized. The reading environment in the family, which is the most basic environment where children read, must be improved.

Keywords: Minors' Reading Practice; Internet Reading; Digital Reading; Reading Promotion; Survey on Reading

Abstract: Based on questionnaire surveys, this study systematically analyzes minors' use of social media, exploring their affiliation motivation, self-disclosure, social capital and communication of views on sex. The survey finds that more than 99% of minors use social media, nearly half of whom use social media multiple times every day, for a total of at least one hour. Minors use social media multiple times every day. Their affiliation motivations are expressed as social interactions, social support and self-protection, with the motivation for social support being the strongest. Generally, their willingness of self-disclosure is low, which is affected by the frequency and duration of social media use. To facilitate better use of social media by minors, this study has a number of suggestions. Social media platforms should have internal mechanisms for self-cleansing and regulation. Schools should improve health and moral educations on social media use. Parents should spend more time with their children. With these measures, healthy and harmonious media education can be achieved. Minors' ability to educate themselves can be improved with multiple methods.

Keywords: Minors; Social Media; Affiliation Motivation; Self-disclosure; Social Capital; Communication of Views on Sex

V Appendix

皮书起源

“皮书”起源于十七、十八世纪的英国，主要指官方或社会组织正式发表的重要文件或报告，多以“白皮书”命名。在中国，“皮书”这一概念被社会广泛接受，并被成功运作、发展成为一种全新的出版形态，则源于中国社会科学院社会科学文献出版社。

皮书定义

皮书是对中国与世界发展状况和热点问题进行年度监测，以专业的角度、专家的视野和实证研究方法，针对某一领域或区域现状与发展态势展开分析和预测，具备原创性、实证性、专业性、连续性、前沿性、时效性等特点的公开出版物，由一系列权威研究报告组成。

皮书作者

皮书系列的作者以中国社会科学院、著名高校、地方社会科学院的研究人员为主，多为国内一流研究机构的权威专家学者，他们的看法和观点代表了学界对中国与世界的现实和未来最高水平的解读与分析。

皮书荣誉

皮书系列已成为社会科学文献出版社的著名图书品牌和中国社会科学院的知名学术品牌。2016 年，皮书系列正式列入“十三五”国家重点出版规划项目；2013~2019 年，重点皮书列入中国社会科学院承担的国家哲学社会科学创新工程项目；2019 年，64 种院外皮书使用“中国社会科学院创新工程学术出版项目”标识。

中国皮书网

（网址：www.pishu.cn）

发布皮书研创资讯，传播皮书精彩内容
引领皮书出版潮流，打造皮书服务平台

栏目设置

关于皮书：何谓皮书、皮书分类、皮书大事记、皮书荣誉、
皮书出版第一人、皮书编辑部

最新资讯：通知公告、新闻动态、媒体聚焦、网站专题、视频直播、下载专区

皮书研创：皮书规范、皮书选题、皮书出版、皮书研究、研创团队

皮书评奖评价：指标体系、皮书评价、皮书评奖

互动专区：皮书说、社科数托邦、皮书微博、留言板

所获荣誉

2008 年、2011 年，中国皮书网均在全国新闻出版业网站荣誉评选中获得“最具商业价值网站”称号；

2012 年，获得“出版业网站百强”称号。

网库合一

2014 年，中国皮书网与皮书数据库端口合一，实现资源共享。

S 基本子库
UB DATABASE

中国社会发展数据库（下设 12 个子库）

全面整合国内外中国社会发展研究成果，汇聚独家统计数据、深度分析报告，涉及社会、人口、政治、教育、法律等 12 个领域，为了解中国社会发展动态、跟踪社会核心热点、分析社会发展趋势提供一站式资源搜索和数据分析与挖掘服务。

中国经济发展数据库（下设 12 个子库）

基于"皮书系列"中涉及中国经济发展的研究资料构建，内容涵盖宏观经济、农业经济、工业经济、产业经济等 12 个重点经济领域，为实时掌控经济运行态势、把握经济发展规律、洞察经济形势、进行经济决策提供参考和依据。

中国行业发展数据库（下设 17 个子库）

以中国国民经济行业分类为依据，覆盖金融业、旅游、医疗卫生、交通运输、能源矿产等 100 多个行业，跟踪分析国民经济相关行业市场运行状况和政策导向，汇集行业发展前沿资讯，为投资、从业及各种经济决策提供理论基础和实践指导。

中国区域发展数据库（下设 6 个子库）

对中国特定区域内的经济、社会、文化等领域现状与发展情况进行深度分析和预测，研究层级至县及县以下行政区，涉及地区、区域经济体、城市、农村等不同维度。为地方经济社会宏观态势研究、发展经验研究、案例分析提供数据服务。

中国文化传媒数据库（下设 18 个子库）

汇聚文化传媒领域专家观点、热点资讯，梳理国内外中国文化发展相关学术研究成果、一手统计数据，涵盖文化产业、新闻传播、电影娱乐、文学艺术、群众文化等 18 个重点研究领域。为文化传媒研究提供相关数据、研究报告和综合分析服务。

世界经济与国际关系数据库（下设 6 个子库）

立足"皮书系列"世界经济、国际关系相关学术资源，整合世界经济、国际政治、世界文化与科技、全球性问题、国际组织与国际法、区域研究 6 大领域研究成果，为世界经济与国际关系研究提供全方位数据分析，为决策和形势研判提供参考。

法律声明